张宗和日记

张宗和 著

张以䖝 张致陶 整理

（第一卷）

1930—1936

浙江大学出版社

就读于清大大学时的张宗和

张宗和在虎丘骑马（摄于 1936 年）

张宗和与表妹董暄、董晒在虎丘游玩(摄于 1936 年)

张冀牖与蔡元培在中央研究院合影(摄于 1935 年)

张冀牗、韦均一夫妇在苏州寿宁弄 8 号（摄于 20 世纪 20 年代）

张冀牖与六个儿子张宗和、张寅和、张定和、张宇和、
张寰和、张宁和在苏州(摄于 20 世纪 30 年代初)

张冀牖与韦布在乐益小亭(摄于20世纪30年代初)

张冀牖随乐益师生远足常熟（摄于 20 世纪 30 年代初）

张充和 1936 年在北平西山养病时与张宗和合影

张宗和与清华同学合影

1935 年在北平西山（左起：章靳以、萧乾、张宗和、张兆和、张充和）

张宗和和友人在苏州

张宗和在苏州大光明戏院演唱昆曲《琴挑》

保存下来的张宗和日记原件(部分)

出版说明

本次出版张宗和日记(第一卷),共整理收入张宗和先生自1930—1936年撰写的日记共十四本(张宗和先生亲自编号,第一本至第十六本,其中第十二、十三本遗失),每本日记的起讫时间,具体见正文中说明,为了读者阅读方便,日记按照年度为序分章排录。

为了最大程度地尊重和保持作品的真实性,做到对历史、对作者和对读者负责,在整理和编辑过程中,部分地方为保护个人隐私起见,应家属要求稍作删除(所删除文字以□代替),其他尽可能不做删改。

本书的编辑体例如下:

(一)尽量保持日记原文的标点符号(如文中有许多段落,作者以省略号代替,予以保留,不另作说明),部分地方在保证原文文意的情况下,会根据阅读习惯稍作修改。

(二)原文所用的数字表达方式,尽量保留,不做统一处理。

(三)对原文中明显的脱字、衍字、错字等,均以〔〕补正。原文中的异体字、繁体字,除人名外,均改做规范简体字。但是,由于作者的文字表述受时代、方言等影响,文中常出现一些与现今通行规范不合的惯用词(如称呼、地名、译名等专有名词),仍按原文照录,部分会在页下进行注释。

(四)由于作者所处的年代还未形成规范的现代汉语,原文中存在诸如"的/地/得"不分、"做/作"使用混乱等情况,只要不致误解,一般原文照录。其他如人称代词"他/她/它"混用的情况,为了阅读方便起见,则按照现代汉语习惯进行修改。

限于水平,日记整理和编辑过程中,尚有疏漏失当之处,敬请专家及读者指正,以便重印或再版时修订。

本书编者

2018 年 6 月

记张宗和先生（代序）

戴明贤 *

宗和先生是贵阳师范学院（今贵州师范大学）历史系教授，终身站讲台，其在校园以外的知名度不及他的四个姐姐（"合肥四姐妹"——元和、允和、兆和、充和），其实他在许多方面同样优秀，毫不逊色。

我不是宗和先生的学生，我妻龚兴群与宗和先生的大女儿以靖是从小的邻居玩伴，是自小学到初中的同窗好友。两家父亲是老贵大的同事，是通家之好，以靖又是我低班的学友。我就是以这个身份与宗和先生结识的，跟着妻子叫宗和夫妇"张伯伯""张伯母"，与宗和先生建立了一种介乎长辈与忘年友之间的关系。进出宗和先生家的年轻人不少，有三个女儿的同学朋友、校园里的后辈等等，年轻人来访时，宗和先生就坐在他们中间，笑眯眯地听他们胡说八道，偶尔用年轻人青涩的词汇与他们对话。有时他心情不佳或精神不济，就会提议："张以珉，请你们到里面房去说好不好？"宽厚、和蔼、幽默，似乎是合肥张家的家族基因。

我是 1962 年春夏之际第一次拜访宗和先生的，但早几年就已经知道沈从文是他姐夫，他家里有包括沈从文、徐迟、卞之琳在内的许多大

* 戴明贤，生于 1935 年，贵州安顺人。1956 年毕业于贵阳清华中学。历任《友谊》杂志编辑，贵州人民广播电台新闻部编辑，大方县百纳中学语文教师，贵阳市川剧团编剧，贵阳市文联副主席及作协副主席，《花溪》月刊副主编，贵阳书画院院长。现为贵州省书法家协会名誉主席。

作家的老照片。我最初就是抱着看大作家的照片的想法而去造访的。我在学校图书室已经读过沈从文早先出版的多种小说集,读过徐迟从香港回到重庆看话剧《屈原》后彻夜难眠而写给郭沫若的长信,也读过卞之琳的诗(似懂非懂),对这些大作家满怀崇拜之忱。但因怯场,虽然妻子一再说张伯伯"好玩得很",我还是一再犹豫,未敢造访。

那时张家住学校安排给教授住的小平房,每栋房住四家,中间隔断,各自出入。与张家紧邻的是项英杰教授,他的夫人孙毓秀是我的历史老师。于是,有一次我趁拜访孙老师的时机正好同时拜访了张宗和先生。

初访的细节记不清了。闲谈中,宗和先生说起当时风靡全国的长篇小说《红岩》。他对《红岩》评价不是很高,觉得它没有写出社会生活的复杂性。但是这部小说倒是引起了他要写一部反映抗日战争生活的长篇小说的念头,而且已经动笔。他每天凌晨三点左右起床,写到上班,已写出两万余字来了。那时我正是"文学青年",天天听的是"文以载道"的导向,对《红岩》这样的鸿篇巨制当然佩服之至,但也不满足,觉得它的语言缺乏风格,没有笔调。我读《青春之歌》,也是这个感觉。我喜欢《红旗谱》,内容厚重,语言也不错,不是学生腔或文艺腔。文学是"语言的艺术","怎么说"和"说什么"同样甚至更加重要。我喜欢语言风格有个性、有笔调的作家,小说没有笔调,好比只供白饭没有菜,更没有酒。那么,张宗和先生写出来的抗战小说,会是一种什么味道?我当然很感兴趣。

但不久他就因为严重的神经衰弱而不得不搁笔了,并且需要到息烽温泉去疗养。这部未完成的遗稿,后来以珉给我读过,三万来字,自传性很强,人物众多,写得很细致生动。我在张家姐妹续编的家庭刊物《水》中,读过宗和先生中学时代的日记,他把日常生活叙述得非常亲切生动,有着写长篇小说的好笔调。写自传性小说会引起无穷无尽的回忆,思绪会像洪水决堤一样不听控制,他肯定睡不好觉。加之凌晨起来爬格子,年富力强者也难坚持,何况宗和先生早已因历次政治运动的刺激而留下神经衰弱的症候。已写成的部分,叙述主人公在抗日战争初期辗转旅途的种种遭遇和交会的旧雨新知,体现了广阔多彩的社会生活视野。大器未竟,太可惜了!

趁我们闲聊,兴群和以靖从内室捧来一叠老相册。于是我看到了沈从文、徐迟、卞之琳的老照片,看到了张门济济一堂的全家福。宗和先生的三弟定和,我也不陌生。宗和提起定和先生在重庆参加话剧运动,为郭沫若的《棠棣之花》谱过曲,我就哼出来:"在昔有豫让,本是侠义儿。"我还能唱定和先生的另一首歌:"白云飘,青烟绕,绿林的深处是我家! 小桥啊! 流水呀! 梦里的家园路迢迢啊……"这首歌是我小时候听大姐唱,听会的,我这两下子很让宗和先生高兴。以靖则大讲长辈们的逸闻趣事。例如沈先生家里有一次闹贼,他爬起来顺手抄了件家伙冲出去助威,等到贼去人散,才发现手里抄的是一把牙刷……此类家庭典故,层出不穷,多数"幽他一默"类型,业绩成就之类是不谈的。记得宗和先生还说到徐迟年轻时写现代诗,把数学方程式写进诗句里。相册中宗和先生和四姐充和在北平时合影很多,看得出姐弟俩感情特别深厚。我们起身告辞时,兴群开口借《秋灯忆语》,宗和先生说那没有什么看头,兴群说最喜欢看,于是他就叫以靖找出来。其实这正是兴群此次来的主要目的。

　　《秋灯忆语》是宗和先生悼念亡妻孙凤竹女士(即以靖生母)的回忆录，开笔于 1944 年 11 月，写竟于 1945 年 5 月，在立煌印刷，土色草纸，墨色不匀，字迹模糊，是标准的"抗战版"，因印量少，该书到此时已成孤本。我妻子读过多次，一再念叨，定要让我也能读到。我带回家读了，果然感动至极。《秋灯忆语》以质朴蕴藉的笔调，记叙了在那个颠沛流离的战乱时代，一对年轻人相爱偕行、相濡以沫，却天人永隔的凄美故事，真如秋雨青灯，娓娓竟夜，堪与巴金的《寒夜》相比。"文革"期间，以靖生恐这一孤本损失，曾托我秘藏过几年。2000 年，宗和先生的小女儿以泯，由于偶然的机缘与香港胡志伟先生相识通信，胡先生知道这部旧作后，力荐在《香港笔会》上全文连载。这时距宗和先生去世已是二十三年，孙凤竹夫人去世更已五十六年了。

　　从那次拜访开始，我们就三天两头地去宗和先生家玩上大半天，定要就着矮圆桌吃了晚饭才告辞。两位老人很愿意看到我们，叫我是"喝茶的朋友"，宗和先生沏好茶待我；叫兴群是"吃辣椒的朋友"，伯母做辣味的菜待她，碰上季节，还给做费工夫的荸荠圆子之类的特色菜。吃饭时，我会陪宗和先生喝一点酒，竹叶青、汾酒、五加皮之类。有一次，他说只有金奖白兰地了，就喝它吧。我没喝过，正好尝尝新鲜，一喝怪怪的，宗和先生也不喜欢喝。

　　回想起来，这应当是宗和先生心情比较宁静、烦恼比较少的一段日子，因为这段时期正好是两次政治运动的间隙，"大跃进"导致的大饥荒刚结束，元气尚待恢复，稍稍放松了的政治之弦还没有重新拧紧。

　　有一次兴群打趣张伯伯，说小时候看他与贵大学生一起演《红鸾喜》，那么胖的一个穷书生，还差点饿死，拜堂时还在脖子上骑一条红裤子,把贵大子弟小学的学生们差点笑死。宗和先生认真地说,上台之前节食一周,当天还不吃晚饭,临了站在台上,肚子还是圆鼓鼓的,没有办法。但是在 1961 年以靖从都匀回贵阳来生孩子时拍的一张全家福中,他却瘦成了另一个人,看去老了十多岁。

张家姐妹兄弟酷爱昆曲,相册中有许多演出照片。1963 年 1 月,尚小云来筑演出和讲学收徒,宗和先生以京华故人身份,与他欢晤,又写了好几篇评论文章发表在省报上。内行说话当然精当到位,尚先生看了非常高兴。有一次我们去看宗和先生,伯母说他在礼堂教学生,我们就赶去看热闹,见他正在为省京剧团的张佩箴说《断桥》。前些年偶遇张佩箴,我提及此事。她说自己当年除了到省艺术学校听张先生的艺术史课,还每周去请张先生亲授,演员们都很尊敬张先生,说他是大行家。

现在都知道,合肥张家酷爱昆曲,以传字辈关系极深,宗和先生的大姐和四姐在耄耋之年还粉墨登场。我觉得宗和先生虽然是清华历史系毕业,但他对文艺的兴趣显然更大些,他的相册中的青春好友也尽是些作家、艺术家。

"好景不长",是时代的规律,老百姓概括得更为精辟——"饿肚子了,就安分几天;吃上几天饱饭,又开始折腾"。"饱暖即修",防修就靠经常敲打,反对温饱,这回来的是"四清"运动。当时我正在乡下写公社史,有一次回广播电台参加运动,去看望宗和先生。他又犯神经衰弱了,而且相当重,经常心绪不宁,睡不好觉。这是那个时代特有的政治运动综合症,我这样年纪尚且易患,何论老一代都是"惊弓之鸟"了。初访宗和先生之前,我就听在师院化学系念书的表妹说过,在一次全校师生参加的大会上,一个老师上台批宗和先生的"资产阶级思想",拿《秋灯忆语》说事,还装着不识文字,说什么"这个'口'字旁加个'勿',我不知是啥意思",云云,像个小丑似的,连学生都觉得不成体统,替他害臊。此公读过《秋灯忆语》,必为宗和先生故人,竟不惜污己辱人至此地步。宗和先生对政治运动之恐惧,不难想象。

那次贵阳市之极左和残酷,在全国也名列前茅,载入史册。报纸广播动辄发布"某地区某单位的权力实际已掌握在敌人手中"之类天崩地裂的"盛世危言",令人民心惊胆颤,省市大干部,一个个被点名扣帽子。一两个月后,广播电台系统的"四清"结束,四十余名职工被分别下放到县里去,下放名义是"储备干部",还摆酒设宴隆重欢送。为我准备的是大方县。大家心里憋屈,知道可别敬酒不吃吃罚酒,能享受储备待遇已经够宽大的了。我和妻子商量后,决定一起下去,用拜伦的豪情给自己壮行色,"不论头上是怎样的天空,我准备承受任何风暴"。

我们去张家辞行,两老并不诧异,也没有说什么惜别的话。那时候人人都有承受风暴的思想准备。宗和先生带上夫人、女儿,在新新餐厅为我们饯行,又去照相馆拍照留念。我于 1965 年 10 月到大方,任百纳中学教师,兴群在小学代课。刚教了一个学期,"文化大革命"又开场了,我们暑假回到贵阳,听说电台留下来的老同事一半成了反革命,另一半成了造反派,两边反目成仇,势不两立。我们被放逐在先的,反而值得庆幸了。当时社会上已无走亲访友一说,我们担心宗和先生的处境,只能从心底里祈祷其平安。后来我们家也被红小兵抄了两次,小姑娘们没收精美小手绢,踩死了金鱼,收缴《白毛女》等所谓"黄色唱片"数十张。1973 年暑假我们回筑时,林彪已坠机身亡,社会上显得松动了许多。我们心血来潮,给在医务室上班的张伯母打了个电话,接话者是从都匀来省亲的以靖。我说想去看张伯伯,又担心他怕烦谢客,以靖说她问问。很快,以靖就回答说:"爸爸欢迎你来。他说戴明贤不会讲那些打打杀杀的事。"

此时张家住在校园最高处的工人宿舍楼。他家搬了不止一次,每次降一次格,升一段高,掉价乔迁,但家里照样收拾得窗明几净。宗和先生看上去又憔悴又疲惫,半躺在藤椅里和我们说话,声音很小,渐渐地也就放松起来。以靖多年都在都匀工作,难得见到我们,异想天开要唱《游园惊梦》,让我伴奏,宗和先生连声制止。我也连声说"不会不会",以靖不听,去借了一把二胡塞给我,并把谱子摆好,我只好勉为其难拉了两句。宗和先生又开口劝阻,我见他真正是提心吊胆的表情,就坚决作罢了。以靖是化工厂工人,生活在另一种圈子里,不知道校园这个圈子里水深得很。有个细节,我永远难忘记。晚餐时,宗和先生不慎掉了一小团米饭在地板上,他拾起来看着,怔怔的,不知道怎么办,伯母轻声的说"丢了嘛,丢了嘛",他才醒悟似的把饭团放在桌子上。我佯装不见,只想流泪。他在"文革"中的情况,大家都闭口不提,我前不久才从以呡处听到一件事。有一次以呡放学回家,走到师院院子里,经过操场边,见到闹哄哄的,一看正在开爸爸的批斗会,她赶快跑回家关好门,倒在床上大哭。过了很久她才听见妈妈陪着爸爸回来,后来妈妈告诉她,爸爸回来就想自杀,被妈妈拉住,妈妈好说歹说,才劝得他打消了这个念头。

次年初我调回贵阳,又可以去看宗和先生了。那时他们这批老人都在等候落实政策,心情比较"晴天多云"。有一次我和兴群刚进门,宗和先生正要和以珉下山挑水,就叫我同去,多一个人换肩。在山下宿舍楼外接了水,我挑起水桶,一鼓作气往坡上走,他在后面连声喊停。我想我能让老人和我换肩吗?我咬牙一直挑到家,他好一会才走到家,喘气,夸我好体力。

有一次兴群推荐一种金属拖把架,说比老式圆头的好使,买了就由我蹬车送去张家。宗和先生一人在,他留我吃饭,说正好杀了只病鸡。我还有事,就告辞走了,一路想着他落寞的神情。当时他虽然照样上班,但仍是"身份不明者",天天等候组织结论下来,好知道自己是敌人是朋友还是人民。这就好像头上总是悬块石头,不知几时落下来,也不知会是多大一块,自然日夜不能安宁。有一次,他问我能不能替他批改几本学生作文,因为这些作文竟看得他睡不着觉,头痛欲裂。他还举出了几个吓得背气的例句,比如"星期天,同学们上公园寻花问柳"之类的。我说小事一桩,把十来本未改的带走。其实我也最害怕批改学生作文,因为不像数学题目有标准答案,而是篇篇不同。我教的农村娃娃淳朴得不得了,却是一句话都写不顺畅,更别说什么立意谋篇等。我对这种作业只有一个感觉——"狗咬刺猬,无从下口",只想仰天大吼一声。宗和先生的这些工农兵学员水平还稍稍强一些,我尽力改了送去,宗和先生像得了什么好东西似的欢喜。

这时期我和宗和先生有一共同兴趣,就是书法。早在上清华时,他就跟着四姐充和临褚遂良的楷书,他不喜欢颜真卿的字,说它"笨头笨脑、抱手抱脚的"。我的兴趣则在行草。他有两册《集王圣教序》,一个拓本,一个影印版,他把后者送给了我。他还有一本日本影印的《孙过庭书谱》,被抄走了,当时这本书正在办公室里放着,他答应等还回来就借给我。这是我当时最盼的一件法帖,恨不能立刻看到,于是心急火燎地盼着。但时间一天天、一月月地过去,始终渺无音信。倒是组织结论等下来了,"敌我矛盾按人民内部矛盾处理"。一个从学校到讲台一辈子不沾政治的人,何来"敌我矛盾"? 这对他是沉重的打击,但他也只说些轻松的话题。有一次,我得到一点旧宣纸,就带去求他写鲁迅的诗,于是就有了一本袖珍本的抄本,还写了两张小条幅——"运交华盖"和"曾经秋肃"。

再后来呢? 再后来,"文化大革命"终于收场了。再后来,宗和先生突然辞世了,时在 1977 年 5 月 15 日,没有等到胡耀邦任中组部部长平反冤案。那天我刚从黔北出差回来,一回家就听母亲告诉我噩耗,立即蹬车赶往殡仪馆,正好赶上与宗和先生作最后的告别。

宗和先生得年六十三岁,他本该与他的四位姐姐一样活到近百岁的,他家有长寿的基因。以珉编了一本纪念册叫《思念》,我刻了两枚印——"广陵散绝"和"高山流水",收入册子,以寄托哀思。不意远在美国的充和先生见了,让以珉令我为她刻印,后来我还得以亲见这位"合肥四姐妹"中才华成就最出色的人物。

张伯母刘文思是一位真正关心他人胜过自己的女性,善良、厚道到极点。她的大姑子们在家刊《水》中称她是"张家最好的大嫂"。以珉在一篇文章中说,小时候她和以端认为妈妈偏心,喜欢大姐超过她们,长大才知道大姐从小没有了孙妈妈,母亲才这样处处以大姐优先。以靖一直在剑江化工厂工作,以端在安阳当老师,以珉在师大中文系资料室,先后都退休了。

　　宗和先生的遗笔,已先后出版了,《秋灯忆语》2013 年由人民文学出版社出版,《一曲微茫》(与四姐充和的通信)2016 年由广西师范大学出版社出版。现在宗和先生的日记也将由浙江大学出版社出版,这令人十分欣慰。他的日记非常好读,一定能吸引广大的读者。

2017 年 7 月

目录

1930年

　　这本书假如到了你的手中，假如不看，那我感激不尽；如你一定要看，那我自然没有法子阻止你。不过我有一个要求要请你答应，就是请你看过过后不要把这本书中的事告诉旁人。也不要来告诉我说："你的日记被我看过了。"这要求你能答应吗？

宗和[*]

---

　　*　这段话是张宗和写在第一本日记前面的话。

1930 年 8 月 31 日　阴,微雨

和四姐一块儿上青年会去剪发。等了好好一会儿才有人来替我剪,四姐已经剪好了。等我剪好,四姐已经好像睡在一张女子理发处的长凳上了,我只好把她拖起来。

吃过饭,祖麟来了,三姐、四姐、我、二弟就一起到郊外去举行 picnic。因为祖麟教了四姐的算术和三姐的世界语,所以她们得请他一次。先到合作农场去买了吃食,再上景德路买水果和换网板夹。然后一直从护龙街到平门,在城上举行 picnic。搬了些坍了的城砖当椅子,把白塌①馒头果酱一起拿出来,大吃一顿。站在城墙上看看火车和帆船过来。吃完了东西,我们一阵②到平门城楼(其实不能称为城楼,因为它并不是楼,只可以说是在城门上的一块地方)去看看,不料城下守城门的巡官之类的人在叫我们下去,我问他为什么不许在上面,他不回答,我们只好下来再从原路走回去。

祖麟明天就要到上海去了,我今天晚上也要到学校去了。洗过澡吃过晚饭,由寿送我们到学校。车夫走得很慢,我们很淋了一些雨。到了学校先陪二弟到他的房子里去,把行李、桌子等安排妥当。他是住在孙堂南三号,然后再到我房里来,我是住在子实堂③三楼三零二号。床是在床的上面,要爬上去睡。梁先生已先我而来了,不一会一切都收拾

---

① 白塌:方言,"奶油"的意思。

② 一阵:方言,"一起"的意思。

③ 子实堂:可能是为了纪念美国监理会传教士曹子实(Charley Marshall)而取名。曹子实于 1871 年在苏州十全街开办了一所"日校"(后更名存养书院),后几经沿革,成为东吴大学的一部分。

好,梁先生放留声机以消磨时间。

1930 年 9 月 1 日　阴雨,下午放晴

有件事该补记一下,就是妈妈给我和二弟每人二十元的费用,从这一月起。

早上醒来,梁先生已起来了,并且已经不在房子里了。上午很无聊,梁先生不时开了戏片,又上个认识的同学房里去跑跑。菜还没有上桌子,我们倒坐在桌边了。饭后,和二弟一起回家,我预备去买块放在桌上的玻璃,但是跑完了观前街所有的书店,他们都说没有,只得再到景德路的书店去看看,谁知又没有。到了平江书店预备拿一本胡适的诗选,但是那儿没有布面的,只得又作罢。

吃过晚饭后回到学校,徐匡亚也已搬过来了。

1930 年 9 月 2 日　时晴时雨

早上起来拉了一场屎。

今天开学又是像以前的开学一样,像影片一样的又重开映一次。十时散会了,可以回去的,今天于是我和二弟又预备回去了。不知怎的,到了家里就想回学校,在学校里的时候又想回家。

到家又上景德路去,在路上遇见二姐和顾祖葵同她的妹妹(祖苁)。在平江换不到诗选,便同二姐一同到周先生家去,他们请我们吃山芋,很好吃,可惜不怎么烂。周师母,听二姐说她以前在学校里有美人之称,现在我看看还很美,只是脸上有很多皱纹,老了。

又返回平江买了一支自来铅笔、图画钉等杂物。

在家吃过面又回到学堂。

晚上史镶哉到对过赵占元①房里，也到我们房里来谈一阵。

1930 年 9 月 3 日　阴雨

本来我是在甲组的，但是现在被调到乙组来了。我很不愿意这样，因为甲组里有许多朋友，乙组里的人又不大熟悉，我还以为乙组里人没有甲组里的人好，无论在学问、体育、道德方面，乙组里的人都比不上甲组里的人。今天是头一天上课，但是上我们的头一课的那位蔡先生已经上他本班的课，后来上物理的陈先生只来转了一转。吴先生也是上了一个钟头的课。人家都说他很凶，但是我看他还好，可是不知道以后怎样，因为才上一点钟的课怎么就会知道先生的凶或善呢。他教书的方法我相信很好，因为他教了有二十多年的英文了。

晚上把没有看完的《爱的涡流》看完。今天课后又读一会词选，听一会留声机，上床的时候预备看《新俄学生日记》。

1930 年 9 月 4 日　阴，午后晴

数学又遇见沈青来②，在高一的时候他给我 55 分，恰巧可以补考，补考后他也给我过班了，这回不知怎样呢。教国文的马介文很好，他讲课好，教法也好。课后还看看他们游泳，梁相原也会游，游得也还快。

---

① 赵占元(1900—1981)：广东新会人。1927 年毕业于美国密歇根大学体育系，回国后先后任东吴大学、暨南大学、燕京大学和辅仁大学教授、体育部主任。
② 沈清来(1898—1997)：数学家。1922 年毕业于东吴大学，后留校工作，1932—1935 年进入美国密歇根大学就读，毕业回国后一直在东吴大学任教。

1930 年 9 月 5 日　又晴又雨

趁饭前的一课中国文学史，把谷崎润一郎①的《杀艳》看了一点，饭后两课又没有，于是我便把这一篇东西读完了。谷氏的东西我非常喜欢，喜欢读他的作品，他是日本作家中的恶魔派，因为他有一篇东西叫《恶魔》，写男性的变态心理，写得很好。

又到图书馆看最近一期的《新月》，上面有一篇沈从文的《灯》。沈从文是我素日喜欢的中国作家之一，他的笔调另有一种风味。借了几本书出来读读，一部《两当轩集》②，预备慢慢的读它一点。

1930 年 9 月 6 日

十一点钟我和二弟坐了车子跑回家去。因为二弟的新网板来了，所以我们在乐益操场上打了一会网球。打球之前我睡了一个中觉。

今天是阴历的十四，月亮很好，晚饭后和爸爸、妈妈、小弟弟在院子里的篱笆底下看看月亮。听听小弟弟讲电影，在三姐房里鬼混了一会就下来了。

1930 年 9 月 7 日　晴

到七点钟才起来，起身后看弟弟们组织的孔雀戏游园公演。他们

①　谷崎润一郎(1886—1965)：日本近代小说家，唯美派文学主要代表，《源氏物语》现代文的译者。代表作有《刺青》《春琴抄》《细雪》等。曾在 1958 年、1960—1965 年先后七次得到诺贝尔文学奖提名。

②　清代黄景仁(字仲则)著，计二十二卷。后世评黄氏诗云"愁苦辛酸"，情调比较感伤低沉。现代作家中瞿秋白、郁达夫都比较喜欢黄仲则的诗。

拿了竹竿当杠子翻来翻去的，也没有什么好玩。

饭前又打了一会网球。吃过饭帮三姐理了一会书，便和小舅舅一起上观前街去。我预备去买一本书，跑观西的几家书店，他们都没有，到小说林才把它买到。小舅舅要买小手帕，又到药房里去，一买便买了八元四分钱的东西。小舅舅叫他算七块半，他不肯，给他五元钞票两张，他找出来两元一角钱，也算他便宜我们一角钱了。旁边一个人说："是你先生说，面子大才找你一角钱的，不然我们是不还价的。"小舅舅气了，把一角钱掷还他，并且教训了他几句。我听了觉得很痛快。这种商人是要给他们一点教训才行。

我要买果子露，小舅舅说唐福兴的好。于是我们就从青年会边绕道宫巷，在唐福兴吃了冰激凌①，买好一瓶香蕉露。又同到清泉去入浴，回家后就坐车到校。

这次去，我只用去四角钱，其他我一个钱也没有花，倒揩油到一瓶香蕉露和一个大的玻璃杯。我心里很不安，下次总的我多用一些钱还了他。

1930 年 9 月 8 日　晴，午后微雨

上中国文学史的时候，跑来两位先生，一位凌景延，还有一位是我们不认识的。他是冒牌的，文学史不是他教的，所以他终于走了。后来我们去问史镶哉文学史到底是谁教，他说是凌景延教，我们才放心。假如是那位先生教，我们就预备不选文学史了。雨后，我、二弟、宗嬴和二弟新结识的一位朋友打网球。五时入浴，没有热水，只好用冷水洗洗，不知会不会生病。

---

① 现一般写称"冰淇淋"。下文不另说明。

1930 年 9 月 9 日

上体育课时用手走天梯的时候,不知怎么把头颈弄痛了,到现在还不好,还是痛,回头都不很便当,退了十五分钱。吴献书①还不来,于是我们都下去了。但是讨厌得很,他倒来了。

下午打了一个盹。

晚上膳堂里不知为什么忽然吵了起来,但是一会儿就停了。

我花了一个下午才翻好所要预备的英文生字。眼花了,头也晕了,但是总算翻好了。

历史、物理都还没有预备,随它去吧。

1930 年 9 月 10 日　阴雨

本来我在甲组的,今年——不是这学期——我调到乙组了。从甲组来的只有三个人,今天又从甲组里来了几个人,我似乎见到家里的人似的,因为乙组里的人我和他们都不大熟悉,所以见到甲组里的人到这里来,我非常快活。天忽然下起雨来了,在我们要预备回去的时候。高三在星期三下午四时后照样允许外出,但雨不能叫我们不回去。梁先生也常常这样,想到家里,在学校里总是想到家里,在家里呢,又想到学校里。我也是这样,家里的一切对于我是不能使我留恋的,可是奇怪

---

① 吴献书(1885—1944):苏州人,教育家、翻译家,被许国璋先生誉为"近代中国英语界、教学界大师"。在东吴大学任教数十年,是"东吴元老"之一,也是"东吴名师"之一。曾在东吴附中任教,其编写的《英国文学入门》成为东吴附中的英文专用课本。

得很，一到礼拜六总希望能快些回家。这样使我相信诗人们所歌咏的思乡不是虚构的了。因为我也常常想到家里的一切，虽然没有一样是能使我留恋的，但是这整个的已经值得我留恋了。我想起那些没有家的人或是不能回家的人，那真是苦极了。到家洗澡吃了炒饭，就匆匆的回校了。三姐在星期五要走，所以她送我到门口。

1930 年 9 月 11 日　阴

天气是这样的不好，像黄梅天似的，不时下雨滴，雨实在使人讨厌。作文今天出的题目是"祝捷与国庆"，这种题目同朱啸谷的差不多，实在没有做。梁先生说，他在杭州的某一个中学里读书，教国文的先生是不出题目叫学生作文的。那先生说，要作文定义先要有意思、有思想，有了思想然后写出来，写出来后最后再命题目。我觉得这话很对。我做小说总是先想好意思，写了出来后最后再定题目，于是我硬不写题目。

四点钟以后二弟拿了网板来找我去打网球。谁知没有场地了，都被人占去了，我和他只好到大操场上去打没有网的网球。一会儿下雨了，我们便息了。

晚上梁先生和我瞎谈谈。他讲到骑马，讲到他家里的保镖，讲到年轻人之不应该手淫等等，瞎谈了一阵。

1930 年 9 月 12 日

因为 ZJ① 要买袜子，我就陪她一块儿去。到的那个地方好像是新辟的，在袜子店里碰到大姐，似乎袜子也没有买成功，我们便回来了。

---

①　"ZJ"是指周俊，是周有光的妹妹。

大姐是坐车子的,我和她是走的。我走在前面,她走在后面。转了个弯,不知怎么一来把她丢了。我找了好半天,没有找着。回来在街上又碰到平直小学的学生游行,小弟、妈妈、爸爸都夹在里头。

有时候我正在做一件事,忽然想到这事曾在哪儿做过似的,仔细一想,好像这事是在梦中遇见过的。

教西洋史和教物理的两位先生我都不大佩服。今天上西洋史时,教到第 35 节,The Persian Empire,他到前面的一张图片上去找 Persia,找了半天没有找到。原来他没有看过这张图的题目。这图所画的全部都是 Persia,因为底下的一行字是 Persian Empire at its greatest extant。物理实验大概是那位先生没有看清楚课程,没有上。

课后打网球,自打到六点钟。

晚饭后把黄仲则的十六首抒怀诗抄了一遍。

1930 年 9 月 13 日　　晴

十时半大学有新生入学典礼。史镶哉写信来请我们一班我参加,我想他们的目的是要我去看看,因为明年我们也要成为在典礼中的重要分子。今天特请高××先演讲,他讲的题目是"人生与习惯"。在他演讲当中,有一句话我觉得很好玩,那就是"死了再说,死了就完事了,还有什么再说呢?"

没有法子,只好在学校吃饭。五点多钟,和小学生一阵到乐群①看《故都春梦》。这本影片在广告上曾经吹牛说是国产影片中复兴的先锋。我看了还不觉得和我们以前看国产影片那样厌恶它,我觉得这本

①　指苏州私立乐群中学。

片子还可以，虽没有它在广告上吹的那样好。其中一个演员我觉得和她很脸熟，好像在那儿见过似的，但是我却又不知道她的名字，我和她只不过是面熟而已。本来想回去睡的，但是我的床被他们拆掉了，所以我想还是回学校去吧。在老丹凤吃过了面，我把四姐托我买的东西转交了小舅舅，自己坐了车回学校。

学校里今晚有师生同乐会，看的影片是上次在乐群社看的，不很好看。等到完了我才出来。本不想再看完这电影的，因为也已经说过我们学校有同乐会。

我想也许在这儿是等电影完了，我向全场看了一下，才发现没有一个来宾。于是我便回宿舍来了。我想今天晚上大约只有我一个睡在这房里了。谁知过了一会，匡亚回来了。他说他的牌不知哪里去了，不敢回去过夜，只得回学校来。我觉得他真傻，没有牌子有什么要紧呢，反正星期六是可以回家过夜的。

1930 年 9 月 14 日　晴

把馒头包好预备带回去，因为他们想看看我们学校里的馒头。已经是秋天，太阳并不像夏天那样的可厌，尤其是早上更觉得太阳的可爱。

查好生字。

饭后乐益里有一个校工来说有人找我，不知是谁，一到那间房内，才知道找我的是徐元善先生（是以前在高中里的先生）。同他谈了一会，知道他现在昆山中学教书，来苏州玩的，今天乘三点钟的车还得回昆山去。他似乎肥了一点，在路上遇到他我想他也不会认识我，我也不会认识他的。

到四姐楼上去玩了一会,闹了一会,四姐叫我去替她买一支 Qzdg 牌的日本铅笔,因为她看见我有一支。

洗过澡,在近五点的时候,来学校。今晚有影片 *The king of kings*①,这片子很好,我在芳群社曾经看过一次,加以学校的光线不好,时时断片,我所以就不看了。

梦是很容易忘记的,但是我有几个梦却永不使我忘记,像两年前的梦有时我还记得。二三天前我曾做就这样一个梦:老伯伯带了小妹妹小红子等来了,一天老伯伯靠在床上,我站在床边,小妹妹也站在床边,不知怎么一来,我手上的戒指被她套在手上了,我竭力声明我不要她,以后呢,我记不清楚了。

1930 年 9 月 15 日　晴

文学史的书买错了,我拿到店里去换,哪里晓得那小开不肯换,他说我们的书上都写过名字了。我的书上不知是谁在上面写了我的名字,是用铅笔写的,二弟的那本书上确是没写过名,但是他偏要说是写过名字的,一定不肯换。我们只好拿回来。我把我书上的名字揩掉,叫宗斌去替我换,他倒居然肯换了。真把我气死了。明天我得去问问他,为什么我来换他便不肯,而宗斌来换他倒肯?真是岂有此理。

不知怎么会讲起的,我们忽然谈到自杀,从最近毛剑佩②的自杀讲

①　*The king of kings*,即电影《万王之王》。
②　毛剑佩(1907—1930):20 世纪 20 年代上海著名女演员,主演或参演过《人面桃花》《湖边春梦》等,1930 年因与男友发生口角,一气之下吞食生鸦片自杀。

到芥川龙之介[1]的"模糊的不安"。梁先生又讲起他的一个朋友因为和后母不对,吃安眠药水自杀,后来被他的姐姐知觉后才免于死。因为梁先生曾经和他说过用安眠药水自杀最好,所以他才买了两瓶安眠药水带回去的。匡亚问我对于自杀是应该呢还是不应该。我以为只要本人自己要死,对于自己自然是应当的。其实这并不是应当或不应当的事。假如你定要说自杀是不好的、不应该的,但是那些自杀的人他们正觉得自杀是他们所应该走的路。我对于一切自杀的人,无论是因为情或是因为环境的压迫,总不加不好的评论给他们。我觉得自杀虽不是应该的事,但也不是绝对不应该的呢。假如你忽然想到要自杀,或者环境使得你不得不自杀,那时你才知道只有自杀是你唯一的出路,你也不会非难那些自杀过的人了。

过十三号了,《水》的稿子还没有着落。午睡在床上想想,忽然想到一个可以做小说的题材,等起床时再把大概结构布局想好,明天就可以动笔了。

1930 年 9 月 16 日　午后暴雨

凌景延又来教我们了。他教的是中国文学史,他教书是我们所欢喜的,因为他教起来像说书一样的动听。

今天我开始写小说,写了五个 pages。晚饭后梁先告诉我们一段恋史,他说他小的时候在扬州的一家祖父的朋友家里,他们有个孙女儿

---

① 芥川龙之介(1892—1927):日本小说家,代表作有《罗生门》《烟草与魔鬼》《夜来花》《河童》等,是 20 世纪初日本文坛耀眼的新星。1927 年服毒自杀,他在给友人的信中,曾写道:"对于未来,我只抱有一种模糊的不安。"

和他的年纪仿佛,时常在园里一块儿玩,因为家里没有小孩子,只有他们俩,所以他们就成了很好的朋友。但是她是个寡言多病娇弱的姑娘,梁先生的父亲不大赞成她做他的新妇,因为恐怕她寿不长,不能生育。梁先生的哥哥是死了。现在她大概还在扬州,梁先生说她们家正在等他呢,但是他却不能要她。起先梁先生有一本本子,上面抄的是一些词,梁先生说是从书上抄下来的,其实呢却是他自己作的。他不给我们看,今天我说我等这篇小说写好给你看,你要不要把你词本子给我们看。因为词本子给我们看了,所以他才告诉我们这些事。

1930 年 9 月 17 日　晴

凌景延的那两个字依然和他往常写在黑板的字一样,很不好看。本来西洋史换倒希望一时至二时上的,但是那位苏先生不知在这时间内有些什么事,出了一张条子说西洋史改在今天下午四点到五点上。四时到五时我们向来是没有课的,最多上到下午四点钟。何况今天又是礼拜六,同学们都要出去,所以在一时到二时的时间在教室里开会,决定不上课。到了四时我们都不去,只有杨景寿去的。他只不过加了page 的书叫我们预备。四时后走回家去,洗澡。因为明天要用《唐诗别裁》,所以向爸爸要。爸爸说楼上有,但是我只找到《清诗别裁》《明诗别裁》,却没有找到《唐诗别裁》。所以我只得拿了四姐的一部新版的《唐诗别裁》,又到乐益在卫一萍的桌上拿到一本《中国文学概论讲话》。

1930 年 9 月 18 日　晴

第四节党义是全高中的同学都要上的。在大学礼堂里同学倒很多，可是一点不像上课的样子，有的睡在椅子上看小说，有的谈话，有的笑，有的正准备逃出礼堂。有一个人在地下爬，想逃出去，因为椅背比人低，所以只好爬才不至于被看见。谁知坐在后面的一些人都看到了，于是大家笑起来。江毓尘这可火了，他指着一个学生叫他到前面的椅子上去坐，他不去，江先生从讲台上下来。"你为什么笑？""笑笑有什么要紧？""你叫什么名字？""我叫×××"（我没有听清楚）"好！好！"说着便走出礼堂，接着便是一阵大笑。没一会江先生和施子言来了，把那个同学叫出去，我想大概是去吃大菜吧。静了一静，可是没一刻又□□①了，有的睡，有的谈着。上了约有四十分钟就下课。我一点没有听到，不知说了些什么。

把那天没有做好的一篇小说做完，名之曰"九年以后"。拍网球遇到一位不会拍的朋友，觉得没有意思，二弟又不愿意他拍，我也不很高兴同他拍，所以我们就停止了。

电灯一会儿亮一会儿暗，真讨厌。

1930 年 9 月 19 日

上物理实验之前我到林堂的厕所里去，因为走得太快，上石级时候跌了一跤，直到现在脚还痛，走路都不很便当，上楼下楼更痛。亏好今晚梯子拿来了，不然又得忍痛爬上床去。

下午把做好的一篇《九年以后》誊好，预备明天带去寄，直到晚上六点半钟才抄好。

---

① 原文为英文，字迹模糊，无法辨认。

1930 年 9 月 20 日　晴

本来第三、第四课都没有,可以早就回去,但是因为上星期五我们没有做实验,这星期五做了两个实验,所以今天第四点钟继续实验下去。我们今天只花了一刻钟的光景就做好了。

午前回来,二弟先去买电影票的,但是他去的时候还没有开始卖票,所以他把钱丢给匡亚,托他买。有一位殷大姐,她托我替她写信,又过一刻钟的样子,二弟在旁边急死了。他听见她说出一件事,接着又说出一件事来,他总是把眉一皱。

《四大天王》并不比《七重天》《日出》好,在表情方面说,这片子远不及《七重天》和《日出》。

爸爸把我们的床都拆了,所以今晚我只好睡到楼上的弄堂里来。

1930 年 9 月 21 日　晴

和二弟睡在一张床上,他把被打了,脚都快碰到我的脸上来了。

四姐他们到虎丘去野宴,爸爸、妈妈都去。我本想去的,但是因为脚还没有好,所以还是在楼上把英文做好。

下午睡在五弟床上把徐洁的一篇《奇异的友人》看完。

四爷家的大毛孩来玩,开始四姐不在家。

五爹爹房煮大烟,真不好闻。

吃了吾妈①为我煮的圆子汤,洗了澡便坐车回学校。本想到观前去买点东西,也是因为腿跌痛了,所以没有去。

———————————

① 吾妈:方言,"保姆"的意思。

房里没有人,比我先来的为匡亚,最后来者为梁先生。

看看这样书,不高兴,看看那样书也不高兴,只得不看,让他去找朋友。明天再说。

想睡了。

1930 年 9 月 22 日　微雨

上中国文学史的时候,凌景延讲几个关于作诗的很好笑的笑话,讲得全堂里的人大笑起来。

课后因为下雨,不能出去玩,所以只在房里瞎谈,谈戏谈鬼。

晚上宗赢来,我们(匡亚、祖厚)和他玩笑了一阵,因为 Miss 毛很欢喜他。

子寿来把卧单、操衣、夹袍都送来了,真快。吃饭时候发的信,他们倒已经收到了。我是写给四姐的。

晚上自修时把英文生字翻好。

1930 年 9 月 23 日　　晴

是秋天了,太阳并不觉得怎样的可怕了,风吹上来也觉得有些寒冷了。昨天我穿了绵〔棉〕绸大褂去上课,已经吃不消了,上了两课马上回房间来穿竹皮长衫。可是已经迟了,今天我已经伤风了。

饭前开班会于 45 号,通过执委的章程和预算表,并且执委的议决案叫我做编辑股助理。

想拍网球,但是场上都有了人,于是只好在食堂后面的草地上打球。一会儿健身房边上的两块地上有一块空了,我们便去打。但是没一会儿,他们就来收网了,我们只好停止,跑到图书馆里看最近的一期《真美善》①。

1930 年 9 月 24 日　晴

本来今天要上历史的,但是那位苏先生忽然不上了,到星期五再上。物理调到明天去上,所以今天早上只有一课。

体育,练习爬绳翻筋斗。

拍拍网球,觉得我的网球怎么这样退步,总是打不好。

晚上有柏猷和吴光比篮球,我本不想去看,但是终于去看了。结果柏猷输了,只输了十分,汪荣广在柏猷那一面,虽然输了,但是他却出了不少风头。

李宗斌叫我回去打听打听利苏印刷局印本书要多少钱,而我今天不想回去。因为我觉得隔两天就往家里跑便以为家不稀奇了,时间隔得愈长久,在家的那一天愈觉得有趣。

1930 年 9 月 25 日　晴

有件大事得记一下。就是最近前国府主席谭延闿氏逝世。昨天我们学校还下半旗起示哀呢。

国文发下来,前半篇还好,没有改多少,后半篇却不对,差不多全被改完。本来我觉得那篇东西就不好。今天我做的题目是文艺评论之一——"我所读过的小说"。我把《迷羊》来稍微说了一下,只能说是读《迷羊》,却不能算是评论《迷羊》。这篇东西是用白话做的,我觉得做得

---

① 　《真美善》,1927 年由清末民初著名谴责小说家曾朴(《孽海花》作者)创刊于上海。

很不好。

二弟生病了,眼睛里有一块血块,看护在四点钟后带他到医院里去看的,医生签字许他明天回去和今天下午不上课。我没有看清楚那张证明书,因为二弟想今天就回去,所以就和他到网球场上去向夏宪泽请假,但是夏宪泽不准假,说"格浪写格是明朝"。学校里请假真太麻烦了。

记得上半年我生病,要回去找夏宪泽,但是他说要医生签字,只得又去找看护。碰巧看护又不在学校,找不到,直到晚上吃过晚饭,看护才来量了热度,还说没有什么热。夏宪泽才用了他不行的中文写"准学生张宗和出校",我才在八时左右坐了黄包车回家。计算从我找夏宪泽起,到我得到可许出校的条子,共费去五个钟头,亏好我的病还轻,若是病重一点,也许会死在学校里。所以我觉得学校里对于生病的学生请假应当特别宽,像这样麻烦的手续似乎太看不起学生的人格了。难道还会假生病不成?所以我以为对生病的学生,或者叫他马上到医院里去看,不愿到医院去的,就得马上送他回去。

广西同乡会和中山联队比排球,结果广西胜。

1930 年 9 月 26 日　晴,阴

早上陪二弟到夏宪泽处请假,但是他老人家睡在床上。饭前在图书馆看完胡适译的一篇《米格儿》。晚上又看完沈从文的一篇《春天》。

宗斌、宗赢来,一定要我和梁先生在下星期五交谊会中唱戏。

商寿①来谈一会儿,他很有趣。

1930 年 9 月 27 日　晴

打网球打得一身汗,到房里拿了脸盆洗过脸,便匆匆地和匡亚走出校门。

今天玩了不少宗运动,拍网球,打篮球,打台球,跳高。丁景清②先生的孩子明明才五六岁的样子,他也要跳高、跳远,竹竿放在一层上他居然能跳过去,他得意得很,还跳跌得一身都是黄沙。但是他却不喊累,还要跟我们抛球。真不愧为体育教员之子。

爸爸叫我把在他房里的(就是我们以前的房子,现在三弟、四弟、五弟、金荣老头子都住在里面)的书理了一下。

五爹爹新买一只小哈巴狗,眼很大,它要咬我的手。

1930 年 9 月 28 日　阴

睡在床上把阿志巴绥夫的一篇《血痕》读完。起来后做英文习题和文艺评论——"我所读过之小说"。这是宗赢托我替他做的,当作文交上去。

爸爸叫我替他包了四本书。

---

① 即徐商寿,后改名徐迟(1914—1996):浙江吴兴(今湖州)南浔人,诗人、散文家,尤其在报告文学领域成就卓著。1928 年,就读于上海光华大学附中,后进入东吴附中,1931 年 9 月升入东吴大学。"九一八"事变之后之后,参加"援马团"北上,拟出关抗日,后滞留北平。1932 年 1 月,入燕京大学借读。
② 丁景清(1901—1994):江苏苏州人,民国时期的体操明星,1926 年毕业于上海爱国女子体育专科学校,1928 年后,先后任教于苏州乐益女中、苏州中山体专等学校。

五弟、二弟、高一鼎拍台球，他们总是打不下来。我来了，五弟说，对不起，你不要拍了吧。他总是被我打下去，气死了。我的手又酸了，所以就让他们去打吧。

吃了三块大饼，我和二弟迈步走回学校。

1930 年 9 月 29 日　阴雨

西洋史改到第 45 号去上，因为有人来参观，课室坐不下。这是苏先生的话。

我以为也许是省教育厅里派人来，因为我们学校现在正在进行立契的事。

参观的人来了，男的女的老的一大群。原来有的是我们学校里大学三年级读教育的学生，缪礼衷先生也在内。

景延先生讲了许多关于钱玄同、容庚、王国维、鲁迅等一班在北平的名人的事情。

下午看比赛网球。

晚上看比赛篮球。

1930 年 9 月 30 日　阴雨

月报，许钦文的《仿佛如此》（读了一部分）吃晚饭时。

今天读了不少的书，六月号的小说又接到朱奎桓寄来的他的著作《恋叛》，又花了一点钟的样子就把它读完了。奎桓是我的同学，因为验身体的生活验出他有肺病，所以不读书了。真讨厌肺病这件事。《恋叛》是读完了，有空我想写一封信给他去，对他说明我对他书的意见。

商寿、起炜都到我的房里来了,我们大谈了一阵,什么鲁迅、张资平、浮士德,大学大纲。乱谈一阵,直到九点一刻他们才走。

今天一点功课也没有预备。

1930 年 10 月 1 日　晴

十点钟了要睡了,不高兴写日记了。

大姐来信到家说她不久就要回来了。大、中学比赛网球,中学胜了,可惜我没有看到。我刚赶回来,他们已经打完了。

1930 年 10 月 2 日　晴

拍网球拍到吃晚饭。

二姐把她的照片寄来了。

拍球时叫了两个小孩拾球,我给他们两角钱(是向梁先生借的,因为我自己身边没有钱在)。但是后来沈传良又把两角钱还我了,他说我们(沈、黄同他们的弟弟)的人多,所以我就收了他们还我的钱。因为我最不欢喜客套,他们既然还我,我就收了去还梁先生吧。

1930 年 10 月 3 日　晴

西洋史发了下来,我吃了一个"E"。并且他(苏先生)还说在下课的时候请你们三位等一等,哪三位呢?徐匡亚、冯家治①和我。

---

① 冯家治(1912—?):苏州人。曾就读于东吴附中,后进入上海圣约翰大学土木系,1936 年毕业。

下课了他把他的记分的簿子给我们看，在我们的名字底下虽然写着"E"字，但是是用铅笔写的，别人的分数是用钢笔写的。他对我们说，第一次小考的时候你们用心点就可以是 make up，"E"字也就可以擦去了。有二个 game，一个是吴光和晏成①赛足球，他们踢得很不好，所以我不高兴去看，就去和二弟打网球了。晚上又有高三同体育科的篮球赛，结果高三赢了，我真快活，高三从没有输过，因为我们实在太狠了。

看过篮球就在林堂会客室去开交谊会。吃啦，吵啦，笑啦，真真弄得一塌糊涂。拾阄子时，我拾到的是装猫叫。最好笑是有一个条子上写的是学老人做迷眼三次，拿到这条子的是庞×勋，他只得斜了三下眼。还有李远义拿到的是学老人走跳的姿势。有许多事，假如人少了，就不会觉得好笑，但是人一多了，就似乎是件好笑的事了。因为人多了，只要有一个人笑，其余的人也不能自禁的跟着他笑了。十点多钟，我拿了一只梨、一只香蕉来睡觉。

1930 年 10 月 4 日　晴

站在图书馆看完郁达夫的一篇作品，这是写他潦倒的朋友的事。

因为到十一点钟才能拿牌子出去，所以就同二弟到葛堂背后的球场去打网球。梁先生去拿牌子，但是被史季言赶出来，他说："先生，太早了点吧?"果然梁祖厚真的成了先生了，什么都叫他先生。回家吃饭，二点钟就同二弟、韦均宏，还有一位不认识的人，打网球。我和那不认

① 即晏成中学，由美国南浸倍会于 1906 年创办。新中国成立后，晏成中学与慧灵女中合并，称晏慧中学，1953 年更名为"苏州市第三中学"。

识的人一面,二弟他们两人一面,打 game,结果他们输了两个 sets。晚上我一个人睡在楼上弄堂里,看了一点《暮春》(许杰作)。

1930 年 10 月 5 日　晴

今天打了不少的网球。先是我和仲熙一面,打小舅舅和二弟,结果六对二他们赢了第一个 set。第二个我们努力反攻,终于以六对八打胜他们。二弟又同我打了两个 sets,他输了,六对二。

妈妈对我说:"假如你愿意荒课,那么你就回去一趟。因为四爷三妈都要回去,家里不得了了,他们要弄我们的稻了。"我倒很想回去看看,因为我好多时候没有回合肥去了。

1930 年 10 月 6 日　晴

"八月十五月光明。"

市南对我们中学队比足球和网球,结果都和了,没有输赢。

在葛堂的顶上看月亮,从柳叶中看月亮,在水里看月亮。

今天月亮并不大,也不亮,不知是为了什么。

1930 年 10 月 7 日　晴

网球没有打到一会儿就被他们赶下来了,因为他们要来比网球了。今天的月亮比昨天的好,虽然昨天是中秋。

1930 年 10 月 8 日　晴

搞了我一个下午才查好英文生字,晚上又作了算术,搞了我两个钟头。

1930 年 10 月 9 日　晴

《水》九月号来了,他们叫我不要给四姐和二弟看。但是我今天带了回来,四姐已经在看了。明天是双十节,学校里放学,后天也放。

1930 年 10 月 10 日

四姑家的小弟弟来了,陪他到公共体育场去找四姐,因为他们学堂要参加这盛会的团体。今年人并不多,一共只有几百人,真萧条。记得往年的双十节到会的人总在千人以上。

在乐益里打网球,地是那样的不行,所以打的人也不起劲,只一会儿工夫我们就停止了。吃过饭,马上就同四姐、二弟到学校里,因为三姐来信给二姐(她已经在昨天晚上回来了),叫她替她把箫和一本字典带给她。但是箫被我带在学校里,字典给二弟带在他身边,二姐明天要回上海,所以我们只好去拿,并顺便带四姐去看看我们的房间。我的房间收拾得很好,很干净。到过学校,本来想到博习医院去看病,但是医院里要两点钟才挂号,我们三点钟要去看影戏,所以我们就出来了,不看病了。

和我一同去看影戏的有我们弟兄五个、四爷家的弟弟、窦祖龙,七人,共费二十角。《续三剑客》一点也不好看,看得我的头也有些晕了。

晚上在乐益的草场上放野火,但是总是放不着,只好拔了草来烧。

一颗红色的星星慢慢渐渐的分开了,成四五颗星慢慢的掉下来。

乐益里的先生们大大的议论,有的说一定不是灯,灯不会有这样高,有的说一定不是飞机,结果他们说还是看明天的报吧。但是忽然他们想到明天是没有报的,只好大家暂时相信这是星星。

有一夜(不记得是哪天了,总之是近几天晚上),我梦见三颗星星,有两条光线把它们连起来,很好看,猛然间一匹白马上骑着一个白人飞也似的从那条光线上跑过去。

1930 年 10 月 11 日　晴

二姐早上回上海去了,四姐送她出去的。但是她直到现在还没有回来,不知她跑到那里去了。

以六对零、六对三打胜公共体育场的马汝奎和陈瑞生。

同周先生(乐益里新来的先生)、二弟,三个人跑到汪瑞裕①去喝茶,因为我一回汪瑞裕也没有去过。

在汪瑞裕的屋顶上看看观前街,觉得一点也不好。

买了菱,到观里的五芳斋去吃排骨,回来时一路剥着栗子吃。到青年会门口的振兴书局,跑到里面去把栗子放在柜台上大吃一阵,坐在店里踏风琴的小伙计装着不看见。

刚到家,七爷、八爷、九爷、十爷、三弟、四弟和万家熙都在乐益打篮球,我和二弟一人参加一面。本来我们败了,但是我上去后就赢了,结果我们胜两分。

1930 年 10 月 12 日　晴

窦祖龙、万家熙他们又来了,我们就一同打篮球。我们这面输了不少,一会儿我们都不干了。

———————————

① 汪瑞裕:茶号,是苏州老字号之一。

他们九如社①要同我们比台球，他们是四弟、高一鼎、李佩秋，我们是五弟、我、二弟。把他们打得落花流水。

四姐今天又没有回来，但是得到个消息说她到南京去了。

1930 年 10 月 13 日　晴，阴

宗赢替我把网球买来了，四只球共五元三角六分。我和二弟两人各出一半钱，当出二元六角八分。

今天不知打了多少时候的网球。吃饭前和李宗斌打，他输，0 对 6 和 2 对 6。下课又和二弟去打，以 6 对 3、6 对 3 又胜了。宗赢又要和我打，没有打完，人家就来收网了。

1930 年 10 月 15 日　晴，阴，雨

体育课测验用的是双杠，宗赢一上去还没有两下就跌了下来。又上去，又跌下来，如此数次。他得到个 0。

1930 年 10 月 16 日　晴，阴

东吴一中和晏成教职员打苏州的网球锦标赛，我们败了，因为大冯、小冯都是网球的能手。

明天考历史，我只看了一遍，不知明天能不能考及格。

---

① 当时张家四姐妹与宗和、窦祖麟自办文学社团水社，张家其他小兄弟不甘落后，和邻居好友们一起办了九如社（因家住苏州九如巷）。

1930 年 10 月 24 日　阴

又有一个多礼拜没有记日记了。不能说我懒,因为是正在第一次中考期间。一切的功课都考完了,只有明天的一样党义没有考,有许多分数也报告出来了。历史"B⁻"和上一次的"E",评后总算可以及格了。英文"C"我真是快活死了,在吴献书那儿能拿到"C"已经很不容易了。体育 69 分,物理"C",中国文学史"A⁻"。这月份的《水》的稿子,我只寄去了一篇往日做的自传去,因为实在没有功夫做。一天到晚虽说不读什么书,但是有许多书是必须预备的,像英文、西洋史等,都得在头一天晚上看一遍。

这星期六(就是明天)我不想回去了,想在学校里写好一篇东西。

1930 年 10 月 25 日　晴

算学分数报出来了,我得了个"D",真是快活死了。八问题我只做了两问,还得"D",真是我所意想不到的。党义今天考,我考得一塌糊涂,连翻书都不知道往哪儿抄起,抄错了一问,题目一共只有三个。

本来一到礼拜六就想要回去,但是今天忽然不想回去了。吃过饭和二弟打网球,一共要打五 set,我以四比一胜了他。打过后我们实在吃力,回到房里来拼命的喝水。外面有足球比赛,洗好脸洗好脚又出去看。是吴光队战金城的教职员,马汝奎当球门,一连输了八个球,真是饭桶! 球打到他身上弹出去,他从没有把球接住过,到末了,罚个十二码,总算没有 keep zero。

因为中上①只吃了一碗饭,所以同二弟一同到永兴吃了一碗面、一份锅贴。晚上在房里把以前做的一篇东西拿来改一下,又遇见戴广运来了。一直讲到十点多钟,那篇东西又没有改作好。

二弟睡在我房里。

1930 年 10 月 26 日　晴,阴雨

早上把昨天没有改好的那篇东西改作好,包了馒头和二弟走回家去。

到了家,刚刚爸爸和妈妈正在吃早饭,我们便加入。

头发有好久没有剃了,长得这样长,只好同四姐、小舅舅一同去剃头。四姐不肯到观前,所以就在公园剃。我同小舅舅一同到青年会去。剃好头,到观前街去买些牙膏、信纸、信封之类。观前把以前还没有弄好街心的石子居然铺好了,但是路旁的人行道还没有铺水门汀。

回来刚好吃饭。

把昨天改好的一篇东西誊到稿纸上,题目叫《夏天的晚上》,寄到劳中给祖麟。他叫我多寄些稿子去,以备有哪一期稿子缺时补下,使月刊合订本子不至于太薄。

吃了五个馒头,洗澡,到校。匡亚和祖厚今晚都没有来,房里只有我一个人。

1930 年 10 月 27 日　阴雨

很规矩的过了一天,照了钟声上课,照了钟声下课。

──────────────

① 中上,即中午,合肥方言。

没有做别的什么事,也没有什么好记。

1930 年 10 月 28 日　阴雨

因为天天叫菜很讨厌,所以我们就包给厨里,叫他们每天给我们四样菜两样汤,每顿两样菜一样汤,每天是五毛钱。

吃了晚饭就想睡觉,于是便上床了。

1930 年 10 月 29 日　阴雨

凌景延真拆烂污[①],总是不大来上课,昨天来了说:"Ms.顾(这是他在对顾启华说)今天没有 class。"记得往常他教我们历史的时候,来了,坐下把名点好,于是他对我们说:"今朝吾有点事体,对弗起诸位。"这样他便走了。过一会子,我还看见他在林堂里看布告。

这学期到现在还没有好好的看一本书,以后有空当多看一些小说。

1930 年 10 月 30 日　阴,晴

在洗脸室发现一张布告,这是一篇长篇大作,布告写了三张writing paper。其中的意思是说他不见了一瓶牙粉,但是他知道是谁拿的,请那人赶快把牙粉送还,便算了事。我看了很好笑,我觉得不见了一瓶牙粉,不妨写一张布告,但是却不必这么长篇大作的(听说这位先生是学生会里学报股股长,这也难怪一写就收不住手了)。晚上事情发生了,原来他所指的那位偷他牙粉的就是陈元臻。陈元臻大不答应,要和他谈判,但是没有结果,几乎大吵起来,因为夹的当中还有许多不

---

① 拆烂污:吴方言,指做事马虎,不负责任。

相干的人在中胡调、瞎说话。现在不知怎样,听说去叫夏宪泽,但是直到现在夏宪泽还没有来。

1930 年 10 月 31 日　阴雨

起来时雾很大,站在宿舍背后的大树下,看子实堂连一点轮廓都不能看见。接着雾来的便是雨。真奇怪,这天已经是秋天了,但是还是像黄梅天一样,不住的下着细雨。有时停,有时下,有时又出太阳。

四大学的排球赛在我们这里举行,今天是第一天,虽然下着小雨,但是他们仍然比下去。东吴输给之江,沪江同金陵比赛时因为雨下得太大,我不去看了。

到房里来做算学。刚做好算学,胡福培来了,他来向我借伞和鞋。我本来很讨厌他,因为他曾经骗过我们的钱,说什么他那儿有个老太婆死了,化棺材。前次暑期里他又来说什么陈荣期托他来向我借钱,我这回可没有借给他,因为我不知道他是不是来骗人的。今天他来借伞,我看雨下得很大,虽然我没有伞,但是我向梁先生转借了一把伞给他。他又把我的套鞋穿了去。晚上戴广运来瞎谈了许多时候。

1930 年 11 月 1 日　阴

昨夜刮了一夜的大风,今天当然很冷。

早上我们三人起得最早,但是已经打过起身钟了。

昨天因为看比球,没有做实验,今天补做。因为下午有两个 game 看,所以今天我们不预备回去了。一个是晏成对一中的足球赛,一是东吴对金陵的排球赛。昨天东吴对之江,虽然东吴输了,但是东吴有决赛权,因为东吴对之江是友谊赛,之江并没有加入四大学的排球赛。

第一个 game,东吴输了,二十三对二十,真气。是我们先打到二十,还过一下就可以赢了,可是不巧得很,发球权给他们抢去了,还被他们连赢了几下。

我先是坐在看台上,上去的时候一不留神险些几乎跌了下去,亏好前面有几个女学生,我就借她们的背撑一撑,否则便会跌下去了。在我们附近的两个看台相继被挤垮了,倒了下来,我看有一个小孩睡在地上也不动了,不知到底怎么样了。于是我们也吓得下来了,我们所坐的看台也斜了,保不准了。

第二个 game 我们就打胜了,十二对二十一。第三个也胜了,九对二十一,快活啊!足球也赢了,六对一。

晚上还有师生同乐会,是"中学之夜"。

1930 年 11 月 2 日　晴

昨晚"中学之夜"的主要节目是一本新剧,名叫《胜利后的悲哀》,原名《强盗》。其中演强盗的演得很好,念白清楚,表情得当,其中做一对情侣做得很不好,若不是有一个强盗,这本剧本就给他们做糟了。还有滑稽转伞等节目,也还有趣。

一早起来就同二弟走了回去,带了几个馒头,因为爸爸他们都欢喜吃那样的馒头。

到图书馆去翻了一阵杂志,没有什么好看,就出来了。

下午家里人都去买布去了,一个人无聊得很,便跑到公园去看电影,《美山岛》,一点也没有什么好看。

到观前买了排骨，又买了两本书，一本是沈从文的《好管闲事的人》，一本是许杰的《火山口》。

1930 年 11 月 3 日　晴

有吴光队和苏中的全苏甲级足球锦标赛，上半时 0 比 0，下半时被吴光踢进了四个球。

才打自修钟，就觉得想睡得很，于是还没有听见打几点钟就睡着了。

1930 年 11 月 4 日　晴

天气骤寒，着棉衣尚不能敌。

学校里加了一课军事训练，请了一位什么在公安局当队长的某某来教。他是个大胖子，说北方话而带苏州音，他本来是苏州人。在大学礼堂里听他讲，起先他讲了些他的经历，讲来讲去总是什么排长、连长、刘副官之类，后来他又瞎谈了许多军事上的知识。

晚上有 T.N.T 与中山体专的篮球赛。

1930 年 11 月 5 日　晴

下午体操课，打了一会排球，讲好和匡亚一块到乐群社去看《七重天》①。这本电影我虽然看过，但是我觉得再看一遍也无妨。我们以为

———————

① 《七重天》(*Seventh Heaven*)，又译为《第七天堂》，1927 年在美国上映，随后引起极大轰动，该片使主演之一珍妮·盖诺迅速窜红，成为第一个获得奥斯卡最佳女演员奖的演员。这部电影被认为是一部美妙的情节剧，又是一部优秀的另类战争电影。

四点钟开,所以我们两人拼命的走快,匡认不得,我也不大熟,跑了好多冤枉路。好容易总算到宫巷,一问里面的人,知道第二次要五点半才开。看看才两点钟也没有到,于是我对匡亚说:"我先回去一趟,你可以上观前买笔。"到家换衣裳,洗过脚,吃了一点下的面条。上了楼看见四姐回来了,她们上礼拜旅行到杭州去的。

在公共体育场上碰到爸爸,他在那儿看中山体专练足球。

赶到乐群社,已经有五点半了,但是要再过一刻钟才开映。

片子时时断,并且剪去不少。

八时步行回校,在永兴店里吃了一个饭、一个炒面,太饱了。

1930 年 11 月 6 日　晴阴

军事训练的教官今天迟到。第一声口令"立正"还好,愈到后来愈不好了。叫我们横队开步走,在大操场上把我们全高中的人分成三队,一队一队的横队从操场的这边开步走到那边。他先跟着头一队的走过去,他一个人跑回来,身子太肥,跑的姿势实在不太好看。跑了两步,大概是跑不动了,便又一步一步的走了。

作文的题目是"自传"。"自传"我曾经做过一篇,现在只从那一篇中节一段下来。

高三和大一比排球,结果大败(21 对 4,21 对 16)。

1930 年 11 月 7 日　阴

今天真是快活,上半天只有一课,"苏东坡"没有来,吴献书也不来了,所以只剩郑保珊的一课物理。明天也真快活,沈青来不来,江毓麟病在[1],

---

[1]　病在:方言,在生病的意思。

不知好了没有,明天我们一课也没有。

开明二十级编辑会议开到五点多钟,把沈从文的《好管闲事的人》看了一点。其中有一篇《卒伍》很好,写他十四岁时离家,跟着他父亲从前的马弁(现在是团长了)去当兵(做团长的马弁)。以前的一些事——尤其是记他和莲姑(那个团长的女儿)的事——更有趣。

有吴光队和苏中的篮球赛。

1930 年 11 月 8 日　阴

今天一课也没有,到图书馆去瞎看了一阵。宗赢要翻译雪莱的《西风歌》,叫我帮帮他的忙。

回家无聊得很,看在小五狗①桌上有本《北方奇侠传》②。

1930 年 11 月 9 日　阴雨

还在床上继续看那本《北方奇侠传》,四姐已经来洗脸了,她把我闹起来到公园里去看猫熊、蟒和菊花。在西亭有几盆花很好看,我不能说好,只能说好看,因为我不认识菊花。到合作农场看到了猫熊和蟒,还有猴子、兔子、鹰、红鹦鹉、灰鹤等动物,有几个小学生模样的小孩子也走来看。他们看见放猴子的一间房的门口有张条子上面写"台湾产",于是有一个小孩说了:"台湾有山吧?""自然啦。"另一个回答。"台湾属

① 即五弟寰和。张家十姐弟在家中的昵称,女孩子依次是大毛(猫)、二毛(猫)……男孩子依次是大狗、二狗……
② 《北方奇侠传》是民国时期武侠小说五大家之一赵焕亭(1877—1951)的代表作之一。

于日本的吧?""不,不,应该是属于英国的。""……"他默认了。真跌价,台湾到底是属日属英都弄不清,将来还想反对帝国主义吗?同去的是我们一家五兄弟和四姐。

回家把历史看好,吃了饭才回学校。桌上一塌糊涂,地上也有香烟头,我起先不知是谁,但是后来一想知道是张念椿。

1930 年 11 月 10 日

(记不得了,所以就不记了,虽然已经写好日期预备来写。)

1930 年 11 月 11 日　阴

讨厌得很,四点钟还有军事训练,只好牺牲看比足球(吴光对威烈)。可是还好,那位当连长的还识相,只操了一刻钟的光景就解散了,否则定要闯出人命案子来。因为有几个人只穿了小汗褂子,寒风吹来实在有点"行弗落"①

吃了晚饭走回来,风大,很冷。

早上做了一个梦,说我们一家重到我们的旧寓所(寿宁弄八号)去了。

1930 年 11 月 12 日　晴,阴

这一天真累死人了。早上我还睡在巷道里(楼上)的床上,爸爸就叫我快些起来,同他一阵到学校里去。叫了车子,爸爸带了小弟弟,我们一同就到学校。我抱了小弟弟楼上走到楼下,真有点吃不消了。拿了操衣

---

① 行弗落:方言,"想不通"之意。

马上又坐车回家,爸爸并没有进我们的房,因为徐匪亚昨天没有回去。

七爷、十三爷来了。我们一块 LY 打篮球,爸爸来了,我也加入,于是爸爸便去召集先生们来同我们比赛。结果十四对零,他们一分也没有丢进。爸爸一球也没有接到。

打网球,打台球。

晚上走回学校。

1930 年 11 月 13 日　晴

接到《水》第十五期和祖麟的一封信。

晚上我写了一封信给他。

开出版委员会真是麻烦,老实说,这种事我真不愿意干。

1930 年 11 月 14 日　晴

吴献书先生今天又没有来,奇怪,每到礼拜五他总是不来,上星期五他也没有来。教员们生病,睡在床上,很不快活,然而学生感到很快活。

下午打网球。晚上看比篮球。没有什么好看,我就回房间了。

1930 年 11 月 15 日　晴

十时开编辑股会议,讨论了有一个多钟头才散,散后马上就同二弟走了回家。吃过饭又回学校,因为下午一时要开编辑部文艺组的会议,我是文艺组的组员,所以下午必定要去。在宗斌房里开会,各人把所来的稿子看了一遍,写一点意见,作为第一次的选稿。

看了一会足球比赛,我们一中输了,是为了两个十二码输的。

回家时走了一条很特别的路,是陈明斋指示我的。

晚上起始作一篇小说,描写一个学生的思乡,只写好一点,约有一千字的样子,我预备写四千字。

1930 年 11 月 16 日　晴

起身后和二弟、三弟到乐益里去打台球。我摆老庄,他们一个也打不下我,打得我头都晕了,手也酸了,于是我便不打了。回到四姐房里,继续做我昨天没有做完的稿子。

吃过饭又写了一点稿子。到两点钟,就同二弟一同到公共体育场去找陈瑞生打网球。到那儿开始只有他一个人,打了一会儿我们不高兴了,就回到乐益里来和二弟打 game。第一个 set 他胜了,六比二;第二个我胜他,五比七;第三局又是我胜他,六比零。

为四弟、高一鼎、三弟、二弟、李佩秋他们做公证人,他们在踢小皮球。

晚餐前在餐桌上写小说,吃了饭又写一会才写好。

步行回校。

题新做好的那一篇东西叫《星期六的下午》。

匡亚和祖厚都没有来。

1930 年 11 月 17 日　晴

抄好一篇《塞上》给《朝旭》①作为我的稿子。虽然是旧作,那也只好随他〔它〕了。因为我最近做好的一篇《星期六的下午》预备做这一期

---

① 《朝旭》是当时东吴一中民二十级(即 1931 级)创办的学生刊物,创刊于 1930 年 11 月 16 日。

(十一号)《水》的稿子。抄了十二张才抄完,抄得我手都酸了。

沈青来不来,我们很快活。

1930 年 11 月 18 日　　晴

他们都当沈青来不来了,但是他今天却来了。

把《星期六的下午》抄好,预备明天带回去寄。

1930 年 11 月 19 日　　晴

甲组、乙组比足球,我也居然是球员。先是 2 对 2,直到一点钟还是 2 对 2,后来延长十分钟,结果我们输一球。回到家里,把二弟的稿子和四姐的、我的一同寄去。

1930 年 11 月 20 日　　晴

沈青来不来,很好。

昨晚在李宗斌房里审查稿子,直到十点半才回房。

作文题为"我之意想之园"。

1930 年 11 月 21 日　　晴

晚上当我在洗脸室里,窦祖麟来了,我们一直谈到九点钟。

1930 年 11 月 22 日

回去吃了晚饭,打台球,又同祖麟、二弟他们打网球。他们两个轮流着和我打,他们从没有把我打下去。

吃了炒面,便上东方去看电影,是《璇宫艳史》。人很多,挤死了,亏好我们去得也早,所以还不至于没有好位置。*The Love Parade* 并不怎样好,然而里面的歌和滑稽穿插还有趣。我们三人买了三张半票,后来他们要我们补,我们只补了两个人的。

1930 年 11 月 13 日

早上打台球,踢小足球,同九如社比赛。我、二弟、祖麟,我们三个打他们五个,先是我们输了三个球,但是到了结果以七对十九赢了。

饭后上观前街去了一趟,买了一本《红雾》①和《小说月报》。回来在周先生、殷先生那里坐了好一会。

晚上坐车回校,我给一张角票给他,他不要,因为破了。我说破能用的,他不信,我只好给他两角的角票,叫他找出来。

1930 年 11 月 24 日 (晴——写了好些,充和注)

天天晴天,所以我的"晴"也不写了。

第四课下了课,我回到房里,当我刚刚开房门,就看见爸爸同妈妈来了。陪他们到二弟那里去,又到河边上去走了一趟。

下午把新买来的一本《红雾》看完,张资平的东西都是那么一套,临了几段还好。

1930 年 11 月 25 日

看完一篇田汉的《血与雪》,这是写五人墓内五人的事迹,很好。

上军事训练跑步时,有许多都溜之乎也。

---

① 《红雾》是张资平的长篇小说,1930 年 11 月由上海乐华图书公司出版。

1930 年 11 月 26 日

我们下楼去了,凌景延他却来了。四点时回家,是坐车子的,回校也坐车子。走到午桥头,一个小孩在路旁踢毽子,我车子走过,他刚好把毽子踢到我的身上,我拿掉还给他。

一晚就想睡觉,不知怎的。

1930 年 11 月 27 日

军事训练的那位先生真是滑稽,今天大家闹得厉害了,他发火了。高二和高三的排球比赛,结果高三以 2 对 0 胜。

晚上和匡亚大辩"学样"两字。

1930 年 11 月 28 日

到图书馆去看看新来的杂志。高二、高一的排球赛,本级的 s.p 陆京华在边上,他邀我走走。回到他房里,他和我玩一种游戏,是以一个球打站在桌上的小棍子,要一下子就把这九根小棍子一齐打倒。

想睡得很。不知怎的,这两天一吃了饭就想睡觉。

1930 年 11 月 29 日　　阴

早上有大雾,接连几天都是下着很大的雾。

党义课大家都溜到隔壁课堂里,但是结果大家依然出来上课的。

回家,在永兴里买了些牛肉、面包之类的东西。

吃过饭,打台球,打网球,我和二弟都不很起劲。

昨晚做梦梦见我在一间房子里,这房子以前出过鬼的,所以我们都很害怕。房间是扁的,上面有一张条桌,桌的一头坐一个像老太婆一样的人,就是她告诉我说这里有鬼。我很害怕,站起来预备去看看门可关好了。谁知不得了了,我看见在灯光里我失掉了我的影子,我忽然想起没有影子的人不就是鬼吗?我马上用手打我自己,慢慢的我的影子渐渐出来了。醒了还很害怕,用被子蒙着头。

1930 年 11 月 30 日　阴,微雨

昨夜刮了一夜的风,还有雷声。

早上睡得很迟才起来,到乐益里小舅舅他们办事室内去,看见有一本《田汉戏剧集》,便坐下来看。小舅舅也在编什么学校里的章程。天阴得很,开了电灯才行。看完《第五号病室》和《火的舞蹈》两本戏剧。到雨操室去和二弟他们打小排球,遇到周俊的五姐来找四姐托她写几张字。四姐不肯见她,她来学校里问四姐。我说四姐到亲戚家去了,她便留下纸头,托我请四姐写一写。下午在四姐房里读大家的日记,我读我的,她读她的,一天一天的对。

吃了六个米面粑粑,就和二弟走回学校。在路上看见以前在乐益里读书的蒯元礼坐了车子也向天赐庄走,她穿得很漂亮,不像以前那样简朴。我想她大概是在景海①读书,不然就在振华②。妈妈很欢喜她,

①　景海,即景海女子师范学校,前身为美国基督教监理会女传教士海淑德(Laura Askew Haygood)于 1902 年在苏州天赐庄创办的景海女塾,1917 年改为景海女师。海淑德是美国基督教监理会派往中国的第一位女传教士,学校为纪念她,故取名"景海"。当年苏州有誉:"东吴大学多才子,海景女师多佳人"。该校著名校友有杨荫榆、王季玉、薛琪瑛、吴贻芳、赵萝蕤等。学校旧址位于现苏州大学内。
②　即振华女中,前身是由王谢长达女士于 1906 年创办的振华女校。取名"振华",旨在振兴中华。著名教育家陶行知先生曾说:"振华是数一数二的学校,是振兴女子教育最早的先锋。"

说她很好,小弟弟也很欢喜她,她说国语说得很好,做戏做男角也很像。那次乐益里做戏,她做个湖上的悲戏中的小弟弟,做得很不错。

1930 年 12 月 1 日

听见打钟,睁眼看看还没有亮,于是我再躺下。窗外飘着一片片的冰雪,穿着这些衣服到外面风口去,还觉得冷得要发抖。

把昨天写给祖麟和三姐的信发去。

考算学真该死,一共八问题,我只做出一问来,这次我想稳不会及格了。考得不好心里也不难过,因为实在是自己不好。自己不欢喜三角,不去看它,不用功,考得不好是自然的,结果没有什么难过的。

《朝旭》的样子已经拿到校了,我校的是我自己的一篇《塞上》,其中错字百出,还有许多错得很好笑,像"茫茫"错成"范范",等等。

天气很冷,不能到外面去,只好在房里。余贻泽①、沈其道他们来,大家瞎谈,从鬼一直谈到国民政府,谈到法律,谈到政治,总之乱谈一阵,直到打吃晚餐钟。

午后开明二十级编辑会议。翻好了一点钟的生字。

晴晴的天,课室外河边上的杨柳一经雪好像马上就变黄了似的,一片片的随着雪落下了。几株小的梧桐只剩了顶上的两三张叶子很危险的飘荡着,她们的生命也不长了。

---

① 即著名外交家、藏学家杨公素(1910—2015)。四川重庆人,1928 年春,进入东吴大学附中,1931 年在东吴大学政治系学习,1935 年毕业。1937 年毕业于燕京大学政治研究院。新中国成立后,先后担任过中国驻尼泊尔大使,驻越南大使、驻希腊大使。著有《沧桑百年:杨公素回忆录》《中国西藏地方的涉外问题》等。

1930 年 12 月 2 日

放在桌上的那个外国小女孩子,她把眼睛斜着望人,我一不留心把她碰倒了,再扶起她来,好像更觉得她在凶我了。她好像在说:"嗨! 你为什么把我碰倒了?"

不知道是这礼拜日还是上礼拜日,回到学校里来的时候,在路上遇见在小学里的女同学端木新汉[①]。她和我迎面碰到,我虽然认识她,但却不敢招呼她,我想她一定也还认识我,只是不愿意招呼我罢了。许多以前的同学现在遇见了,虽然认识,但是大家都不互相招呼了。不知是为了什么,尤其是女同学,她们看见我们好像是没有看见一样,真使人有些感叹。记得小的时候大家在一块儿玩,一块儿读书,很熟,好像兄弟姐妹一样,一到大了反而生疏了。有许多人他们对于小时候的同学比别人更亲近,不知怎的,我们的少时却恰和别人相反。

国文今天小考。

上军事训练总有许多人溜走,但是有时也会多出许多人来,这是因为要点名的缘故。

借到一本 *The Scarlet Letter*[②],想看一看不知到底能不能看完。

---

① 端木新汉:当时苏州大户端木适安先生的二女,其大姐是端木新民(笔名端木露西、路茜,1934 年与储安平结婚),其三妹端木新宝,是 30 年代的苏州名媛,少年时均就读于乐益女中。端木适安是中国电话业的先驱之一,曾任苏州电话局局长。1926 年端木适安调任天津电话局局长,把新民、新汉姐妹俩带往天津。1929 年春,端木适安携两女儿回到苏州,引起苏州小报记者瞩目。端木新汉1930 年春时年 17 岁与当时苏州富户陈筱蕃的长子陈伯龙订婚。

② 即美国小说家霍桑的代表作《红字》。

1930 年 12 月 3 日

物理小考这次考得很不好,大约不会及格,上次倒及格的。

体操考跳高,我得了 87 分。

四点钟后回去,是坐车子的。一到家,马上就到观前去买排骨,买好排骨马上预备去买肫肝,哪知已经没有了,卖完了。又买了一副手套。

回家,他们吃饭,我来吃面粑粑。

上楼看见张干①(带四姐的)站在楼梯的廊檐上哭。她才从家里来的,她的妈死了,她回去的。这会子大概又想起她的妈来了,所以伤心。回校很早,还没有吃晚餐,把印刷所拿来的稿子校了一下。

1930 年 12 月 4 日　　阴雨

刮了一夜的大风,早上又霏霏的下起细雨来了。三角分数报告出来了,然而我的却没有报告出来,本人离及格的分数还差一点。

作文小考题目"国家主义与民族主义",我用了两钟头做了八张纸。

查好生字。

操场上积了些水,宿舍里的灯光照在水里像湖水一样。

把历史翻过一遍,贻泽来,和他讲了一遍。

1930 年 12 月 5 日　　晴

大约只有五点钟的样子我醒了,偶然看见窗外的月亮很美,很有诗意。

———————————

① 即张姓保姆。干干:合肥方言,保姆的意思。

下午四点钟后宗赢来了,他说他物理考得不及格,气了,得找一个人打架,以消消气。于是商寿便同他打了起来,后来不知怎的,我和匡亚也被卷入了战争的漩涡里。宗赢自然吃不消,便爬上我的床,于是他便占据我的床。我们便拿尺、伞打他,他脱下皮鞋来对敌,皮鞋给我们抢掉,他没有武器。他因为和我们夺伞柄,把我的卧单挂破了,后来我们把被窝拉掉,他只好站在钢丝上,脚下大概刺得很痛吧。战争延长至一小时之久,把梁先生气死了,因为我们打架也殃及他的床。

晚饭前大家聚集在我们房里大谈其《水浒》《红楼梦》。

晚上做了两篇英文的 summary。

1930 年 12 月 6 日　晴

考好党义,把黄仲则的《绮怀诗》抄了一遍,便整好行装走回家去。

下午在乐群社看电影。之前做好一篇英文的 summary,才同二弟到乐群社,遇见顾启华①也在打弹子,梁祖厚也来看电影。今天演的是俪霖甘西的影片,他的片子我只看过一次,是《红字》*The Scarlet Letter*。《情敌》没有《红字》在剧情上好,表情也还不错,男主角不很好。

匆匆走回家,做好没有做好的 summary。晚上睡在床上,把要考的中国文学史看了一遍。

---

① 顾启华(1911—1969):苏州人,早年即跟随父亲学习中西医学,其祖父与父亲均为吴中名医。1931 年考入东吴大学理学院攻读医预科,1933 年考入北京协和医学院。

当我回来后(看电影),我在楼上听见楼底下有人在哭,我还以为是四弟,因为他正病着。谁知下楼一问,才知道是乐益宿舍里的一个学生在哭。佣人们以为她也许接到家里人的噩耗,因为她哭得很伤心并且很长久。后来四姐去打听,才知道她哭的原因——是因为她的一个同学要出嫁了,她托人为她写一副喜对送礼,不料写对子的人写错了,把她自己的名字写在上款和某某先生在一块。这个 mean 她和那某某先生结婚,而变成结婚的那个女友送她的喜对。她看见那副对子后,气极了,把它撕了,于是便大哭起来。我听了觉得很好笑,写错了有什么关系呢? 何必哭得这样伤心? 真是 T.U.T(想弗穿)。也许她并不是因为写错而哭,是因为有别的伤心事,借端大哭一场也未可知。

1930 年 12 月 7 日　　晴　阴

直到一点钟才起床,起来觉得头有点晕,但是起来了却又不怎么晕了。到乐益操场上和四姐、二弟他们打了一会篮球,就到韦均宏①的房里看了一回《野叟曝言》。没有一会儿就吃饭了。

看吴文玩网球,玩小弹子,四爷家的小弟弟来了。

到学校里,商寿、明斋来了,大谈一阵新文学。晚上商寿睡在我房里。

---

① 韦均宏(1911—1996):即韦布,江苏江阴长泾人,是张宗和继母韦均 ·的胞弟,著名影星上官云珠(韦均荦)的堂兄。1923 年随姐来苏州,考入江苏省立第二中学,1931 年就读于上海美专。毕业后回到乐益女中,担任总务主任,实际管理全校事务。韦布在苏州生活、学习、工作十余年,受姐夫张冀牗潜移默化的影响,逐渐走上与戏剧、电影为伍的人生道路。曾先后担任过《三毛流浪记》《十五贯》《七十二家房客》等电影的制片人。

1930 年 12 月 8 日　微雨

(略无事)

1930 年 12 也 9 日　阴

……

想开始做一篇关于学校生活的描写,是写 s.p. 的故事,今天只写好四页。我往常写东西总是用第三人称(Third Person),这一篇我用的是第一人称。

1930 年 12 月 10 日　晴

……

回家看见爸爸把我们的房用了乐益里的布景筑了起来。把《水》十一号带给四姐。听小五狗说,爸爸在夜里跑上了楼,把他们(二翠、高干、四姐)吓坏了。二翠、高干当是鬼,跑到四姐房里把门锁了起来。四姐当是强盗,因为他动作很响……

1930 年 12 月 11—12 日

略……

1930 年 12 月 13 日　晴

……

没有什么事好做,到乐益里先生的房里去同小舅舅他们瞎谈。他讲起他那天去开全苏中等学校会议时的笑话。他说苏州中学校长汪先生①因为要考证学生的思想,就发表他的意见说,"现在中央大学校长正预备做一部书,里面各色俱全,仅这一部书尽够学生们作为课外的补充读本,不许学生看别的书"。只准看他这一部书,这么一来不就可以改正学生的思想了吗?呜呼!堂堂教育界名人,说出这种没有教育知识的话来,可为中国教育前途放声一哭,为中国将来的青年放声一哭。盖因其束缚学生之思想也。又有苏农②校长某某竟提出"凡讨论社会问题的书,一律禁止学生阅读"的提案来。试问民主主义是否是讨论社会问题的书籍?是否应当阅读?唉!这些教育界的人只知拍马屁,然而他们却连三民主义都不许学生读了。

爸爸又犯病了,整天的在家里翻,把家翻得一塌糊涂,竟没有一块干净土。我们的房里用硬布景扎了起来,扎成三间房,一间子寿睡,一间三弟和四弟、五弟睡,一间是我和二弟睡的。

1930 年 12 月 14 日　晴

……

昨天早上爸爸又到我们学校来,说了许多话,谈预备要造游泳池,要改造脚踏车,使两轮车变成三轮。今天早上又是的,我还没有起来,爸爸便跑到我们这间小房子里来,和我讲滑冰鞋的事。

---

① 此处应是汪懋祖(1891—1949),民国时期著名教育家。1916 年赴美国哥伦比亚大学学习,受教于杜威,1920 年毕业回国。1927 年 7 月,辞去大学教职,返回苏州创办苏州中学,首任校长。

② 即江苏省立苏州农业学校,前身是成立于 1907 年的苏州府官立农学堂。

起来后上乐益里去看三弟他们踢小球。小弟也在沙园里玩，我们便把沙园中挖了一个洞，从这头通到那一头，用纸在这边一烧，那边就会出烟。后来又挖了两个洞，成四个相通的洞，点起火了另外三个洞里都出烟了。后来，我们把洞铲平了。

吃过中饭，我预备好好的去做一点事，就把英文和五分簿拿到楼上四姐房里去做点事。四姐不在房里，但不一会儿她来了，我们便瞎谈瞎谈，所以我的正经事（做英文练习及做小说）也做不成了。她一面在写英文，一面和我瞎谈。不知怎么一来，我忽然说可要我告诉你一件事，是关于你们在学校里的事。昨天晚上我在韦均宏那儿看到有学生的信被他们检阅过的，只看见一封，并且只看到信面上收信人的姓名——章守慧。我要看里面的信，他不给我看，说这人我认识的。我想在中央大学我没有什么人认识的，我一定要看，他一定不要我看，结果我依然没有看到。现在我说关于你们学堂的事，就是拆信的事。

我觉得这种办法是很不合法的事，无论哪国的法律上都明明载着不许私拆别人的信，只有中国，只有这不健全的中国政府遇到有事的时候就检查国民的信。一般学校要表示他们办学办得好，就得非要检查学生的来往信件，尤其是女学生校，他们要禁止女学生们和别的男人讲恋爱，他们算是帮助女学生们，使她们不至于上男人们的当。我虽然没有什么女朋友在什么女学堂里，我虽然没有写什么信给什么女朋友，所以我也没有什么信会被女校的检查去，但是我觉得这种举动实在太不应该。恋爱是神圣的，是人类的天性，是古今哲学家们所解决不了的问题，是和死一样的神秘而不可捉摸的一件东西。可是这些教育家们居然敢干涉别人的恋爱，私拆别人的情书，阻止男性和女性的交际，做这种违反天理自然的事，其罪在不万恕之列。

她怕，又有点心慌，便说到："可是关于我的事？"我说："不，是关你四周人的事。"她要我告诉她，我要她告诉我关于她的事，她要我告诉她，我便对她说拆信的事。她说早已知道了。我要她告诉我关于她的事，她说："是关于我和殷先生和周先生的事。"我心里有点猜到了，因为我看见她常常到周先生房里去。她接着又说："我觉得有许多事应该给家里人先知道，然后才应该让别人知道。"我说："既这样，你便告诉我吧。"她便告诉我说："就是到杭州去坏的，早知道我便不到杭州去才对。杭州我又是今年才去过的。周先生他对我说过，我知道了。"于是她便把这事的始末告诉我了。我说，从杭州回来后周先生说话里面就带有点轻薄，又写过一封信来，她没有法子，找到殷先生代她设法拒绝他的要求。此后周又有两封信来，末的一封信我看见了，没有什么，不过些忏悔的话，并且还说愿意把这件事忘记，还继续以前的交情，字迹很潦草。四姐说："这是他考地理时写的，写好后同考卷一齐交给我的。在西湖月老祠里求的签是'其所厚者薄'啊，这不是应了吗？"他又有诗给四姐，其中有一句是"月下西湖浑是梦"，底下一句便是什么卿卿我我肉麻的话。四姐还说她哭过好多次，她又说全靠殷先生他两边设法，实在有功。她又说，看他那样子又像是做作。但是我后来一想，觉得不应该这样太不可怜人。我说："是的，待人也要待得好，把他当成真正的好人看待。但是却不能待人太坏，把他当做真正的坏人看待。四姐，我想你这两天大概晚上不能好好的睡吧。""是的"她很老实的说。我说："我想他大概也和你一样不大能睡得好吧？""不晓得！……"她似乎恼了。

正说得高兴，二姐回来了。

1930 年 12 月 15 日　晴

……

在健身房里我遇见爸爸、妈妈、小弟弟、韦均恢和九姑娘,他们是来看比球的,送他们一同到校门口才回来。才娶妈妈的时候,韦均恢和我们还常常在一块儿玩,她现在居然摆出姨娘的架子来,不大理我们。我们自然不好找着她去理我们。

1930 年 12 月 16 日　晴

今天我把没有做好的一篇小说做完,题名"微雨的夜里"……

1930 年 12 月 17 日　阴雨

……

今天把《微雨的夜里》抄好改名《微雨之夜》。回去看见我们家茅厕边上和乐益隔开的墙头拆开了,爸爸把他的床放在通乐益学堂的门上悬得很高,几乎和天花板碰到了。我到楼上知道,爸爸他们在东边房里唱昆曲,二姐和四姐在唱,七姐跪在台上打头绳东西(爸爸在这房里造了一座小台,是用凳子和板造的,上面拿地毯铺着)。爸爸看见我说:"我的床比你的床还高。"

坐在四姐房里抄《微雨之夜》。

……

四姐又头痛了,她总不爱穿衣服,像今天这样冷,她只穿两件小褂子……

1930 年 12 月 18 日

下午虽然没有课,但是作文今天是要交的,题目真是贼腔,叫什么"读书可疑故不可诬古说"。你想这样的题目叫人怎么做?! 我做了一个多钟头只做了一张多一点……

晚餐后看完了沈从文的一篇《松子君》。

1930 年 12 月 19 日　微雨

明天放学了,所以今天我实在没有什么事好干……

晚饭后有校工主办的庆祝圣诞大会……

1930 年 12 月 20 日　微雨,阴

今天我们放学了。

……

一回来就遇见吕医生来了,知道四姐头痛,所以才请他来的。吃过饭,妈妈、七姐、二姐和八姑他们打牌。我回到前头房来,看见门口来了一个人,我知道他就是七姐盼望的郝春德①,因为我在照片上曾经看见过他。我问他你可是来找张缜和的? 他说是的,我马上跑去告诉七姐,我说郝春德来了。她不相信,说我骗她。二姐跑出来站在园门口看一看,回来告诉她,她还是不相信。后来她终于出去了,才知道我们并不

---

① 郝春德(? —?)：民国时期著名的男子田径运动员,蝉联民国第四届、第五届全国运动会男子跳远冠军,并心 6.912 米的成绩保持民国时期中国男子跳远全国纪录。曾于 1936 年代表中国参加在德国柏林举办的第十一届奥运会。

是骗她。她去了,我代她打牌,打了有两圈,我不高兴了,就叫二弟代我打……

1930 年 12 月 21 日　微雨

……

饭后和四姐大吵(吵了玩的)。她示我周先生做的诗是:"可怜两袖泪痕斑,几度深情几度攀,不信无心戏相赠,反疑有意话归还,爱憎漫说寻常事,恩怨无非名利关,悟彻人生原是幻,依然还我旧时颜。"我说她不好,她气死了,和我大吵。后来七姐来了,也说她不好,她听了便气了,亏得七姐把她抱住说了几句,她听了入耳的话才算把她的气消了。可是只消了七姐的气,我的气还没有消掉,于是她想出个法子来,说今天晚上不同男人说话,叫七姐当传话者。可是晚上我到房里去拿大姐的照片,她对我说"瞎说"和"怎搞的"两句,总算她输了。

我们新办壁报,三弟、四弟、五弟他们都很努力的做稿子。

1930 年 12 月 22 日　晴

依照我所预定的事做,我预备在寒假里每天早上读一个钟头的英文,自昨天起,我已经开始这样做了。我预备写一篇短篇的东西,是写貂蝉吕布的故事,以凤仪亭那一段当背景,不过把事实改动了,一直到晚上才做好。给它个名字叫《池畔》。

……

晚上做好《池畔》,抄好壁报创刊号,才睡。那时已经十点钟了,叫弟弟们都睡了。

昨晚在床上做好一首诗：

可怕啊那女人！

你看那妖艳的肉中，

你听那娇嫩的声音，

可是，你啊，切莫把她当成美人。

她只要一启朱唇，

就会把你吞得一点不剩。

她引诱了你，反说你害了她。

可怕啊，可怕！

——引诱——

1930 年 12 月 23 日　晴

一早起来把壁报贴好。做了点正事，所谓正事是查英文生字。

……

祖麟走后，我到四姐房里和她大谈其诗。二弟、七姐、妈妈他们在打牌，他们不要我打，说我打得太慢。我有点气，但是不打也好，好利用这时间做一些比打牌有益的事。四姐给我看她昨夜做好的诗，是读百可怜诗书后做的，很好。有几句更好。

……我忽然想起一句诗，四姐说很好，于是我们努力把它续了起来。诗云：

春风无意拂花枝，花与春风 本两/依不/知。

春自残兮花自落,何须惆怅忆芳时。

1930 年 12 月 24 日　晴

晚上写好一篇小说,是写鬼的事,叫《回煞》。

到观前去剃好头,马上就跑回来,在宫巷口遇见二姐、七姐,我问她们说四姐呢?七姐说在前面,她和二姐吵嘴呢。我赶紧前面去,看见她低着头在哭。真的,女人们总是很容易哭的。我看见她鼻子上有一滴眼泪水,我说:"眼水都流的鼻尖上来了!"她听了便笑了,虽然眼里仍然有眼泪水。路上的人都很奇怪的望着她。

……

晚上爸爸跑来看我放在桌上的《两当轩》中的《绮怀诗》,并且讲了几个古典的掌故给我听。

1930 年 12 月 25 日　晴

很早爬起来,把第二期壁报中的稿子抄好。直到中午,壁报第二期就出版了……

1930 年 12 月 26 日

今天我学会了打头绳衣裳,我快活得很,我想自己打一件衣服吗,但恐怕不成功。

……

1930 年 12 月 27 日　晴

郝春德早上又来了,他本预备下午三点钟走的,但不知怎的,忽然又不走了，在我们这儿吃了中饭。吃中饭的时候，小四狗和小五狗说了许多吹牛的话，把他笑得几乎连饭都喷了出来。小五狗对金荣说："你数数他眼上的眉毛有几根，好认识认识他为什么是全国运动会跳远第一和五项运动第一。"小四狗说："今天下半天不让他来看我们比赛，否则我这样好的球会给他学了去。"

七姐和郝君很好……他们俩的确是很好的一对，一个是运动家，一个也是运动家，岂不是很好吗？就是去问孔子，孔子也一定说"可也"。

1930 年 12 月 28 日　晴

二姐今天请郝君吃饭，因为她昨夜打牌赢了钱。

……

二姐请郝君要请周耀、ZJ 做陪客，先是四姐到他们家去叫他们。一会儿 ZJ 来了，但是周耀却没有来。等我到他们那儿，他们却在讨论哪个人去催周耀来。叫二姐同 ZJ 一块儿去呢，二姐又不肯；叫 ZJ 一个人去呢，又怕她去了就不来了。正在筹措，我去了，他们便叫我和 ZJ 一同到她家去叫周耀来。刚好走进他们家的巷子，就看见周耀摇摇摆摆的从大门里出来，于是 ZJ 便要逃进去，被我叫他哥哥把她拦住，因为二姐说无论如何不能放她回去不回来。

……

1930 年 12 月 29 日　晴

今天拼命的打衣服，成绩还不坏。我们发起在一月三号开一个新年同乐会，爸爸妈妈都已赞成。

……

1930 年 12 月 30 日　阴　晴

继续了一天的工作,才打好衣裳身子的二分之一,明天再打一天就可以接身子了。

……

1930 年 12 月 31 日　阴,晴

(19)30 年到了今天是完了,明天就是(19)31 年开始了。但是这(19)31 年和我有什么关系呢?我依然和以前一样的生活着。

……

继续努力打衣裳,明天一早就可以收袖子了。我真快活,想不到我会打成一件衣服。

我们演田汉的《咖啡店之一夜》,我做林泽奇。

1931年

1931 年 1 月 1 日　阴,晴

费了一早上把会场布置好了,晚上小四狗他们的剧本和我们的剧本练了一遍。他们的剧本是滑稽的,把我们都笑死了。七姐笑得眼泪水都笑出了,四姐把肚子都笑痛了。我们的《咖啡店之一夜》也练了一遍,不大好,因为我们都不很熟。

……

1931 年 1 月 2 日　晴

早上把《咖啡店之一夜》演了一遍,这次演得比昨天好得多,我们的话也都背得出了。

……

开会了,先是由妈妈报告,她讲得很长,可是我却没有听。接着演国乐,我要开幕,但是三弟非不肯,他要在幕内奏,否则他便不干了,没有法子,只好在幕内奏了。我是吹箫的,声音是很低的,但是我不知吹错了多少,反正不要箫的,因为箫的声音很低。并且还有一个人吹箫,她就是四姐。有乐益里请来的四个小学生跳舞,她们跳了两支,一只是《龙虎斗》,一只是《寒雁》,还有昆曲京戏(二弟唱《五花洞》,唱得很好,可惜拉胡琴的拉得不很好)、英文歌。祖麟吹口琴,他吹得很好。四弟他们的滑稽剧今天演得没有昨天预演的好,虽然台底下也有人笑。后来表演的有小七姐的《可怜的秋香》和七弟的 *love parade*,末了是我们的《咖啡店之一夜》,cast 如下:

林泽奇——张宗和

白秋英——张允和

李乾卿——张缜和

其女友——张充和

郑君——(泽奇友人)窦祖麟

饮客甲——张寅和

饮客乙——张宇和

仆 一——张定和

店主人——韦均一

老早我们都化妆好了,四姐穿了红的衣服,脸上的粉擦得很好,胭脂也点得很得当,披了件斗篷,这样一打扮,比她平常真漂亮得多了。《咖啡店之一夜》刚开幕一会,我、四姐、七姐都站在台边准备上场,我对七姐说,你看她今晚多么漂亮,七姐便去 KS 她,因为今晚她们所演的是一对情侣啊。KS 到了一下,四姐说脸上的粉被弄掉了。

我们演得不错。只是三弟做佣人的时候出来说两句话,他是用漂亮的苏州话说的,并且态度滑稽,使人好笑。台下的人笑了,七姐也忍不住笑了起来,于是台下使劲拍手大笑。

演完了戏才九点多钟,二姐把周耀介绍给妈妈他们,他们互相鞠了一个躬。我听七姐说,妈妈在以前就很大声的说过"周耀在那儿,周耀在那儿",后来又告诉爸爸说,"那就是周耀"。

1931 年 1 月 3 日　阴雨

昨天事太忙了,今天觉得没有事好做。

1931 年 1 月 4 日　阴

一早就爬起来,因为听说七姐今天要走了。我有一个戒指在她跟前,她也有个戒指在我跟前。可是那戒指却不是她的,而是李兰的妹妹李芸的。

车子喊来了在门口。我也站在门口等,一会儿七姐下来了,我便把李芸的那个戒指交还她。可是她不要,说:"你戴着好了。"她坐上了车,独自和行李走了。我不知道她为什么不把那个戒指带走。回来告诉四姐,四姐说:"这戒指是留给你和李芸订婚的。""我真不要呢。李芸那样不好看,是的,李芸没有她姐姐好看。"

一个上午我、二姐、四姐、妈妈、五姨消磨在四姐房里。先是我和二姐在房里,我拿着纸笔在写什么"可怜两袖泪痕斑",二姐也在写日记。

……

四姐下去盖章拿钱了。我和二姐便把她的日记翻出来看。她日记上说我们专好谈什么恋爱,她听了真讨厌,还说什么无论怎样她是不动心的。我们看了很好笑,到底她在家乡登①了好多年,不很开通,有点道学先生的味道。其实呢她也和我们一样,谁不是像歌德所说的"年轻男子谁个不善多情,年轻女子谁个不善怀春",却也欢喜谈什么恋爱,不过她不说出来罢了,只放在心里。孟子要四十岁才不动心,四姐你说才十八岁,怎么能够不动心呢? 别替我假惺惺了!

二姐日记在二姐下去的时候,我和四姐也偷看了她的日记。11 月19 日的最重要,这是她自己说的,其中有周耀问她:"你到底爱不爱

---

① 　登:方言,"待""蹲"的意思。

我?"好久二姐才说:"你想吧。"好,这回答真是妙。无怪乎他要笑了。

1931 年 1 月 5 日　阴雨

我把我的日记拿给二姐和四姐看,只让她们看能看的几段,昨天看四姐的事的那一天和开会的那一天。四姐看了只是笑,二姐看了说很好。

四姐的朋友许文锦①来了,她还是梳着两条小辫子,没有把头发剪掉。

……

1931 年 1 月 6 日　阴

无事。

1931 年 1 月 7 日　阴

……

晚上张瑞珍(四妈的侄女)来了,住在二姐她们房里。我到她们房里说了一些四姐所谓的"放屁话"。

头绳衣裳打好了,现在我已经穿在身上了。

1931 年 1 月 8 日　依然是阴天

□□□□□(此处有删节)

---

① 许文锦(? —?):乐益女中的学生,张充和的好友。后来成为著名华裔学者钱存训先生的夫人。

二姐想到周先生和周耀家去,但是妈妈不让她去……二姐和妈妈说好先到周先生家(叫我陪她去,她说先到 ZJ 家去一下吧,把 ZJ 的衣服送给她再到周先生家去)。到过周先生家就去赶两点钟的影戏。在路上,二姐很害怕妈妈会跟了来,可是这种害怕是无意识的,妈妈决不会跟了来的。到孝义坊三号周家,他们周太太、耀、J 正在吃饭,我们便在他们房里坐了一会——其实只站了一会,周耀要后天到杭州,叫二姐等到后天去,但是二姐说明天一定要走,我想恐怕是为了……

我们要走了,耀说"挽留五分钟"。果然又过了五分钟,我们就走了。

……祖麟来了……下雨了,祖麟不要伞,冒着雨回去了……

1931 年 1 月 9 日　雪

听见弟弟们叫了起来,才知道是下雪了……

四姐听说我们要到学校里去了,她也要和我们一块儿去玩玩,叫二毛姐(瑞珍)也和我们一起去。

……假期完了,但是我在假期里做了些什么工作呢?预定的工作不消说,自然是没有做,学校里读的书,我翻都没有去翻过它们。现在我觉得日子真是过得太快了,但是我有时候也觉得时间过得太慢,那是在磨时间呢。是在我上到一课我又不喜欢的时候,一会儿看看表,还有半点钟,一会儿再看看表,还有一刻钟,就是这一刻的时间,那时候我感觉时间是那么的慢啊。

……

1931 年 1 月 10 日　阴

昨天已经很冷,但是今天比昨天还冷。

……

晚上写了五张稿子的小说。

1931 年 1 月 11 日　阴

……

小说一共只写了十张。

1931 年 1 月 12 日　阴

……

小说写好了,是写师生恋爱的故事。所以写这篇东西是为了知道四姐和周的事而写的,可是事情全不相同,在写的时候名字我已经想好了叫《醒后》。

我写东西往往是因为知道一件事,我想这件事倒是很可以做一篇小说,于是我便写了。写的时候我不大欢喜停顿,我总欢喜在一二天内写好,因为我的小说都是很短的。我还有一个脾气,就是写好后不大欢喜改,我知道这是个很不好的习惯。托尔斯泰的小说写好后改了又改,改到后来寄到印书局里去后,要是他觉得有一个字用得不妥,他会打电报给印书局叫他们替他改掉。

……

抄好四张《醒后》预备寄给祖麟作一月号《水》的稿子。

1931 年 1 月 13 日　晴

下午费了一点钟把昨天没有抄好的《醒后》抄好。

……

1931 年 1 月 14 日　晴

饭前抄好《池畔》,预备今天带回去寄的,作为一月份《水》的稿子。因为一月号是特大号,所以才寄两篇去,一共是二十张。

回家小五狗告诉我说妈妈生病了。我到妈妈房里,看见妈妈睡在床上,爸爸和宝姨坐在床边吃玉带糕。妈妈的脸左边全肿了起来,妈妈说生了个疔,但是今天已经比昨天好些了。

吃完饭,洗好脚,上楼拿东西,和四姐打了一架(是打了玩的)。

……

1931 年 1 月 15 日　晴

从图书馆里借了《唐诗三百首》来,预备把白乐天的《长恨歌》译成白话,但是不知道能不能办到……

1931 年 1 月 16 日　晴

无事。……

1931 年 1 月 17 日　阴

……妈妈的病已经好了。和小舅舅去洗澡。……

四弟、三弟他们说，张干他们说她（许文锦）家又有钱又长得好，就叫我同她好。后来张干上来，我问她，她先还赖。后来五弟出来作证人，她承认了，还加了一句，说她又比周小姐好看些。啊！真是不得了，她们这些人真是吃饱了饭没事干，有意要造这些谣言……

1931 年 1 月 18 日　阴

他们说弄堂里有鬼，但是昨晚我还是睡在弄堂里。

昨晚我们（我和四姐）吃醉了酒，一直讲到十点钟。后来我去睡了，她跟了来，在我床边又讲了半天才去睡。我不会饮酒，只要吃一点点酒脸就会红，再吃下去就不行了，要醉了。四姐比我能喝些，但是昨晚她的脸也喝红了。

今天早上我还没有起来，四姐已经起来了，她每天都得要到弄堂里来洗脸的。她又来说张干她们说的话……要我和她结交结交。我听了这些话真有些害怕。亏好我真的还没有女朋友，否则她们不知道会说些更难听的话出来呢！

昨夜我们在四姐房里吃酒，吃得有些醉了，四姐问我，这时四弟下楼去了，五弟已经睡着了。"你所认识的女人你最欢喜哪一个？"一时我竟不能回答，我想了一会说："你看她们说谁说得最多。"于是她便在纸上写个"Z"字问我是不是。我说："不一定。"她又问我："是亲戚还是朋友？"我说："不晓得。"她猜了半天，问了半天，我虽然有些醉，但是始终没有告诉她。她呢大概也有些猜着了。我呢，我到底在我所认识的女子中最欢喜谁呢？

……

晚上六点钟,我和二弟步行到校。

1931 年 1 月 19 日　晴

看完《白痴》中的一篇《妓女的归家》。

……

1931 年 1 月 20 日　晴,阴

今天把郑振铎的《中国文学史》读了几章。觉得很好,比我们读的《中国文学史》好多了……在图书馆里看了现代文学和《真美善》。

……

真是滑稽,军事训练也要考试了,考些什么呢? 开步走,向后转,向左转,向右转,稍息,立正,没有了。

1931 年 1 月 21 日　阴雨

把《中国文学史》读完……

到家只有爸爸在家,妈妈出去了。四姐又不在,我到她房里把她们所教的国文读了一点……四姐说话总爱吞吞吐吐,很不好。她今天说:"可要我给你们看昨天的日记? 这两天的日记很有意思。"等我们去找她要时,她又不肯了。

1931 年 1 月 22 日　阴

第二课的时候,有一位日本的贺志丰秀博士来演讲,他的中国字写得很好,英文发音不很标准。他讲了半天我不很懂,只零零碎碎的听懂

几句……

大考作文题目是"前教部通令学生作文力戒谩骂与颜渡试伸其说"你想这种题目怎么叫人作呢?! 真是岂有此理!……

1931 年 1 月 23 日 阴,晴

今天真不快活,因为昨天学校里曾开全体教职员会议,今天一个个先生上来都把我们教训一顿。

接到二姐的信,她说假如大大①落葬,一定要人回去,她可以回去,叫我问一声爸爸。

……

1931 年 1 月 24 日 阴

五哥同五嫂子(李艺)来了,李艺长得比以前漂亮很多……

回二姐的信,告诉大大葬坟的日期(12 月初 8—1 月 27),叫她不用回合肥,因为就是去也赶不到了。

1931 年 1 月 25 日 阴

……

早上四姐拿脚炉烫我的头发,张干说她一声,她便把脚炉抛掉了,弄得一地都是灰和火,我不知道她为什么这样。

下半天我在弄堂做英文,二弟跑来说:"四姐在哭。"我问:"为什么?"他说:"不晓得。"我跑过去,她还伏着哭,我问她为什么,她不说什

---

① 大大:即母亲,合肥方言。

么,只是哭,后来我知道她据说是因为头痛。我们在一起谈谈,她说了许多消极的话,什么痛苦啦烦闷啦。

我以为人总是要经过这一时期,据说会感觉烦闷,尤其像我们这样环境的人。

1931 年 1 月 26 日　阴

今天过得都不很快活,因为明天就得开始考了⋯⋯

1931 年 1 月 27 日　阴

昨天下了很大的雪,今天化雪很冷。上午九点钟考数学⋯⋯下午考文学史。沈其道叫我 Pass 给他,我没有法子,把人名写在橡皮上,让他来借橡皮⋯⋯

1931 年 1 月 28 日　阴,晴

考英文。

下午没有考⋯⋯陪小舅舅看看我们的课堂、图书馆,他便回去了⋯⋯

1931 年 1 月 29 日　阴,晴

考物理、国文。到图书馆去看看,因为好久没有上图书馆去了。许多新杂志都没有看过,今天去看了一本新的《真美善》⋯⋯

1931 年 1 月 30 日　阴

今天很舒服,只有一课党义要考,所以早上一睡就睡到八点钟。考完党义到图书馆里去看《小说月报》……

1931 年 1 月 31 日　阴

考历史,在林堂会客室里□□□□□(此处有删节)。

下半年我们仍然住这房间——302,梁先生是走读,加进一个二弟来。和梁先生去洗澡。出来去看电影《红豆相思》,剧情很好,可惜本来是有声的,现在却变成无声的了。冒雨回家。

1931 年 2 月 1 日　阴　晴

正预备回来,在总务处遇见了 ZJ 的姐姐,她是来找九妈的,但是爸爸妈妈他们到上海去了。因为有两个学生要来乐益读书,但是她们想免费。我带她见了沈仲熙,她便和沈去谈了。

小五狗来说有人找我,是姓梁的,我想大概是梁先生来了。到四弟他们房一看果然是他。他约我和二弟下午到他家一同去看戏,我答应了。下午二弟同郭大姐吵,就是为了要去看戏,郭大姐叫二弟不要去,他们便吵了起来。我赌气带了小五狗一同去了……

今天一切的钱都是梁先生出的。

四姐今天早上到南京去了,因为她有一个朋友在南京叫她去。那个朋友的名字叫宁竹清。

1931 年 2 月 2 日　阴

吃了饭在周伯雍先生那儿看看他们的考卷……

拿了本从文的《好管闲事的人》到楼上,和张大姐她们在一起谈谈四姐。可巧底下嚷爸爸回来了,爸爸他们前几天到上海去看杨小楼的。小舅舅也来了,在爸爸房里谈了一些学堂里的事。

1931 年 2 月 3 日　阴

……糊糊涂涂的又过了一天,报告单还没有接到,不知有什么不及格的,真急人……

1931 年 2 月 4 日　阴雨

下午倒在床上看书,四姐来了坐在我床边学着大人哄小孩子的口气哄我,我们玩笑了好一会。我想,假如我能再变成小孩子受人家的哄,这是多么有趣的事啊!但是想想人长大了,怎么会缩小呢?假使有来世的话,只好等来世了。可是啊,那茫茫的来世啊!……

晚上爸爸来叫我们(我和二弟)替乐益女校校刊上写点东西,做卷头或卷尾……

1931 年 2 月 5 日　阴

看看乐益里的那些先生们布置教务处、教员预备室和训务处……

1931 年 2 月 6 日　晴,阴,雪

爸爸买了一种用毛笔写了用油墨印的纸,要我写了试试看。我便在上面写了"你叫什么?我叫阿木林。"11 个字……

1931 年 2 月 7 日　阴

乐益里今天上午开校董会，下午开学。下午我和二弟一道去学校里注册了……

1931 年 2 月 8 日　阴

昨天上午周耀来过，他还是为那一次五姐(ZJ 的五姐)来说的那两个学生免费的问题。我拿了一份乐益的详细章程给他，他便去了。临走时他叫我到他家去玩，还问候问候三姐……

妈妈上来说今天到甪直去看飞来峰，坐汽油船去。到十点钟才动身，我们带了十辆车子去。

卟卟的走着，坐在船上里还不觉得冷，一到船尾就觉得非常冷了。我和四姐爬到船顶上去坐了一会儿。两点多钟才到甪直镇。正在修新的罗汉堂，罗汉只有九尊，是唐时的佛像，破败了。飞来峰没有找到，有人告诉我们说，本来有一座一人多高的冰块飘到岸边就是了。我们原路下了船。我坐在船尾和四姐她们谈话，没有吃午饭，饿着。上岸和二弟回学校，饭后我们回家……

日记不见了，我急死了，只当是爸爸或四姐拿的，后来我忽然想起来是我放在五弟房里的。

1931 年 2 月 9 日　雨　雪

今天我们开始正式上课了……

在图书馆里翻翻《小说月报》和《真美善》。饭后的一个钟头，我写了一封较长的信给祖麟,又写了一封给四姐的信……

1931 年 2 月 10 日　雪止

做梦梦见祖麟叫我到上海去……祖麟告诉我得去签名,在月台上见到许多检查的人,问我姓什么,我告诉他我姓张,看到他在那本簿子上写了一个"张"字,在"张"字下面写了个"c. y."。我一想"c. y."是"共产主义青年团"的缩写,我想他们一定把我当共产党了,到了上海一定会被他们捉了去的。还是不去吧。我想他们为什么会把我当共产党呢?是他们看见我带了一本《震动世界的十四天》。哈,哈! 梦是常常不会十分连贯的,但是昨天的梦是十分连贯的,好像真有那件事似的……吃中饭时一人打架。

到图书馆看看报纸,得了一点消息也觉得很有趣。

1931 年 2 月 11 日　阴

走回家去,三姐和潘家延在楼上。我先以为三姐已经走了,她却没有走,因为她们学校闹风潮,大概还要歇一个月才去呢。四姐去买了一些肫肝来我们吃了一下。本来我们这半年的买书钱没有拿,那日我们回来,爸爸和妈妈都不在家,只好叫高干替我们说一声。今天我们回来,爸爸妈妈又不在家,郭大姐告诉我说,你们走了,她不知道说了多少的寡话,直到现在还没有叫人把钱送给你们吗? 我听了很生气。你想我们一个月只有二十块钱,买书也在内,我们一个月的钱只能买几本书了。像这个月我还了三个月欠的钱五元,买一本数学九块钱,买一本英文二块钱,一本军事训练六毛钱,一共十二块钱,还剩三块钱,一个月零用怎么够呢？

四姐叫我不要回去，我也不很想回来，但是不知怎的，觉得礼拜三应当回来，所以我依然是回来了。

1931 年 2 月 12 日　夜大雪，约三四寸深

起来一片白，天上还飞着雪花……昨晚看了一点张资平的《跳跃着的人们》。

1931 年 2 月 13 日　阴微雨

下午到学校里的菜馆里去吃了碗汤面。鞋子湿了，套鞋呢破了，天呢，还是一天一天的下个不停。明天又是礼拜六了，我们得回去了。没有鞋子，车子要敲竹杠，这又有什么法子呢？

1931 年 2 月 14 日　阴

夜里做了一个梦，很可怕。我不愿写出来了，总是些关于棺材和鬼的梦……

苏州大戏院演三天昆曲，今天是第一天，我们一家都很欢喜，昆曲有这样的机会怎么能不看呢。

同去的有爸爸、妈妈、二弟、三姐，还有四姐，小姑娘和小弟弟是后来的。今天演的是《宋十回》和《狮吼记》中的《跪池》，顾传玠做陈季常，很好，可造就，扮相好，做功也好。朱传茗虽不错，但人太长，扮相不十分相宜……

看完戏出来到月宫去吃饭，吃晚饭再回戏院去看戏。夜戏是《醉打

山门》《跳墙》《着拱》《佳期》《武松打店》和全本《贩马记》。据说顾传玠和梅兰芳配过这本戏,当时朱传茗还吃醋呢(因为朱和顾他们俩是常常一块配戏的)……

1931 年 2 月 15 日　晴,阴雨

　　姑娘,我愿意做你的影子,

　　在月下,在灯下,

　　虽然被你践踏着,

　　我却永远跟着你。

　　这是我今天下午在马桶上作的一首 love song。

　　……

　　第十八期的《水》是特大号,共有 111 张,还剩两篇没有看完……四姐急,我偏要慢慢磨。三姐还没有走,要再歇三四个礼拜才能去呢。小五狗不好过,这几天没有到学校去。下午和四姐去观前街买东西。

1931 年 2 月 16 日　雪

　　……

　　把《回煞》抄好,还把《假期中的日记》抄好,预备礼拜三带回去寄给祖麟作为二月号的稿子……

1931 年 2 月 17 日　阴

　　今天很快活,只有两节课。今天是阴历的初一,今天是过年,我们添了菜……

二弟说今天是可以回家的,牌子他已经替我领了……

到家后一会儿就吃饭了,晚饭吃的席有很大的一个一品锅。

1931 年 2 月 18 日　晴阴

……

晚上徐商寿跑到我们房里来,把我们(匡亚)拖到他房里去瞎谈了一阵。我告诉他说,我已经把他的新诗看过一遍了。他忽然说一定要报仇,怎么报仇呢,就是他一定要偷看我的日记。说着,他说:"我要去小便,请你们别离开这里。我顶多两分钟就回来。"我知道他是要到我房里去搜我的日记,但是我不急,因为日记今天可巧在我身上。他一会儿带了个失望回来。从今天到下星期六,我得很留心我的日记,因为在这个时期内他要来偷我的日记。

1931 年 2 月 19 日　阴

一群女学生在游泳池边上大开雪战……

1931 年 2 月 20 日　(徐商寿写)

今天真讨厌,日记被人偷去了。想里面颇有些话和秘密,如何可以给人偷去,幸而后面知道了是商寿那大爷,真没有法子。

但是事情还得说明白,我有一回偷看了他的文稿,他大怒之余,说七天内要把我的日记偷了畅看一遍。我是很留心了,日里我藏在贴身的衣衫袋里,晚上就藏在枕头底下……

但今天早上一看枕头底下没有了,真没有法子。

商寿那大爷,唉,真没有法子,没有了。

——商寿代宗和之地位记——

吓!老实告诉你吧,darling 你一定惊奇于我手脚之迅速吧,我是不惮其详,得全告诉你的。

为了这事,我好好的忙了一会,今天早上我是起身得很快很早的,可是我的原意并不是要偷你。不料在洗脸时你也来了,短衣,眼珠还蒙瞳。我也罢了,大用活儿(渥儿也)也打打呵欠,擦擦眼珠,把脸马虎的一揩,溜出来,到你房里一看……

哈哈,还不是原封未动吗,我又溜了回来。

亲爱的 darling 呀!这是很对不起你的,但是没有法子,真没有好法子的。渥儿者渥儿也。你是懂的。

商寿大爷记

1931 年 2 月 20 日　阴

一起来就去洗脸,回来铺床发现这本日记已经不见了,我并不急,因为我想这一大半是商寿那小猴子偷去了。我盘问了一会儿匡亚,他不知道。昨晚那小猢狲虽然来了几趟,可是我没有睡着,他不可能下手偷日记。今天早上我们又没有看见他来,我猜想一定是夜里他来偷的了。谁知他在今天早上趁我在洗脸的时候进来偷的呢。

偷看过了倒也罢了,又在我的日记上大书而特书,真是岂有此理!

……今天一天早上倒了霉了，早上日记被商寿那小鬼偷了去，晚上日记被匡亚那将军偷看了十页。也不知碰到了什么鬼，总是这样和我捣乱……

坐在桌边，匡亚便递给我一张纸，上面写的是什么根据三大理由他才决定来看我的日记的。我看了倒不气，倒觉得有点好笑，我这个人的秘密大概是不会不给人知道的。我以前的几本日记都给爸爸偷去给妈妈看过，有一本折子的日记爸爸还了我，另外还有一本日记至今不知下落。我想大约在妈妈跟前。因为有一天妈妈看了我的信稿子对我说："你们的日记信我都晓得。"可是并不要我去寻，自有人会找了送来。

1931 年 2 月 21 日　阴

雪还在继续下，路上当然很滑，我才走了几步就跌了一跤。虽然跌得快，爬起来也爬得快，所以没有被旁人看见。带了几个面包回来。

和小舅舅去洗澡。小舅舅又谈鬼说盗，使我心中十分害怕……

1931 年 2 月 22 日　阴

梦见大大并没有死。但是不知怎的，妈妈也娶来了，妈妈住在家里，大大病在乡间的阳光医院里。病是脸上生东西，但是却蔓延到身上，很危险。梦中的情形好像是吾妈在替我穿衣裳，预备去看大大。

看了一些《琵琶记》。

雪好。昨天忽然想起得买一本方格本，可巧四姐要去剃头，所以我们便一同去了。她去乐群，我去观前街，街上人很多，挤死了。

到校写了两封信,一封给黄楚光,一封给三姐,因为她有一封信来给我,是批评我的文章的。

1931 年 2 月 23 日　晴

有一个月了吧,我们没有看见太阳了。今天我在洗脸室内看见城墙外升起一个我们久未见的太阳,我觉得她真的是很美丽,更是使人爱慕了。

吴献书真的是不幸,这么大岁数还教书,今天他又病了,的确他的身体太弱了。

把《琵琶记》看完,又看了沈从文的几篇文章。

1931 年 2 月 24 日　晴

忘记了,没有什么事好记。

1931 年 2 月 25 日　晴

四时回家,同梁先生一同去的……

回家也没有什么意思。吃了饭,在爸爸房里,四姐讲了一些演讲的事情后又坐车回来了。

三姐明天要到上海去了。临走的时候,我对四姐说:"等我再回来时,只能看见你一个人了。"四姐说,这话很肉麻。

1931 年 2 月 26 日　晴

……昨天在妈妈房里拿了一部小舅舅的《啼笑因缘》,看了一点。

还很好。

1931 年 2 月 27 日　晴

看了大概有两本的《啼笑因缘》，这部分很不错，往日我向来是不看这一类书的，因为我觉得它们太长太无意味。这《啼笑因缘》并不怎么长，只有上中下三本，然而做得很好，一点也不像什么《江湖奇侠传》等之类的书，也不像一般的所谓"新文学"。它自有它的一种笔调，这是一部好的电影小说，虽然我没有读完，但是我敢断定。

……平时总是我第一个睡，今天不对了，我变成末一个睡了。

1931 年 2 月 28 日　阴，晴

忙着把昨晚还剩一回的《啼笑因缘》中册看完。

上党义课时，那位李先生点到我的名的时候，附带说了一句"我认识你的"。我想了一会，再仔细端详他的脸，我竟不能记起这个人了。想了半天，才想到一点头绪来，我猜想他以前也许在乐益里当过党义教员，教党义的先生是不大在学校里的，也许他有一次碰到了我，把我注意了一下。而我呢没有注意到他，所以他这样的一副脸子在我的脑子里竟搜寻不出来。

一下课我就走到教桌边。"李先生你怎么会认识我的？""在乐益的时候。""你在那儿当教员的时候，谁任教务主任？""不，我不在那儿当教员。"这几句话还是使我不能认识他或者想起他究竟是谁，我只能断定他是往常认识在乐益当教员的人的朋友。

……

匆匆赶回家,坐在爸爸房里看《啼笑因缘》,一个下午我把它看完了。下午和小舅舅去洗澡。

已有十点钟了,到家回来到通乐益的门口,看见那边坐着一个人好像是妈妈。我问她为什么坐在这儿,她说等爸爸。我上楼看见爸爸在四姐房里,正同四姐讲他怎么搞同妈妈吵起来的。爸爸央我们下去请妈妈回来,妈妈不回来,还坐着门口。爸爸去说了几句好笑的话,把大家都引笑了,四姐更笑得厉害,把妈妈拥进爸爸的房里坐着,讲了一会爸爸他们如何到上海,如何遇见十三爹爹,听见十三爹爹同十三奶奶吵嘴。我们吃了一点东西,见爸爸和妈妈有说有笑,我们知道没事了,就回到楼上来了。

1931 年 3 月 1 日　晴

也是我自己不好。我们(我、蒋升禧、周伯雍)正在打台球,看见校门外来了两个宪兵,他们已经同站长(校工的名字)说了一阵,后来他们到操场来了,看我们拍球。我觉得他们忽然跑进来,有点不大对,于是我便问站长:"今天是不是可以参观的?""不可以的,今天是礼拜二。"我向他们望了一望,他们其中的一个便和我吵了起来,什么"你们的脑子都很旧,看不起兵",什么"谁要参观,我们自然不配参观的",说了一大套。我和周先生也同他分辩了几句,后来我们看他愈说愈好笑,于是我们便不和他说了……

我回家吃饭。饭后看看书。

爸爸告诉我一首诗,其中有一联我还记得,其余的都忘记了。"野店酒香春烂漫,琼楼云净月婵娟。"

1931 年 3 月 2 日　阴,微雨

真是讨厌,刚好晴了几天,又不争气的天,他又哭了起来。吃了饭查生字……

1931 年 3 月 3 日　微雨

直到现在我才知道今天是上元节。但是知道与不知道又有什么分别呢? 不知道我们也是这样过去了,就是知道我们仍然这样过去了。记得有一年好像是上元节,那时我们家还住在寿宁街,那儿有假山有池塘。我们每一个人有一个丝绢做的小灯,我们排着队到花园里去,把周围的电灯都灭了,排成龙,我们就算玩龙灯……

1931 年 3 月 8 日

……预备到西园①去一趟,过乐益的走廊见教务处里只有周先生一个人在那儿改卷子,我们(尤其是四姐)便怂恿他去。走到校门口,又遇到四姑徐姨奶奶、五表姑,我们先走出胥门。我好久没有去了,但是它还是那个样子,一点也没有改变,一点也没有进步。

上渡船摆过胥江到马路上,见行人稀少,车马冷落,不禁大生今昔之感。以前我们住在寿宁街的时候,常常出来看戏,总是走出胥门到马路口叫马车,我们一到马路口就有许多马车夫来问:"阿要马车? 马车?"今天我们走出马路口没有马车夫来问我们,一看马路边只有两部破旧的马车,我们也不高兴喊他。我们慢慢地向前走去。记得往常我

---

① 即苏州西园寺,在今西园路附近。

们同爸爸出来看戏,马车夫都跟在爸爸后面乱叫。爸爸不肯随便就坐哪一部车子,他总要仔细的选择一番,车轮子好不好,马好不好,车垫子坐在舒服不舒服……

走走,走走走到了阊化寺,六毛钱叫了一部马车一直到西园。我们(周先生)坐在正坐上,四姐和二弟坐在侧坐上。四姐坐在周先生的前面。

西园也冷落,两边门上贴了封条,以前摆在门口的摊子也没有了。进去看见兵士多于和尚,才知道在里面也住了兵。看了大雄宝殿和罗汉堂,就出来了,在佛殿总是觉得阴森森的,风吹来也格外冷,不知为什么。

我来西园的目的是想向和尚要或买一本放焰口的书,我不会和和尚交际,请四姐替我说一说。四姐也不肯,我们推让了半天,她还是不肯。于是我只好不要了,等以后写信来向他们要要看。

由周伯雍提议到枫桥去,时间还不迟。只有三点钟,于是为了便,沿河慢慢的走去。

沿路驻兵很多,喇叭时时飘入耳中。柳已含苞,草已渐渐青,春色已露出三分。

我和二弟在后面走,让他们在前面走。到枫桥先玩铁岭关,这是一个像城门一样的关,前面有一座桥,后面便是街,在以前这也算是苏州的一个重要隘口。

转弯到古寒山寺,这里面也住了兵。好几年前寒山寺我是来过的,但是忘记了,一点也记不起来它什么样子了。和庙一样,有大雄宝殿,有客堂等,只是这寺已十分老了,比戒幢寺真是相差得多了。有一处正在拍帖。

我抄了几副对联下来,但是都不怎么好。从残破的回廊走到一个亭子里,这亭子也和廊一样破烂了。亭子有两层,上面一层挂着一个有名的钟,就是那"夜半钟声到客船"的钟。楼梯已破烂,有两三级的木头已经不见了,轻轻的慢慢的爬上楼去,楼上的木头也破烂了。站在楼上可以望见楼底下,我用一块大石头击了一下钟。

出寒山寺叫了四部车子到阊门,走到金门,又叫了四部车子回乐益。四姐叫了扁馒头,我们一块到教务处来吃的……

照今天一趟的出游,我看四姐待他还很好,并且还看得出并不是装的。

"你太不作兴了,总是走在后面。"四姐到家后这样对我说。"让你们好说话啊。"我说。

1931 年 3 月 9 日　阴

空课时看《牡丹亭》,一直到下午四点钟后才读完,我又抄下很多我以为好的句子。读完《牡丹亭》到健身房去看比球……

1931 年 3 月 10 日　晴

……排了队浩浩荡荡的走去,在路上我才知道是去开追悼陆海空的讨逆牺牲将士大会。到公共体育场只有宪兵第一、二团在那儿,别的团体都没有到……

鸣礼炮,献花圈,读遗嘱……他们的演说都是一套的,都是说"我们今天要开这个会的意义,一面是深深的悼念阵亡将士,一面是我们要努力奋斗,踏着死者的血迹去为党的主义战争……"

1931 年 3 月 11 日　晴

上体育课时,王守方叫我们去葑门城墙上。一直走到觅渡桥对岸的高台,王守方让我们下到城墙下。城墙下是菩萨塘,同学中有好多不敢下去。到了墙下,王发命令叫我们一起爬上来,看谁爬得快。我还算好。又在城墙上排队操演了一会。

晚上四姐要看我的日记,叫我选一段给她看看,我把到枫桥的一段给她看。她看了不一会就问我:"你怎么看得出不是做作?"我一想,糟了,连我自己也忘了那头记的是些什么。她这样一问,我倒懊悔不该拿那天的日记给她看了。她伏在桌上好像在哭的样子,我说不出什么话来。

四姐叫我教她唱戏,我教了她《玉堂春》的头上几句:"自从公子回原郡……"

1931 年 3 月 12 日　晴 (总理逝世纪念日)

为了学校里出的布告上说"是日上午望诸同学以公民资格参加……",所以我上午便和二弟一同到体育场去转了一转。来学校的不多,到会的人数也不多。在会场上遇见周侯于、黄楚先、汤维周等,讲了一会我们就退出会场了……

1931 年 3 月 13 日　晴

……马介文讲"青枫江上秋帆远",说"青色的枫叶江上秋天很远"。青色的枫叶在秋天仍然是青色吗? 不会吧,大多要红了!……

1931 年 3 月 14 日 晴

因为要做一篇富兰克林的传,所以我上午没有回去,让二弟先回去了……

1931 年 3 月 15 日 晴

……吾妈对我说,张干说我揩油四姐三块钱,我听了很气。我确是借了四姐三块钱,但是却不是揩油,我早预备还她的。即使不还也不能算为揩油,兄弟姐妹既登在一块,你用我几个钱,我用你几个钱,怎么能算是揩油呢?反正钱都是我们一家的,要是这样小的年纪就把钱分得开开的,自然将来大了是要闹分家了……

1931 年 3 月 16 日 阴

今天只有三节课。

1931 年 3 月 17 日 阴

做了一点点的东西预备寄充本月的《水》的稿子,可是还没有做好。是写民国十四年江浙战争我们一家人"跑反"到上海去的情形……

1931 年 3 月 18 日 晴

……

在乐益周刊看了一篇许文锦的《旧家庭中的牺牲者》,文章清顺,诚不愧为佳作……

1931 年 3 月 19 日　晴

……

马介文不来,大看《红楼梦》。正翻到宝玉成亲黛玉死的那一段,我看了大气,用铅笔大批大打叉——这并不是文章不通,实在我说这话的人糊涂,这也未必不是《红楼梦》的好处……

1931 年 3 月 20 日　晴

本来校节在 16 号,但为了某种原因改在今天举行,下午三时起举行。我们是毕业班,所以大家都得穿马褂,佩红白缎带盖红白乃 class color 也。我没有马褂,黄文望去替我借了一件来,穿上很不自然,大家都穿了马褂,互相看着觉得很滑稽。

二点三刻在林堂的走廊上排队,我们老爷队(大家穿了马褂确有七分像老爷)排前,大四排在我们后面,他们是和尚队,只可惜一顶方帽子。大四后面是教职员和来宾。排好又等了半天,才慢慢的上楼进礼堂,先我们来的同学看见我们这班老爷,都向着我们微微的笑……

1931 年 3 月 21 日　晴

六点钟爬起来做"逃难日记",到八点钟做好。

党义课又逃掉了。体育课没有上,打了一点钟的篮球。

抄逃难日记,到吃饭时抄好了,抄了五张。

昨夜葑门外头大火,我们在走廊的窗口看见很大的火光。

1931 年 3 月 22 日　晴

今天天气很暖和,很像春深的样子,穿棉袍实在太热了……到乐益里,听到周伯雍的声音。到他房里去,见一位女客坐在床边,一位老头子坐在马桶上,见我去了,他忙站起来,但是不行了,已经被我看见了。问起小舅舅,才知道一个是周的祖父,一个是他的姑母。

1931 年 3 月 23 日

几天来春天的气息已布满在空间,柳条儿已经抽了芽,小草们都绿了……

1931 年 3 月 24 日　晴

……下午看《红楼梦》。

1931 年 3 月 25 日　晴

桃花开了,晚上在微弱的月光下看桃花更别有一番风味……

1931 年 3 月 26 日、27 日

考历史……

1931 年 3 月 28 日　晴

接到二姐一封快信……

1931 年 4 月 3 日　晴

考完了,好像放下了一块石头一样。一号的晚上没有睡好,三点钟

就醒了,昨天又坐了一天的火车到上海。因为在上海有三个钟头的时间,所以我们两个便坐了一部车到老伯伯家去了一趟……

在车站又遇见了祖麟,这不稀奇,是我先约好的。

到杭州已九时,在车站又等了半点钟,说是为了行李的事,真烦,办事的人也太不中用了。决定到正则茶校,因祖麟在吴山路找了一家小旅馆叫永兴。

十二点才睡。

一早六点钟就爬起来到旅馆去找了祖麟向队长消了假,和队脱了关系。由湖滨路到断桥、白堤,孤山放鹤亭、林和靖墓、冯小青墓,又到西湖博览会时所造的长桥,到对岸拜访玉佛寺。招觉寺内佛大为白石所雕成,头上有许多宝,大概很值钱。这佛像不像别的泥佛一样难看,雕刻得很有点艺术化。到过平湖秋月,便沿着白堤玩西泠印社、西泠桥、苏小小墓,进岳庙的那时已十二点多钟了。所以我们出来在岳庙附近的一个茶馆里吃了一会茶,又到一家饭馆里吃了中饭。

马路上铺的红沙很美丽,可是灰很大,车一过眼就会被迷住。看看地图知道玉泉(清凉寺)不远,便照图上所指的走。走了好久到了玉泉寺,没有什么好看的,只有一个珍珠泉很好玩,只要你一顿脚水底下就会有水泡泛起来,想是我们三个人一起顿。后来又来了两个人,他们也加入,五个人一起跳起来,水中许多珍珠都飘上来。可是珍珠虽好,一转眼就全没了。

一路上桃花——碧桃很多,我想采一枝。正用手去攀折,听见一个很粗暴的声音——"采桃花!"我一回头,看见坐在马路边有一个警察。我知道他在执行他的职务了,我只好把手放了下来。

到灵隐先从飞来峰玩一线天，再到大殿前的冷泉亭旁的水边濯足，水冷颇舒服，消暑气。努力上韬光，登炼丹台而望钱塘。决定不上北高峰，逐下灵隐。

出灵隐去罗汉洞、老虎洞，本想叫船回去，没有讲好价钱，只好从金沙堤曲院风荷沿白堤返回。路上我们走不动了，就排好队伍像开步走样，这样走非但不吃力，反而走得很快。

在祖麟的旅馆里吃了晚饭。

1931 年 4 月 4 日　晴

杭州是比苏州开通得多，马路上、湖边上到处可以看到一对一对牵手男女伴侣。记得在苏州，有一次我洗好澡从五卅路走回来，那时已经晚了，在我前面有一对男女拉着手，他们知道后面有人，便马上分开了走，好像他们俩并不认识似的。

今天的路线是荡湖。

四支〔只〕船，祖麟也跟我们一块。玩白云庵，求签，月下老人前我得的是"逾东家墙而搂其处子，则得妻，不搂，则不得妻。"①我不明白是什么意思，二弟得的我更不懂，什么青年啦虎啦。商寿得的是"风弄竹声，只道金佩响；月移花影，疑是玉人来"②。哲华得的是"两世一身，形单影只"。③他自己说，月下老人因为他同月下老人闹着玩，所以发下这签来气气他，因为他是已经结了婚的。

---

① 语出《孟子·告子下》。
② 语出王实甫《西厢记》唱词。
③ 语出韩愈《祭十二郎文》。

在高庄吃饭。

刘庄,湖心亭,中山公园。他们玩孤山,我们玩过了,所以和他们脱离了关系。在放鹤亭找苏曼殊墓,兜了一圈依然没有找到。回放鹤亭吃茶和藕粉,迈步返回湖滨。晚饭后访周耀于民众教育实验学校,不遇,留下条约明日七时再见。

从寿安坊回来到大井巷买了把剪刀,又在中华书局买了一本《石子船》①和几只铅笔。

1931 年 4 月 5 日　晴

寄了两封信,一封给老伯伯,一封给三姐。本来今天预备玩虎跑、龙井、九溪十八涧的,预备包一辆公共汽车到虎跑。可是到湖滨才知道汽车只有两部,不能单放一辆,所以我们又请了假到葛岭。

看一看大佛寺,因为我知道有一副对子是"人过大佛寺寺佛大过人,客上天然居居然天上客"。宝石山不走大路,爬山很有味道。初阳台一看西湖全景,下葛洪炼丹台。

上紫云、黄龙二洞,觅栖霞而不得。遂下至岳庙过集贤居(前天我们也在这儿吃茶),吃带来的面包、牛肉、黄果酱。

走完红色的苏堤,到净慈寺看运木古井,上南屏山观雷峰塔遗址。想到白云庵去买月老的签条,从南屏山下去没有路可通,绕了一座山回到净慈寺,再从寺边的一条小路到白云庵。

门前有狗汪汪狂吠,僧出驱狗,余等遂进。有某校的旅行团有男生有女生,女生中有一个穿红衣服的最会闹。我记得她求得的是"求则得

---

① 　沈从文的一部短篇小说集,由上海中华书局 1930 年初版。

子,舍则失之"。

花了六毛钱买了一副签条。

回旅馆吃了一碗面……

※　　※　　※

这本日记是记完了,我觉得很可纪念,因为我的日记从没有记完过一本,现在总算第一次记完一本日记。

生活是这样一天一天的过下去。糊糊涂涂的活着,糊糊涂涂的玩着,糊糊涂涂的读书,一切的事都是糊糊涂涂的过去了,一切糊涂的事也跟着来了。我还不能不这样糊糊涂涂的活下去。

我不想做一个顶顶伟大的大人物,我只希望能做一个和常人一样的很平凡的人。虽然有许多人觉得平凡是不好的字眼,可是能安安稳稳的做一个平凡的人已经是很侥幸的了,所以我愿意做一个糊糊涂涂的平凡人。

绿色的柳树正窈窕的舞着她那善舞的腰肢,红色的桃花正妖艳的露出她那美丽的脸庞。这景象象征和平美丽,使人不知不觉的感到青春的可贵,我们当好好过我们的青春。

1931.4.5.于杭州正则

(第一本结束)

1931 年 4 月 6 日　晴

今天是最后一天,明天我们就要回去了,所以今天是自由游览的一天。因为没有到龙井、烟霞、水乐诸胜,于是遂往国货商场边预备乘公共汽车到四眼井。但是人多车小,挤不下,所以我们七人(我、二弟、祖麟、家治、兆鸿、沈某)便预备叫一辆汽车到四眼井。汽车太小,七人不太坐得下,硬挤在里面,自然不很舒服。亏好汽车快,没一会功夫已到了。下车上山,先到石屋洞,洞中有沧海浮螺,是一个田螺状的洞。接着到烟霞折回水乐,水乐虽没有烟霞有名,却比烟霞有趣。

到龙井吃面,买了二块半钱的茶叶。

玩九溪十八涧,把脚放在水里走,有趣。

至钱塘江边上之江大学乘公共汽车回去。路上看见一辆公共汽车停着,一辆自行车倒着,地上有一滩血,大概是撞伤或撞死人了。到清河坊去买了一点东西,明天就要回去了。

吃粥回校。

路上时时看见一对一对男女,祖麟说很羡慕。是的,我们自然得羡慕他们。

1931 年 4 月 7 日　晴

玩了四天的西湖,已觉得厌倦了,所以一到五点钟我已经醒了。

祖麟没有来,只好先走了。到车站,一会祖麟才坐车赶来。在车站旁一家小馆子里吃了一碗肉丝面。

人太挤,好容易才努力挤上去。火车好像是一个大摇篮,声音像是催眠歌,这对于三等车中的客人更为合适,我觉得渐渐的不能支持,于是我便睡了。似乎睡着,似乎没有睡着,像在床上一颠一颠的。

做了首诗。

肚子很饿,但没有法子。

大约在两点钟的样子才到上海。

三辆车向白克路①走,祖麟见了老伯伯很拘束,坐在那儿一句话也没有……

我们今天晚上住在这儿七表叔的书房里。

1931 年 4 月 8 日　晴

夜里二弟的脚不时弄到我脸上来,很不舒服。十一点钟由洪福送我们坐电车到姑爷的办事处,在爱多亚路②的泰晤士报馆里。和姑爷一阵出来,又坐电车到海军青年会,去吃纯粹的西餐。人多,我们等了一会,才有人让出一张桌子来。吃了饭才由姑爷送我们到南京大戏院去看 *The Big Road*。

五时由南京回来。

晚上吹箫弹琴吵了一晚上。

1931 年 4 月 9 日　晴

今天老伯伯最小的小妹妹长尾巴- 一周岁,我们也去舅奶奶那儿道喜。

---

① 白克路:即今天的上海凤阳路。
② 爱多亚路:即现在的延安东路。

吃了早饭，我们赶到车站，坐车到吴淞镇，再坐人力车到中国公学门口。到中公问门房找张兆和，门房说："张兆和，女人。"边上有一个好像学生样的人说："找女人的！"又有一个好像小校工的人领我走到操场，指着那边的篱笆说："就在那边。"

记得好多时候我也到过中公来过一趟，那时候这座宿舍还没有造呢。走进篱笆，找到一个洗衣服的老太婆，我们问她张兆和。她想了一会说，张兆和是在三楼十一号，于是她便跑到楼上去了。过了好一会，看见楼上窗口出现了三姐和 Miss 袁的头和身影。

上楼后才坐了一会，就有三姐的同学们来了。等三姐剪好头，一同到附近的一家小饭馆去吃饭。

江边走走，风大，浊浪也大。火车来了，跳上去。江湾下车，问了好多人，才从小路走到劳中。操场上不在，到房间里又不在。遇见个戴眼镜的学生，他替我去把祖麟叫了来。没一会功夫祖麟送我到火车站。

1931 年 4 月 10 日　阴雨

上午下雨，陪三姐跑了好多地方去买了一上午东西。到新新公司看戏，不很好看。

1931 年 4 月 11 日　阴

去买手表，吃了冰激凌。晚上到小妹妹房里去看看她们念的书和作的文。

1931 年 4 月 12 日　阴

回到学校了。到苏州,马上坐车回家。爸爸妈妈都回来了。把老伯伯给我们带来的东西都让爸爸妈妈知道了。同妈妈讲到杭州和上海的一切情形。匆匆洗脚,上楼拿东西,匆匆出大门。功课上得很多,得拼命赶赶。

1931 年 4 月 13 日　阴

匡亚今天来了,他戴了一顶蓝结子的小帽。他的祖母死了。

1931 年 4 月 14 日　阴

看大一大二比篮球。

1931 年 4 月 15 日　晴

回家拿衣服和钱,上乐群去。在乐益门口遇见四姐,她对我说:"那封骂你的信接到没有?"我说:"没有。"她说:"你下回再写那样的信来,我看也不要看了。"昨天我一起写了六封信,写给她的信只写了几句话,所以她不高兴了。

吃晚饭时果然接到她的一封信,是骂我的。

1931 年 4 月 16 日　晴

到图书馆去翻了一会书。

1931 年 4 月 17 日　晴

是很平凡的一天。

1931 年 4 月 18 日　晴

五弟、四弟从杭州旅行回来。五弟带了许多东西,四弟只带了一块砖头回来。

1931 年 4 月 19 日　晴

今天抄了一篇《星期六的下午》,预备给《朝旭》第二期。抄了杭州旅行日记作为《水》的稿子。

1931 年 4 月 20 日

无事。

1931 年 4 月 22 日　阴

下午四姐要我一同去跳远。吾妈因为她婆婆病重,在我到杭州去的那一天走了,大约再过今天就要回来了。吾妈走后,好多事都觉得不便当。晚上选《朝旭》的稿子。

1931 年 4 月 23 日—28 日

无事。

1931 年 4 月 29 日　阴

在四姐楼上,和她吹了一会箫。

1931 年 4 月 30 日—5 月 1 日

无事。

1931 年 5 月 2 日　晴

到乐群洗澡。和擦背的闲谈,我一向以为他们每擦一个人可以拿一毛钱,谁知六分是社里的,擦背者只有八个铜子,这报酬也太少了。

1931 年 5 月 3 日　晴

乐益今天悬半旗,可是县党部来干涉,说"在国民大会筹备期内不得悬半旗"。我听了觉得很奇怪,为什么为了开国民大会就可以忘记日本人在济南大屠杀?为什么不允许人民对于被惨杀的同胞们表示一点哀悼?!难道要使人民个个忘记"五·三"这一回事吗?

早上我和四姐两个人不声不响的溜到南园去作诗。我们没有去沧浪亭,菜花虽然已谢,但风韵犹存。到十一点多钟,我做了三首诗,虽然不好,总是做成了。

1931 年 5 月 4 日、5 日、6 日

无事。

1931 年 5 月 7 日　晴

下课后到李宗斌房里坐了一会,徐商寿那个活孙他也来了。

"《沈从文甲集》[①]是你的吗?"

"是的。"我回答。

"是你买的吗?"

"不是我买的,但总不是偷来的。"

"……"

"……"

其余的许多对话我忘记了。末了他们拿出了《沈从文甲集》来,在封里的第一张上有:

我把认为不好的书送给我认为最好的人。

从文　甲辰

我看了虽然不关我什么事,但是我不知不觉的脸忽然有些红了。因为这本书是三姐的,而我已经对李、徐说过是我姐姐的。

我要写封信把这事告诉三姐。

---

① 《沈从文甲集》,上海神州国光社 1930 年 6 月初版,收入沈从文于 1929 年和 1930 年写的《我的教育》《第四》《牛》《自杀的故事》《会明》《冬的空间》《夜》等七篇短篇小说。

1931 年 5 月 8 日、9 日

无事。

1931 年 5 月 10 日　晴

琼花,很稀罕的花,乐益里居然有了。白色的,没有什么好好看,一朵大花中间包含许多小花,一朵小花中又有许许多更小的花(我不知道是不是叫花)。

1931 年 5 月 11 日

无事。

1931 年 5 月 12 日　晴

有好久了,我想写一个人,我一个学生的故事,但是始终没有动笔。今天想写,不知行不行。

1931 年 5 月 13 日　晴

开始写这篇东西。今天只写了三小时,约有十张的样子。

1931 年 5 月 14 日　晴,阴雨

继续写小说。

好久没有接到祖麟的信,今天接到一封他的信。他说他穷得连邮票都没有了,所以我给他寄了十六张邮票。

1931 年 5 月 15—18 日

无事。

1931 年 5 月 19 日

今天做了不少事,把没有做好的一篇东西做好,又费了一个下午把他抄好,叫《河边》。

1931 年 5 月 20 日、21 日　时晴时雨

无事。

1931 年 5 月 22 日

晚上老黄逼我交稿,我就交一篇旅杭日记到《老少年》。没法子,只好牺牲一晚上做好交给黄文望。

1931 年 5 月 23 日　阴

去看戏,*Love and Duty*① 闻名已久,所以今天特地到乐群去看的……末了一点很好,三个人一起跪在母亲像前,一声"妈妈",那父亲也把眼镜摘下来用手帕拭眼泪。音乐起来,有人唱起歌。我看着听着,心中猛的一酸,眼泪几乎要掉了下来,但是我忍住了。

---

① 　即《恋爱与义务》,根据波兰女作家华罗琼同名小说改编的电影。

1931 年 5 月 24 日

昨晚和四姐讲话讲得很晚,老是睡不着。下午去看昆曲。

1931 年 5 月 25 日、26 日

无事。

1931 年 5 月 27 日

吃个饭在四姐房里和她一同读诗。她又病了,今天没有到学校。真的,不知道怎么的,她们小姐们一碰就生病,这样不太好嘛。可是生生小病也很雅致像。

1931 年 5 月 28 日

无事。

1931 年 5 月 29 日　晴

一早五点多钟我已经起来坐在桌前做数学。听见门外有人咳嗽,声音很像爸爸,我便猜是爸爸来了。他是来问二弟拿《戏剧月刊》[①]的,开二弟的抽屉发现胭脂和断的影戏片,问了二弟好多话。爸爸又同我讲,他预备把乐益变成一个博物馆。

爸爸要去买银盾送给全苏运动会中铁饼及标枪第一名,我们一路

① 《戏剧月刊》是以京剧理论为主要研究内容的杂志,创刊于 1928 年 6 月 10 日,上海大东书局印刷发行,主编是当时著名戏剧理论家刘豁公。共出三十六期。

出去。路上，爸爸又和我讲诗。

1931 年 5 月 30 日　晴

写了 5 月 30 日这几个字，不由得想起南京路的惨案。现在到底有几个人记得这件事？和平日一样，一点也没有表示。我记得发生"五卅"这件事，正在我小学将毕业的那年。那时我们是多么的激昂，虽然我们都是小学生。

下午和妈妈、小弟、二弟听戏。顾传玠没有上台。

1931 了 5 月 31 日

看戏，顾传玠上台，人多。演《白罗衫》很好。

1931 了 6 月 1 日　晴

看昆曲，顾传玠上台，演的是《哭像》三哭中几折。人很多。晚上回学校。

1931 了 6 月 2 日

无事。

1931 年 6 月 3 日　晴

无事。

1931 年 6 月 4 日 5 日、6 日

无事。

1931 年 6 月 7 日　阴雨

晚上,三弟、四弟、四姐他们都要跟我们到学校里来玩。四弟来的目的是拿几张稿纸,因为我上次欠了他们的稿子,一直没有还他们。

1931 年 6 月 8 日、9 日

无事。

1931 年 6 月 10 日　晴

吃过晚饭,四姐叫我教她一会英文,把 22 期《水》五月号带给她。

1931 年 6 月 11 日　晴

明天考作文。

1931 年 6 月 12 日　晴

作文题目是"人才教育与普及教育孰为中国当务之急"。

1931 年 6 月 13 日　晴

大考党义。晚上在中央饭店宴会,到会的先生有:孙蕴蒲、施季言①、马介文、朱啸谷、许安之、沈清来、程定珊、桯定让、缪庭辅、李鼎方。凌景延等同学都到的。

---

① 施季言(1890—?):江苏海门人,1919 年在东吴大学获得中国第一个生物学领域的硕士学位。历任东关大学总务、训导、校监等职务。1949 年后去台。

1931 了 6 月 14 日　　阴雨

今天早上当四姐也到乐益去的时候,我偷看了她的日记。岂有此理,怎么日记可以让别人来代记的呢?

起得很早,到乐益里去兜了一圈。看看乐益里所揭示的几篇文章都是日记,忽然想起一件事来,便跑到四姐房里,把她的枕头一拉开,果然不出我所料,一本日记好好的在那儿。于是我便大看而特看了。不想不一会她冲了进来,我没来得及塞进枕头底下,被她看见了。我想她也许有点气,于是她便硬把我的日记抢了去。我想不给她,但怕她哭,只好给她了。

1931 了 6 月 15—24 日　　阴,晴

毕业考试。18 日考物理和国文,19 日考解析几何,20 日考英文,21 日考历史和实用英文。每次考之前,心总是嘭嘭的跳个不停。

到校还没有贴出来,真急人。吃过中饭还没有贴出来,一点钟还没有贴出来,二点钟还没有贴出来。我实在不耐烦,一会跑跑那里,一会到别人房里兜兜……我知道要贴出来了,于是我怀着恐怖的心理与希望慢慢的一步一步的走下楼来,我装出镇定的样子……看见二弟一跳一跳的跑了来,我知道好了,着哉①!

1931 年 6 月 26 日　　晴

早上七点钟的光景看见楼上走廊里有爸爸和二弟的身影,我连忙

---

① 着哉:方言,"好了"的意思。

赶到楼上，果然是爸爸来了。爸爸是特地来送一件纺绸大褂子来给我今天行毕业典礼时出风头的，爸爸真是好，这一点他都想得到。大褂正合身，穿了大褂佩了校徽和红白缎带，因为红白是我们的级色。十点钟开会了……拿文凭——是一张图画纸里面夹一张毕业证书。

打发了夏妈他们把行李箱子、网篮带了回去。和祖麟一块回来，因为揩了吴国俊那小鬼一下油，他便邀我和他跑了一大圈，到十梓街去兜了一圈。

我晚上洗澡的时候问吾妈我的日记呢？她说她没有替我收，还在床上。但是昨天晚上爸爸在我床上睡了一晚，我想糟了，一定是爸爸拿去了。果然，一问爸爸，说在堂屋当中的圆桌上。我听了真气，偷了人的日记还不算，还要摆在堂屋台上供着。

妈妈在吃饭时我问她，果然昨夜她从两点一直看到天亮。刚好小弟弟要吃药，一个小时吃一次，夜里也要吃，也没有什么可消遣的，就把我的日记拿出来大看特看。她有说有笑的，我呢，笑又不得笑，哭又不得哭，不知道怎么办。explain。

记日记真不好，记了人不好，不记下去，记得很厚的一本只要一不小心，就有专门偷日记的贼来把她偷去。她好像是我的 lover，我无论什么都要对她说，她虽然不做声，可是在默默的无声中我得到了她的安慰。我虽然很爱她，可是我又恨她，恨她为什么会给人夺去。我想从此以后再不见她，再烧掉她，但是我又怎么会舍得她，她已经和我 love 快一年了。

晚上把这件事告诉四姐，四姐似乎有点急，因为她的一部分秘密都在我的日记上。

晚上九点,和二姐、四姐到公园去,人不多,在湖边草地上打滚。四姐翻筋斗,很危险,搞得不合也许会滚到河里去。又到图书馆后面新开的小湖边,躺着说说玩玩。

1931 年 6 月 28 日　晴,炎热

无事。

1931 年 6 月 29 日　有暴雨

乐益里行毕业典礼及休业仪式,下午开欢送会。欢送会落花流水,滑稽、昆曲、跳舞……

祖麟在我们这里吃了晚饭,和我一块到观前街去买新闻纸和蜡纸。蜡纸买到了,新闻纸没有买到,因为同同来义的人弄僵了。

1931 年 6 月 30 日　晴

做水社的工作了。写钢板,印,弄了一个上午才印好四张。

晚上四姐说乐益的学生又在哭了,她们舍不得毕业,不愿意离开学校。乐益虽然办得并不见得好,可是却很得学生的心,学生很爱它。这未必不是乐益的好处。

1931 年 7 月 1 日　晴

一爬起来就写昨晚未做完的稿子,写到九点半才好。名曰"毕业考试前后",共有十二张,约四千多字。又写了两张蜡纸。晚上又写了一张蜡纸。

1931 年 7 月 2 日　　晴

早上拼命写蜡纸,一共印了十九张,照这样工作下去,不到一星期我们的《水》选文就可以产生了。昨天因为祖麟和二弟他们太惬意了,今天要他们吃点苦头,让他们没有玩的时间。

1931 年 7 月 3 日

昨晚忽然想起升学问题。我是预备考清华的,所以决定明天早上去上海……

1931 年 7 月 4 日

到交大问门房,知道清华大学报名处在图书馆。要体检,要了一张体检单子,预备下午去体检。问他们沙眼打不打紧,他们说沙眼不可以来报名,于是我默默的退了出来。姑爷找了一个熟悉的医生给我看,左眼没有什么,右眼皮上有几粒。他说没有什么急救的方法,用棉花签蘸了药水擦了一下,不退。住在老伯伯家。

1931 年 7 月 5 日

出去玩了一天。

1931 年 7 月 6 日

坐车回家。

1931 年 7 月 7—11 日

到沧浪亭去看画,陪四姐去苏州女中报名。虽然报了名,可是她去考了一天,第二天便不去考了。二姐从××处归来,带回一副小的磁〔瓷〕茶具,是周耀为赔罪而送我的。我毫不客气的收了。

※　　　※　　　※

又是一本日记已经记完了。有什么用呢,已经被三四个人偷看过了。真是倒霉。以后当好好的收着。

从今以后我当多记一些我自己的事、自己的感想、自己的……别替人家记。替人家记了上去,非但得不到别人的好处,有时人家被别人偷了去,那人还要怪我泄露他的秘密呢。

日记是个人的历史本,没有什么可以守的秘密。可是每一个人总有一点秘密,他有意要瞒瞒的,被人知道或是不肯被人知道,所以他才把它记在日记上,没事的时候自己翻翻,自己看看,自己笑笑,也别有一番风味。自有一般作恹的人故意要偷别人的日记看,想得到一点别人不愿意给人知道的秘密,算是自己的本领高强、侦探手段高明。殊不知这真是太傻了。日记不愿意别人知道的事,你却偏偏要闹得大家都知道,这样有趣吗? 别人高兴吗? 这不就明明是一个大傻瓜吗?

日子真容易过,一转眼已快一年了(自开始记日记起,1930 年 8 月 31 日)。这一年来我自己想想,除对于学校规定的课程比较用功一点,其余课外的小说书籍读得真太少了,以后当多读些课外的书。

日子不断的过去,日子也不断的飘来,已经过去的我们没有法子叫他再来,未来的一切我们也没有法子叫他不来,我们只能让他一天天的流过。我们人是最没有用的,天天闹什么阵仗,却没有法子来留住最要留住的时间。

我觉得我们只得照着命运所要我们走的路一天一天的走下去,一点也不能反抗,我们一点反抗的能力也没有。我是相信命运的,因为一切一切只有用命运来解释。

我们能不好好的过我们所仅仅只有的几十年的光阴吗?

好好的过,到底怎样过法,我自己也不太明白,总之不要糟蹋了就是。

1931 年 7 月 12 日　午后

(第二本结束)

你有秘密吗？你有不愿意给别人知道的事吗？你肯把你的秘密公布吗？你肯把你不愿意给别人知道的事让人知道吗？你既不愿意，那你又何必苦苦的要知道别人的秘密和发现别人所不愿意给你知道的事呢？

1931 年 7 月 12 日

肚子疼。

1931 年 7 月 13 日

二姐请水社及周耀、周俊出外去野餐。

吃过饭,四姐把耀的草帽戴着,耀把四姐的灰色布帽戴着,在路上走。路人都很注意四姐。四姐的这种行为说的好一点是天真,说的不好一点是有意做作。像有一次到南园去,她一看见水就把脚站在水里,也不管袜子和鞋子,等起来也不脱下来,就这样走,我看了实在有些不大赞成。还有,她一看见草地就要翻筋斗,我常说这样是有伤风化的。

先到沧浪亭,只是坐了一下就出来。再到孔庙,出盘门上大桥,到觅渡桥,到安乐园玩。回来她们小姐们都坐了车子,只有我、祖麟、二弟没有坐。玩得很累。

1931 年 7 月 14 日　晴

无事。

1931 年 7 月 15 日

无事。

1931 年 7 月 16 日

爸爸发脾气,一定要五弟理书,五弟不理,祖麟他们劝了才去。

替四弟到县中去报名,他想从二年级跳到三年级,报名的那个人说三年级不招插班生。

晚上周耀来了,说要请我们吃冰激凌。只有我和二姐去了。我们在公园里待了很久。

1931 年 7 月 17 日　晴

在印水社的文章时,二姐叫我到图书馆去找周耀。因为二姐约好在图书馆里等他,二姐现在不去了,叫我去把他叫来。果然不错,二姐说他在西文室里,就在西文室里。

今天工作了一天,到晚上都在开灯工作,总算把两本《水》都一份一份排好。中上①周耀邀我一阵到他家去吃饭,吃过饭我又把他拖到我家来了。

1931 年 7 月 19 日　阴雨

《水》的工作已做好了一大半,只剩封面没有装上去。

宗斌来,问问他关于考清华的情形,他说很难,又说还要去考北大。于是我忽然想起我也得考一考看,马上我便决定了,问了他许多考北大的手续。

爸爸说跟我一块去上海,但是晚上终于是我一个人走的。到上海快十一点了。

---

① 中上:方言,即中午。

1931 年 7 月 20 日　晴

写了一封信给宗斌。下午去旅馆找爸爸。

1931 年 7 月 21 日　阴雨

和宗斌去交大报名检查身体。到大光明去看电影。

1931 年 7 月 22 日　阴雨

和宗斌去体检，在徐家汇。下午去看戏。

1931 年 7 月 23 日　阴

今天考国文、党义和伦理。国文的题目最贼腔，是："大学云：有土才有财，有财才有用，试申其义。"伦理考得不好，不能怪，因为我们从没有读过什么伦理，自然考不出什么来。去老伯伯家吃饭。

1931 年 7 月 24 日

今天考三样，英文、历史和物理。英文还算好，历史和物理考得都不很得意。

1931 年 7 月 25 日　阴雨

今天考两样，数学和地理。我考得一点也不好。

1931 年 7 月 26—27 日

27 日回苏州。

1931 年 7 月 28 日

四姐她们学昆曲,请了吴梅①的儿子吴怀梦来教,另外收拾一间房子在乐益里。三姐、二姐、七姐、四姐正在收拾房间呢。

1931 年 7 月 29 日

耀请我们到他家去 tea party。晚上我们去体育场,月色很好。

1931 年 7 月 30 日　　晴

上观前街,因为爸爸买游泳衣,三姐、四姐她们去游泳,妈妈也去浸在水里。

晚上写了一点小说。

1931 年 7 月 31 日　　晴

偷看了二姐的日记,躲在四姐房里床上,一本全看完了。其中颇多××很有趣,我看了大笑,三姐也笑。

1931 年 7 月 1 日—8 月 5 日

大姐回来了,凌先生②也来了,家里顿时热闹起来。我们一家去中

---

① 吴梅(1884—1939),字瞿安,号霜厓,苏州人。现代戏曲理论家,诗词曲作家,教育家,在戏曲创作、研究与教育方面成就突出,被誉为"近代著、度、演、藏各色俱全之曲学大师"。
② 即凌海霞,原乐益女中舍监,是张元和好友,江苏海门人。

华拍了张照片,一共十四个人,连七姐和凌先生。二弟要脾气不去拍,大姐气得哭了,她说:"以后再想大家在一块恐怕很难得了。"大姐哭,二姐哭,三姐也哭了起来。本来是一桩快活的事,变成了不快活的事了。二弟的脾气真不好。

写一篇小说把日记搁了起来。写小说写了一礼拜,大约有一万字左右,已经写好了,名字还没有定,是写已经由误会而发生的事。

1931 年 7 月 6 日 晴

晚上去看《一剪梅》电影。

1931 年 7 月 7 日 晴

今天大姐要走。中饭后我们大家去送大姐,我和二弟、三姐骑自行车。回来我带四姐骑自行车一段,到平门口。

抄小说。

1931 年 7 月 8 日 晴

费了三天的功夫才把以前做好的小说抄好,定名《波纹》。

1931 年 8 月 9—10 日

无事。

1931 年 8 月 11 日 晴

做好《水》的工作,把封面装好,写好,这才算大功告成成为一本书了。

1931 年 8 月 13 日　晴

今天爸爸过生日,晚上我们一家都吃冷面。

1931 年 8 月 14 日　晴

和二姐在曲室里登了一会,她在做小说。爸爸叫我送二百块钱给十四爹爹,是五爹爹两个月的月费。

1931 年 8 月 15 日　晴

四姐要另外和她去发信,寄给大姐的是照片,全家福。在书房里看到《新闻报》,看见北京大学的通告,上海方面录取 25 名,我就知道不妙,25 名之内一定没有我了,因为在上海考的有 200 人的光景。心里觉得不爽。

1931 年 8 月 16 日　晴

和二姐、三姐、二弟打网球。

1931 日 8 月 17 日　晴

无事。

1931 年 8 月 18 日　晴

陪周耀在昆曲室登了一下午。

1931 年 8 月 19 日

祖麟来。

1931 年 8 月 20 日

今天是七夕,可是却是阴天。

1931 年 8 月 21 日

祖麟考取了中央航空学校,大概心里很快活吧。去参加慧申的订婚典礼,很热闹。

1931 年 8 月 22 日

真是奇怪,我竟做了这样一个奇怪的梦。真是从来没有想到过的。我想不记出来。

1931 年 8 月 23 日

无事。

1931 年 8 月 24 日

忽然想起以前想好的一直没有做的那篇小说,是写神和人的故事。我也不打稿子,就写在正稿子上,写到十一点钟才六千字。看看许多人都睡了,我也只好把灯熄了,自己去睡。我现在还不错,硬拼还能写出点文章来。

1931 年 8 月 25 日　阴雨

本来要陪三弟去东吴考试,但是为了文章没有写好,所以不去了。早上天还黑着,大约四点钟的样子,我就爬起来写小说。渐渐地,天亮了,老头子起来了,小姑娘起来了,接着杨三奶奶、小寿子都起来。从早上四点一直写到中午十一点半才算把这篇文章写好,名字叫《梅神庙》。

1931 年 8 月 26 日　阴雨

陪三弟去东吴考试。祖麟来,把稿子交给他。

1931 年 8 月 27 日　晴

祖麟来带了一本最近一期的《水》,25 期八月号。我们便一起去打网球。陪四姐去发信。三姐读了本期的《水》,对于我的《梅神庙》很满意,但是她也有几句批评我的,我当然欣然接受。我觉得我的东西能够得到别人的批评,我总是很高兴,最怕别人读了我这篇东西一点反应也没有。

1931 年 8 月 28 日

乐益今天开学。爸爸演讲大有进步,讲得比以前好得多。

1931 年 8 月 29 日　阴

早上我、七姐、三姐在楼上。我走到四姐床头翻,想不到她的日记竟在,我拿了出来问三姐她们要不要看,她们不响,于是我便不客气了。

看看太多，只得随便翻翻，选有趣的看看，不到半点钟就翻过了。

不想四姐一上楼，三姐就对她说了。我正预备下楼，遇见了她，她很不高兴，而我又不得不对她笑笑。我走下楼去，一会儿二翠来说四姐哭了，趴在我桌子上。我去看，她果然在哭，眼水滴了一桌子。我不好说什么，望望又走了。刚刚走到楼梯口遇见四弟，他正拿着一本书向裤袋里塞，我认得这本书就是我的日记。他倒没有看见我，我叫了出来："嘿，你想来献功吗?!"他没想到我会在楼梯口，只好把日记放在楼梯口，失望的叫了一声跑了。

1931 年 8 月 30 日　晴

昨天一天四姐都没有同我说话，她大概很气吧。但是今天却好了。斜对过一家今天死了一个女人，夜里吹吹打打敲木鱼，十分凄惨。我怕听，所以不得不想一些淫秽的事去对付那些鬼神们。

1931 年 8 月 31 日　微雨

二姐、七姐今天要去上海。早上把二姐她们送走，我就到观前街祖麟家去。他们家来了很多客人。

1931 年 9 月 1 日

祖麟来邀我一阵去县中。陪三姐她们打网球，真吃力。

1931 年 9 月 2 日　午后暴雨

今天上午考国文和英文。国文题目是"尊贤贱不肖为治国之先论"。这种题目实在不会做，但是没有法，只好硬着头皮做点出来。英文我相信我这次考得不错。

1931 年 9 月 3 日　阴雨

三姐说我像马浪荡,似乎一天到晚没有事的样子。今天真是什么事也没有做,荡了一天。

1931 年 9 月 4 日　阴雨

看《中国文学史》。

1931 年 9 月 5 日　阴雨

去图书馆看书。

1931 年 9 月 6 日　阴雨

这两天大考,虽然考过了,心里总不定,常常想不要考不取就糟了。所以希望日子快些到七号就可以晓得了。

1931 年 9 月 7 日　晴

今天发榜,我一吃了饭就在门口等送报的来。《申报》《新闻报》《民国日报》,看了东吴大学文理学院的通告,凡是从一中升上去的人都取了,这才放下心来。

1931 年 9 月 8 日　晴

一早四姐就去公园,我匆匆跟了去,她是去和周伯雍见面。我回家,她自然不会说。

1931 年 9 月 9 日

今天我们注册，我带了一百七十元去学校，办了许多手续才算把事办完。今天没有什么事了。

1931 年 9 月 10 日

到学校听演讲。

1931 年 9 月 11 日　晴

我的房间是 307 号。晚饭后还要去听演讲。

1931 年 9 月 12 日　晴,阴

乐益里开十周年同乐会，四姐她们唱昆曲。所谓"老三伶"沈月泉[①]也来唱了一折。还有四姐、许文锦的灿烂舞，其实呢是扯烂污，乱跳一阵，脸上画的一塌糊涂，像是山水画家。

1931 年 9 月 13 日　阴晴

三姐今天要走了，我陪她打了一会网球。三姐走后，四姐只好找我教她英文。我想告诉她八号早上的事，但是终于没有说，因为我不愿意给她看我那天的日记。

我想好一篇小说的材料，是讲一个和尚和神像的故事。我想等我把全篇的大意都想好了后再开始写，我每次写小说之前总是这样的。

---

① 沈月泉(1865—1936)：浙江吴兴人，生于江苏无锡，昆剧演员、教师，是晚清昆剧名小生沈寿林之子。

1931 年 9 月 14 日　阴雨

今天是我们第一天上课。

1931 年 9 月 15 日

我们一共只有六样功课,倒有四样是外国人教的。我不明白难道大学里一定要有外国人教课吗?

1931 年 9 月 16 日　阴雨

三弟来对我说,他早上醒来嘴上全是血,并且半个脸都疼。我不知道他怎么会这个样子的,问他自己,他也不明白。四点钟的时候教看护带他一道去医院。

1931 年 9 月 17—18 日

收到祖麟一封信,马上就回他的信。

我觉得很惭愧,没有资格做大学生,因为 teachers 所讲的话我只有一半听得懂。

1931 年 9 月 19 日　晴

至今已是 19 号了,我的《水》的稿子还没有着落。我不知道我这期能不能有稿子发出去。

1931 年 9 月 20 日　晴

看《苏州日报》知道出大事了,是日本人在十八号已经占据了我们辽宁的沈阳,而张副司令还叫军士们沉静等候命令。

我是中国人,我还算有些血,我怎能不愤。我想以前外国人嘲笑我们中国人只有五分钟的热度,现在我看看连一分钟的热度都没有,中国人有的只是"沉静"而已。五分钟的热度固然太少了,然而到底还有一点热度,现在呢,没有了,像冰一样的冷了。我想去当兵,假如中国同日本开战的话。

1931 年 9 月 21 日　晴

昨天晚上回学校,见到许多标语,什么"同胞们,快些武装起来,日本已经占领了我们的沈阳!"……到各个同学的房间里去走走,也都在谈论这件事。可恨我们的教师都是外国人,他们还依然还往常一样是教书。

今天的纪念周打破以前的记〔纪〕录,到会的人把礼堂坐满了还不够,许多人都站着。

由程小青①先生讲此次的巨变,我听了心里很难过,有一种说不出来的怨愤。加以他说得很好,很能鼓起人的血来。

消息是这样的不好,日本的军队已一步一步的在前进,中国的军民在一批一批的死亡,中国的城池在一座一座的被毁坏。我不明白我应当怎样办,假如有人要我一阵去打日本人,我一定去。我不能再看重我的生命,我应当牺牲了,为了我自己,为了我的国家,为了世界。

---

① 程小青(1893—1976):安徽安庆人,出生于上海。原名程青心,又名程辉斋,中国侦探小说家、翻译家。他受福尔摩斯探案的影响,写成中国第一部白话侦探小说《霍桑探案》,并翻译《福尔摩斯探案全集》,对侦探小说在中国的扎根与普及起到了开创性贡献,因而被誉为"中国侦探小说第一人"。苏州现保存有程小青故居"茧庐"。

读书有什么用？我不相信一个书生能够抵得过一个军人，在现在的时候还读什么书?! 什么"读书不忘救国""救国不忘读书"，简直不通。读书就当一心一意的读书，救国就当一心一意的救国。我不相信发发通电日本就会放弃沈阳，我只相信我们用我们自己的力量去夺回我们失去的地方。我希望我们的政府快快的对日本宣战，这才是我们应该做的事。

1931 年 9 月 22 日　晴

我不相信在别国无论哪一个国家他们的国土已经别国占领了，他们的国家可以在 24 小时内被别国灭掉，而他们大学堂的教师和学生还仍然在很开心的勤勤恳恳教书、读书。这只有我们中国，只有我们这个外国人办的东吴大学了。早上看苏州报纸载北方各大学的学生请缨赴前线，还看见许多团体电告国民政府对日宣战，这使我多么兴奋。

晚上忽然想起可以写一篇东西，是讲一个准备去当兵的弟弟写给他的姐姐的一封信。我从床上爬起来，问二弟要了几张稿纸，马上就开始写。开始脑子里还没有想好，写不出来，所以我睡了。

1931 年 9 月 23 日　阴

消息是这样不好，日本人又占据了中国的吉林，中国呢依然是沉静沉静，十分的镇定，我们抱的是无抵抗主义。假如人家拿起刀子要杀我们的头，我们难道还俯首就戮吗？中国政府的态度真不能使我明了。

下午花了三点钟写好了昨晚我想好的一篇文章，写了六张纸。我觉得写得不好，因为我写的时候血正在沸腾，我不能在修辞方面用工夫,我只能这样写下去。

1931 年 9 月 24 日　阴雨

今天我们不上课,外出宣传。但是今天下雨,街上很冷清,找了半天找到两家茶馆,可怜茶客只有寥寥十几个人。我和商寿一人到一个桌子和他们讲了一阵,他们都是乡下人,还好,还肯听。

下午仍然去,我们发了传单,回来又在因果巷的一个小茶馆里坐了一会,和那里的茶客们谈了一阵。

回家四姐要我给她做一篇演讲稿,不能在家写,所以我同她坐车回学校。我马上写演讲稿,她就在我桌子上抄。写得一点不好。九点钟送她出去。许多人说我是四姐的哥哥,真的我看上去比她大得多。

1931 年 9 月 25 日　阴雨

今天不出外宣传,请学校里的先生向我们演讲。礼堂里人多得要命,读总理遗嘱的时候,杨校长①哭了,眼睛红红的。

下午开全苏的市民大会,到会的人不怎样多。

1931 年 9 月 26 日　晴,中秋节

今天我们出去宣传半天,我们去发传单。我们到西美巷、道堂巷、五天井巷,直到东中市,我们不过贴贴标语、发发传单。在一个小茶馆,

---

① 即杨永清(1891—1956):浙江镇海人,生于江苏无锡,民国时期著名教育家、外交家,是东吴大学首任中国籍校长,自 1927 年至 1952 年均担任东吴大学校长。

我和商寿又讲了一次。路上有许多学生演讲。

今年的月亮不很好,似乎不太圆的样子,难道是为了中国不完整才不肯圆的吗?

1931 年 9 月 27 日　晴

四姐去安徽会馆开会,我很无聊。

1931 年 9 月 28 日　阴雨

可怜我们做了三天的工作,今天开始上课了。

1931 年 9 月 29 日　阴

从今天起每天早上都有军事训练了。天气骤冷变冷了,我回家去拿衣服。

1931 年 9 月 30 日　阴

拿了钱上观前街去买东西。在四姐房里吃了买的烧麦。向她拿了我的日记,这是 9 月 24 日她到我们学校在我抽屉里翻了去的。

1931 年 10 月 1 日

无事。

1931 年 10 月 2 日

回家去拿钱。四姐在堂屋里和传芷在唱昆曲。

吃了饭要回学校，四姐不肯，留我坐了一会。

1931 年 10 月 3 日　阴

淡了，已经淡了，五分钟已过了三分钟了。真是没有办法。我一想起这事心里总是异常难受，好像是我自己损失了一件异常宝贵的东西。

1931 年 10 月 4—6 日

无事。

1931 年 10 月 7 日　阴

晚上得到一个很不好的消息，说是交通大学被占据，昨晚十一时有交大的同学写信来给我们。这消息假如是真的，真是太危险了。

1931 年 10 月 8 日

得消息说上海的谣言颇多，有的说吴淞口炮台被占，有的说日本要强占上海兵工厂，有的说上海市政府已经要迁移了。这许多消息虽然不准确，可是这都是可能的事，日本人是可以这样做的。因为这些不好的消息，我写了一封信给四姐，叫她不要去上海了，本来我们说好双十节去上海看三姐的。

1931 年 10 月 9 日

到乐益里去打网球。乐益的走廊上挂着四个大字"国难当头"，是四姐写的。二姐回来了，她讲起上海许多不很好，谣言多多，人心惶惶，她又说了许多上海反日救国会的事。爸爸也来听二姐说上海的消息。四姐把三姐的信给我看,说上海去不成了,三姐说上海吴淞一带很乱,叫她暂时不要去了。

1931 年 10 月 10 日　阴

这悲惨的国庆日啊! 二十年来的国庆恐怕没有再比这次国庆更悲惨的了。双十字架上涂满了血。昨晚有谣言,说今天开市民大会的时候会有飞机来投炸弹。吾妈叫我不要去公共体育场,我没有听她的话,我仍然去了。

1931 年 10 月 11 日　阴

二姐今天回上海去了,时局不宁,二姐要我们家的一部分人到上海去,她说她到上海去找房子。郁文哉①今天也来说大事不很好,他们复旦的学生已走了一半,暨南的学生差不多全走了。目前情况看起来,中国和日本一定是要打一次战争的。

一位同学说,据说江锡鹏(在中央军官学校做事的,刚去南京回来)说中央的态度强硬,非要收回满洲,中央政府暂时转移洛阳,以海州、南京为第一道防线,在上海二百里以内不驻重兵,决定放弃江浙。等十四号一过,也许时局就要发生重大变化。若是他的话是确实的,那我们江浙一带是处在很危险的地位了。

---

①　郁文哉:乐益女中国文教员,文学家、江苏江阴人。

1931 年 10 月 12 日

一到家,看见爸爸妈妈都在理东西,一问知道他们预备把重要的东西搬到上海去。

1931 年 10 月 13 日

真是想不到我又(要)到上海了。爸爸叫人到学校叫我马上回家,我去请了假回家。爸爸要我马上替他把一只皮箱搬到上海去。费了好大的事,马车到了我预定好的旅馆成都路口的中华旅馆。放好东西我就去老伯伯家。

1931 年 10 月 14 日

去光华找二姐,她不在。找七姐(缜和),她在生病。

下午四弟、五弟,我们一家人都从苏州来了,叫我马上到他们的旅馆去。他们住在中南旅馆,晚上就在旅馆吃饭。家里来的人是爸爸、妈妈、四姐、二弟、三弟、四弟、五弟、小弟弟、小姑娘、张大姐、郭大姐,带我们先来的三个(我、小寿子、黄四)①,共十五个人。

1931 年 10 月 15 日　晴

老伯伯请我们吃饭,爸爸妈妈去找旅馆。今晚住在新世界饭店。

---

① 张家厨师,其后人在乐益女中就读。

1931 年 10 月 16 日　晴

到先施、永安去走走。晚上和五弟睡,他老是把脚放到我的脸上,没有睡好。又到外滩去走走,看看大轮船、兵船、小汽船。

1931 年 10 月 17 日　阴

和小五狗睡一张床,他一点不安静。到上海来,我一点也不开心。

1931 年 10 月 18 日

四姐又闹脾气,哭了,要马上回去。总算好,我们可以回来了。我们五个人,我、四姐、宁、黄四、张干先回来。坐车回家,还要赶回学校,明天要上课。

1931 年 10 月 19—23 日

上课,无事。

1931 年 10 月 24 日

后天是旧历九月十六日,是大大的忌日,至今已整整十年了。我还记得我那时才八岁,现在呢,已十八岁了。好久好久我几乎忘记了大大,现在我不禁又想起她来了。我已经不很清楚以前的一切,我只记得大大死前的几天,我到她床面前去,她总是对我说:"大狗,你别进来,这儿味道重。"使我永远不能忘记的是大大临终前的话语,那时我们都在哭,她见了对我说:"现在别哭,你哭的日子还在后头呢!"自然,没有母亲的儿不只是在母亲死的时候需要哭,母亲死后,他需要哭的时候更多呢。临死的人说的话终不会错的。

爸爸几天晚上从上海回来了,我不知道他会不会想起后天是什么日子。我还记得十年前的后天,爸爸坐在床边上睁大了眼睛,呆呆的望着躺在床上那个人,那时他心里是如何的难受啊。

1931 年 10 月 25—31 日

无事。

※　　※　　※

这本日记是记完了,我把他翻了一遍,没有一件事使我愉快的。失意的事不少,平凡的事自然更多。我不懂得为什么我不能把我的生活创造得愉快一点,或者有生气一点。我只能让我的生活这样的平凡无意思。

未来的日子固然长,我怕我未来的生活也许会仍然和从前和现在一样,我得创造我的生活,我得要使我的日记精彩一点。

有时我不相信我怎么居然会这么大了,居然到大学里来了,我做梦时仍然在小学里读书。可是这不是梦啊。

茫茫来日愁如海,寄语羲和快着鞭,来日的愁虽然如海,可是总不能没有愁,所以还得快着鞭才是。

开你的笑容,使你一无所得,白花不少宝贵的光阴,所以我还是先忠告你们还是不要把你们宝贵短暂的光阴花在看一本使你们一无所得的日记本上。

1931.11.2.宗和敬告

(第三本结束)

　　日子仍然是一天一天很平凡的过，日记似乎并不十分需要，因为我并没有谈恋爱的故事使我的日记有趣味，也没有悲痛的事迹来使我的日记成为血泪的文学作品。我的日记只是记账式的忠实的把一日的生活记入，是为了使我自己知道这些平凡的日子是怎样过的，所以一点也没有趣。想要看我这本日记的朋友们我告诉你，这日记既不能赚得你们的眼泪，又不能使你爱。

1931 年 11 月 15 日

四姐和教昆曲的先生在爸爸房里唱昆曲,把房门关紧,不让我们看。

1931 年 11 月 18 日

开始写稿子,预备本月《水》的稿子,题目还没有定。今天从下午一点写到三点,晚上八点半写到九点,才写了八张稿纸。这样子下去真不行,得努力写。

1931 年 11 月 19 日

才五点多钟我就爬起来,不是为了做功课,是为了我的稿子。天还黑着打开电筒不行,光太花,点起蜡烛来写,写了两张稿纸,天就不知不觉的亮了。

1931 年 11 月 20 日

马占山大败日本兵,但是因孤军无援,弹尽粮绝,只得暂时退兵。他不愧是一个军人。

今天晚上写稿子,写到告一个段落时就停了。只写了十五张,我预备写二十张多张。

1931 年 11 月 21 日　阴

从早上七点起来一直到十一点多,才把一篇东西写好。吃过饭,小活猴把我的这篇东西看了一遍,我就走了。

1931 年 11 月 22 日　阴

一直在四姐房里教她英文,大家一起瞎谈谈。

叫四姐去打球,她不高兴去,我只得一个人去。祖龙也在打。吃过晚饭我预备上楼,四姐忍不住对我说,她偷看了我的这本日记。我心里自然不很好受,我想装点气出来,但是不行,气不出来。有时她故意指着我新穿的那件香香的的新衣服"鲜翻"的样子,更使我气不出来。我没有法子,只好望着她。

1931 年 11 月 23 日　晴

开全体大会。讨论赴京请愿事,讨论了三个多钟头,议决"去"。先还好,愈到后面愈不行了。

恐怕要到南京去,所以回家一趟拿点钱,马上就回校。

1931 年 11 月 24 日

上午教职员开会,中午十二点半在操场排好队,大概有四五百人的样子。总指挥米宗熹在出发之前使大家宣誓遵守纪律,又有教务总长徐景韩①训话。他说学生们有这样的爱国心自然可佳,可是学校里总不赞成你们这样的举动,既然你们一定要去,就一定要遵守纪律。他讲

---

① 徐景韩(1884—1952):江苏苏州人,1917 年获东吴大学硕士学位,是中国最早的化学硕士。徐景韩毕业后一度留校任职,后负笈美国芝加哥大学,主攻物理学,归国后返回东吴大学教授力学,曾任东吴大学物理生系教务长、文理学院招生主任及院长。

话后我们就出发了。

晚上七点钟左右才上了火车,夜深了觉得冷飕飕的。早上到了南京,有车来接我们,到国民政府行政院门口下车,我们在国民政府门口前请愿。我们的代表老是不出来,进进出出的老是些兵。在门口等了有一个小时,才有我们的代表和二个带徽章的人出来,他们说蒋主席在中央军官学校,要我们到那儿去。

下午四点钟吃饭,因为五点钟蒋介石要接见我们。吃过饭,我们排好队,一队一队进大礼堂,楼下站满了再站到楼上去,渐渐地楼上也站满了。一切都好啦,只等蒋主席出来。

倒很爽快,一会儿左边的门开了,他很快的从里面走了出来到台的当中。先点了一遍各校代表的名字,点到一个人,他望望,点点头。名点好了,有人送上一杯白开水来,开水送上来后,他先把眼睛向楼上楼下全场望了一下才开始演说。

自然他讲的都是我们所预料的。他说他很快活,能够见到我们苏州、无锡、镇江一带的学生,此后又讲他一定鞠躬尽瘁、死而后已的打日本人。又说他自己是岳飞,我们全是皇帝,我们的身边有秦桧,秦桧就是反动分子,岳飞出去打仗倒不要紧,最怕的是秦桧在后面捣乱,用十二道金牌把岳飞调回来杀死。他又说要是全国能统一,他有十分的把握一定可以战胜日本。他又大骂□□政府,说他们是伪政府,当立刻取消。总之,他所说的一半骂学生,一半鼓励学生,他骂上海学生受人利用,来政府捣乱,想推翻政府。他说我们都是纯洁、爱国的学生,他还说要我们拥护政府,政府才能做事。演讲完了,大家拍手。一句话,他对于我们一切的请愿都一起答应,他对我们也有请愿,就是我们要拥护政府,换句话说,就是要我们拥护他。要我们回去安心读书,不要捣乱,不要被人利用。

演讲完了,他很快的又从左边门进去。

不一会他又出来了,这回是从右边门里出来的。我们的代表把我们所提出的七项要求谈出来,说是蒋主席全答应了。蒋主席呢,站在台上不动,只是眼睛四面望,等那位某君把七项要求读完,他又开始说话了。他说你们这么多人到这里来,我不能好好的招待你们,又说大的男学生应当帮助小的女学生。又说你们得回去,因为你们家里还有父母,他们一定在盼望你们,你们得回去好好读书,以安他们的心。我看起来,他演讲的姿势很好,别的都没有什么。他穿的是藏青色的学生装,左边衣袋里插着一支笔,光着头,电灯照在头上发亮,鼻子下有些胡子,讲话时眼睛四面望,有神。他说完了最后一句尽你们国民的责任后,一边四面看,一边从左边门进去。

有张同志报告,他要我们不把蒋介石答应的请愿条例宣布出去,因为第一条上有对日宣战的字样。他说,对日开战,不能说对日宣战,说宣战就可以减少日本人的罪恶,所以只是战而不宣。

蒋先生讲完了,大家呼口号喊"蒋主席万岁"时,他也喊一句"青年学生们万岁"。我是一句也没有喊。这个会就开了一个小时左右。

到金陵大学去,睡在他们的礼堂的凳子上,有人送毯子来给我们。昨晚一夜没有睡,自然很想睡。

1931 年 11 月 26 日　阴

早上起来,到车站,准备回苏州。还了人家的毯子,排队去车站,队伍七零八落的不成样子，一堆一堆的，到了车站才排好队。来了一部慢车，我们上了车，我和二弟坐在第四车厢。到苏州已是黄昏时候，一脚和二弟坐车回家。想去洗澡，吾妈、四姐她们要我告诉她们一些请愿的经过，就去说给她们听。很早就睡了。

1931 年 11 月 27 日　阴

早上七时就起来去了学校，知道了不上课。我们去请愿的人没有事，中饭后回家。

1931 年 11 月 28 日

无事。

1931 年 11 月 29 日

三姐和四姐来。三姐是昨天晚上回来的，她回来的时候我已经睡着了。她说是她们学校一个礼拜都没有课，蹲在那里无聊，所以回来了。陪三姐理东西，理好东西就去乐益打球。

1931 年 11 月 30 日

无事。

1931 年 12 月 1—4 日　阴

无事。

1931 年 12 月 5 日

今天下午听演讲，讲的是国际联盟。国际联盟对中日问题判决，就是解决,一定是中国吃亏,弱国当然要吃亏的,这似乎是自然之理。又讲到要解决中日问题,只有两个法子,一个是"打",一个是"卖国"。打固然一定要败,是为了要使这腐败、黑暗、卑鄙的民族受一个绝大的刺激,为了免除国内的战争,我国应该要和日本人打一仗。不然中华民族太没有存在的价值了。

家里四姐在唱昆曲,我出去逛了一圈。回来,教昆曲的先生还没有走。他很认真的样子。

晚上和四姐到公园走走,又到图书馆坐坐。

1931 年 12 月 6 日

无事。

1931 年 12 月 7 日、8 日

无事。

1931 年 12 月 9 日

上午开会讨论罢课。

下午外出示威游行,不发传单,只呼口号。一直从出去到回学校,我们秩序一直很好。回校已五点钟了,我回家。四姐拉我听她唱昆曲。

1931 年 12 月 10 日

今天形式更加紧张,日本大举进攻锦州。上海学生开会,北大代表被流氓(???)殴伤,中大代表被捕,不知下落。学生大举包围市警卫厅。

我想，这一定是老蒋干的事了。

1931 年 12 月 11 日

早上十时，李根源来演讲。他是一个老头子，没有官的俗气。讲的题目是《错到底》。他说错不是人民的错，是政府的错。于是他就举了许多政府的错，政府的不抵抗。他又说政府一点不准备，学生站起来大声疾呼，这是一件很痛心的事。总之，他是把现在的政府痛痛快快的骂了一顿。

下午外出宣传，演讲。

1931 年 12 月 12 日　晴，奇冷

无事。

1931 年 12 月 13 日

今天开声援马团大会。在公共体育场，他们抬了一口棺材，这很引人注目。

回到家，商寿来找我，他对我说他要到东北去。他是来向我借钱的。我自然得替他想法子，虽然我没有钱。

和二姐、三姐他们讲讲小活猴要去东北。我静静的，忽然想，我为什么不能去东北呢？于是我沉默不语，她们都是聪明人，一猜就猜中了我在想什么。二姐鼓励我，于是我决定要去东北。大家坐着都不响，四姐来了，说了几句话。不知为什么，我忽然想哭了，于是我的眼水便下来了。但一会就好了。

没有钱，七凑八凑的凑了十块钱，就到学校去了。找到商寿，对他说我也要去，他不说什么，我们很简单的带了几件衣服就一同上车站去了。裕德送出来，眼圈红红的和商寿握一握手说："我希望你到南京后回来。"商寿对他笑了笑。我走没有一个人知道，学校里、家里，虽然二姐她们知道我想走，但不知道我真走了。

到车站只等了一会，"援马团"来了。不管三七二十一，先上了车再说。

在车站遇见小舅舅，他们到上海去。我本想不告诉他去东北的事，但是因为没有钱，就对他说了，他很诧异。临上车时，他递给我十块钱，我要求他到上海后迟两天再告诉家里。他回答说："此事我的责任很大。"我不管，我照样上了火车。

在火车上，我只希望火车快快开走，我怕小舅舅打电话回家，家里人会追来。我又想他不会阻拦我，可是我好糊涂啊……

到了无锡，下了火车，冷风一吹，很爽快。到总工会的××医院歇下。

登记的时候，听见有人喊张宗和，我且不应。我在左手的中指上刺出血，在志愿书书上按出一条血痕。

我终于挤出来了，见到二姐和吾妈来了。事情是这样的不利。二姐说："你假如要去，我也去。"商寿也出来了，四个人一同去吃饭，到新世界饭店。好了，完了，我失败了。世界真是太会变换了，像我这样一个极平凡的人，也不能不变一下。

1931 年 12 月 14 日

夜里我和商寿在走廊上讲话，吾妈两次来找我们，她一定怕我们商量商量又跑了。我心里想，她是过于担心了，我知道就是我跑也会被他们赶到找回去的。就是跑，也要好好的计划一下子，让他们谁也找不到我。

早上吃了油条、稀饭。我对商寿说，叫他对团长说我家里人来把我拖了回去，假如有机会的话，我还要来。我和二姐、吾妈去车站，商寿去总工会。

坐火车回到了苏州。四姐看到我，就抱住了我。

二弟和郭大姐去上海，郭大姐怕二弟跑了，所以跟了去。好笑。

1931 年 12 月 15 日

日子又和往日一样。

1931 年 12 月 16 日

二姐和四姐在唱昆曲。我们在廊沿下谈天。自然又讲到二姐和周耀，说他们大概明年春天或冬天将要结婚。

吃过饭后在廊下晒太阳，一会爸爸回来了，二弟、郭大姐也回来了。爸爸什么也不说，我料到他也不会说些什么。

1931 年 12 月 17—25 日

无事。

1931 年 12 月 26 日

四姐的许多本日记不见了，她找了好几天没有找到，很着急。

1931 年 12 月 28 日

几乎费了整整一个上午写诗,抄诗。给三姐看,三姐说我的诗还好,我很快活。

1931 年 12 月 29 日、30 日

无事。

自从我这次从无锡回来,许多人都说我变了,我不知道我什么地方变了。我这次的行动,有人褒奖我,也有人骂我。可是我什么也不管,我自己也不明白我这次行动是否错误。我愈想我愈觉得我是太糊涂了,我为什么贪多得这十块钱而告诉小舅舅呢,这是我大大的错误。

(第四本结束)

　　往日在每本日记的前面，我总是写一段东西在上面，意思是叫人不要看我的日记。然而其结果恰恰相反，我的每本日记都被了看过至少一部分。所以我现在不想说什么在这儿，去禁止要看我这本日记的人。我只好说，这日记既然到了手中就让了看吧，反正总是那么一回事。我也不要求了什么条件，你要告诉人就告诉人，愿意为我守了秘密就请守秘密。我什么也不干涉，为了日记已在你手中。我写这一段是想得一个相反的结果，因为我往日写的都得了个相反的结果。

1931 年除夕①

一点没有过节的气象,要不是日历告诉我们,谁也不知道今天是元旦呢。

二十年是完了,但是这于我毫没有关系,只不过使我一天一天的变得老了。我对于这新一年,一点也不觉得快乐,但也不感到不乐,只是这样很寻常的和平时有没有什么两样。

明天要到横山去。我们水社和他们九如社去。

---

① 原文如此。应指 12 月 31 日。

1932年

1932 年 1 月 1 日 （元旦）

我本来就不愿意去的。可是经不住他们的怂恿，所以我终于去了。

我和四姐先回来。四姐问我为什么不高兴，我也说不出来。

1932 年 1 月 2 日 晴

耀来了，他是来听四姐拉提琴的，但是四姐肚子疼，刚刚睡下了。四姐起来，他们拉提琴，一刻也不停，你拉了我拉。四姐拉得不好，自然她不肯拉，他一定要她拉，还称赞了她。

耀要回杭州去，问我们有什么东西要带给二姐，因为二姐明天也要到杭州去。

1932 年 1 月 3 日 晴

吾妈要我帮她写封信去要钱。

1932 年 1 月 4 日

祖麟明天要到杭州去了，他们学校搬到杭州了，所以今天得把上月的《水》的稿子赶一赶。我已经有了一篇，就是那篇《坚硬的心》，但是那篇不能算是我的，算是未央的，我只得再来一篇。来不及，照老样子从日记里找点下来，写的是请愿和到东北去的事。一共抄了有十六张。

祖麟在教四姐代数。三姐这两天每天下午到家延家去教家延的英文，她也去做先生去了。

1932 年 1 月 5 日

照样上课,可是人不是很多。

和宗赢谈读书,我们都觉得读书一点用也没有。花了那么多的钱,我们所得的是什么?大学毕业了又怎样?得了学士的虚位又有什么用?说句老实话,许多学生的家长叫学生到学校里来读书并不是要使子弟的知识增高,是为了使子弟得一个学位,好获得一个较高的职位以养活家庭。可是现在的大学毕业生是那样的多,较高的位置又是那样的少,大学毕业在家吃老米饭的也不在少数。读了十六年的书,我们所有的知识有时还不能及得一个农夫,想起这些是多么的惭愧。

1932 年 1 月 6 日

我在□弟的抽屉里搜到四姐的活动铅笔,带回去给四姐。我觉得□弟这样的行为很不对,他拿了四姐的笔,又拿了爸爸的钢笔,还拿了许多小玩意,我亲眼看见他在妈妈房里拿东西。我很柔弱,我应当当面教训他一顿。我没有法子使他不这样,我真是一个最无用的哥哥。无怪乎家里的佣人们都说我不中用呢。

不知怎么的,现在他们都造我和 ZJ。我倒愿意他们说的话是事实,但是这又怎么能成功呢。我明白,我见了她的时候我很欢喜她,背地里我也想到她,可是隔久了我就会忘记她。

1932 年 1 月 7 日　晴

无事。

1932 年 1 月 8 日　晴

山海关是失掉了,华北也动摇了,国事是一天不如一天,比我们罢课的时候更要危险。可是我们却在听讲家庭问题,读狄更司①的 *A Christmas Carol*②。

1932 年 1 月 9 日　晴

无事。

1932 年 1 月 10 日　晴

学校出事了,是机器间失火,把水塔烧了。爸爸和妈妈这次在上海住了这么久,不是没有原因的,是因为□□吵着要分家,爸爸给她一百五十元一月她不答应,所以大家都并在上海。我早就知道恐怕有什么花头,果然不错。临到上海去的时候她把六只箱子带了走,这六只箱子里全是些皮货和字画。我明白她为什么要把这六只箱子跟她走。

1932 年 1 月 11 日、12 日　晴

天天开会。

1932 年 1 月 13 日

事情是闹大了,风潮是形成了,下半年学校也许是开不成功了。校

---

① 现通译为狄更斯。
② 汉译名《圣诞颂歌》。

政部解散,全体教职员辞职罢教,学校陷入无政府状态,学生组织特种委员会维持校务。大会议决最后办法为:(1)向教育部请求调查接受;(2)全体转学。

下午两点钟开全体大会,法科代表出来为我们修改我们的要求。现在修改成五条:

(1)收回开除朱宗喜同学的成命。

(2)本学期学校当局不得借故开除做运动之学生,或令其离校及退学。

(3)准成立正式学生自治会,在必要时得开联席会议。

(4)学校当局不得干涉一切学生运动。

(5)在最短可能期间内需复课。

条件修改好了,法科代表退席去为我们交涉。

1932 年 1 月 16 日　晴

吃晚饭了,四姐一下楼就说她的一大堆日记是我拿的。(她的一包日记不见了好久,她有时急得哭闹,把家里得贴满了寻找的赏格,又外出测字,真是闹得满家风雨,后来张干在她房里抹地板,在柜肚里找到了。)我真是急,我实在是没有偷她的,她们硬要说我偷,现在看看,好好的仍在原处,我真是被冤枉了! 天啊! 只有你知道我是没有偷她的一包日记。

我想不理四姐,可是在吃饭时她来找我说话,凑着我,我只好答应她,真是呕死人了。

1932 年 1 月 17 日　晴

到虎丘去玩。和四姑她们一起去的,我是骑驴子去的。

1932 年 1 月 18 日　阴晴

读丁玲的一本书,觉得《莎菲女士日记》最好。

1932 年 1 月 19 日　阴雨

吃过中饭,二姐和我到乐益里,她和我讲到周耀,说了许多对于他们俩的事。她又问我是白色的结婚衣好还是红色的好,我说白色的好。我又说她还是戴眼镜的好。她又说你到上海光华去读书,我们常在一块,你好帮帮我的忙了。

因为昨天看见四姐在镜子里和自己 kiss,我想起一首诗,便写了出来:

我爱上我自己的红唇,
老想和她接一个热烈的吻。
在镜中,我瞥见了她,吻了她。
我惊异,那嘴唇是那样的冷。

给三姐看了,三姐把它用墨笔写了贴在镜子上。一会儿四姐上来看见问是谁做的,三姐说是从她自己的日记里翻出来的。她自己以为不是,三姐说是二姐做的,大概她不会想到是我做的。

1932 年 1 月 20 日　阴

到学校去走了一趟,想打听一下消息,是关于我转学的事。可是一无所得,于是就回来了。周耀兄妹来,二姐、三姐他们都在我房里讲话,打扑克。

1932 年 1 月 21 日　阴

四姐她们在底下唱昆曲,我和三姐在楼上。我说四姐的日记一定在抽屉里,果然三姐一翻就翻出来了,于是大看。我没有看,但对三姐说看到精彩处叫我。她昨天的日记说"今晚二姐最快活,其次是大弟",我明白她的意思。

1932 年 1 月 22 日　阴雨

只有四姐在家,忍不住告诉她昨天我们偷看了她的日记。我怕她要哭,还好,她还没有哭,反而笑了。这是无可奈何的笑,这一笑就代替了她的哭。

不知怎么的,我的日记给她拿去了,她便当着我的面大看而特看,还要问我。我自然脸红,我懊悔为什么我自己还没有决定的事就被别人知道了。知道就知道吧,也不是什么大不了的事。

二姐要我在送她的那本日记簿上写几句诗,我便写:

这本日记是这样的大,
为的是要了多写些有趣的话,
这样当不辜负了它。
你们的事我知道得很多,
再不必藏藏躲躲。

索性公开了以为如何？

1932 年 1 月 23 日

四姐把我的日记里的事告诉了二姐、三姐。我问她为什么要把我日记上的话告诉她们，她说反正是一样的姐姐。我也没有什么话好说。

1932 年 1 月 24 日　阴

吾妈不在家，什么东西都找不到。我要照片、文凭，预备考学校用的。

1932 年 1 月 25 日　阴雨

我真气。二翠子也居然偷看我的日记，在铺床的时候。我日记放在床头前，她看了。她说她只看了一月一号那一天的，我问她看见些什么，她不讲，我气死了。我不知道她到底看懂看不懂。

二姐要周耀来，我们要同他讲明天他生日请客的事。天晚了，我们要周耀在我们家睡，他怕，不肯，终于让他走了。

1931 年 1 月 26 日　阴

今天是阴历十二月十九日，是周耀的生日。他请我们去他家吃晚饭。二姐说不去吃中饭的，但终于去吃了中饭。我们把带来的花为他插在书房里的瓶子里，二姐在厨房里为她们烫头发（J 的朋友）。我们便在书房里和耀谈话。四姐她们没有来。

喝酒后吃寿面。末了跳跳舞，时间已是很晚了，我们要回去了。

雾大,月光模糊,仿佛在云中,公园的灯光实在好看。我们一共是九个人(二姐、三姐、祖荚、我、周耀、五姐、四姐、ZJ、Miss钱),我们一路轻轻的唱,走到公园门口,已看不清路了,他们便回去了。

我想,今晚如果只有我和她两个人在公园边上走,那是多么好。虽然有这许多人,但也很有趣。

1932 年 1 月 27 日　阴

蹲在家里太无意思,于是三弟他们说到寿宁街我们以前住的那房子里去看看。我倒很想去看看,自从搬出来以后我还没有到那里去过。我也十分的想念它。

大门堂不像从前那样了,大厅一路和往日姨奶奶住的那一路全都空着,只有堂屋边上和楼上还有人住。房东出来,我和他打招呼。看看后园,又到花园玩了半天,花园中许多树都砍掉了。

这么大的房子住这样一点点人,气象是分外的萧条,和我们往日住在那儿的情形大不同了。我们往日一共有三十几个人住,这样大的房子自然很好玩。

我还不肯就出来,我好久没有看见它了,现在想多看它一会儿。

1932 年 1 月 28 日　阴

决定到上海去,无论考与不考。同去的有二姐、祖葵、祖荚(她们姐妹家在上海)、我、二弟、周耀。

到上海外贸一脚坐汽车到去报名。在光华,我、二姐、周耀吃了面,把报名的事办好就坐车回到饭店。耀在饭店只坐了十多分钟就说要去看一个朋友,在申报馆,去打听打听上海的消息。这几天上海的消息很坏,中日将在上海开火。没一会功夫申报馆中送来一封信,是周耀来的,说今晚消息不好,他要回苏了,不来辞了。

1931 年 1 月 29 日　　晴

昨晚真的开火了。夜里三点多钟的时候,九爷、七爷他们都爬起来去楼上去看,说听见枪声,看见火光。早上我起来的时候还听见几声炮声,我先不以为是炮。

大家心里都有些不安,不知道光华考还是不考。真是倒霉,好像特地到上海来观战的。我本就不高兴来考的,现在十分的懊悔。

去考大学的只有十四个人,考的时候也很马虎,都没有先生来监考。

下午表叔来了,说闸北又打起来了,四点钟就要戒严,恐怕不能到租界上去,叫我们都快点跑。"现在那边都打得一塌糊涂,你们这儿还安心考什么学校!"

总算在四点钟前到了中央饭店。几天来似乎很疲劳,睡了一觉。五点钟去楼上屋顶花园看商务印书馆,北站的火还没有熄。爸爸忙着买报买号外,一会儿出去打听消息,一会儿跑进来报告。

1932 年 1 月 30 日

我们七个人——张裕他们兄弟三个,我们兄弟二个及二姐及黄四——一起回苏州。我们是乘英国的太古船到镇江,由镇江再坐火车到苏州。船很挤,坐在仓〔舱〕里像坐监牢一样受罪。

1932 年 1 月 31 日　阴,微雨

夜里时睡时醒,我觉得我像是生病了。九点钟船到江阴,半天还挤不下小划子。被接到叫鸿兴的店里,很小,只有三间房。

1932 年 2 月 1 日　阴

谢天谢地,我们终于回来了。这是多么难忘的一天,所以我拿红笔来记它。早饭也不吃,收拾收拾买了七双草鞋,我们每人穿一双。到汽车站一问,没有汽车开往无锡。到南门码头有一船,我们七人买了两张房仓〔舱〕。坐小轮船真舒服,很快,早上九点多开的,下午三点就到了无锡。到了无锡,我们的心已定了一大半。在火车站等车,知道有今天到苏州的车。上车后我站在门口。到苏州三里时我说,我们当喊冒险家万岁。到家已十一点多钟了,一家人都为我们爬起来。

1932 年 2 月 2 日　晴

J 来了。二姐要我们去换洋钱,每人只能换五元。我们去了很多人,郭大姐、张干、子寿、二翠,每人都拿不同银行的钞票去换。

和小舅舅去洗澡剃头。

1932 年 2 月 3 日　阴

二姐叫我去大姑奶奶家看看,问大姑奶奶说去上海的事。

1932 年 2 月 4 日　雪

还在床上就听见兄弟们喊"下雪了!"伸头出站,果然屋瓦上积了薄

薄的一层雪。天上还疏疏落落的在下着。

子寿的哥哥嫂嫂都从上海逃难来苏州了。

二姐和我算从上海回苏州一路上所用的钱的账，想起还有二十块钱放在二弟跟前。问二弟，二弟说放在四姐抽屉里了，但我们找了半天始终没有找到。这二十块钱的事被张大姐知道了，于是郭大姐他们全知道了。郭大姐是出名的疯子，她听讲不见了二十块钱，就大声地咒骂吵闹，还说明天要到庙里去烧香。I 听见她这样咒骂，心里自然不舒服，在房里哭了。郭大姐也太不应该，钱不见了，不说自然不对，但也不该大骂大吵的，家里还有客人在，这自然使人很难堪。俊说她顶怕郭大姐，看见她那样子就害怕。这钱假如不出来，倒有些讨厌，不知道到底是谁拿了。

ZJ 在桌子说用手写："你的日记给人看过了吗？日记能给我看看吗？"我答应她可以的，但要慢慢的给。

下楼时在楼梯上看见宁在房里哭。我觉得我们家的事连累了人家，很有点过意不去。

1932 年 2 月 5 日　阴

今天是旧历除夕。俊昨晚住在我们这儿。我们叫江干去借香炉来烧香，因为我们在船上时许了愿，若是我们在最短时间回到苏州，我们就要烧香磕头。果然我们在最短时间回到了苏州。香炉借来了，我们在玻璃门后面烧了起来，我们都磕了头。

吃了中饭，和二姐、俊到二姑奶奶家去。又去观前街买鞋子，买花，买守岁烛。

从护龙街到周家,耀生病了。我想二姐不好过,本来耀说好今天晚上要到我家来守岁的。

1932 年 2 月 6 日　阴

今天可以说是值得纪念的一天,是阳历的二月六号、阴历的民国二十一年的年初一。

J 要我把日记给她看,我自然也答应了。

我、二姐、二弟、J 打麻将。J 一个人赢。我们要她请客,我们牌桌上几个人,带郭大姐、二翠、小五狗一块去。到观前街,人多。观里人更多,三清殿里香火正盛,全是烟。到殿后面去买梨膏糖吃。到五芳斋去吃排骨、小笼包和血汤。二姐叫二翠吃,二翠装腔不吃,二姐生气了。今年虽然没有往年热闹,但有些老玩意倒还有,玩猴子把戏的、玩扁担戏的倒还在。

1932 年 2 月 7 日　雪

今天我二姐、三弟、我拜年。到五爹爹家,他们不在家。到四姑家,四姑也不在家。再到十六爹爹家,十六奶奶又不在家,是因为早上和十六爹爹打架气跑了。

1932 年 2 月 8 日　阴雪

和弟弟们打小麻将。写了一封信给 J。

1932 年 2 月 9 日　微雪

J 来了,我在桌子上给爸爸妈妈写信。J 和我去印了她的一张照片,我要的。

1932 年 2 月 10 日　晴

去看电影。

1932 年 2 月 11 日

和四姐去看《淘金记》。回家接到 J 的一封信。

1932 年 2 月 12 日

去发信,到学校转了一圈。

快吃晚饭的时候收到 J 一封信,信里有照片,照片后面有"送给我爱的宗留作纪念"。信给姐姐弟弟们看了,又没有什么。姐弟们大吵大闹,都像捡了黄金似的高兴得不得了。

1932 年 2 月 13 日　阴雨

我写了一封信给她,她也来了一封信。

1932 年 2 月 14 日

上观前街去买书,和二姐、J。

1932 年 2 月 15 日　晴

上午是读书时间。我们组织了读书会,还组织了体育会、卫生会、演讲会。我们想在这不到学校的时间里读一点书,做一点事,不使时间虚度，所以才有这种种的会。今天是礼拜一，从今天开始执行条例。

1932 年 2 月 16 日　晴

到图书馆去看书。大家都在看书，三姐、二姐、三弟都来了，但不久他们一个一个都走了。我看书看忘了时间，等出来已经四点多了。

回家，四姐在唱昆曲，叫我打电话给二姐。二姐在 J 家，她说要吃了馄饨再回来。

1932 年 2 月 17 日　晴

穿袍子的时候看见口袋里只有一支笔，却不见了日记，我急了叫了起来。五弟说是宁拿的。我于是赶上楼，看见三弟正爬在她门上，说她不肯开门。我断定一定是她拿的，我叫她快开门，不然我就从那边翻过来。她只好开了门把日记还我。

1932 年 2 月 18 日　晴

昨晚写好的自由日记，预备送上楼去给 I，她不在，从窗子里看见她在乐益里打篮球。打开抽屉预备放进去，谁料发现了她的日记，我只随便的翻了翻，看看还不到两分钟，我忽然感觉到不该看她的日记。为了我怕她知道我已经看了她的日记，我把那本自由日记放在她的桌子上。

她回来了，冤我把她的日记全看了，几乎要哭的样子。我没法，只好尽力的解释。唉，日记真是霉气的劳什子。为了日记我们不知出过好多回花头，和二姐，和四姐，这回又和她。她说我像红楼梦里的一个人物,我在她的日记里已经看到了,我不喜欢这个人。

晚饭后,耀和 J 来了,叫我们大家去堂屋开会。原来他们家怕苏州不安全,所以一部分人要到杭州去,问我们家到底去不去,所以我们讨论了了一下。我们家大概是不会去的,一来我们家走起来太不便当,二来杭州也不一定会比苏州安全。

1932 年 2 月 19 日　晴

戴的弟弟从吴淞跑出来玩,和他的房东一起出来的。他们到了昆山,他先走了,说是到苏州来找三姐。他的房东到这里来问,一问他在不在这里,谁知他竟不在。不知道他到底怎么样了。章太炎住在苏州,他是章太炎的学生,也许他去章太炎那儿了。下午我和三姐去找,我记得章太炎住在金狮巷,谁知不住在那里,说是住在侍其巷,结果没有找到。

(第五本结束)

这是第五本日记了,从 1930 年 8 月 31 日起到今天已有一年多了。我曾经说过我要努力把我的生活创造得美一点,有生气一点,可是直到现在我的生活方式这样。虽然 J 闯进了我的日记里来,然而她进来,我的生活就会美,就会有生气吗?我怀疑着。岁数一大就会生出许多事来,会叫人烦恼。我可以算是一个不向烦恼里钻的人了,但不知怎的,她却会无端的袭来,使我无法应付。我老说世事没有你想的那样简单,也没有你想的那样复杂,我现在却要说,世事没有你想的那样简单,有你想不到的那样复杂。真的是那样复杂的事,我们这样渺小的人哪有那大的力量去应付呢。

近几天来苏州渐渐现出不平静的样子来了,日本飞机差不多天天要来一趟。也许事情坏,它就会扔炸弹下来。J 他们家里的三姐、小孩子和她母亲都到杭州去了。

我想一个炸弹下来,把我们全炸毁了到也很好,很痛快,毫不痛苦的就了结了我们这一生。我们的一生真是太不幸了。

……

多话是没有用的,这书到了你手里,你尽管看好了。反正秘密总是不能永远是秘密的,早迟总会给人知道的吧,我也管不了这许多事。

一九三二年二月二十日晚

1932 年 2 月 20 日　（上元节）晴

二姐走了，二弟没有去。早上弟弟们去学堂，四姐在乐益上课。

看蒋光慈的书《莎丽的哀怨》。和四姐上街去洗澡。洗完澡我带四姐去吴苑吃茶，四姐根本没有来过，带她见见世面。我们吃了排骨和馄饨就回去了。

今天是十五，月亮怪好的。我找三姐她们和我去公园看月亮，她们都不干，我一个人去。

1932 年 2 月 23 日　阴

今天大扫除，三姐、四姐她们揩桌子、玻璃窗等，我们就到院子里来拾砖头。J 来电话，叫我今天下午去他们家。他们家里没有人，我不大愿意，她一定要我去，我只好答应下午三点钟去。

去到她家，她和五姐在。我本来就知道她和五姐留在家里看家，其余都和二姐一同到杭州去了。

一会儿五姐打扮打扮就走了。我告诉她我的信被人偷看了去，她急了，问我是谁，我不告诉她。她急了，伏在我身上说"我不要我不要"，我也没有办法，因为已经给她偷看了去。

J 告诉我说，耀和三姐他们说我静，像女性，和女人做朋友很相宜。我不知道我哪点够得上和女人做朋友是相宜的。我见了陌生的女人一句话也说不出，我不会应酬，不会敷衍，更不会对女人献殷勤，也不会所谓体贴女人的心理。我是一个不懂得女人的人，因为女人是那样的不易被了解、懂得、不被明白。

1932 年 2 月 24 日　晴

打了个电话给她,对她说下午三点钟在公园图书馆见,她答应了。下午吾妈叫我替她写几封信,一直写到一点多钟。我去了公园图书馆找到了她,我们从黄宫到十梓街到带城桥过阔家头巷到南园。南园上的风很大,把我们的脸都吹紫了。在一个小庙的门堂子里躲躲风。无目的走,我们走到植园,梅花已快谢了,也没有什么好看的。从护龙街回来。

1932 年 2 月 25 日　晴

接到 J 的电话,说周耀有信来,他们已经平安的到了杭州。我约她今天下午在公园图书馆见。等了好久不见她来,只好看书。一会儿她来了,说是给五姐烫头发,把手都烫坏了,疼得很。J 的弟弟来了,我们一阵到公园。我想去沧浪亭,J 不干,我和她弟弟在平桥头租了车子骑了去。

J 听说我们有脚踏车,也要学,我们到公共体育场换了小车子来学。五姐很不行,J 还好,但一放手就走不了一点路,她就会跌下来。二弟扶她不知道怎的净是打圈,还是我扶得好。公共体育场关门,我们还车子回家。

1932 年 2 月 26 日　晴

已经记不清了,仿佛是我生了病,在医院里,在医院的走廊里我们接了吻,被看护看见了,我们自然都很难为情。后来就记不清了。(是做梦)

昨天和她说好的还在图书馆里见,在公园僻静处走走。五姐来,她们去观前街买东西，我们就分手了。下午我们打篮球，我、二弟、祖麟，一边；光运、五弟、奕鼎、四弟，一边。我们一直赢，我们打了很久。

郁文哉请我们吃饭，请的全是乐益的先生。教体操的陆先生先不肯喝，J 来了要和他拼，后来又和韦均宏喝。小舅舅不会喝酒，自然喝不过她。

1932 年 2 月 27 日　晴

无事。

1932 年 2 月 28 日　晴

去新舞台看戏。

1932 年 2 月 29 日　晴

没有出去，读了一上午莫泊桑的小说。小舅舅来说学校没有钱，要借四百元钱。我不能马上就答应他，为了我们家里所剩的钱也不多了，这年头谁还把钱向外送。我回家和三姐商量，结果借了三百元给学校。

晚上三姐、四姐赌背诗，一人一首轮着来。

1932 年 3 月 1 日　晴

J 打电话来，要我和二弟一同去看十九路军抗战的影片，我答应了。

去买票，挤得要命，票子总算买到了。影片一点不好看，没有打，只有打坏的房子。

1932 年 3 月 2 日　晴

匡亚约我去看《啼笑因缘》，我也没有去。J 约我去打网球，我们打了三个 set。读《旧梦》。

1932 年 3 月 3 日　晴

佣人们说这家亲戚也搬走了，那家也搬走了，叫我们去打听打听。我和二弟去大姑奶奶家看看。

大姑奶奶一直叹穷，不知是真是假。没事干，吃了饭急着回来。

J 来了，拿了一包东西，我知道是我的日记。说就要去杭州了，明天就走了。

晚饭后到 J 家去，她们都在理东西。耀的信上说要我们路过他们家时到他们看看，因为他们家现在一个人也没有了。

七点钟时我告辞出来，J 送我，我们手牵手出来了。到公共体育场，天是那么黑暗，是接吻的好地方。在演武台的旁边的一棵树下，我吻了 J。我摸摸她的脸，说走吧。我回头便走了。我心里有些说不出的味儿，我们虽然好了这么许久，却没有说什么话。我说你到杭州后给我写信吧。我爱上 J 有些说不出的样子。

1932 年 3 月 4 日　晴

飞机来了几次，还开机关枪，家里的佣人们吓死了。

一天都陷于不安。早上和三姐到十四爹爹家去，一看见他，他就问我们准备怎样。我说我们还不知道应该怎样办，就是来和十四爹爹商量的。他说我看你们还是到上海去,你爸爸在上海,到他那儿去自然好些。我们听了他的话也不响,因为我们到上海去了几次,那儿的滋味我们也尝过了,饭吃不饱,觉睡不好,七八个人一间房,实在不很愿意到上海去。我们答应回来商量商量。回家商量要到杭州去,打电话去周家,就是打不通,气死了。兄弟姐妹们商量来商量去,也没有什么法子。

1932 年 3 月 5 日　阴,晴

讨论到底要走不走的问题,结果就是和大姑奶奶老太太她们一起走,明天一早走。到了下午又不去了。本来我们大家都不想去上海,因为在上海太不开心了。

1932 年 3 月 7 日　晴

夜里接到爸爸电报,叫我们到上海去,于是我们又决定去了。坐火车到镇江,再坐轮船到上海。

心里不定得很,和四姐到公园走走。我们坐在明德亭上,我把这本日记中和 J 接吻的地方给她看了。她这人也真古怪,有时我很爱她,什么话都对她说,信也给她看,就是日记也给她看;有时我又不欢喜她,觉得她讨厌得很,不想理她。

据说这两天前方的情形又不很好。

1932 年 3 月 8 日　晴

夜里没有睡好。起来时,天没有亮。临走时高干在门口站着,眼睛红红的。没有看见吾妈,她也不和我们一起走。

车不算挤,在火车上四弟、五弟都晕车,四弟大吐。

十九爹爹和我们一起走,他们一家也有十几口人。到南京已下午五点多了。

1932 年 3 月 9 日   阴雨

大概是今年年三十晚上饮了汤的缘故,怎么我们一出门就下雨。上次从上海到苏州,在轮船上也下细雨,现在又是这样,还没有上船就下细雨。晚上我们住在一个小旅馆,我和二弟睡一张床。好久没有睡着。这个小旅馆里住的全是我们家的亲戚,十二爹爹家、十九爹爹家、八姨妈家,他们每家都有十几人。

有小猴子一只,大家都引它玩,消磨这寂寞无聊的时间。我们常常出来走走,去打听打听船的消息,大概是要午饭后船才会到。

下午茶房来催我们走,因为我们只付了他一天的房钱,我们便带了行李去码头等船。

到了上灯时分船才来,上船的人并不多,但船上本来已有很多人了。所谓定好的船舱,隔壁是茶房们睡的地方,地下全是湿的臭鱼坛子,破桌子、行李铺盖架在空中,像是一个土匪窟一样。我们进了那土匪窝后又有许多行李进来,把走路的地方都塞满了。我和四弟坐在那架空的床上(写到这儿,楼上有人撒尿下来,把我的簿子也打湿了,我吓得赶快跑开)。一会儿,一个胖胖的人来说,租这土匪窝到上海要五十块,我们说四十块。他不肯,我们气了,索性出来不蹲他那儿了,他那儿又不是正式的房仓〔舱〕。

上来后就在船尾的栏杆边登着。这儿虽没有床可以睡,可是比那土匪窝强多了。那儿又热,又有臭味,这儿又透气,又没有臭味。出了五十块钱比这不出钱的地方还不如。

我们在通仓〔舱〕里找到两个铺,是几个柜和几块板拼起来的,在楼梯边比通仓中间空气好。

1932 年 3 月 10 日　阴,晴

一觉醒来,天还没有亮,起来每人拿黄泥水洗了一把脸。船还泊在江心没有开,昨夜已到了镇江。

好容易船总算开了,一路没有停,到晚才到南通。因为天晚了,不能进口,就停住。

晚上我和四姐、三弟睡一张铺,挤得要命。可是我们却睡得很酣甜,大概是因为太倦了的缘故吧。

1932 年 3 月 11 日　晴,雾

仍然是天没有亮就醒了,下雾,船泊在江心,一直停着不开,差不多全船的人都在着急。机器轰轰的响了一阵,都以为是开了,谁知又没有开。去看看水不住的向后流,又看不见岸,雾笼住了,全是江水声。我们太希望开船了,在轮船上少登一秒钟都是好的。

船开了,雾也开了,大家的心也稍微开了一些。

江面水很阔,对面都看不见岸。浪也比昨天大了,我们能看见远远的一点一点白的浪头。在江面窄的地方我们看得见对岸,我画了一张写生画在四姐的小簿子上。

太阳快落了,我们赶到楼上去看落日。太阳很快落了下去,坠落到

紫色的如雾如云样的东西里去了，红的、黄的、紫的云雾中有几点白鸥点缀。

才进吴淞口，船上的人就忙乱起来了。

吴淞全被毁了，江岸也都打坏了，房子只剩下些残垣断壁。三姐她们学校教学楼的钟也没有了，顶也没有了，无线电台上飘着的是日本国旗。泊在黄浦江的兵船上的日本兵，我们也都清清楚楚的看得见。

挤进仓〔舱〕里去把行李拿定，等了好半天船才停到浦东。小轮船接了三姐她们先上船拿东西，拿了一部分东西船开了，我们没有上去，等第二次船来我们才拿了剩下的东西上岸。上了岸我以为没有事了，谁知道又钻出过从没有为我们做过事的人来要酒钱，还骂人，给他骂了几句，还给他骂了两角钱去。

除了我和二弟，其余的人都坐车到中央旅社。我简直弄得不成样子，衣服上全是污渍，脸也几天没有洗。这样的人，人家一看就知道是逃难来的了。

到了中央旅社，爸爸他们换了一间大房，是个套房，有三间房。爸爸他们睡最里面一间小房，还有一间洗澡房。晚上我睡在沙发上，比在船上自然舒服得多。

1932 年 3 月 12 日　阴

夜里下了雨，几天来总算是睡了个好觉，起来吃了粥，各人做各人的事。

中午老伯伯叫我们去吃饭，她叫了菜给我们吃。回来时我在永安买了两个小簿子。乘爸爸妈妈不在，我在他们小房间里写了两封信，一封给祖麟，一封给吾妈。

1932 年 3 月 13 日　雪

昨天晚上讲好,三弟、四弟、五弟和四姐都去考中学,今天早上爸爸妈妈带他们去考了。三姐在睡觉,我在旅馆里无聊,就到老伯伯家去。在老伯伯家收到 J 的信,还有一封是 I 的。老伯伯留我们吃饭。下午两点多钟我就回家了,四姐他们考学校的也回来了。

乘妈妈带五弟去买袜子,我在他们小房间里写了两封信,一封给 I,一封给 J。

他们四位上午考了学校,下午晚饭时打电话去问,说都取了。明天他们都上学校里去了。三姐也要到中国公学去了,只剩我和二弟还登在家里了。

我想,假如我不进学校,以后这许多日子怎样过法呢,我不能知道。

1932 年 3 月 14 日　阴,晴,雪

爸爸他们送四姐、三弟、四弟、五弟和小弟弟到上海中学去上课了。四姐是第一次住堂,恐怕不惯吧。她真是苦,本来在合肥是头等的小姐,到苏州来后就降级了。但是还好,虽然在乐益里读书,既不住宿又不吃学校里的饭,而且学校又是家里开的。这次进上海中学,住在学校里吃在学校里,又新换了一个环境。她今天已经打电话来要小说书看了,说过两天才正式上课,在学校里无聊。

他们走,我们也走,我和三姐到中公的战期学校去。在那飞德路①,本来是一座俄国的跳舞厅,房子很讲究,而校具却很简陋,无怪乎

---

① 即今天的勒斐德路。

那位先生在开学典礼时说不调和。

　　没有费多少事我就报了名，又没有费多少事，我们都交了费，拿了选课的单子。我们走出来，遇到三姐的一位同学，他说还有开学典礼，我们又回来。礼堂很小，有刘秉麟①、樊仲云②(学生代表)讲话，他们讲的不外乎中国公学来了日本帝国主义的"赏赐"，把中公都毁了，现在我们在这里开学，希望大家能努力一致，合作到底。

　　二弟到老伯伯家带回来许多信，我有两封祖麟的信。

1932 年 3 月 15 日　晴

　　伤风了，鼻子不通。在沙发上睡了一觉。三弟从老伯伯那里带回一封祖麟的信。

1932 年 3 月 16 日　晴

　　三弟的老花头又来了，他又不肯住堂了，说不愿意听同学们叫骂。他的脾气也真拐③，住堂总是和人合不来。那次在东大也是这样的，才住进去还没有一个月就说同房的同学不好，一定要改走读。现在他又来了。妈妈、三姐、我都对他说了不少话，说住堂如何如何有益他，他总

---

①　刘秉麟(1891—1956)：湖南长沙人，经济学家。1917 年毕业于北京大学经济系，1919 年担任上海中国公学大学部教务长，1920 年先后进入英国伦敦大学、德国柏林大学学习。1925 年回国，担任中国公学教授兼商学院院长。1932 年"一·二八"事变后，到武汉大学经济系任教授。

②　樊仲云(1901—1989)：浙江嵊县(今嵊州市)人。早年曾参加"文学研究会"，后先后担任过复旦大学、中国公学教授。1937 年汪精卫叛国投敌后，他追随汪伪政权，先后任伪教育部政务次长、伪中央大学校长。抗战胜利后，避居香港。

③　拐：方言，"犟"的意思。

是坚持要走读。他说他情愿天天坐电车去上课,我们也拿他没有办法。

我们明天也要上课了。

1932 年 3 月 17 日　晴

今天我们是上课了,四姐没有来,只有我和二弟来了。我们看看没有什么课,就回家了。

1932 年 3 月 18 日　晴

国文是江馥泉①教的,他头发怪长的,衣服穿得那样破,我先还当他是什么员工之类。听他讲国文,讲一些阶级问题,讲得倒也好。

日文人不在,上午就没有课了。

下午本来有赵景深②的现代文学,他没有来,我们等了好一会。没有课就回旅馆了。把矛盾的《三人行》读完,不大懂。

1932 年 3 月 19 日　晴

只有一课国文,谁还愿意跑那么远去上这一课呢?三姐去上课,不一会就回来了。老伯伯带了三封信来,一封是祖麟的。他是不久他要到上海来,一封是 J 的。

---

① 江馥泉:民国时期文学评论家,1922 年与张闻天合写《王尔德》,介绍王尔德唯美主义的美学思想。

② 赵景深(1902—1985):字旭初,四川宜宾人,生于浙江丽水,著名戏曲史家,是集翻译、创作、编辑出版于一身的文化大家。1923 年加入"文学研究会",先后曾主编过《文学周报》《现代文学》,1930 年任复旦大学教授。1931—1933 年兼教于中国公学。

下午二姐和祖麟来了，真是奇怪了，才接到他的信他就来了。我和祖麟去四马路买学校里用的东西。

三弟、四姐他们全回来了。晚上我和祖麟、三弟睡大床。什么事也不能做。

1932 年 3 月 20 日　晴

吃了早饭又不出去玩，大家聚在房里，没有什么好玩的，就拿我来玩了。四姐说："可要我说，可要我说？"她顶讨厌，知道一些事就要说出来，什么事我又要告诉她，我叫她不要说，她先总是答应得好好的，但是保不到几天她就对人说了。真是讨厌死了，以后一些事一定不告诉她了。被她这样一闹，爸爸妈妈全知道了。

乘我不留心时间把我插在口袋里的日记抢了去，马上就拿给祖麟，他就一直不给我了。先我还问他们要，后来我生气了，索性不要了。

祖麟拿了我的日记到外面去蹲了一大会，我猜他一定看了我的日记。果然他临走的时候我问他，他说："你所顶不愿意给了看的全给我看见了。"我也没有什么话说。把人家的日记抢去看了，我真不高兴，气了一天，话也不高兴说。想写封信去骂祖麟。

1932 年 3 月 21 日　晴

今天上了张端珍①的课就回来了。

① 张端珍（？—？）：1914 年考取清华庚款留美生，是当年清华选派 10 名赴美留学"专科女生"之一，回国后曾任暨南大学、中国公学英文教授。

1932 年 3 月 22 日　晴

读完了沈从文的《蓂君日记》,不很好,没有他别的东西好。

1932 年 3 月 23 日　晴

我们今天搬家。我是没有参加,去上课了。房子很好,就是里面的陈设太少,房东借了我们一张写字台,又借了许多小凳子给我们。我们住在楼下一间大房间,我和二弟、三弟睡在旅行床,小寿子、黄四、必昌都睡在地下。

1932 年 3 月 24 日　晴

乍换了一所新房子,并不觉得怎样不同,只是样样都不便当。

上了一课英文就回来了。到老伯伯家去玩了一会。

1932 年 3 月 25 日　晴

江馥泉尽讲经济,日文不愿上了。

今天上了赵景深的课。他是个大胖子,他今天讲的是"中国文学",只讲了诗歌一章,还好。

四姐和小弟弟回来了,因为小弟弟不好,四姐送他回来。

先我们为了好几天没有见了,说得很好,后来听见她说回家也无聊无趣得很,我懊悔没有就坐来的车子回去。我听了便很不高兴。

1932 年 3 月 26 日　晴

去上课。下午没有上课,回家。

爸爸和小弟弟在家，爸爸对我讲诗，讲故事——"昔日章台舞细腰，任君攀摘嫩枝条，而今画入青丹里，不许东风再动摇"……

四姐回来了，脸上看不高兴的样子，就有要哭的样子，看看书，把书掼了就上楼。一会儿我也上楼，看她坐在床上哭。我还没有说完一句话，她就骂我，我心里好不高兴，就下楼。我愈想愈生气，我的好意反惹人家的骂，心里一直不愉快。晚饭后她和我说话我也不理。

1932 年 3 月 27 日　阴

四姐要我陪她去先施去买弦子，先施不开，在新新买到的。为了昨晚的事，也没有多说话。

下午和四弟去法国公园，四点钟才回来。

夜里快十一点钟的时候，我眼睛一睁开，看见四姐站在我的床面前。问她做什么事，她说楼上在吵嘴，吵死了，说要把行李搬下来睡。我侧耳一听，果然听见妈妈的声音，但不知说些什么。

四姐把行李搬下来，睡在我床跟前。张干也跟了下来睡。

讲到我们家里的事，我不禁凄然。想到四姐以前在亲奶奶跟前，怎样的宝贵，今晚睡在地板上，和小寿子他们同一间房。又不是在旅馆，是在家里啊。

1932 年 3 月 28 日

去学校上课，四姐揩油要上傅东华的文学批评史。傅东华恰好没有来。下午上了张端珍的英文。同四姐上了一课，就送她到学校。她真不行，什么都不认得，要是让她一个人走的话，一定会不认得路的。

我也不认得,但是我还比她认得些。像她这样的人真可怜,一点苦也没有吃过,现在来学校这样吃苦,自然什么都不惯。

吃点四姐买的东西就走了。四姐和五弟送出来,站在门口看我走,似乎有些依依的样子。

1932 年 3 月 29 日　晴

在枕上写了一封信给 J,叫她到我学校来,假如她已经到上海的话。上了英文和中国小说史就散了。

1932 年 3 月 30 日　阴雨

下午在路上碰见 J 和她三姐坐在一张车上,她看见我就叫车子停下,和我说话。她说她们今晚就要回苏州,去拿东西,问我们家有没有人回去,我说大概没有。晚上 J 和她五姐来了,她们来对妈妈说,要把苏州家里的大东西寄在我们家里,她们打算要到上海住家了。妈妈叫我写张条子,让她们带去给高干。

刘四表叔家借了许多家具给我们,我们有家具用了。

1932 年 3 月 31 日　晴

在家写了一张小字篆书,给爸爸看,爸爸说写得好。一个人出去走走。

1932 年 4 月 1 日　晴

无事。

1932 年 4 月 2 日　晴

上午和三姐上街，三姐买了好多东西，我买了牙粉、牙刷。下午去学校上课。

1932 年 4 月 3 日　阴

小舅舅从苏州来了，出去看影戏，好久我们都没有看电影了。我们四个人去看的，我、小舅舅、二弟、三弟。片子还好。

1932 年 4 月 4 日　晴

无事。

1932 年 4 月 5 日　晴

四姐今天又来揩油上课，先是和三姐上，后来又和我上英文。四姐一定要我陪她去教务处问一下看能不能考，交涉了一阵，他们说明天去听回音。

1932 年 4 月 6 日　晴

今天上谢六逸①的课，他讲得很好。

---

① 谢六逸（1898—1945）：贵州贵阳人，1922 年毕业于日本早稻田大学。曾担任过中国公学文科学长兼中国文学系主任。后创设了复旦大学新闻系，提出新闻记者必须具有"史德、史才、史识"三条件，被誉为中国现代新闻教学事业的开拓者。

昨天教了四姐一点几何,她今天就去考,回家时很快活,说是考取了初三,跳了一级,自然高兴得不得了。

1932 年 4 月 7 日

四姐考取了务本①,去办交涉,居然说可以在高一读了,她自然快活死了。归定后叫我教她几何,二弟教她化学,今天晚上就开始。赵景深上课讲起故事来倒怪有趣的,说得有声有色的,许多人都大笑。

1932 年 4 月 8 日

只有一课,回家做了一篇作文叫"中国社会的前途"。

和二弟去看电影,头昏,回家就躺在床上。想起来吃点粥,谁知听郭大姐说了一句话,我就生了气,便不吃粥,又去睡了。

我想假如有吾妈在身边,我睡在床上,她一定会替我盖好被子,她一定会叫我起来吃东西。

1932 年 4 月 9—11 日　晴

无事写小说。

1932 年 4 月 12 日　晴

今天接着写小说。一共写了 12 张多。

晚上教四姐几何。小说还没有改好,我想明天一定要做好。

①　即务本女中,创办于 1902 年,是中国人创办的第一所女子学校。1961 年,更名为"上海市第二中学"。

1932 年 4 月 13 日　晴

规规矩矩把这篇东西写好,七千字的样子,现在还没有想好她的名字。

1932 年 4 月 14 日　晴

昨晚记好日记后,把做好的那篇东西标点了一下,又为她起了一个名字叫《一个传说》。

送四姐去学校。晚上四姐叫我教她三角,一晚上就费了,我自己一点事也没有做。

1932 年 4 月 15 日　晴

到老伯伯家去,路上买了一本莫泊桑的《蔷薇集》。

只要我一吹箫,老伯伯就唱起来了,后来老伯伯拿起月琴来弹。到底资格老些,弹得都好听。

和爸爸一阵回来,教四姐三角。

1932 年 4 月 16 日　晴

晚上教四姐几何,几天没有讲了,她就忘了,我很不高兴。好好的教她很好,一到问到她时,她就半天不响了,上课的时候好像真的变严肃了。

1932 年 4 月 17 日　微雨

看书,洗澡。

1932 年 4 月 18 日　晴

看书。

1932 年 4 月 19 日　晴

下午四姐找我去讲三角。四姐有三十几道题要做,明天就要交,她做得很慢,我帮她做,教她做。

一碗茶打翻了,湿了一台子,书都弄湿了,她发脾气把书丢到地下去了。

替她做了几门课,看看郭大姐、小翠子她们都睡下了,我也不好再登下去了。自然她的题目也没有做完。

1932 年 4 月 20 日　晴

去洗澡。四姐拉我去替她做三角。做到晚上十一点多钟。

1932 年 4 月 21 日　晴

无事。

1932 年 4 月 22 日　晴

晚上替四姐做了两道三角题。

1932 年 4 月 23 日　晴

四姐要去隔壁剃头,要我们陪她去,我和张干陪她去了剃头店。三弟拉胡琴我唱戏,唱了一会就吃饭了。和 J 约好了她礼拜一到我们学校来。她想去参加童子军到前线去服务。

1932 年 4 月 24 日　阴雨

早上写字，下午和妈妈上街剃头，头倒是剃得很好，就是太贵。剃头出来我去照相馆照了一张相，又到西泠印社买字帖等东西。

妈妈在和爸爸说四表叔借钱的事。爸爸真是好人，人家向他借钱，他总不好不借给人家，等到自己没钱的时候，向人家借又借不动了。况且有许多来借钱的人他们说是说好一月二月就还，其实许多年过去了钱到现在还没有还多了去了。

1932 年 4 月 25 日　晴

四姐又拖住我要我讲英文。她求人的时候什么都肯，就是打她几下她也不在乎，可是等到她不用你的时候却要同了办交涉了。一晚上我什么都没有做，只是为她讲了一篇 *Three Golden Apple*。讲完一篇已经十点钟了，下来日记也不记就睡了。

1932 年 4 月 26 日　阴雨

去拿照片。我知道照片一定照得不好，果然拿到一看拍得不像样子。我也不管了，反正不是预备送爱人的。

四姐又找我教三角，讲了几遍她还是不明白，不做声，后来总算弄懂了才歇。我向她说，怎么教英文的时候了倒很有兴致的，但是怎么一讲到数学就沉默下去了，头低着问题问几遍才答应一声，下次我希望你上数学的时候也像我教英文的时候一样稍微高兴一点，不要太规矩了。我想不到这几句竟使她哭了出来，伏在桌子上。唉，这孩子真是太没有法子对付她,又太可怜了。

1932 年 4 月 27 日　　阴雨

写小字,每天坚持写。今天教四姐,还好,她不像那样不做声了,低头好像听骂似的。

1932 年 4 月 28 日　　阴,晴

赵景深的课,四姐早就说要来听,今天才来。她来迟了,没有听全两个钟头。

陪三姐去剃头。

教四姐几何,她总是不起劲,要睡觉。我老大不高兴,教数学总要教到气出来。

1932 年 4 月 29 日　　阴雨

跟四姐上楼写字,一面写字一面讲到宁,讲到许文锦。晚上在楼上教四姐几何。后来看三弟借来的一本《真美善》。

※　　　※　　　※

在这本书的第一页我曾经很慷慨的说许多话,但没有用的。这书到了了手里,了尽管看好了。在别的日记里我总是写些劝别人不要看的话,其实许多日记里没有什么东西好看的。这本日记虽然起头写得很慷慨,其实却不很能随便给了看的。

(第六本结束)

1932 年 5 月 1 日　晴,阴

今晚四姐有了三姐教她英文就不要我了。

1932 年 5 月 2 日　晴

到老伯伯家去。看小妹妹唱歌,很有趣。

1932 年 5 月 3 日　晴

和四姐写字。陪妈妈他们上街。

1932 年 5 月 4 日　阴雨

请二弟吃饭,吃了七毛钱的俄国菜。

1932 年 5 月 5 日　阴雨

无事。

1932 年 5 月 6 日　晴

还在床上就把昨晚做的一个梦告诉四姐。梦是这样子的:

我和四姐、三姐一阵坐轮船回苏州。我们坐在轮船前面的一块木排上,木排被轮船推着走,人家说要走两天两夜。船忽然开了,四姐不见了,我们找了好久,才看见她在我们旁边的另一艘船上。我们这艘船开了,她一点也不着急的样子,还笑嘻嘻的站在那儿。我急了,想跳过去把她拉过来,谁知道自己掉在两个船之间的水里。我一手抓住船舷,身子浸在水里,我便大叫了起来,拼命的挣扎。我看见一个人把四姐拉到了我们的船上。费了好大的劲,我也从水里爬了起来。刚刚坐定,就听见有人叫抢劫,我跑到船头一看,我们的船并不在水里,而是在路上,许多强盗举着枪、挥舞着大刀冲向我们的船。我想完了,我这皮夹子里仅剩的六毛钱一定保不住了。

考考四姐的几何,全不对,我很生气。

1932 年 5 月 7 日　晴

无事。

1932 年 5 月 8 日　阴

无事。

1932 年 5 月 9 日

无事。

1932 年 5 月 10 日

今天回家写了一篇《读谷崎润一郎集》,从一点钟写到四点钟。今天总算做了不少事。

1932 年 5 月 11 日

上学校之前日记找不到了,我自己找,许多人帮我找,也找不到,只好上学校去了。

中午回来时有人告诉我日记找到了，说是我上马桶时丢在那儿了。我今天早上上马桶的确没有把日记带到马桶上去，这事总算奇怪呢。

1932 年 5 月 12 日

无事。

1932 年 5 月 13 日

从学校去三姐那儿顺便看看。三姐在写信，等她写好了帮她拿去发。

四姐牙齿又痛了起来，睡在床上起不来，还哭，大约痛得很厉害吧。陪陪四姐，在她房里写字坐坐说说。

1932 年 5 月 14 日　阴

回家时给四姐带了一束花，我知道人不好的时候朋友们作兴送花给她的。所以我和三姐回家时买了一束似玫瑰花样子的花回来给她。

四姐病了几天，还没有请医生来给她看过。记得那天小弟弟刚刚屙了几遍，就去把黄医生请了来。我想想有些生气，坐在爸爸房里生气给他看，可是他又看不见。

去老伯伯家，吃了饭就回家了。回到家，一进门就听见妈妈和小弟弟在吵嘴，为了硬要小弟弟屙屎。四姐头又疼了，她跑了下来睡在我床上。这真是的，要是小弟弟一睡着了，我们一个都不敢出声，吵了，郭大姐就要骂。现在有人病着，他们还在隔壁房里吵个不停。这算是什么呢。

1932 年 5 月 16 日　阴雨

上完课赶回家陪陪四姐,她今天好了不少。下午去上课,在三姐那儿吃了一碗馄饨才回家。

1932 年 5 月 17 日　阴雨

今天是四姐二十岁生日,家里一点没有什么,只有我昨天写了一张片子,送了一个洋娃娃给四姐。

1932 年 5 月 18 日　阴

四姐的病今天已经好了,能起来了。替四姐买了一斤橘子回来。

1932 年 5 月 19 日　晴

今天学校里来了许多巡捕,听说是为了抓一个叫田川恒的人。

1932 年 5 月 20 日　晴

到学校就看见许多标语和壁报,写的是"打倒帝国主义的走狗樊仲云",壁报也是写学校当局的。

陪四姐上街。等电车的时候,一个印度阿三一直打量四姐。后来人越来越多,把我们围了起来。我看了觉得不是事,叫四姐我们快走,到下一站去坐车。

1932 年 5 月 21 日　晴

今天去大姑奶奶家,坐小船去的。水很清,河边的柳树成阴,有时候我们故意把船划到柳树下去。下午收到 J 的信。

1932 年 5 月 22 日　晴

今天给四姐拉住教英文、三角。下午四姐要我们陪她去学校，我和五弟陪她去。

1932 年 5 月 23 日　阴雨

今天没有上课。回家了。一会儿四姐回来说到昨晚妈妈和爸爸吵嘴。

每一个家庭都有它说不出的苦，我真没有见过一个真正所谓美满幸福的家庭。

1932 年 5 月 24 日　阴雨

想起去买一部《红楼梦》，我早就想好好做一篇红楼梦研究。出去时天下着微雨。在亚东书局买了一部精装的《红楼梦》。

在四姐床边轻轻和她讲话，不知怎的，她总是不高兴的样子。张干说她是气的。

1932 年 5 月 25 日　晴

日本文学概论的卷子发下来了，二姐 98 分，我 96 分，我自然很满足了。

和爸爸去火车站接小舅舅。

1932 年 5 月 26 日

英文卷子发下来了,我还好,得了 95 分。许多人大概因为作弊还是什么的,卷子没有发。三弟明天要回苏州一次,我也想过几天回去看一趟。

1932 年 5 月 27 日　阴雨

冒雨去上课,又冒雨回来。今天邮局恢复了,一口气写了四封信:大姐,给 I,给祖麟,给 J。写了一下午。

1932 年 5 月 28 日　阴

四姐一直病,去她床前和她说了一会话。

1932 年 5 月 29 日　晴

听见妈妈的声音在楼上,我一直没有上去。等他们下来吃饭了,我才上去。坐在四姐床头,我说了这样病着,一直这样怎么好。我是一句无心的话,不想她竟哭了起来。本来在这样的情形下得了病竟没有人顾问,真是使人心里难受。觉得没有吾妈的孩子真是可怜。

告诉爸爸,四姐一直这样一会热一会冷的,到底怎样办。爸爸来到四姐房里,对四姐说,四姐只说我只要回苏州去。

四姐一直出眼泪水。唉,没有母亲的孩子只有哭。

1932 年 5 月 30 日　阴雨

妈妈叫江干先垫一垫钱给医生,谁知江干说话又给四姐听见了,便叫子寿打电话给医生说病已经好了,不要叫医生了来了。我上楼和她说了一会,她就是不肯,说家里又凑不齐钱给医生,等一会医生来了,多坍台。

1932 年 5 月 31 日　阴

许多时候没有写文章,《水》的稿子也缺了不少。今天发狠想下来写,可是才写了一张纸又不高兴写了,想翻翻日记找点线索,翻得我头都晕了。于是上楼去和四姐玩去。

1932 年 6 月 1 日　晴

早知道我也不到学校去了,今天林玉霖没有来,谢六逸也不来,我是一课也没有上。到家里在四姐床边和她谈谈玩玩。后来为了袜子她和张大姐吵了起来,一定要张大姐马上去买袜子。四姐一直等她回来,晚饭了她还没有回来。好容易她回来了,原来她是和店里的人吵嘴了。

四姐这脾气,我看将来到社会上去,一定不会如意。虽然这脾气并不坏,可是这社会中容不了你这脾气怎么办。

1932 年 6 月 2 日　阴雨

今天又是一课没有上。明天预备和四姐、三弟回苏州。

1932 年 6 月 3 日　晴

坐七点多钟的车回苏州,沿路看见被炸坏了的车子。被炸了的铁路桥,虽然修好了,但是车子在上面走得很慢。水里还有捞起来的钢轨。

看看小报,九点钟就到苏州了。一下车我们就很快乐,因为我们又看见我们久违的苏州了。大家跑着跳着回家了。

苏州似乎冷落了些。我们今天去了大姑奶奶家一趟。家里院子里的草也长深了,路边的黄花菜长得又高又大。我们回来,自然在家的亲人们(吾妈、夏干、高干、老头子)都高兴的欢迎我们。

1932 年 6 月 4 日　晴

早上吃了饭,四姐对我说她不回上海了,就登在苏州,把牙齿补好,在苏州也不读书了,把身体弄好一点再好好读书。这话倒也不错,可是妈妈也许又要说了。到观前街兜了一圈。

1932 年 6 月 5 日　晴

四姐去看许文锦,我便去东吴看看同学们。没有碰到一个熟人。到河边去走走,河边还和从前一样,柳荫很浓。到沧浪亭去,看见新修的房子,在沧浪亭边上,不配得很。在桥上坐了一会就走了。

明天我们预备回去了,只剩四姐一个人在,我不知她寂寞不。我实在有些不高兴回上海,假如我能支配我自己的事,我就不回上海去了。我现在不知受了谁的支配,我明天就要回上海去了。

1932 年 6 月 6 日　晴

帮四姐理了一下书。她把书向柜里乱丢,我说了她一句,她就气了,说:"不要你帮我理了。"我自然也生气了,就下到乐益里去看火车表,直到高干来喊我吃中饭我才回来。看见四姐她们已坐到桌上了,她看见我就望我笑,真呕人,没有法子对付她。只好吃了中饭又去帮她理书。理理书玩玩,总算晚饭前理好了。

我是三点四十分的车子,我要走了,我把四姐抱起来。她真是太小了,像我的小妹妹一样,我也像待小妹妹一样待她。

这次火车一路没有停,很快就到上海了。到家他们都在吃饭,我说四姐不回来,张干他们不相信。妈妈他们倒没有说什么,反而说很好,在家把牙齿医好也是一件好事。

1932 年 6 月 7 日　晴

今天没有课,回家四姐不在,觉得好寂寞。四姐在时,回家我们一块玩玩说说,她生病时我一回来就去陪她。不知道她现在一个人在苏州寂寞不?

1932 年 6 月 8 日　晴

到学校看看没有什么事,中午替爸爸买报纸,没有买到。妈妈带了小弟弟去半淞园去玩。吃了晚饭和三弟去法国公园散步。

1932 年 6 月 9 日　晴

看爸爸买了一顶新帽子,我想我也得买一顶。等爸爸妈妈出去了,我要三弟陪我去买。后来我同他吵嘴了,他不去了,我一个人坐车去东新桥到一家草帽批发的店买了一顶和爸爸差不多的,可是还是不满意。这样一买我只剩一块钱了,还有二十天,这日子怎样过法。

1932 年 6 月 10 日　晴

口袋里没有钱了,只好困在家里。看看《红楼梦》,翻翻《饮水词》,看看《茶花女》。晚上出去走走,这两天学校不上课真是害人,害得我一点事没有做,一天到晚困在家里。不像苏州家又大,又有学校可以打篮球,真是急死人。口袋里若有钱还可以出去玩玩,现在囊中羞涩,一块六角钱还有二十天怎么分配。

1932 年 6 月 11 日　阴雨

本来今天想去小五狗他们学校里玩玩,谁知又下雨不能去。只好闷在家里,把四姐的箫拿下来吹吹。

钟大姐托我写了两封信,说了许多拍马屁的话,我真讨厌他们。不怪四姐那天和张干吵嘴,就对我说嫁过男人的女人都不好,嫁了男人,都沾了男人气了。我说照这样说,归根结底是男人不好了,她说男人倒比这种女人好。

《茶花女》真好,虽然我已经读过一遍,像《红楼梦》一样,是一部百读不厌的书。我一向看书无论她是怎样的动人我都没有哭过,就是《茶花女》不记得是那一段,我哭了起来。今天我坐在这里静静的读她,我又为她流泪。看完书,已是深夜,我怎么也睡不着。

1932 年 6 月 13 日　阴雨

昨天听说中大今天复课,到学校等了一个小时也没有人,只好回来。吃饭的时候,听见爸爸说等会出去看歌舞。我知道我没有份的,就睡觉去了,一直睡到五点。他们走了,爸爸、妈妈、小弟弟。

写了一封信给俊,一封给祖麟。

1932 年 6 月 14 日　阴雨

今天总算上课了。接到四姐寄来的哲学书,又写了三封信:一封四姐,一封J(因为早上接到J的信了),一封给七姐。写到十二点。到上海后睡觉晚了。

1932 年 6 月 15 日　阴雨

替三姐去买本子。下午替七姐写那篇《法家与儒家之比较》,一直写到晚上十二点,约五六千字的样子。

1932 年 6 月 16 日

今天上英文,张端珍讲了很多,说到学校的前途不可乐观,她竟难过得哭了出来。她太富于感情了,只要有一点点事打动她的心,她马上就哭了起来,上课时她哭过好几次。有人说她以前曾有过丈夫,但现在是独身。这种人我以为在精神上她一定是很痛苦的,我很可怜她的身世。虽然我不很知道她的从前,但是我听见许多人骂她是神经病,说她的坏话。下了课,去三姐那里一块去吃中饭。下午去上课。

我现在代替四姐做二翠子的英文老师了。二弟带了J的一封信。

1932 年 6 月 17 日　阴雨

今天考英文。

大开其音乐会,又唱戏,我和三弟奏乐,一直到吃晚饭。

写封信给宗斌,托他打听北平的学校,说不定我要到北平去念书。

1932 年 6 月 18 日　晴

今天老伯伯搬家,我们去看看,爸爸送了一套桌椅,他们的房子很好。我帮他们挂字画,擦玻璃。老伯伯忙了一天了,已经吃不消了。

楼下两间房、一间客厅、一间餐厅,楼上三间,老伯伯姑爷一间,小妹妹、三妹还有一个佣人一间,小红、四毛他们许多佣人一间。

1932 年 6 月 19 日　阴雨

七姐来了,看我给她写的那篇文章。二弟下午回苏州去了。

房东家今天祭祖,摆了几桌席,还烧洋钱和票子。我们都站着看热闹。

1932 年 6 月 20—24 日

这几天因为大考,因为四爷来了,也因为不大快活的缘故,没有好好记日记。

考试算是考完了,每天都是十二点以后才睡觉。

我们因为得到许多消息,四爷这次来上海就是为了谈事情的。因为□□他们闹得不得了,只得我们再让出一部分租子,许多房凑了三千多租子给他们,他们要爸爸出一千多租子,爸爸不肯,□□也来,不知道这事怎么办。□□他们也太岂有此理了,说爸爸不该办学校,似乎只应该把钱拿去给他们吃喝嫖赌抽。为什么办学校是一件罪恶呢?! 这简直是说不过去! 爸爸一生一点嗜好也没有,不吃烟,不喝酒,不赌,不嫖,他的唯一事业就是办学,别人还要责备他不应该办学,这种人我真不知道他们是什么心!

(第七本结束)

1932 年 6 月 25 日

和三姐去老伯伯家一趟,二姐回来了。才回来,四爷又要拖我走。我不走了,在家看看书。

1932 年 6 月 26 日

作中古文学的作业。写了一封信给 I,一封信给 J。

1932 年 6 月 27 日

下午我在写字,爸爸叫我同他一块出去看运动会。我们走到一个小咖啡馆,我吃了冰淇淋,爸爸吃汽水,我在门口意外的买到金焰①的照片。这几年,爸爸从没有带我们出去过,无论是玩或是吃东西,这次虽然只是一点点冰淇淋,但是我很快乐。

1932 年 6 月 28 日

和三姐谈李? 翠②的中学生小说,笔调完全学沈从文,所以沈从文替她作序。写乡下的事,写打花会,写青年人得不到女人的安慰的烦恼,全像沈从文,但没有沈从文老练罢了。

---

① 金焰(1910—1983),原名金德麟,出生于韩国汉城(今首尔),后加入中国籍,1929 年被导演孙瑜看中,从此走上电影之路,成为 20 世纪 30 年代的电影明星。主演电影有《野草闲花》《恋爱与义务》《野玫瑰》《大路》《壮志凌云》等,其富有青春活力的气质与朴实自然的表演很快拥有大批观众,特别是成为青年学生痴迷的偶像。
② 原文如此。

吃了晚饭,我和三姐到法国公园走走,一边走一边哼哼昆曲。看三姐上了车回学校,我才慢慢回家。

1932 年 6 月 29 日

和二姐去看培成女校①的夏令演出,演得不错。

1932 年 6 月 30 日

二姐把 J 给她的信给我看,也没有说什么,只说她和房东的儿子做了朋友。这本来就没有什么大不了的事。她要二姐替她解释一下,其实这大可不必,我老早就知道她有不少朋友。我和她最多就是普通朋友而已,谁管得了她交朋友的事。她交朋友和我一点关系也没有。我为什么不高兴呢?

1932 年 7 月 1 日

昨天看了 J 的信,虽然没有怎样,但天微微亮我就醒了。我想写一首诗,一会就写好了。我把她抄在日记上,题目是"这是颗柔弱的心"。

　　这是颗柔弱的心,
　　禁不起爱怜,
　　更禁不起蹂躏。

---

① 培成女校,1925 年由英国人安娜·培成(Doctor Besant)创办。1954 年,培成女中与协进女中、锡珍女中合并,成立培进女子中学。现为上海戏剧学院附属中学。

他一向是过得平平静静，

无意中遇到一位姑娘，

她有很好的心肠。

不知道是为了什么，

她爱他几乎发狂。

这拥抱使他难熬，

那接吻使他心跳。

这爱情使他烦恼，

天知道叫他如何是好。

花是这般易谢，

月儿哪能常圆。

爱情如花月一般，

只有一时的光明鲜艳。

又不知是为了什么，

那姑娘的心肠已经变换。

她不爱这柔弱的心，

竟丢下他不管，

竟把他丢在路畔。

这打击又使他心跳，

失了爱的岁月更使他难熬。

他自问恋爱苦了我，

如今不爱了怎么也一般是烦恼。

路畔的小草

听了这话儿暗暗好笑,

说恋爱本就是苦恼,

难道了今天才知道?

这是柔弱的心,

禁不起爱怜,

更禁不起蹂躏。

他还是需要那样

平平静静的日子。

三姐回来,我给她看了,她马上就要替我抄。二姐回来看了说,心的创伤。

1932 年 7 月 2 日

一天无事,就写了一封信给祖麟。

1932 年 7 月 3 日

把东西收拾好,明天就要回去了。二姐到底不同我们回去。

1932 年 7 月 4 日

叫了车子,一共十一件行李,很快到车站。没有位子,我和三姐站在车门口。到了昆山才有位子,很快就到了苏州。

宗斌和启华来了,谈了一会。夜里被狗吵醒,讨厌。唱唱戏就过了一个下午。四姐和谭二姐回来了,四姐和我们玩玩。I 也来了,大家到乐益里走走,我和四姐、耀又到大公园里去玩玩。

晚上我们闹了一个笑话。我们一阵去公园走走,宁说要吃冰激凌,我们都没有带钱,只有 I 一个人带了钱,结果钱不够,I 又跑回去拿钱。

1932 年 7 月 7 日

昨天接到 J 一封信,她说我态度变了,我觉得我没有变,还是和在上海时一样。也许变了一点,但我自己不觉得。

1932 年 7 月 8 日

三姐要我和她去周家,把翻译好的东西给耀,要耀帮她修改。

晚上拉胡琴唱戏,一会下雨了回到里面去。

1932 年 7 月 9 日

天太热了,晚上老是睡不着。有月亮,我坐在露台上看月亮。

1932 年 7 月 10 日

说到考燕京,我又不安定了,也许我明后天又要到上海去了,因为燕京十五号报名截止。

1932 年 7 月 11 日

我不很赞成四姐这样,她要去考人家的高中三年级,这大热天的,天天跑到赵表叔那儿去补习。我真担心她的身子,她比我们还要不结实。

今天是 I 的生日,她请我们我公园吃冰激淋。

我们家的事现在从头上说起。大姐没有什么,二姐读光华,五百元的问题,三姐毕业了,饭碗问题也就发生了,四姐是考学校问题,我也是考学校的问题,二弟是毕业证书的问题,三弟、四弟、五弟回来后,学校也都是问题。

1932 年 7 月 12 日

晚上在院子里乘凉,四姐和谭二姐来了。谭二姐明天就要回南京去了,她和四姐是好朋友,她们谈得很晚,四姐还要送她。两个女孩子这么晚出去自然是不好的,所以我陪她们出去。刚刚走到巷子口就碰到两个醉鬼,跟着我们,四姐吓死了,拼命的往前走。四姐吓得一身汗,我们终于把谭二姐送到家。我们回来,在门口乘凉。

1932 年 7 月 13 日

今天回上海,亏好是特别快车,没有多少时间就到了。和 I 一块回上海的,I 要到两江,我们不知道在那里。问警察,警察不懂,I 几乎和警察吵起来。

1932 年 7 月 14 日

天热得要命,一点事也不能做,这样热考起来真要命了。听见妈妈又在为小弟弟拉肚子在说什么。

1932 年 7 月 15 日

天热,无事。

1932 年 7 月 16 日

二姐和我说到家里的事,说她已有了全盘计划,这自然很好。爸爸太好说话了,什么人都欺负他,这回□□就硬逼他拿一千二百租,真是太岂有此理了。爸爸没有法子,我们想个法子,要使他们知道我们家的人也不是好欺负的。我们说到考学校,说到旅行,说了许多,我也记不得了。

1932 年 7 月 17 日

和二弟一早就去宝隆医院验身体,交了一块钱。晚上去二姐那儿送东西和钱,二姐不在,J 在,把东西和钱交给 J。J 也要回苏州去,因为耀来信叫她不必在上海考学校。

我坐在窗口想到 J 的许多事情,不禁烦恼起来。我写到:这事情也太奥妙,她老是使我烦恼,早知道如此,我便把她丢了,如今是丢也丢不掉,逃也逃不了,被她紧紧地缠牢。天啊,告诉我要如何才好。

1932 年 7 月 18 日

到美专去看展览会,妈妈带我们去看。图画和图案很好,其他都不很行。

1932 年 7 月 20 日、21 日、22 日

这两天天气一直是这样热,一早起来就想吐,又吐不出来。关于这两天考试,我不想写,因为一天比一天不如,我实在是不高兴来记如何考试。今天读了一本沈从文的《长夏》。

1932 年 7 月 23 日

倒有些不想去清华报名了，因为燕京都考得这样不行，清华是更不要想了。别人说了报了两个学校一个都考不取，真坍台。虽说这样想，报名还是去报一下子吧。

到大夏大学报名，很远。报了名，交了两块钱验身体，搞了好半天。

1932 年 7 月 24 日

写了三封信：一封给二、三、四姐，一封给祖麟，一封给 J。和 I 上街，回来时走错了路。

1932 年 7 月 25 日

无事。

1932 年 7 月 26 日

无事。

1932 年 7 月 27 日

昨天叫小寿子去要四弟的成绩单，学校说没有算清帐〔账〕，拿不到。没有办法，我自己去拿，我叫他们拿帐〔账〕来看，我一查，并没有欠账，于是拿了四弟的成绩单来。

1932 年 7 月 28 日

无事。

1932 年 7 月 29 日

一天无事。

1932 年 7 月 30 日

今天去考试,人很多,有 155 号。听说北京有 2000 多号,一定考不取了。

这几天胃口坏了,老是吐,今天早上到了夏大操场上还吐了一下,嘴巴里苦得很。

碰到许多人都是认识的,找到宗赢,我们一块去考。这种天气去考学校真是太不值,一点风也没有,口渴死了。考完回来已是六点多了。

1932 年 7 月 31 日

问 J 去不去大夏,她说她晕车,真是古怪。今天我早上八点到十点,下午三点到五点。英文要做一篇文章,所以并不十分早出来。宁来了,我们都没有吃早饭,我们一起去吃粥。中午我又回到大夏去考试。

1932 年 8 月 1 日

今天考数学,一样的考得不好,负气交了卷子出来。在宗赢的宿舍里等他。

1932 年 8 月 2 日

今天去了一趟老伯伯家,和小妹妹打打球。二姐回来了,大姐也回来了，好久没有看见大姐，大姐比以前似乎胖了。

1932 年 8 月 3 日

和大姐说好一块回苏州，大姐要看看周耀才走，周耀要明天或后天才来。我和大姐、二姐在房里坐着说话。

早上爸爸下楼来找我，有话要和我说，是三姐的事。三姐说要去北京找一个好好的图书馆读点书，只要一百元。爸爸的意思是不用去北京，在上海学学拉丁文，还要她弄弄《尔雅》。我现在不回苏州，就写了一封快信给三姐，把爸爸的意思告诉她，叫她最后来上海一趟。

下午到老伯伯家去。晚上我们去看电影，人真多，挤死了。我们最后没有看。二姐要跳舞，我们去一个跳舞厅，我是第一次去跳舞厅，什么也不懂。看见五姑爷、三表婶……都会跳，看样子他们都是常常来的。跳舞的人有穿旗袍的，也有穿裙子的。二姐和姑爷跳，和大表叔跳，二姐也是跟他们学的，自然跳得不是很好。大表叔找舞女跳，跳得满头大汗，他们跳得太快了。

渐渐的夜深了，舞场里人多了起来，我们就走了。

今天没有回家，到老伯伯家睡的。大姐要去大夏去看祖葵，二姐回学校，周耀昨夜就来了。顾传玠来了，两件事，一件是请二姐帮忙考光华，一件是他们要开一个药房，要招股，他还要我认。我说免了吧，我哪里来的钱。

1932 年 8 月 5 日

大姐来上海不回家，我不很赞成，明天到底走不走，我想明天我去斜桥一趟,看看周耀怎样了,二姐那里总能打听出来。周耀住在光华,我和二姐、小弟弟去看他,周先生腿上开了刀,不能走路,一瘸一瘸的。

大姐回来了,我们回家,家里只有大姐一个人在,我问大姐回不回苏州,大姐说回去。收拾东西,叫了汽车走。到家三姐、四姐顶快活,她们都说想我,我也很想她们。

1932 年 8 月 7 日

今天早上四点钟四姐就把我叫起来,要我们去骑马,I 也要去。我第一次骑马颠得很,马夫在前面牵着,我心里真不高兴,她们两个女孩子都不要人牵,我要人牵,似乎有些坍台。我老是叫马夫放掉,他不肯,直到西园他才放。

到寺里,四姐穿着衬衫长裤装男人,把腿搁在桌子上。西园不比公园,很清静,没有什么人。在虎丘大路上走得很开心,有人在扫山径。

没有怎样玩,只是在冷香阁吃了三瓶汽水。

下山又骑了马下了,回来时就好了,不觉得很颠了。

下午祖麟他们来叫我去打球,我不想去,他们也不管,拉了我就走。打了一会很累,我真是倦了,一拖一拖的回家。在椅子上打瞌睡,他们来叫我吃西瓜,我已经睡糊涂了。

1932 年 8 月 8 日

一身都疼,早上几乎不能起来。睡在床上都不舒服,腰酸腿酸,膀子酸,勉勉强强的爬了起来。大姐要和方小姐去怡园,我自然也不好意思不去。

沈从文来苏州一趟，他算是得了一点胜利，三姐怕他不是很好看，我倒很愿意他们好。

又有第六只癞蛤蟆，三姐说。四姐告诉我关于沈从文的的事。真的，一个人都有些事真是要命，有些感情上的事连自己都不容易解决。

四姐发脾气，江干、高干她们都生气，她们都说四姐不好。我倒不觉得，我很喜欢她的脾气，就是不要太过分。我就是太没有脾气了。

1932 年 8 月 9 日

三姐邀我去图书馆看书，一早上我看了一本《现代》

四姐明天要去上海考光华。我陪她去四爷那里拿钱，没有人在，四姐说我们去南园吧，于是我们沿着金狮河走，在小山上坐坐。让小风吹吹，很爽快。在园子里，不走正路，像放牛的孩子一样在坟地里乱跑，我被刺到了脚，坐在碑上把刺拔出来。回来已是黄昏了。

1932 年 8 月 10 日

无事。

1932 年 8 月 11 日

拍曲子的曲师来为大姐她们拍《琴挑》，笛子到吹得怪好听的。

1932 年 8 月 12 日

明天我们去天平山玩。

1932 年 8 月 13 日

请小姐们去天平山玩,昨天就定好了船,在胥门。小姐们坐车,我们走路,三姐也要走路。船走的路很好,河岸上有柳树,看水车、牛,天气也好,不阴不晴。一路上有时走大河,有时走小河,大河有大河的风趣,小河有小河的好处,大河可以看见远远的山,小河上有小桥人家、柳树花草。

1932 年 8 月 13—18 日

这几天来变动真快,我现在在芜湖三圣坊张公馆以前三爷的书房里。

几天来事情太多,我只能尽量记了。

还是从游天平说起吧。一路上看见许多乡下人都不穿衣服,女人和男人一样也不穿上衣,只穿一条裤子。四姐眼睛不好,经常分不清男人和女人。比较年轻一点的女人看见我们过来,就把手膀子交叉至胸前遮住她的一对奶。乡下人真是有趣,小孩子们在水里玩得真是开心。

莫约十一点钟我们就到了天平。一上岸,许多女人就包围上来,要我们坐轿子。我们要了两顶轿子,一顶给方小姐,一顶给四姐,四姐因为肚子疼。还有许多轿子跟着我们,还说了许多好话,什么"谢谢你坐吧""一塌刮子只要半块洋钱"……她们一直跟到山脚下才回去,我们总算得点清静。想想看她们也很可怜,跟着我们无非就是为了几个钱。

上山，在高义园吃了素面，我吃得最多，她们吃不下的全给我吃了。

天平山似乎比往常荒凉了。上山到钵盂泉，钵盂泉似乎变小了，我们要上山，大姐、方小姐、四姐不上，我、三姐、四弟、五弟爬山。我们爬了上去，一身汗，上了卓笔锋。风异常的大，站在大石头上望太湖，望远山。望不见城，城被烟雾遮住了。小五狗一到山上就要下来，过了一会儿因为凉快，他又不下来了。

下山走的不是路径，是在石头上跳，从这块石头跳到那块石头，还有荆棘，刺破了我们的腿。我们经过一线天，到钵盂泉，大姐她们都在等我们。我们喝了许多泉水，水有点甜，难得的很高兴。

白云泉边的一个寺，像虎丘的望苏台，不知是我们长大了，觉得什么地方都变小了。白云泉的童梓门也变小了。下山坐船，一阵大雨袭来，我们便在船上看风景。雨住，船开，天渐渐黑了，远远的，看见一粒灯火在树后。

回家赶上吃晚饭。饭后，四爷来找我们谈许多事，谈到去合肥看一下，作一次调查，因为我们对于我们家里的事太隔膜了。当晚我们就已经有了七分的决定。第二天我们就完全决定了，大姐定了一张调查大纲。

十四号晨五爷来，大姐、四姐他们唱昆曲。头晕，吃了阿司匹林还是没有用，勉勉强强吃了一碗饭，洗了睡了。

十五号一天都是病在床上。祖麟来，下半天医生也来了。医生说不要紧，开了点药就走了。四姐急死了，怕我病了，后天走不掉。一天只吃了一点素面，吃了李医生的药就泻了几次，头仍然是涨涨的，不能起床。大姐、方小姐来看我，四姐不用说，多来了两次。三姐今天去北京,我不能送她,我只是睡在床上,我们握了握手。我说,我连走到大门口都不能够。

十六号起来,病稍微好一点,不发热了,能起来了。我们都很快活,因为明天我们可以走了。和大姐、方小姐坐车去剃头。

十七号,预备今天走,但病还没有十分好清,假如在路上不得好起来,岂不是糟糕。跑到范傅成那里去挂了号,是二十号,等了四个钟头才看到。他看了我的病,说我是内热,最好歇几天。我说我们今天晚上就要走了,要他多开点药我在船上吃。

东西全是吾妈为我理好的,我一点不像要出远门的样子。祖麟来送我们。

二等车很空,我和四姐一人一张位子,我已经有一点难过了,他们并排坐着,我一个人睡在一张椅子上。我想上厕所,走到前一节车厢,猛的看见第一个座位上坐着的人是爸爸,不是像爸爸。我赶紧跑回来告诉大家,大家都慌了,我们这次出来没有告诉爸爸妈妈,怕他们知道了不让我们去。四姐不信,叫祖麟再去看了一趟。祖麟看了回来说,可不是你们的爸爸。我们真是急了,我猜想也许是四爷打电报告诉他的。大家胡乱的猜想,也没有具体办法。我想我们总是不去找他,万一碰到了只好对他说好了,反正只有爸爸一个人。心里一直不安,无锡到了,叫祖麟下车去看看,反正他要下车的。他去看了,说车上没有人了,看见爸爸出车站了。阿弥陀佛,我们都放心了。祖麟是在无锡下车的,他握握四姐的手走了。

到了下关,我们把东西提下去,走了一节就碰到四爷了。我们就叫车去旅馆。

　　我一直没有睡着,打三点钟,看见老鼠在桌子上跑。没有多少时候,茶房就来叫,说船已经靠岸了。我们快把东西理好上船。坐在船舱里看见甲板上有个人像是张干的哥哥,一会儿他看见我们,他是在船上做事的。碰到了熟人自然很开心,我们全到甲板上去玩,她哥哥又去为我们找来两张躺椅。坐在躺椅上看看江景,再舒服不过了。

　　几天来我不能吃饭,只吃了点素面。船到芜湖很早。芜湖不如我想象的好,出了码头就是黄泥夹石子的路,路很不平,车子走颠死了。到了三圣坊,我是一点也不认得了,四姐还有点认得。到了公馆门口,看门的李老头子自然认不得我们,不让我们进去,四姐带我们从小宅门进去。

　　看见二妈(我仿佛认识她),人短短的,头梳得很高。说的是湖南话,我们不是很听得懂。他家的许多佣人,我也像认识似的。(21 号在自巢县到合肥的船上)

　　二妈有一个女儿叫凤和,刚生了病,瘦得不成样子,头发都落光了,腿像两根棍子。

　　张公馆有两个宅子,一个是正宅子,二妈自己住,一个小宅子是二妈的一个姐姐住(她已经出家)。她不会客,我也没有去见她,四姐叫她师父。晚上二妈带我们去魏家见她的父亲母亲,我们都磕了头。魏家就在隔壁。魏表叔有一个儿子和我差不多大,叫小腊子,在银行里做事,晚上他来陪我。晚上是睡在三爷以前的书房,房子很破,睡得不好。

1932 年 8 月 19 日

　　几家亲戚都在附近,一会就跑遍了。要买东西,我还要去看病。

我、四姐一起坐车去医院，医生是钟寿之，是芜湖一等一的医生了。看了病，打了一针，开了药，我们上街买了些罐头之类，是去送人的。二妈说医生是我们家亲戚，我就搞不清到底是什么亲戚了。

1932 年 8 月 20 日

今天不得不走了，二妈派招财送我们回合肥。内河是那样的阔，像江一样，我时常在船舱里记日记，没有看到多少风景。船上的说话大都是我们家乡的口音。上船的时候看见一个女人带了三个小孩坐在木盆里唱着要饭，我们看着很惨，给了她几个钱。

五点钟的样子到了巢县。上岸，住在华侨旅馆，还不错。吃晚饭，一大桌子菜，还有酒。吃了饭出来走走，回去睡觉。

1932 年 8 月 21 日

天黑着就上了船，在船尾看日出，到合肥很早，码头上有人接我们。

到家一切都变了，我们以前住的地方都住上了兵，连进去都不让进去。见到老姨太太、十四爹爹、四妈，还有小妹妹怡和。

由陈大姐带我们到处走走。门口遇到冼先生，他还是那样，红红的鼻子，一口合肥土话。玉哥哥胡子多长，睡在前面的有大肥子戴朝奉①、瘦子杜朝奉……

大书院、小试馆都到了。四姐的朋友张天臞，我们在她们房里坐了一会。小孩子们都到门口来看，我们一出来，他们就跑掉了。

———————————

① 朝奉：敬称，徽州方言中称富人为朝奉。苏浙皖一带也用来称呼当铺的管事人，亦有地方用以称乡绅。

大巷子记得又黑又长，我小时候还在后面见过鬼（仿佛），现在黑是一样的黑，只是热闹不少，像大路一样。房是玉哥住的，他让了出来，有家风味，只是破烂些。乍换床，睡不大着。

1932 年 8 月 22 日

今天去上坟，上了亲奶奶的坟，大大的坟不能上，有匪。坟在坎子上，是临时的坟场，用带去的糕饼祭祀。坟场头就是做田的人家，到人家看看，也还好，分糕饼给他们吃。又给了他们一块钱。回到城里，时间还早，四姐说到明教寺去。走到半路和她吵了起来，我生气折了回来，下午自己闷在家里。

1932 年 8 月 23 日

等四姐等不来，我一个人出去拜客。大伯伯受伤，自然第一个去看他。大伯伯左膀子伤了，也还不要紧，说了几句话。我从医院出来，看见五癫痫也在医院大病房里。路上遇见七姐、八姐，还有大伯伯的姨太太也在医院，这是个基督医院。

医院出来跑了许多家，谭家、大哥家、三哥家、老褂堂、马太太家、七爷家……

来家听到许多不容易听到的事，总算没有白跑。

晚上和四姐散步，到祠堂走走。张小姐怕兵，没走多远我们就回来了。

1932 年 8 月 24 日

等四姐打扮好，我们又去大伯伯那里一趟。四姐在那儿，大伯伯讲了许多，他说我们早两年来就好了，家乡现在坏了，外面不共产家里也要共了。大伯伯说话也爽快，他说："这次分租我是一个也不要，我这膀子算是这事的纪念，让他们知道惭愧。"我们怕大伯说多了不好，我们就辞了出来。

天下起了微雨，四姐说去明教寺，我们就去了。

明教寺的台阶很高，一级一级爬上去。里面住了兵，还许人进去。

老和尚三根，四姐是认识的，可是不在家。四姐想看朱先生①（她以前的先生），我们找到庙里的小伙计，叫他带了去。

明教寺是曹操的古迹，有射箭台，还有一口古井。

到朱先生家，堂屋里摆了许多桌子，小学生们正在写字。朱先生把四姐招待进去，我便和小学生们谈谈说说。

在后堂见到朱师母，吃了点糕饼、瓜子。朱先生教训四姐一番（自然是很客气的说说）。

这先生我看是一位新法的老先生。回家炒了饭吃。这几天来的人很多，都是来商量事的。四姐去找张小姐，我们一起去大书院，张小姐是这里的首届毕业生。

学校里房子很多，教室也大，我们玩了很久才出来。

1932 年 8 月 25 日

今天是约定好分租的日子，人多得很，谭姑爹、大爹爹、马太太、三爷、五爷、二伯伯、七爷、四爷、三哥……

---

① 即朱漠钦。他是吴昌硕的弟子，也是考古学家。年少时的张充和师从朱漠钦学习古文和书法。

下午到祠堂去磕头。接到三弟、四弟和 J 的信。

1932 年 8 月 26 日

正在写信给三弟他们,接到三弟一封快信。我猜想是考学校的事,拆开一看是说我被清华录取了。我真是想不到,我会考取清华,燕京我倒有几分希望,不知怎样,他们那儿倒没有消息。

得到这个消息,我自然很快乐,预备后天就动身回去,因为九月七八号定要到北京报到。

明教寺来人叫我去吃他们的素餐,我就去了。在客堂里见到四姐、朱先生和张天曜。和尚他们真是客气,一会儿六安茶,一会儿九华山茶,一会儿糕饼,一会面,一会饭。我们在躺椅上躺躺,和和尚谈谈佛,一直登了很久才回家。

1932 年 8 月 27 日

又在船上来记昨天的日记了。四姐带了张天臞、谢维彰、Mrs 范,还有一位沈小姐来了,朱先生也来了。

朱先生很会劝酒,不然今天一定不会怎样热闹。吃了酒出来,路走得特别慢,四姐穿了大姐的皮鞋,把脚都磨破了。我们东西都没有理,十四爹爹又和我们讲了好多话,来去匆匆的我们明天又要走了。

(第八本结束)

1932 年 8 月 28 日

到轮船码头送我们的人真不少,一切都是别人安排妥当。有朝奉代表陆先生,亲戚代表玉哥哥,男佣人代表刘二、刘园,女佣人代表陈大姐,先生代表朱先生,师娘代表朱师娘,体育教员代表范景曾,男学生代表(胡)。女学生代表可就多了,有张天曜、谢维彰、朱保珍、张××,算算还不止一打。

船开远了,岸上的人得看不见了。我觉得很光荣,有这么多的人来送我们。

过巢湖有风浪,我有点要吐的样子,睡了好多时候才好点。

到了巢县住在万金楼,巢县只有他一家旅馆。巢县好,我爱它,它像是老子所说的小国寡民一样,是那样的小,一走就到头了。

1932 年 8 月 29 日

天还没有亮就和四姐玩了起来,爬到窗口看曙光。码头上还挂着灯,船快要开了,码头上乱的很。

到芜湖住大安客栈,茶房叫四姐是我的师娘子,真是滑稽。到妈妈家去了一趟。

1932 年 8 月 30 日

清晨我们坐了小划子到大轮船上。一直在船舷边,倒有很舒服。碰到一个燕京的女大学生,四姐和她熟了,便在船舷上玩起铜板来。

到南京很早,下午三点多钟的车到苏州,我们就去车站了。

到苏州很开心。已经是夜里了,打门,家里一个人也没有。三弟、五弟到上海,四弟在学校,二弟也到上海去了。

1932 年 8 月 31 日

跑了好多家,忙了半天,下半天又要去上海去见爸爸。

下雨,披了雨衣去车站坐车。又到了马郎路,进去,二弟、三弟、五弟、二姐、I都在。把合肥的事告诉爸爸,爸爸也没有说什么,只是问了许多家乡的事。

1932 年 9 月 1 日

同二弟去老伯伯家。老伯伯真关心我们,听说我要去北京,对我说了许多话,像母亲一样。在老伯伯家吃了午饭,要坐下午三点钟的车回苏州。临走时老伯伯送到楼梯口,眼睛红红的,我心里很感动。

到家和妈妈说了好半天,一共三百块钱,先拿一百元,另外二百元由家里汇到北平。我走了,爸爸妈妈连房门都没有出。我下了楼,回头看看,希望房门开一下,可是……我心里不禁难受起来,想起大大。

和二姐一起回苏州,I来送我们,在月台上和I握握手。她眼睛红红的,我想,从此可以不再纠葛了。

一点也不寂寞,回家吃炒饭。

1932 年 9 月 2 日

四个人(我、二姐、四姐、J)一块去买东西。下午约J去怡园,我们谈了许多,又讲了许多北平的事。和她说好,明天她要来送我。

1932 年 9 月 3 日

早上十一点钟的火车,二姐和 I 来了,我们就动身。到了车站去买票,票价是四十八块一角。郑畏民也来了,他要为我介绍几个同路去北平的人。他介绍的人也姓郑,是福建人。

我们上了车,二姐、四姐、J 站在底下,我们一一和她们握了手,心里有些说不出的的味道,不知是喜还是愁。我想大概喜成分不见得会多。

车上人很多。车到江边是下午五点多的样子,运车的船很大,很讲究。我坐的二等车不是卧铺,后来找到中国旅行社,他们为我们找到一间房是 8415 号。

津浦车我以为比京沪车讲究,我们坐的二等卧车,一间房里有四个铺,两张高铺,人都不愿意睡。一直到北京都没有人,只有我和郑。

餐车像馆子一样的好,只是菜不是很好,还有三块一客的大餐。

书又不高兴看,睡觉。

1932 年 9 月 4 日

醒来车已到徐州,夜里就过蚌埠了。洗洗脸,漱漱口,吃了一点饼干。和姓郑的谈不来,他不像学生的样子,他以前在萃英①念过书。

没有事写写信,给大姐一封、J 一封。

过泰安,看见泰山。我先以为不是的,后来问人说就是泰山。我看

---

① 萃英中学,成立于 1912 年,前身为贞德女校,由美国传教士郑乐德在泰安创办,现为泰安一中。

泰山也不过如此,有几个峰,也并不怎样高,可是比苏州那些山自然高得多。中上,我一个人去餐车吃饭,叫郑去,他不去。

从车窗望出去,一弯黄黄的月在高粱地上面,比南方的风景又是一样。

1932 年 9 月 5 日

吃了早餐,遇到了宗斌,他是从天津上来的。熟人来了,上面都好,我们便大谈而特谈。从天津到北平四个钟头很快就过去了。车到了东便门又停了好半天,我急死了。

城楼和照片上的一样高大,是像个京城的样子。

下了火车,宗斌为我叫了洋车(北京话)到中半壁街。三姐听见我来了,从里面跳出来。十二爷、十三爷(三爷)和十二婶母(三婶母)也都看见了,他们家还有大姐、二姐、三姐,还有小弟弟、小妹妹。小孩子们都欢喜客人,他们看见我会吹箫,就闹着要我吹箫。

参加午饭,就去把东西拿回来,我就住在他们东边的厢房里。北京的电灯不亮,想做点事,又太累了,便睡了。

1932 年 9 月 6 日

北平的房子很低,所以我说武侠小说上所说的飞檐走壁并不是难事,那样矮的墙一爬就爬了上去。早上和三爷一块到廉表伯家去,找他做保证人。我们请他打上图章,填上所要填的,就出来了。

下午三姐说去北海,走一段坐一段洋车,过了金鳌玉洞桥就到了北海,每人二十子就可以进去。园子是那样大,比苏州、上海一切的公园都大好,有像湖一样大的池子,有山有亭台楼阁。我们玩了半天,还没有玩遍,但已经走得很吃力了。从另外一个门出来。

1932 年 9 月 7 日

叫汽车把行李搬到学校里去。真奇怪,汽车走过西直门还要向坐车的人收五毛钱。

清华园门口有许多挂了红条子的招待员,把行李给他们签了名,拿了行李牌子由人引到注册处。人已经很多了。轮到我注册,因为我的毕业证书在燕京,不许注册,只好和三姐再去燕京。总算不是很麻烦,就把文凭拿到了。再到清华。验身体又慢又麻烦,先验尿,再验耳、目、口、鼻,再验肺、心、生殖器。忙得吃饭都不知道地方,还是问了招待员才知道。

到体育馆去给老学生们戏弄,一进去就叫你把衣服全脱了,由许民辉①看,看好了穿上衣服进去。先爬墙洞,再用鼻子顶球,爬绳,把眼蒙了认方向,翻筋斗,用嘴吹布袋,背了垫子在楼上楼下跑圈,这样的被玩了一大套。

每到一处,手续完了,便在入学证上打一个图章。从体育馆出来便到会计处交费,交了费便领卧单、操衣,再到注册处,再到宿舍,交保证书,定房间,这样事情才算完毕。真是要命,这样麻烦的手续,我和三姐整整忙了一天。

---

① 许民辉(1890—1961):广东开平人,近代著名体育教育家,中国足球、排球运动的开拓者。曾任东吴大学、清华大学等大学的体育教授,与马约翰齐名,有"北方马约翰,南方许民辉"之称。

房间是工院 104 号,进去里面有四张床,都有人在。茶房叫他们搬,他们说今天晚上就搬。因为没用房间,行李也没有提。开学要到十二号。

燕京三姐有个熟人,要我们去,我们办好一切就去燕京。她带我们去他们的图书馆看看,在他们的会客室等公共汽车。

燕京的房子全是宫殿式的,太华丽。清华大,今天还没有跑遍,清华最好的图书馆我还没有去。

1932 年 9 月 8 日

今天在家歇一天。和三爷去了一趟西单。一直想去学校,蹲在人家总觉得不大定心。昨天三爷就说带我们去故宫,我们坐了洋车去故宫博物院。今天开放的是西路,是溥仪的寝宫,说要十点钟才开门。我们到景山(煤山)去玩玩。山上有崇祯吊死的那棵树,树的周围拉起了铁链,说是它吊死了皇帝,其实这真是不通,又不是树把皇帝吊死了,是皇帝自己把自己吊死的。树的枝干很多,吊起人来倒也是很方便。

在山上有亭子,亭子里有碑,可以看见北京城,看见宫墙里的黄瓦红墙的宫殿,看见北海,看见远处的城楼。

进了故宫,弯弯曲曲的走了好远,才到宣统的住所。

故宫,我不知道怎样描写它才好,东西太多了,宫殿太大了,楼啊,门啊,太多了,叫人弄不清楚。我们看见溥仪的床、皇后的洗澡盆,一切奇奇怪怪好玩的钟,许多瓶,许多玉器。我们走得没有停,走了两个多钟头,才大概马马虎虎看了这里。还有五个这样大的地方没有看呢。

回来写了几封信回去。

1932 年 9 月 10 日

上午三姐在看沈从文的信,看得心动,连我也有得看了,他的信写得像文章一样好。我以为爱是伟大的,无论如何我又以为爱的目的并不是为了结婚、为了养儿子,恋爱只是恋爱,恋爱把一个人的青春装饰得美一点,就是痛苦也是美的。

三姐看了他的信,说他态度很好。是的,我也以为这样很对。他们定婚了没有,我也不知道。我想对于手续和仪式,将来总是要办的。

爸爸一直没有汇钱来,学校要买书就要不少的钱,我身边现在没有钱了,还借了三姐的钱。

今天中午收到爸爸汇来的二百元钱。

下午去故宫,去看了宫殿,太和殿、中和殿、保和殿,这些殿都是皇帝办朝贺的地方。

殿比后宫好玩,从外面看去也比后宫伟大,有很高的台阶、广大的露台、白石的栏杆,里面有许多陈设。钟比后宫里的更奇怪,有会发出八音琴一样声音的,有像瀑布流水声音的,小人会动,花花草草会动的格外的多。瓷器,金器,象牙雕刻的,好东西忒多,看都看不过来。

到一个西餐厅去吃东西。回家并不晚。

1932 年 9 月 11 日

说要去学校,今天下雨又去不了了。

下午雨停,去故宫文华殿,此殿中字画颇多,我所知道的好的有仇英的画多幅、宋徽宗的字。

三婶母、小弟弟(中和)、大姐(平和)、二姐(巾和)、三姐(申和)在外面等我，我们一起去吃晚饭。在东安市场，一个老馆子叫什么，我忘记了，菜很好。

1932 年 9 月 12 日

一直说要走，一直没有走成，今天一定要走了。没有赶到公共汽车，只好坐黄包车了。从西直门到清华园有二十七八里的样子，路边都是大柳树，路都是石条砌的。房里有两个人，似乎应该描写一下我的室友，肥肥的姓盛，名健，是位十足的苏州人。我一进房，他们知道我是他们的同房，他就拿了一把钥匙给我。他很会说话，后来我知道他是在晏成里毕业的。还有一位也会说苏州话，这位较矮较小，姓王，叫大珩，在青岛念过书。

我填好了表，到系主任那儿去签名，再到注册处去办手续，总算把事情办完了。

到图书馆。晚上一直睡不着。

1932 年 9 月 13 日

早上十时在大礼堂听演讲，有图书馆使用法，后来又去参观图书馆的各个部，清华的大礼堂和图书馆都是很好的。礼堂和图书馆的地板是橡皮的，皮鞋走上去不响，图书馆要算是北平最大的(那个演讲的人说的，不知是不是吹牛)。

昨天接到宗斌从北大打来的电话，我叫他今天下午来。我陪他玩，我们走到一条很长的路，我疑心已经走出了学校，于是我们退回来。去图书馆、体育馆,看大礼堂,她却关了。到消费合作社去吃东西,喝了咖啡和点心。

回到房里把东西整理了一下。晚上睡得很好。同房的三位昨天见到两位,今天又来了一位,是闽南人,说话不大听得懂。

1932 年 9 月 14 日

今天是开学典礼,十点开始。我邀了孙晋三①一块去。校长和许多古古怪怪的教授演说,有的教授和别的教授说的完全相反,有的演说得很好,有的讲得连话也听不懂,不知道他说的是那儿的话。从大礼堂出来已经是十二点钟了。

下午就是上了朱自清的中国新文学研究,别的课没有上。

1932 年 9 月 15 日

正巧,十五号也是旧历的十五号,今天是中秋节。我记得我经常过中秋节,总是把她看得很淡,可是今年我却想好好的来过一下。因为这是我远离家乡的第一个中秋节。

旁听一个外国女人的英文和闻一多的国学。找到靳文翰,我们商量来过中秋。

晚上我们吃了一顿比较好的饭,又买了梨子、葡萄,走出校门。

坐在水边上,水上有独木桥。小溪两岸都是大树,像棚子一样,把小溪笼罩在里面。水声太美妙了,使人陶醉。我们吃葡萄,听见远远的

---

① 孙晋三:系清华大学 1935 级外国语文系学生,后曾任中央大学外文系主任,主办过《时与潮文艺》。1949 年后去台。

有歌声。

从大路上回到学校,大路上没有灯,郁郁的有点害怕。没有月亮,别人说中秋没有月亮似乎太煞风景。我却不这样想,有月亮固然好,没有月亮也有没有月亮的好处。像今晚,在两边都是大树的路上走,怀着微微的一点害怕,两个人随便说几句话,未尝不好。

外面又在下雨,淅沥淅沥的打在树叶上。

1932 年 9 月 16 日

教文学史的先生浦江清太矮太小,像学生一样。一位在上海监考的进来,我以为他是先生,谁知他竟坐在下面。那太小的人进来去以为他是学生,谁知他往讲台上一站竟讲起课来。

晚上和盛、王他们谈小说、诗词。

1932 年 9 月 17 日

上体育课只有几个人,马先生很好,我们打了一会篮球。

说刘文典要来,结果没有来。

和靳约好进城。

碰到三姐,她要去图书馆,我和她一块去图书馆。三姐教我如何借书,我借了三本书。一本沈从文的《鸭子》,一本《一个妇人》,一本谈文笔的。

三爷要我去看戏,我们去看京戏,听杜丽云的《芙蓉剑》。太不紧凑,直到她丈夫死了,忽然一声胡琴拉得不错,这一声博得不少彩声。

回到三爷家都十二点多了。

1932 年 9 月 18 日

今天是"九一八"。到北京大学三院去找宗斌,三姐也来了,她和我一块去的,她要到北大去旁听。

到东安市场去买书及用品,很多店都没有开门。又坐车去琉璃厂,在琉璃厂买到了书。到前门去吃饭。

赶四点钟的车回去。

1932 年 9 月 19 日

今天算是正式上课了,第一堂是体育课,一位不像体育先生的人来上课。踏步,带我们去看体育馆的运动器材。许多天都没有剃头,似乎不太像样子,便去剃头。

1932 年 9 月 20 日

刘文典我当他是怎样大的一个人,谁知那样矮小,眯眍着眼,说话是声音也很滑稽,女学生们暗暗的笑他。他要我们做一篇《我所亲眼见到的清华园》。

到图书馆借了一部李笠翁的《十种曲》,共四函,那样重,几乎拿不动。

走到三院,听见有许多人在唱昆曲,唱的是《翠凤毛翎》。这使我想起了四姐,因为她老是唱这一支曲子。四姐这孩子,老是像我的妹妹,我们一块儿玩,随便说什么她也不恼我。我想她了。晚上写一封信给她。

读了《十种曲》的一种,《风筝误》。

1932 年 9 月 21 日

趁中午没有课,写了几封信。下课去王静安纪念碑看看。买了点葡萄吃着走回来。

1932 年 9 月 22 日

下午懒懒的趴在桌子上睡着了,上课到迟了,先生早来了,是俞平伯。

桂花香了,秋天来了,刮大风了。

1932 年 9 月 23 日

无事。

1932 年 9 月 24 日

坐车到三爷家,三姐不在,和三爷又谈不了什么。后来三姐回来了。三爷又要邀去看戏,这次看的是中华戏曲学校的戏,在吉祥,在东安市场里面。

戏是全本《御碑亭》,全是小孩子做的,到怪有趣,做黄天霸是一个小孩子,顶好玩。人真多,戏园子全挤满了。

1932 年 9 月 25 日

沈从文又来了快信给三姐。她先已经看过后,怕人说她再看,就装作看书,把信放在书里看。

三爷昨晚就定了今天的新艳秋《玉堂春》,看完戏等车回学校。夜里风很大。很冷。

1932 年 9 月 26 日

无事。

1932 年 9 月 27 日

这寂寞不知要到什么时候才会好,老盼望有人给我来信,但是我的信有分外的少。

没有来北京的时候想到北京,北京不知怎样的好,现在来了北京反而觉得苏州好了。

1932 年 9 月 28 日

无事。

1932 年 9 月 29 日

一年级的学生开大会,人数有三百余,到会的只有三十人,由此可知清华的精神。

1932 年 9 月 30 日

无事。

1932 年 10 月 1 日

十二点多进城。三姐和三爷来信叫我去看梅兰芳的戏,我当然要去了。

在开明看梅兰芳。他给我的印象并不好，大喉咙，太胖，也不觉得怎样好看。今天的两出戏是《女起解》和《长坂坡》。

1932 年 10 月 2 日

三姐为了要在北大听课，所以得在附近找房子，于是我们便找宗斌和我们去。

跑了许多小街弄堂，看了许多公寓，才找到宗斌以前住过的大半公寓。去吃涮羊肉。

1932 年 10 月 3 日

昨晚接到祖麟和 J 的信。我盼望着四姐她们的信。

1932 年 10 月 4 日

真奇怪，有人来找我，讲了几句话后才知道他是张裕琨，在天津，是我们家祠堂的人。三爷去信说我们来了，所以他特地赶来请安的。我真不好意思。他进了房，他深深地对我鞠了一个躬，当着同学们。

人像是很能干、惯会钻营的样子。陪他到处走走看看。

1932 年 10 月 5 日、6 日

写信告诉爸爸张裕琨来了。又写信给四姐、吾妈。

太不好了，只望到北京来好好的读书，谁知道总是不能定下心来。这两天总算是到图书馆去了两趟，把要交的新文学报告做好。

和宗斌去三姐那儿,三姐、四哥①都在,我们见了面,宗斌就到他亲戚家去了。晚上我到宗斌那儿去住,他把床让我睡,他去睡别人的床。

1932 年 10 月 9 日

□□□□□(此处删去 63 字)

有好久没有打网球了,我们今天去打打网球。宗斌说,黄昏的时候中南海最好。我们进去得太晚,瀛台的灯已经亮了,园子里太冷落,没有什么人。我很饿,从北边的门出来。

要不是肚子饿,在园子里慢慢的走,很好的月亮在树梢,不时从树叶里望人,四周静静的,一些声音也没有。路边是水里的残荷,横七竖八的歪在水里,月色一片,更叫人觉得好。

到东来顺吃饭。晚上和宗斌谈《红楼梦》,谈到十二点才睡。

1932 年 10 月 10 日

去四哥那儿,三姐也在。四哥知道我和 ZJ 的事,他说爽快些就要结婚,要就快些丢了。这种恋爱观也不错。看看快十二点了,我和三姐、四哥一家小馆子吃炸酱面。挤车回清华园。把带来的一本九月号《水》读完。

1932 年 10 月 11 日

补记几天的日记。

---

① 即张鼎和(1905—1936)。1925 年加入中国共产党,曾进入黄埔军校学习。1929 年时被捕,后越狱,赴日留学。1929 年回国进入辅仁大学化学系学习,参加北方"左联"的筹备工作。1936 年夏在安庆被捕,同年 10 月牺牲。

1932 年 10 月 12 日

靳叫我冒名去领三大殿的游览券,我想不去领,又觉得对不住朋友,所以去了。谁知三个人都已经领了去,很懊悔,做了这样不好的事。

1932 年 10 月 13 日

有胡适之来演讲,别人说他的演讲怎样怎样的好。我看不见,坐在后面也不十分听得清楚,要留神才听得清,

1932 年 10 月 14 日

把一篇诗的报告做好,得快一点交。晚上去开中国文学会。

1932 年 10 月 15 日

给祖麟写了一封信,把《水》的稿子寄给他。

决定今天进城一趟,把宗斌托买的小簿子带给他。还要告诉三姐一个不好的消息,就是大舅舅死了,是二姐从扬州来的快信说的。找到宗斌,去找三姐,看见三姐的门锁着,我想糟了。谁想到在晒在院子里的被窝后面转出一个人来,在吃大饼,就是三姐。她说钥匙被四哥拿走了,她不能进去,肚子又饿了就买了一包大饼,又没有地方吃,只好躲在被子后面去吃。一会四哥回来了,说去中南海看什么艺术展览。三姐不去,我们两个去。上车回学校。

1932 年 10 月 16 日

畏民来了,陪他去图书馆大礼堂工字厅等地方走走。

下午天气忽然变冷了,风大。听外面的树叶子瑟瑟的响,才使人觉得这是在北方了。

1932 年 10 月 17 日

无事。

1932 年 10 月 18 日

上完课一个人无聊,出门去走走。

1932 年 10 月 19 日

两小时课就读《古诗十九首》,怕他今天要默写。

1932 年 10 月 20—21 日

借到两本《文艺月刊》。不记得是那一天,我写了一首诗,一点也不好,题目是"每天每天我盼望着"。

每天每天我盼望着
盼望她的信
像盼望她的人一样
明知道今天一定不会有
还几次三番的到信箱里去探望
信来了也不见得怎样快乐
有时看了信还得生点小气

看过了也不怎样宝贵

很随便的就将她抛弃

信能安慰我的很少

还得她自己来才好

我不能对信说话

更不能把信当做她来拥抱

夜里我看见她

她是在向我憨笑

等到我去捉她

捉狭的她却又很快跑掉

有时我也会忘记她

可是在黄昏夜深人静时

我总不能不把她记起

想起和她做的顽皮的事

时光是这样的容易蹉跎

再见时不知如何

想到茫茫的今后

使我不能不难过

为了我还爱她

怎能不知道她

这似乎无用的信

还不能不用到他

每天每天我还盼望着

盼望着她的信

像盼望着她的人一样

明知道今天一定不会有

还几次三番的到信箱里去探望

1932 年 10 月 22 日

宗斌打电话来要我替他到图书馆借一本书，下了课我赶紧替他借了。总算有车到城里。到三姐那儿，门是开的，没有人。桌子上有一张一张的小画，我认识是三姐画的。还有一封信，我看了不懂，原来是四哥和三姐闹翻了。一会儿四哥回来，我问他为什么，他说为了他硬要看沈从文的信，所以闹起来的。我说你们真是小孩子，一会儿好，一会儿不好。黄落英来了，说三姐刚才过去了。我去找三姐，刚刚到她家，四哥送来了几张画，三姐几乎要哭的样子，但是总算没有哭出来。和三姐去吃面。

今天没有走成，睡在宗斌床上。

1932 年 10 月 23 日

因为说好今天要去三爷家拿钱，到那儿正好吃中饭，我吃得最多。

吃过饭，三婶母便说三爷过两天就要娶小老婆，和我们说了许多三爷的不好。我听了这些话不知道如何是好，不好说些什么，只好听着。

五房里的爷爷们、伯伯们全都娶有小老婆，只有三爷没有娶。现在他也要娶进来了，真是糟糕的事。

三姐要我问四哥要不要钱，衣服够不够穿。三姐真好，她会想起一些小事，我进城来忘了带牙刷，她都替我买。现在和四哥拌了嘴，不讲话，她还会顾到他有没有钱用。

到市场买了瓶雪花膏，宗斌做了条裤子。我问问做件大衣要四十元，乖乖的，吃不消。

回去，路上有些冷。

1932 年 10 月 24 日

有两点钟课，下午抄笔记。

1932 年 10 月 25 日

把全身的行头都换了，穿上夹裤夹袍。忘记带钥匙，不能进房，想去看书又没有带借书证，只好到杂志室看看。现在常常和靳、黄一块吃饭。吃了饭我们就去吃咖啡，只有四分钱一杯。晚上看了点英文就睡觉了。

1932 年 10 月 26 日

两点钟的课，下午下了课，就闭着眼睛吹吹箫，到外面走走。

周刊出来了，看见上面许多诗，于是我也想到一首诗，我马上就把她写了出来。

我梦见在玫瑰花下
看见了她
她是那样的美丽
叫我怎能忘记
她轻轻的一笑

像是花儿在笑

我似乎着了迷

像是为花儿所迷

只一笑她就没了

剩下的花儿也觉无聊

她不忍独自美丽

花瓣一片片的落下了地

每回我从花下经过

总记起她那一对笑涡

我还想做一次梦

但梦又总是太迷蒙

世界虽这么大

再也找不着我梦里的人儿

梦似乎永远是梦

只留给人一些惆怅的憧憬

1932 年 10 月 27 日

今天只有四课。下午去了我以前没有去过的地方,工字厅一带。

九点钟的时候,开始想一首诗,越想越不行,后来竟写不出来了。索性就此完了吧。

码头上的离别

虽然天还没有亮

月儿还照在西边的窗上

我醒了她也醒了

外面码头上的人声已很响

天上疏疏落落的星

黑郁郁的城墙一声声的风铃

一盏汽油灯的小码头

来往着不断的人影

这是上水船快开的时候

我心里已怀着忧愁

我快要离开这小城

在一两小时以后

她默默的一声不响

她的心一定也和我一样

黑黑的脸黑黑的臂

教人那得不心伤

我说只要一刹我们就得分别

别再扭扭捏捏

亲爱的姑娘

给我的吻要热烈

她再百般不允

让我的唇贴在她嘴上

好久她才说先生

望你别弃了我这乡下姑娘

再不能逗留再不能叙话

桅杆已拉了两下

站在船舷上

只能默默的望着她

怎样也不能把她看得清

晨光是如何的不讲人情

仅仅只最后的一瞥

还不肯让人看个分明

1932 年 10 月 28 日

今天四哥来演戏,是为了捐助东北义勇军的。我下了课一直跟着他跑来跑去,他借了我的衣服裤子,我把我东吴里的操衣也送给他了。演的是《乱钟》《半个战友》《月光曲》,我看了一会就回去了。

1932 年 10 月 29 日

上午没有课,到图书馆翻翻。清华图书馆说来是好的,进去一看,小说简直可以说没有几本。我找了半天,才找到一本沈从文的《男子须知》,借了一本冯至的《昨日之歌》,一本《牡丹亭》。

下午想做点事,就把英文做了。后来想起一首诗,也没有写完就睡了。诗是这样的:

太无聊

这叫人如何是好

没事做

也没有人来和我说笑

礼拜六

进城的忙忙碌碌

我看着

他们去快快乐乐

有的是进城里去听京戏

还有些匆匆的向家里去

如今啊

城里的

城里的快乐不多

并且是

大半都完全去过

在往日

我和他们一样

为的是

去寻一些儿快乐，

想到她

那并不可爱的家

……

没有做完，看看做得更不好，让她去吧。

1932 年 10 月 30 日

总算一个礼拜没有进城,在图书馆看书。

1932 年 10 月 31 日

抄作文,用毛笔抄,看字越来越不像样子,只好用钢笔抄。好久不用毛笔写字,用毛笔几乎写不出字来。

1932 年 11 月 1 日

收到两封信,一封是 J 的,一封是 I 的。给 J、二姐、四姐、二弟、三弟、四弟、五弟、宗斌写信。晚上在图书馆读书,看看杂志。

1932 年 11 月 2 日、3 日

这几天异常的忙,要做报告。

星期三午后,宗斌来,把我的行李带了来。他陪我上了一堂中国新文学课,下课我们在我房里谈了一会,我带他去大礼堂图书馆看看。送他上车。在北京说到朋友,比较亲近就要算他了。

1932 年 11 月 4 日

在图书馆看书,接到四姐一封信,这是我到北平来第一次接到她的信。信里虽然只有几句话,却使我很伤感,因为她提到我们旧时的快乐。马上给她复信。

1932 年 11 月 5 日

匆匆赶车进城，到北大，去看电影。夜里很冷，我们都加了衣服。回来宗斌把大被窝拿出来盖。听见外面的风呼呼的响，在南方是不会听见的。

1932 年 11 月 6 日

昨夜下了雪，我们几个南方人都大叫冷。宗斌在家里把帽子、围巾都戴起来，像是要出门的样子。太冷了，房里的大炉子还没有装起来，没有法子，只好到一家小饭馆去，每人吃了一碗小米粥。

到青年会我看展览。下午坐车回清华。

晚上到图书馆去做了一篇报告。

1932 年 11 月 7 日

今天课最多，有七课，夜里还有课。

接到四弟的一封信，他还是那样顽皮，还说了些滑稽有趣的话。信是写给我和三姐两个人的。

1932 年 11 月 8 日

托孙晋三借了一本新到的《文艺月刊》，上完课就回来看。看了《羞》《晚晴》《夜》，长篇没有看，为了看一篇《凤子》，出来晚饭去喝咖啡。

1932 年 11 月 9 日

下午包裹来了，里面是棉袄，一件头绳衣服，还有一条皮袍子上的领子。接到东西,很高兴,马上就穿起来。

1932 年 11 月 10 日

这两天信很多,我自然很快乐,下午我又发了一大堆信。给 J,给四姐,给吾妈,给爸爸。

1932 年 11 月 11 日

到城里去,刚下车,就碰到宗斌。我说要到三姐那儿去,他不让,在他那儿吃了中饭才去三姐那儿。

三姐这次没有出去,她一个人在,我们大谈一阵,讲到二姐和周耀,讲到大姐,讲到四姐,我们想起了许多旧事。我们讲得很快乐。九点多的时候我回到宗斌那里。

1932 年 11 月 12 日

今天早起大家去打网球,三姐也来和我们打。打了网球,我们一起去东来顺吃涮羊肉。

三姐去买书,我们去北海划船。

五个人坐在一只小艇上,大家慢慢的划,有时我们不划,让她在水中荡。天气很好,不冷不热,有可爱的阳光,听水打在船头的声音,这声音很美,像是碎玉之声。兜了一圈,划到岸边,去五龙喝茶。坐了一会,我就要走了。我要去三爷家,好久没有去三爷家了,听说三爷的姨太太进了门。和三姐在市场分了手,到了三爷家,三爷预备出门。见到他的如夫人。

晚上三婶母母女到我的客房来,和我说了很多话,自然是关于三爷的话。这种家庭问题真是没有法子,三婶母太好人了,往往受三爷的气,真是旧式的贤妻良母。唉,她对我们说,我们又有什么法子。

1932 年 11 月 13 日

吃了早饭,吃的是麦面粑粑。三姐也起来了(三姐是昨天晚上来的),我和三姐一块走了。三姐到西单去买东西,我就赶车回清华了。

1932 年 11 月 14 日

进城,日记就可以多记一点,回来就没有什么好记的了。

1932 年 11 月 15 日

近几天来颇糟,书又不好好读(几时我曾经好好读过书来)。说是想来好好读书的,谁知只有比在东吴时扯烂污,什么事也不在乎。英文一点也不着急,好像很好似的,其实要是问起来,一点也默不出来,让先生说一塌糊涂。

生活太不振作,只是这样随随便便的过下去,能马虎就马虎了下去,不能马虎的地方只能来做一下,毫无一点意义。每天好像是在做梦一样,一点不能自主,自己不创作,把生活过得实在没有意义。

有一天做了一个梦,是我到了一个亲戚家去,我要在堂屋里洗脚,一个老妈子不准我洗,说和尚们一会要来念经。我躲在一个墙角洗了,老妈子又说我臭。我气死了。忽然听见楼上有四姐说话的声音,我就喊四姐四姐。四姐从楼上下来,我告诉她说这些老妈子欺负了。她抱着我哭,一哭便哭醒了。梦里刚刚还在一块,醒来又是远隔千里,我不禁暗暗悲伤。

1932 年 11 月 17 日

黄昏时分一个人蹲在房里,关了灯,先背背诗。背杜诗,不知不觉有些难受起来。我念诗的声音是学亲奶奶的念法,我和四姐都学得很像。念到"海内风尘诸弟隔,天涯涕泪一身遥"①时,我真想哭,但又哭不出来。于是我倒在床上,心里说不出的滋味。

到北平来像这样的情形还是第一次。

1932 年 11 月 19 日

今天不进城了,今天清华和燕京比球。孙晋三和我一块去看球。碰到一位燕京的女学生,就是那次从芜湖回南京时在大轮船上遇到的那位。我不记得她的名字了,也不知道她还认不认得我,她回过头和我打招呼,我一时不知怎样回答,脸就红了。后来四哥才告诉我,她叫刘朝刚。

球打得真糟,两方面都不好,不如在东吴时看球时有趣。燕京的球也蹩脚,假如清华好好的打一定会赢,结果清华输了两分。

现在晚饭我比较省,只吃一碗面和馒头,只有一角钱。

晚上随便翻翻诗词。房里生了火,比以前盖得少了。

去拿信,拿到了大舅舅的讣文。大舅舅的死,不知怎样的,对于我来说并没有什么影响,可能是不常见面的缘故。

————————

① 语出杜甫七言律诗《野望》。

1932 年 11 月 20 日

今天是礼拜六,吃了早饭,等图书馆开了,去看了一个上午的书。看了一本《西林独幕剧》和日本的《泽泻集》①,都是新文学研究的指导性参考书。上午很快就过去了。

下午仍然去图书馆看书,看《中国文学史》,又翻了一阵诗词。出图书馆时已经五点钟了。

1932 年 11 月 21 日

两个钟头空课,读了点英文。晚上有一课伦理学,我不高兴上了。这是第一次赖课。

1932 年 11 月 22 日

中上菜叫错了,吃最后一口实在吃不下去,吐了。下午所以很饿,吃了点点心,晚上又吃不下去了。

晚上念念诗就睡了。

1932 年 11 月 23 日

晚上刘文典的国文,他又说日本怎样怎样了,差不多都没有讲课。有同学说学校里怕是他最爱国了。王的朋友来这里,睡在龙的床上,说是他们房里有一位先生老爱把窗子开着,已经吹跑了一个,他是第二

---

① 《泽泻集》应是周作人的,于 1927 年 9 月由上海北新书局初版印行。此处可能是张宗和笔误。

个。接到 J 的信,现在不稀罕 J 的信了,因为她的信一定没有什么话说。我现在稀罕四姐的信,虽然她的信也一定不会有什么话说。

1932 年 11 月 24 日

起了一个绝早,到外面走走。起早了觉得爽快很多。

下午上小说时,俞平伯讲到"乔合生",这个乔字使我想起了在中公时的一个女同学,叫乔文荃。我从来没有和她说过话。在中公时很滑稽,许多人都认识,但是都不记得名字。

晚上读诗。

1932 年 11 月 25 日

跑到大礼堂听演讲,题目倒是很动人——"留日最近见闻",但是讲得不大好。明天要进城,就是三姐不写信来也要进城了,因为两个礼拜没有进城了。

1932 年 11 月 26 日

把给三姐带的皮褥子归好,给她带去。先到四哥那儿去,四哥说他新近谈恋爱了,说或许要去蒙古,去对方的那里。去三姐她们常吃饭的馆子吃饭。

下午和三姐一块去北海划船,三姐不是很会划。湖里有冰,我们打冰划船,很有趣。

到三爷家去,吃了饭,坐汽车回去。今天不知怎么的,坐汽车有点头晕。

1932 年 11 月 27 日

到靳文翰家去,他的一间房很好,小小的,里面很舒服。我们吃饼干,逗小猫玩,他们家的几只小猫也很好玩,有蓝眼睛、白毛。就在他家吃了饭,回学校。拿到 J 的一封信。

1932 年 11 有 28 日

接到 I 的一封信。晚上有课,回来后查生字。

1932 年 11 月 29 日

无事。

1932 年 11 月 30 日

三姐寄来一个大信封的信,我知道一定里面有钱,打开了看看没有找到。我仔细看看信封,信封后面有被人拆开过痕迹,钱是被别人拿走了。

晚上畏民来了,他是来向他的同学借钱的。

1932 年 12 月 1 日、2 日

看到活佛班禅,他来我们学校参观。三点钟在大礼堂演讲,许多人都去听,其实并不是去听他演讲,是想去看一看他到底是怎样一个人。

校长陪着他大摇大摆走进大礼堂,人是和普通人差不多,不过黑一点,圆圆的头,圆圆的脸,俗得很,不像佛像,穿了黄褂子、红袍子,还有很多随员和卫队跟着。

演讲真糟糕,翻译也糟糕,讲来讲去就是那几句话,十分钟还不到就讲完了。

出来许多人跟着,就像看把戏一样,许多人提了照相机一直跟着拍照。快到校门口,他那黄汽车出来,上了汽车走了,人才散了。

1932 年 12 月 3 日、4 日

把一篇小说写好,越到后面越觉得写得不好,总算勉强写完,叫做《小旅馆中的一夜》。

三姐说今天骑车来清华,等了半天都不来。我想她今天不会来了,就去图书馆看书。

三姐还说如果礼拜六不来,就要我礼拜天去。我进城到三爷家,三姐送我一只表,本来去要买一只钟的,现在可以不买了。

龙君因为肺病修学一年,回家去了。我可怜他,大老远的跑来,现在得了病,又要大老远的跑回去。

晚上大礼堂有影戏,是《火山情血》,是谈瑛①、黎莉莉②、郑君里③主

①　谈瑛(1915—2001):上海人,原名谈素珍,毕业于上海民立女子中学,1931 年从影。主演电影有《失足恨》《暴雨梨花》《夜奔》等,被民国时期电影杂志冠以"神秘女郎"之称,"黑眼圈"是其独创妆容。

②　黎莉莉(1915—2005):原名钱蓁蓁,祖籍浙江湖州,生于北京,是钱壮飞的女儿。因黎锦晖、孙瑜的发掘而进入电影行业,《火山情血》是其主演的第一部电影。后主演的电影有《体育皇后》《大路》《塞上风云》等,黎莉莉塑造的青春健美、富有时代气息的女性形象,为早期中国电影留下了崭新的女性风姿,深受学生和青年观众的喜爱。

③　郑君里(1911—1969):祖籍广东香山(今中山市)人,生于上海,著名电影演员、导演,代表作有《一江春水向东流》《林则徐》等。

演的,还好。

1932 年 12 月 5 日、6 日

好多天都在背诗,时间差不多都耗在背诗上,一点意思也没有。

看见已经有人在荷花池里溜冰了,我心里很痒,很羡慕,但还没有鞋子,要去买来。

1932 年 12 月 7 日

默写诗的时候还是不行,默不出来愈急愈默不出来。晚上到图书馆去把新文学的报告做好。写了一封信给爸爸,一封信给 I。

1932 年 12 月 8 日、9 日

到图书馆看书。小说做好了但一直没有寄出去,今天总算誊好了,才寄出去。

今天忽然想到圆明园去,听说圆明园就在我们学校后面,我直到现在还没有去过。下课后,我从小门出去,一出门,就是圆明园了。看见许多乱石头,我顺着小路走去,爬上土墩子,荆棘特别多。看见许多残墙,只有一根雕花的柱子还好,另外一根已经跌成两段。我在那儿徘徊了一阵,就往回走,我时时怕断路的,因为那里人太少了。走到后门,门已经关了,只好绕到大门去。

晚上有昆曲组演出,七点半开始。我去的时候人已经很多了。唱的是李后主的《一斛珠》《三醉》《定计》《化缘》《扫秦》《思凡》《小宴》《骂曹》等数曲。一直演到十一点半,其中《思凡》《骂曹》做得还好。

1932 年 12 月 10 日

难得接到四姐的信了,也只是淡淡的几句,使我不能满意。一共写了五封信,四弟和吾妈一封,四姐和五弟一封,二弟、三弟、祖麟各一封。虽然有时候接不到信,但是自己写了信,自己寄了出去也是很快活的,

夜里醒来看见盛君在开夜车。星期六开夜车,自古以来未闻也。

1932 年 12 月 11 日

到图书馆借书,谁知书又被别人借走了。

回来坐到被窝里去看巴金的《雨》,看到好笑的地方,我要和盛讲话,他要我照顾他不要和他说,我只好一个人看一个人笑。一个人跑到校门口去买了两个大萝卜,皮是青的,但是里面却是红的,特别好看,吃起来也很甜。

1932 年 12 月 12 日

上体育真开心,也不用跑十二圈了,随便打打篮球就行了。下课后去图书馆,晚上去图书馆借了一本《古诗笺》。

考诗考得一点也不好。晚上上完课,到图书馆看杂志。

1932 年 12 月 13 日、14 日

和靳谈了两晚上诗,一边谈,一边喝咖啡吃瓜子。借了本《聊斋》来看。写得很好,凡是里面的女子都是漂亮而都是狐或鬼变的。

1932 年 12 月 15 日

中国文学系组织篮球队练习，我也参加了，到体育馆去打篮球。除了几个人以外，许多人都不会打。看女学生打球，虽然打得不好，但比东吴里的女生强多了。

1932 年 12 月 16 日

下课到荷花池走走，看他们溜冰。想进城去买鞋子，想想看，还是不去吧，虽然两个礼拜没有进城了，但是我只有五块钱了，还要维持一个礼拜。

1932 年 12 月 17 日

仍然坚持不进城，如果没有什么意外，五块钱无论如何够用一个礼拜。

下了课回去看《聊斋》。《聊斋》的文章不用说，自然是好的，简短，有些像《史记》，有许多可以讲给小弟弟小妹妹们听。

清华和辅仁在下午比球。辅仁有魏蓬云、王建常等五虎上将①中三人，清华自然吃不消。不过这次清华打得很好，不像那次和燕京比。公证人是诸葛世勋，我认识他，他是以前东吴里的学生。他一定不认识

① 20 世纪二三十年代以唐宝堃、王锡良、李国琛、魏蓬云、刘建常为主力的南开中学篮球队曾在民国体坛大放异彩，这五人被世人称为"南开五虎"。现南开大学校园中，有一条以他们命名的"五虎路"。中学毕业后，唐宝堃、王锡良、魏蓬云三人升入辅仁大学，而刘建常和李国琛参加工作。此处可能是张宗和记忆有误。

我。篮球清华输了七分。足球我没有看完。

1932 年 11 月 18 日

醒来在床上看《聊斋》，接到宁的信，马上回了一封信给她。下午做英文，做了一首诗：

> 风风雨雨又一年，青春梦幻已成烟；
> 小立庭前无一语，早梅飞满夕阳天。

1932 年 12 月 19 日

前一个表跌坏了，被我拆得装不起来了。这次这表又被我跌了一次，表壳子跌掉了，里面的肚肠全看见了，装了半天也装不上去。只好让它去，反正它还走个不停。

1932 年 12 月 20 日

接到吾妈一封信，不知道是谁写的，写得很好，信中报告了我许多事，什么方大姐死了，高干的女婿渐渐好了，苏州的米价怎样怎样了，还叫我走的时候不要忘记给三爷家佣人的钱。

大考的条子已经贴出来了，半年又将结束了。

1932 年 12 月 21 日、22 日

星期四下午有闻一多先生演讲"新诗的问题"。他讲完了后，并允许了有问题可以问。吴宓教授(反对新诗者)起来说了一席话。后来大家又讨论"诗以载道"的问题。许多人都不赞成他的主张，一闹就闹到

六点钟。

接到大姐一封信,还不知道是谁寄了一本《小说月刊》来。

1932 年 12 月 23—24 日

进城得到许多消息。

匆匆出校门,到四哥那里,他倒在,我们有一个多月没有见面了。他报告我一些重要的消息,山海关已失守,热河汤玉麟已投降,现日本正强迫张学良组织华北名为大燕国。韩复榘之所以来就是商量这件事。如果不答应,恐怕平津一带会成为战区。

看见三姐,我们谈了一些话。三姐看见我来了,她就会装疯起来,又唱又跳。她说平时她规矩得很,一个人就是闹也不好闹。

和三姐、四哥,还有四哥的女朋友,一块去吃饭。

到三姐那儿看到三弟、四弟的许多信,三弟的信中附了一封 I 给她的信,信上说 ZJ 快要和 M 订婚了。三弟还说不要告诉大哥,要三姐不忙告诉我。其实这事我早已料到,所以并不怎样,倒好笑三弟这样大惊小怪的怕我知道后会不舒服。

一点钟光景到北大宗斌那儿去,畏民也来了,我们要去看电影。我出一块钱(我口袋里只有一块钱),畏民去借一块钱。戏院出来去吃饭。已经八点多了,去三姐那儿,和三姐谈到许多家里的事。三姐说到三爷家去没有接到三姐的钱,糟了,明天还要买煤,还要一些别的用处,所以只好当皮袍子了。我明天和三姐一块去当铺。

1932 年 12 月 25 日

早上吃了豆浆我们去找当铺,碰到四哥,我们告诉他我们要去当当,他和我们一块去。我们记起图书馆附近有一家当铺叫慧源当,我们决定到那儿去。路上我们很快乐的样子,谁知道我们是去进当铺的呢。

当铺很讲究的样子,像人家大公馆似的,进去台子也并不是很高,四哥拿了三姐的皮袍子去,那人看了半天,说不值五块钱。我说不当了,那人却又肯了,后来又说包袱太旧了,要我们拿五毛钱油纸钱。我说就是因为一个钱也没有所以才来当当的,不然倒不当了。还有三姐的一个金戒指镶绿翡翠的,一共当了十二块钱。我们欢欢喜喜的出来,我总算上过一回当铺,当过一次东西了。

回到三姐的公寓,接到沈从文的一封快信。上面有几句怕人的话,什么"明天二十六号是我的生日,也就是我的……"不过我看了几遍,还看不出他一定要死,但是也说不定。三姐有点急腔,我说打个电报去要他来吧,她又不肯,要等明天再看。他说的那封信包含着一篇惊人的故事,写了好久、好长的一封信。

四哥来了要我们去看电影,我不去,我要回清华去。

车来了,我抢到第一个位子。回到清华,拿到了许多信。四弟的信有趣滑稽。J的一封信报告了我一个消息,她说大约在最近她要和毛君结婚了,日子以后再通知。我没有想到这样快,早上才知道她要订婚,晚上她就告诉我她要结婚了。

说起我们的恋爱,在旧历的除夕,我把日记拿给她看。现在想起来我有些懊悔,为什么我平时不轻易给人看的日记全部拿给她看?为什么我要借看我的日记来表明我的太多心迹?那时候我要是不把日记给她看,我们仅仅保持一种相识的朋友,使她永远在我心里,这美丽的秘密永远只有我一个人知道,这一点爱的火焰不时在我心里。我想也许会出现比现在的情形好得多，至少听到她结婚的消息我不会像现在这样呆一下。我知道她恋爱过，她也知道我爱她，我早就知道了我和她没有结婚的可能，所以我在回信中曾详详细细的告诉她我的态度，"这爱情如一条缓缓流着的小河，静静的流过森林山坡，她永远是我这样的流，也不起什么巨浪长波，我的爱正是这样有时流得急有时流得慢，我不能像火一样去爱她，也不能像冰一样不爱她，我相信我这条河永远流着，直到我死的时候。我并不是她的第一个恋人，可是她是我的第一个恋人，是我的初恋。"直到现在我对着我的日记我不能说谎，我不想写信告诉她不要把我的信当做解闷的材料，假如可能就把信还我，假如不还我，烧掉了也好。她结婚的时候我要二姐在上海从我的月费中扣十块钱下来买鲜花送给她。因为花是很容易憔悴的，我不愿意我的东西在她跟前留得很久。我会从老远的北国寄一张贺卡给他们，写一些祝福他们的话。

1932 年 12 月 26 日

为了昨天的信我睡得很晚。

军事训练今天算是考了，立正，稍息，向左转……考完了到房里来记日记。

1932 年 12 月 27 日

接到三姐的一封信。她说那惊人的事，那"大信"大概不是信，而是人，她猜得很有道理。我马上回了一封信给她。

1932 年 12 月 28 日、29 日

三姐说的"大信"来了，果然是会说话会走路的，也许他已经到清华了。

林庚①带了他们来，矮矮的一位，不用说，就知道他是那封"大信"。

这位大作家值得我来说一说。他矮矮的不魁伟，但也并不孱弱，脸上带着一副红边的眼镜，眼也像很有神的样子，不像我想象的那样坏（因为我曾听三姐说他不好看）。脸色也还红红的，头发向后梳着，没有擦油，但还不乱。穿了一件蓝布皮袍子，有油迹子，皮鞋不亮，洋裤子也不挺，总之一切不是很讲究，也不糟糕。我对他的印象很好，因为我原先想象的他并没有这样漂亮，脸也不瘦，还有点肉。

进房间坐下来，我们就谈话了。大家因为原不相识，所以我没有话说，还是他问我到北京习不习惯，北京比苏州如何。我像小孩子一样，他问一句我答一句。后来谈到功课，我一会要去上课了，我说下课后去林庚房里找他们。我就去上课了，他们就走了。

下课后去找他们，有一位清华园内诗人曹葆华②也在。尽谈学校里的事，清华怎样，他们青岛大学怎样，有时我也插几句。我想他们也许觉得我很"蹩脚"，什么也不行。为了他们高兴，我们课也不上了（我

① 林庚（1910—2006）：福建闽侯（今福州市）人，生于北京，著名文学史专家、古代文学学者。1928 年考入清华大学物理系，1930 年转入清华大学文学系。其父林宰平当时是清华大学哲学系教授。
② 曹葆华（1906—1978）：四川乐山人，诗人、翻译家。中学毕业后就读于清华大学外文系，在校期间开始新诗创作，1931 年—1935 年就读于清华研究院。1939 年赴延安，在鲁迅艺术学院任教。

和林是小说也不用上了),陪他们到外面走走。他怕碰到熟悉的教授,不去图书馆。我们去气象台看看,到气象台顶上看圆明园全景。从气象台下来,我们去合作社吃咖啡,四个人坐下来,他们大谈其文艺界的事情,什么徐志摩怎样,孙大雨①怎样。我插不上嘴,因为他们许多人事我都不知道。

后来沈说星期六邀我一同去喝酒。曹问他能喝酒吗,他说能喝,还很能喝很多。沈又说他明年将在北平住下来,把小房子收拾得干干净净的,特地多设几张床,准备他们进城去睡。林庚有朋友来,他得回去招待他们。我和曹送沈到大门口上车,他去燕京看冰心。

看样子他和三姐的来信都很快乐,大概他们的事没有弄僵,而且弄得很好。

1932 年 12 月 30 日

三姐来信说大信不好意思独自来见,所以也许不来了,要我礼拜六到他那儿去,晚间我们有酒吃,有盐鹅下酒,等着你。自然我肯定要去的。

1932 年 12 月 31 日

从青年会坐车到银闸,三姐在家,说沈从文十一点来,我们一同去吃饭。我们坐在火炉边,三姐告诉我几天来沈从文来的经过,看样子很

---

① 孙大雨(1905—1997):浙江诸暨人,出生于上海,是"新月派"诗人、著名翻译家。1925 年毕业于清华学校高等科,1926—1930 年在美国留学,回国后先后在武汉大学、北京大学、青岛大学等校担任英文教授。

好,一切都很顺利。沈从文快乐,三姐也快乐。

十二点多,沈才来,提了一包东西站在门口不得进来。我开门让他进来,他进来了,三姐打水给他洗脸,揩手,像待情人一样(不,本来他们就是一对情人)。一会我们就去吃饭。

到王府井大街的一个四川馆子里吃饭。还吃了酒,大概一个人只吃了三杯的样子。他们都还好,我的脸却红得不成样子了。菜很好吃。坐车回到三姐公寓,我们说了很多,记得说了胡也频被捉去的情形,和丁玲把她的孩子送到胡也频母亲家去,他的母亲还不知道她的儿子已经死了。他很会说故事,有时候偶尔夹两句小说中的句子。谈谈,我忽然觉得我在当中不好。沈常常把三姐的手揑在他的手里,我想到他们能这样,一会儿一定也能那样了。如果那样起来,我在当中岂不是很不好吗。于是我托词说要去看看北大的朋友,我就走了。我想沈一定想感激我。

到北大去找宗斌他们,和他们好好的吃了一顿。吃完饭就回到三姐那儿,和他们谈到十点钟。我回北大去睡,沈说要去住旅馆。我要他也去北大,他不干,他怕人对他说"久仰久仰"。

北京的夜晚静静的,路上没有什么人,我们一路走着,谈着。我好像他不是沈从文,不是大作家,倒像是我的一个朋友一样。

1933年

1933 年 1 月 1 日　（元旦）

早上起来,他们都还没有起来。留了张条子说我可能今天不来睡了,到亲戚家去睡了。我到三姐公寓,沈已到了,在那儿写字了。沈大写其草字,把怀素的《自叙帖》写一遍,把三姐的写字纸都写完了。

沈说杨振声家请客,什么俞平伯夫妇、叶公超夫妇、朱自清夫妇,扮过观音的林徽因小姐全在内,他不能不去一趟。他去了,三哥来了,我们一起去吃饭。沈回来,于是便让他们两个识相的人去大谈,我们退出。晚上我和三姐请他们吃饭,吃得很好,也不贵,还吃了酒。

1933 年 1 月 2 日

我到三姐那儿,沈竟没有来。我弯弯曲曲的问三姐的意思,要知道他们昨天在我走了之后干了些什么。我弯弯曲曲的问她,她他弯弯曲曲的回答我,我知道他们当然已经接吻了。沈从文对她描写我从他们那儿出去后的情形,说有个懂事的弟弟,走了一会又回来在门口看看,又走了,因为不愿意打搅他们,由这点我就可以知道了。等到沈来,我为了要做懂事的弟弟,所以走了,把一瓶剩下的酒全带走了,说是不要等我吃饭了。

没有钱只得在食堂里吃了。

沈本来说昨天走的,昨天没有走,我送他到青年会坐车,然后他再到车站。

下午三婶母忽然来了,带来一封快信。是大姐的,里面有一张汇票,五十元。我们可以不借钱了。

沈送了我一支钢笔,说此笔为三姐写了八十封信。到学校仔细一看,是 EVERSHARP 的。

回到学校,收到三封信。一封是我同住在一斋的苏景泉①的贺卡,一封是 I 的。还有一封是粉红印花的信封,上面写的字我认得出来是二姐写的,里面是一张粉红的签,上面的字是:"兹定于十二月二十五日下午二时在无锡饭店行结婚礼,恭请光临 M.Z."。

二十五号结婚,到五号我才收到请柬,来不及送礼,更不可能"光临",只能算个通知条子。我想 ZJ 一定不肯寄来,定是二姐要寄来的,信是从上海发的。等到暑假我从北平回南方去,也许能看到她怀了大肚子。真是太快了。

1933 年 1 月 3 日

在被窝里太舒服了,看了一本徐志摩、陆小曼合作的《卞昆冈》。

起来吃了早饭,到图书馆去,看见报纸栏边有许多人,我知道是不好的消息,心里很不舒服。晚上靳带来了不好的消息:(1)山海关失守,(2)秦皇岛失守,(3)朝阳失守,(4)上海又发生战事。因为这些,我也不用再读下去了。明天还要考,我又想到要回南方了。

我们谈谈国事,大家都没有办法,我们知道榆关一完,平津也就完了,连我们学校的旗杆也会挂上日本的旗子的。

---

① 苏景泉(1910—1972):宁夏中卫人,1935 年毕业于清华大学中文系。先后在北京、天津、南京、上海等地任公职。1948 年去台,任台湾大学教授。苏幼年丧母,数年后父亲、祖母又相继病逝,苏刚考上清华大学时,便托人把弟弟苏庚泉带到北平,以孤儿的身份送到北京香山慈幼院上学。

听见的都是不好的消息,念书是念不下去了。现在只有两条路可走:要么去参军,和日本打;要么就逃。除了这两条,别无他法。

1933 年 1 月 4 日

上国文,本不想去,但想听听刘文典讲讲日本的事,于是就去了。果然一个钟头他讲的都是日本的事,还讲了一个天皇之死的笑话。亏好今天女学生今晚没有来,否则他大概也不会讲这么粗的笑话。

1933 年 1 月 5 日

消息一时比一时不好,居然有一个消息说天津已经打起来了,平津车已经不通了。不知这消息确否。

国文课刘文典又讲日本,他要我们去做一点事,虽然不能上前线的打仗,在后方救护伤病或是干一点别的事总比在学校里读书强。是的,我们的确应当做一点事,无论怎样,这是我们民族存在的生死关头。

1933 年 1 月 6 日、7 日

中国文学今天也结束了。学生代表会议请求学校延期考试,经校长提交评议会讨论,说是被否决了。听靳讲,明天要开全体大会。

果然第二天开大会。会议的事件有两项:(1)在考试期间内全体学生向学校总请假;(2)关于抗日会的事。

进城看看,很太平的样子。三姐不预备走,宗斌他们也不走,于是我也不预备走。今天我请客,因为每次进城都是他们请客。

1933 年 1 月 8 日

到三姐家。三姐在看沈从文来的信,我也看,还看了她自己做的小说《费家的小二》,是经过沈改过的。我们去二院的四川馆子吃饭。

坐车回去,拿到了 J 的一封信,这是她结婚后的第一封信。我想不到信中尽是些"苦""不好过""难过""难受"的一些字眼。她姐姐、哥哥都去了北方,母亲呢又一个人在苏州,她自己在上海,许多人都分散了。她这封信是一号的,离她的婚期才一个星期,我不信刚刚结婚从一星期就写这样叫苦的信。她的结婚是这样的匆忙,我想其中一定有别的原因。我希望她的新婚生活应当快活些,像她信上写的可不对。

我想写封信去给她,但是总是踌躇着,没有写,因为我怕我的笔说错了我所要说的话。有些事情总是不能说得清楚的。我自己对于她就糊涂。这次我不得不回信给她,可是怎样写法呢,这可不是像从前,随随便便就写的。

1933 年 1 月 9 日、10 日

无事。

1933 年 1 月 11 日

决定不考试了,就不用读书了,我收拾收拾东西交给校工,还有些零碎就留在房里。还得去上一节小说笔记,我猜俞平伯不会来了,结果他来了,只有三人,后来又来了两个人,他讲了两个故事就下课了。

三弟来信,说爸爸妈妈要我们回去。我带了三弟的信进城去。三

姐也接到三弟的信,也是叫我们回去的。晚上去北大睡。

和三姐说好她今天去三爷家说一声,去拿钱买票。三姐说她去西城买票就不回来了,要我明天到西城去。我回到北大,和畏民他们一块吃饭。三姐说买不到票,我不信,结果是她根本没有去买票,因为她不想回去。回来三婶母劝了她,她才决定回去的。我说你真坏,看我可是上你的当。

1933 年 1 月 12 日

三姐把钱交给我,要我去买票,买一张到苏州,一张到上海的——我到上海,她到苏州。她写了一封信给爸爸,把她和沈从文的事告诉爸爸,要我带到上海。到中国旅行社买票,并不费事就把票买到了。五十元刹那时就用光了。

晚上他们每人出两元钱为我践行,倒吃了一顿西餐。喝的是啤酒。

1933 年 1 月 13 日

睡到十点起来,去公寓找三姐一同去三爷家辞行。在三爷家好好的吃了一顿饭后,我们坐车到火车站。在三等车厢占了一张椅子(两个位子),戴三哥来了,送了两本书给我,说是给我在车上看,一本是宋词。车上很挤,许多人都站着。五点半开车。

坐在我们对面的一个女的要小便,没有办法,直到第二天早上三姐和她才从窗洞里钻出去,到头等车的厕所去。我也跳下去小便,等她们回来,我又把她们一个一个托上去。结果我自己又爬不上去了,坐在我们对面的那个男的又跳下来帮我托上来,他自己再跳上来。这真是受罪。

1933 年 1 月 14 日

晚上我坐在里面,把头放在桌子上睡,三姐把头放在我身上睡,这样总算也睡了一下。车窗外是一大片一大片的茅草,人烟都很稀少,太荒凉了。

有乡下人吃香烟,把烟头丢在窗缝里烧了起来,好在我们这节车里有水,许多人打水来浇才算把火灭了。火灭了后,就有人说话了,说要罚那两个乡下人,乡下人是一句话也没得说的。

上车时我把皮鞋脱了,换了棉鞋,只说摆在下面。后来,人不挤了,看看鞋子没有了。我疑心是坐在我脚边那个像我一般大的孩子顺手拿去了,他还把头靠在我腿上睡觉。但不知对不对,不过我的鞋子没有了是事实。

我们没有吃饭,吃宗斌买的点心,太甜了,只能吃两块。买了个鸡撕着吃,吃不完,送给乡下人了。我看他用纸包好,没有舍得吃。

1933 年 1 月 15 日

本来车子八点就应该到浦江口的,结果到十二点才到。江南到底和北方不同,虽然下了雪,还看得见地上有绿色。我们吃了一盆饭,两天来总算是第一次吃饭。到了苏州我们心里很快乐,有一种说不出的快乐。

到家了,他们很意外,没有想到我们今天回来。只有四弟在,老头子、吾妈、高干、江干,穿了白鞋的小翠子(她的母亲死了)。半年来,变化真快,死的死了,嫁的嫁了,娶的娶了,我所认识的乐益的周伯雍先生也死了。一切都有好多变化，J 嫁了，子寿娶了亲了。看到江干，我们都黯然，不多说话，怕她伤心。

1933 年 1 月 16 日

下雨，下雾，下盐豆子。在家写日记。到乐益里去看看韦布先生。

1933 年 1 月 17 日

路上积雪，到东吴去一趟，把远义的信给他送去。

下午去上海。吃晚饭时到上海。把三姐的重要信件交给爸爸妈妈。又讲了些三姐和沈从文的事给他们听。

子寿去光华打招呼，回来说二姐她们叫我明天中午十一时到她们那儿去吃中饭，我就猜到一定有什么事。

1933 年 1 月 18 日

我猜想四姐今天一定要来的，果然，我还没有起床她就来了，穿了一件黑大衣，带了一顶红帽子，美得很。她就坐在我床边，我们谈了很多话。

是我猜得不错，四姐说二姐今天约就 J 到光华来，所以叫我也要去。

早就听说结婚后的 J 消瘦了，这回见到她看着是消瘦了，但却比以前苗条婷娉了。J 见了我，就说我脸难看，我也知道我是变了脸。随便应酬了些话，宁也来了，高麻子先生带了宁四姐去看戏（他们是故意的）。

我们就上楼去在四姐和二姐房里。房里只剩下我们两个人，我问她的事情怎样，她说还是苏州家里快乐，我说了不应该这样，才刚结婚不到一个月。她笑着要打我，又说今天不回家了，要我也住在这里。我说不好，不应该住在外面。开始我有点窘，说不出话来，后来就好了，和从前一样自然了。四姐她们回来了，我也要走了。

我不知道我今天对不对，应不应当见她，应不应当和她一个人在房里。我想，她是我的朋友，朋友总是朋友，不能因为结婚就不算朋友了吧。我不知道我今天晚上到什么时候才能睡着。

(第九本结束)

1933 年 1 月 19 日

和四姐去老伯伯家。老伯伯真好,和我说了好多,说北京很乱,要我一定要回来,别起了什么牺牲的心,为了自己,为了爸爸,为了死了的大大,不应该这样看轻自己。我只好听着。

去卡尔登看《浮士德》,戏看不懂,唱的是什么一点也不知道。

1933 年 1 月 20 日

我和二姐、I 先回家,四姐要买东西,下午我们一同去车站。

吃了中饭,我们一会就要走了。老伯伯昨天对我说爸爸那天在他们家手抖着写信叫我们回来的情形,我真不想走了。在车上看四姐的日记。她的日记记周先生的死最精彩了。她说,"我的心全揉碎了,上帝告诉我,为什么一个人的死会给我这样的感动。"这让我恢复我以前对她的态度。我忽然有一个感觉,我想到假如我现在死了,一定也很好。我想到一本书上说过,有一个人夜里在静静的湖边,他看到湖水太美了,他被那美丽的湖水诱惑,便投入到那怀抱里去死了。他不为什么,只为美丽而死,这样的死实在太有诗意了。

我想到这些忽然害怕起来,死这个字在我心中发了芽,我怕我自己会为了一点什么很糊涂去死了。

到了苏州,下大雪。四姐说饿了,我们便去吃饭。到馆子,看见韦均宏他们也在吃,于是我们便一同吃。四姐要吃酒,我们要了白兰地,我只吃了一杯就脸红红的,从楼梯上跌下来。去剃头洗澡,回家睡在我舒服的床上。

1933 年 1 月 21 日

去观前街买东西，碰到以前的同学，大家讲讲话。

回家和四姐玩。不知什么时候，我忽然想起了这几句诗，"绿珠往日酬无价，碧玉如今抱有郎"，"春蚕到死丝方尽，蜡炬成灰泪始干"。

1933 年 1 月 22 日

一早起来写信。把写好的信拿去乌鹊桥去发。晚上吃完饭，三姐、四姐到我们房里来玩。不知为什么四姐打了我一下，我就拧了她一下。三姐就发话了，说你们整天这样敲敲打打的，一点不庄重。我很不赞成。四姐被她这样一说，几乎哭了出来。她拿姐姐的架子来压我们，我就一声不响，只是看书。

四姐向来是这样的，我们打架，把她放倒在地下，都不在乎。对三姐她们我便不能这样了，她们似乎比我大得多，我得放庄重点，不敢随便。和弟弟们随便打着玩，说一点笑话也不怕。

一会大家都不说话，三姐就走了。四姐还不走，一会她还逗我说话。

1933 年 1 月 23 日

四姐吵着要我替她做文章，我只好去东吴借书。东吴已经要放假了，没有借到书。

下午二姐和张大姐回来，要我吃了晚饭去四姑家送钱，我就去了。四姑问了我三姐的事，还有我在北京的事。

1933 年 1 月 24 日

早上看看诗集,忽然想到要做一首诗,做出来一点也不好,不想给任何人看。

我懊悔我不该再来
更不该再见到她那消瘦的身材
一切都已淡了
如今又重来染上色彩
窗外飘着雪
一更刮着寒风凄冽
室内只有我们俩
围着火炉儿战栗
想不到她和往日一样
诉我半年来的境况
都是我意料中的事
我不悲伤
但微微的有些惆怅
美丽的花儿开
怎禁得人不采
花儿既已开
谁人不能采
花儿被采去

栽在别人家

这似乎不应该

你就不该再去惹

我为别人想

更为自己思量

我不该再做下这一桩罪恶

留下个永远的悲凉

她叫我别走

自己也就在这儿逗留

到晚来她想到家我为了她

我们仍然是分了手

这房里我与她相会过两次

那一次是在夏夜里

半年来的相隔

一切我都还没有忘记

这次的再见

她的衣服她的脸

和她说过的话儿

这些又够我回想一年

我懊悔我不该再来

更不该再见到她那消瘦的身材

一切都已淡了

如今又重新染上了色彩

我和三姐到大姑奶奶家去,他们家正在做粑粑。三姐也去做,三姑、二表姑许多人都在做,我自知力拙,故不动手。后来我做了一个小的。吃了不少东西,后来饭都吃不下了。吃过饭还提了一篮子粑粑回家。

1933 年 1 月 25 日(除夕)

家里没有钱了,爸爸叫二姐回来向继洪二伯伯要账。早上我们写了一张条子去要钱,谁知一个也没有,一会他们就叫人送了二十元钱来,还送了年糕和橘子来给我们吃。真是滑稽,他欠了我们四百多块钱,还这二十元到底算什么呢?!

今天又是过年了。晚上我叫人去买一瓶酒来,我们吃年夜饭。

1933 年 1 月 26 日

仍然不能免俗,早上我们去拜年。到十九爹爹家,许多人在,因为老太太在他家。十四爹爹、十四奶、大奶奶、二姑、十六奶、继洪二伯伯……还有些不认识的人,挨次磕了头。

坐车到朱家园周家,见到他家老太太,磕了头。

到十六爹爹家。十六爹爹牙疯,脸都肿了,说话不得劲。还有四姑家也去了一下。

1933 年 1 月 27 日

他们都骑车出去,只有我和四弟在。我们坐在堂屋烘火,后来他们回来了我们一起玩。

1933 年 1 月 28 日

二姐要我陪 I 到董家去,回来我们在采芝斋买了瓜子、松子糖。回家,他们都没有出去玩。

1933 年 1 月 29 日

到乐益看看,一个人也没有,只好回来。明天我要走了,也没有什么东西理。

正在洗脚,老头子说有个姓盛的找我。我想是盛健,不要紧,就叫他进来。进来一看是沈先生(沈从文),三姐她们全不在家,这怎么好。说是在荡观前,叫老头子去找,他又不肯,只好等着。不久她们回来了,三姐自然也见到了。

大家到房里去烘火。大家一块吃酒,沈从文也吃了。高昌南①的话最多了,他同沈从文刚刚认识,就马上同他吹牛,大谈他的经历。他很会说话,说话的艺术是不错的,沈从文说,假如拿他的话写成文章,会比老舍的好。

1933 年 1 月 30 日

他们全要送我,结果四个人送:沈从文、三姐、四姐、I。我们进车站,车刚开进来。他们送我上车,我看见一个人面熟,像是清华的同学,

---

① 上海光华实中英语教师,曾教过张充和。

我上去和他打招呼,他也认识我。他是常到房里来的,和谢毓章①他们同系的,我便搬到他旁边去坐。

五点多到江边,在浦口车站买到了卧铺票子,是 811 号。房间里只有我一个人,回来那位清华的同学也搬来了。我现在才知道他叫杨龙生②。

饿得很,吃了一碗饭、一碗汤。

1933 年 1 月 31 日

夜里醒了几次,天亮了写了一封信给四姐。去餐车里吃了一餐饭,又写了两封信。一整天都在写信中过的。

1933 年 2 月 1 日

早上到天津了,十二点到北平正阳门,我又回来了。一脚车到学校,把东西搬进房里就去吃饭,依旧是叉烧肉、白菜汤。

下午理了东西,去洗了澡。在体育馆里碰到苏景泉,我邀我吃晚饭。

1933 年 2 月 2 日

得进城一趟,看看三爷那儿的信。在三爷家吃了饭就到宗斌那儿,

---

① 谢毓章(1915—2011):江苏苏州人,物理学家,中国液晶物理学理论的开拓者。1932—1936 年在清华大学学习。
② 杨龙生(1909—1991):浙江嘉兴人,电子学专家。1932—1936 年在清华大学物理系学习。

正好宗斌在。老郑和老范都到苏州去了。下午回学校,吃晚饭的时候见到了靳。

1933 年 2 月 3 日

偶然翻翻词。晚上在靳的房里和许馨他们大谈其"爱"啦什么的。许馨这个名字像女人,人也像女人。

1933 年 2 月 4 日

下午到图书馆看《古诗笺》,抄了一点解说回来。

1933 年 2 月 5 日

林庚和黄席椿①认识,因为他们俩的父亲是好朋友。黄的父亲现在死了,是被袁世凯弄死的。是他自己告诉我的,要我不要告诉别人。

1933 年 2 月 6 日

今天考诗,有一首背不出来,真糟。考完了,算是完成了一桩事。

1933 年 2 月 7 日

今天没有考,很开心。到图书馆去看看书,明天考小说。回到房里,谢已经睡了。

---

① 黄席椿(1912—1986):江西九江人,出生于北京,电磁场理论与技术专家。其父为"报界奇才"黄运生。1932—1936 年就读于清华大学电机系。

1933 年 2 月 8 日

考小说可以随便翻书,有三个题目,当然全做了。

把伦理学笔记和文学史笔记带到图书馆,马马虎虎的翻了一遍。

1933 年 2 月 9 日

考伦理学和文学史,考完了,很得意,因为不管对不对,反正他所出的题我都做了。只有明天一样中国新文学研究了。我真舒服,明天就想进城了。

在图书馆看到《东方》,看了一篇淞沪战的回忆录。有外国军官问翁照垣①说,吴淞你们是怎样守的,翁照桓回答说,因为我们要守,所以我们就守了。这两句话看来不觉得怎么样,不知为什么我鼻子一酸,真是要哭了出来。又看了沈从文的一篇《月下小景》。

1933 年 2 月 10 日

早上没有考,吃了中饭后考中国新文学研究,马马虎虎总算考完了。

进城,到北大,一个人也没有。我已经睡在床上了,宗斌才回来。

1933 年 2 月 11 日

和他们喝酒,喝醉了吐了一口。难受。

---

① 翁照垣(1892—1972):广东惠来人,1931 年任第十九路军第 156 旅旅长,1932 年面对日军挑衅上海闸北,不待军命,奋起抗击,打响"一·二八"淞沪抗战的第一枪。著有《淞沪血战回忆录》。

1933 年 2 月 12 日

早上起来吃了面。黄席椿的亲戚家找他。找到他,要和他一块去看荀慧生,黄少爷出来了,叫他们去买票。我们一块到西单商场去,我买了一个镜框,要把四姐的那张拉琴的照片框起来。

和李家的少爷一块去看戏,正戏是荀慧生的《荆钗记》。唱的还好,他的声音很像苏州人说的"鲁"(柔的意思)。

看完戏,看看快七点钟了,我一个人先回去了。到学校收到沈从文的一封信,又收到爸爸妈妈的一张汇票,我很开心。

1933 年 2 月 13 日

第一课是体育,我们跑了五圈。洗了澡去大陆银行拿了钱,存了一百五十元,拿了十元回来。

行开学典礼。吃过饭写信给沈从文和三姐。上诗第一天他就要我们默诗了,和他去办公室拿考卷,还好,我是 B$^+$。

晚饭后上图书馆写信,给爸爸妈妈,再记日记。

1933 年 2 月 14 日

拿到大姐和祖麟的信,祖麟写得很好,写了许多安慰我的话。到图书馆写信看书。新加选了一课"上古至秦文",是杨遇夫①教的。我听

---

① 杨遇夫(1885—1956):即杨树达,湖南长沙人,著名语言文学学家,长于金石、甲骨和古文字训诂、音韵及汉语语法、修辞等。曾任清华大学国文系和历史系教授。

他讲了一个钟点,到底选不选还没有决定。

晚上到图书馆十点多回来睡觉。

1933 年 2 月 16 日

今天一天都在图书馆写信看书。

1933 年 2 月 17 日

日记被靳偷去看了,不是这一本,是前一本(第九本)。他串通了本房间的谢,谢把钥匙借给他,他竟然把我的箱子打开了,拿了一本去。等到吃饭的时候,我看见桌子的玻璃板下有一张条子,我才知道。后来碰到他,他才告诉我谢借钥匙给他,还给他把风。

1933 年 2 月 18 日

接到三封信,J 的,三弟的,四姐的。四姐在信上说二姐不久要去日本,上海只剩她一个,弟弟们小,合不来,她说下半年又要变更计划了。

下午进城去,到三爷家,三婶母病了。在三姐原来住的房里找到一部《史记》,因为我们要读。坐车去北大找戴三兄,因为他来信要我去的。他要我做一篇关于南京义勇军的文章,我没有法子,只好答应了。

1933 年 2 月 19 日

早上起来去打网球,打到十一点多钟,打得很开心。去吃了一家俄国菜,还好吃。吃过饭去买《荀子集注》,结果没有买到。回学校。

接到四弟的信,晚上在图书馆回信。

1933 年 2 月 20 日

今天军操,上得很认真。晚上没有去上课,这课时间排得太不好了。

1933 年 2 月 21 日

做了许多的梦。第一个梦是日本人占领了北平、苏州、上海,马路上全是日本兵在示威,还有马队、机器脚踏车队,他们大叫日本万岁,街上中国人也很多,也在喊什么……第二个是我们清华里许多学生去请愿,大家排队在街上走,过了一座大桥,看见蒋介石坐在一个大台子上,像是个阅兵台的样子,戴戟①像是代表我们去和蒋介石谈判的,蒋说他要是去打,他的地盘就会被冯玉祥、阎锡山抢去……两人说了半天,蒋一定不肯打,戴急了,说了是不是怕死? 就是你死了,你的儿子小,我可以做你的儿子给捧牌位。我们听了都笑了,蒋大笑,说我们还是老同学,你怎么当着怎么多学生这样侮辱我,要知道我口袋里还有这个东西,说着便从口袋里摸出一把亮铮铮的小手枪出来。谁知戴说:"我不怕!"蒋一抬手,就随随便便的把他打死了。旁边有个当官的好像是吴佩孚开了一枪,把蒋也打死了。秩序大乱,枪声大作,我也受伤了。别人当我死了,把我装进棺材里,抬到乡下,也没有埋,就这样放着。我把棺材盖顶开,跑了出来。我想我亲眼见到的这件事一定不能说出来,否则一定要闯大祸。后来听说蒋死后,许多军阀大家共同组织了一个政

---

① 戴戟(1895—1973):安徽旌德人,后迁居苏州,十九路军爱国将领,参与领导了"一·二八"淞沪抗战以及"福建事变"。

府,在和日本人开战,我心里很高兴。早上起来怕梦忘记了,赶紧穿衣服把梦告诉他们,赶紧记下来。

接到祖麟一封信、三姐一封信。下雪了,一会儿地上都白了。

1933 年 2 月 22 日

好做梦,又梦见我带了五弟去前线视察。到前线去视察的人很多,我们走进一个黑衙堂,大家都弯着腰走,说是防流弹。五弟不敢走,我喊他,他才走。看见中国兵伏在地下,枪对着前面,叫我们快走,说一会就要冲锋了。我们匆匆的走了。

1933 年 2 月 23 日

到图书馆去借了几本书。看《茶花女》看哭了。

1933 年 2 月 24 日

到工字厅去开会,是中国文学会开会。他们一定要我去,就是开会了一点事也没有做。

1933 年 2 月 25 日

上《荀子》,我不很欢喜《荀子》。写信给祖麟、四姐。

1933 年 2 月 26 日

今天去玩颐和园,骑车去买了些梨子就起程了。是苏买的门票,每人一块四毛钱,带玩排云殿。说是陈列室今天不开放,大概好东西全搬走了。进门走长廊,长廊真是太好了,到排云殿慢慢爬上去,很多阶梯。过佛香阁到智慧海,我们全出汗了,解开衣服吃梨子。太阳出来了,可以看到昆明湖全景。下来到铜亭、玉碑,铜亭这面更好,有像书中说的画廊,可惜灰尘渺渺无有人迹。铜亭一敲就会发出声响,声音很好听,我们敲了好多下,像敲钟一样。

上到排云殿后面智慧海,看见墙上塑的小佛像,靠底下的佛像头都全部没有了,后山都是些残破的房子。苏说是八国联军烧的。下山到石舫上去,它太傻,不很好看,放在这样一个有楼台亭阁的旧式的园子里似乎不大相称。兜回来从排云殿的门口经过玉澜堂、乐寿堂到南湖去看铜牛、十七孔桥和在水里的龙王庙。我还真担心我走了去走不回来了。

颐和园总算都玩遍了,只是古物都没有看见。

十二点半出来,在园前的小馆子一个人吃了一碗面。因为时间还早,苏说到香山去,我们就骑上车去了。这回路很远,有许多路真是不好走。我们在路口把脚踏车交给警察,骑了两条驴上碧云寺。山路旁有一些人家,碧云寺里有一个中法大学的附属中学。先没有什么看头,到最高的地方就是以前孙中山停灵的地方。我们不能再上去了。下来到水泉院,很清静。仍然骑驴子下山。

我们到双清别墅,泉水很清,水里有红的鱼。在水边我们吃了剩下的梨。

下山,苏说到慈幼院去看两个孩子,是他朋友的弟弟。大的有十四岁的样子,小的九岁,他们的父母在山西,姐姐和哥哥在北平,把他们两个小孩子关在这个学校里。苏去外面买了一堆东西给他们。看见他们,我心里有点难过。卧佛寺静得很,没有什么人,一个摆摊子的人正在收他的摊子。他说你们要早点回去,因为路上近来不太平,时常有盗墓的。外面匆匆去看了一下大佛,就出来了。

骑车骑得很累,到燕京已经天快黑了。累极了,八点钟就上床了。

1933 年 2 月 27 日

醒来天已经亮了,今天好好歇一天。

1933 年 2 月 28 日

这几天接到不少信,我很开心。今天回了沈从文和三姐的信。晚上到图书馆读英文。

1933 年 3 月 1 日

昨天收到五封信,今天又收到三封信,我乐极了。今天回了好多信,给三弟的,四弟的,二弟的,宁的,四姐的。接到别人的信自己很快乐,自己写信给人家自己有快乐,像是自己的著作似的,几乎不舍得寄出去。晚上到图书馆读英文,查生字。

1933 年 3 月 2 日

到图书馆去学了四个钟头,把诗的报告才做好。

1933 年 3 月 3 日

把一本屠格列夫①的《父与子》读完了。

---

① 现通译为屠格涅夫。

1933 年 3 月 4 日

真讨厌，礼拜六下午还有课，假如不进城还好，又要进城又怕缺课这可是太糟了。下了课，坐车进城。宗斌他们没有出去，他陪我去他们食堂吃饭。

拿到矛盾的《子夜》，一直看到夜里三点钟。今天我请他们吃饭，因为他们都没有钱了。

去三爷家，没有人，只得走了。到三姐公寓去拿三姐吩咐我拿的东西，没有钥匙，进不去，没有拿到。到城里唯一要办的事没有办到。

到宗斌那儿，老丁在烧肉和鸡蛋，我要走，他们不让。我几乎发脾气了，他们才放我走。

买了两本新出的《新月》。回到学校，很倦，倒在床上睡了一会。洗洗澡，和苏去吃饭。

1933 年 3 月 6 日

昨天回来写了封信给三姐，告诉她拿不到东西。靳来邀我去吃咖啡。

1933 年 3 月 7 日

到图书馆去借书。

1933 年 3 月 8 日

做了一个梦。

好像我们兄弟姐妹一大堆人在一块,还有亲奶奶,她头上戴了两朵大的绢花。我们走进一个庙里,亲奶奶说是去找一个什么和尚,走进一间房里去了。四姐悄悄地拖我离开他们,说带我去看一件什么好东西,我莫名其妙的跟了她走。到了一个房里,一切的陈设全是旧式的,有一张架子床,帐子低低的放着。四姐走过去把帐子撩开,看见大大直直睡在床当中,她是活了,刚刚才活的。我乐极了,跳到床上去抱着大大的头,她的脸雪白的,仍然和往日一样的好看。我抱住她,她向我微微的笑,没有说什么话,像是刚活过来,没有劲似的。这时候我才知道今天亲奶奶戴了花带我们来的缘故。

醒来想到亲奶奶、大大都早已死了,而且大大也没有活过来,我很难过。翻了个身,细细去想刚才的梦,我真想再回到梦里面去。

下午到图书馆去看书。

1933 年 3 月 9 日

接到四姐的信。刮大风,和苏他们到外面去吃饭。回来给四姐回信。

1933 年 3 月 10 日

又一个梦:

我坐在房里,那个人没有打门就进来了,我回头一看,原来是四姐。我真是惊奇,她怎么会来的,满脸的风尘,身上穿了一件她常穿的头绳衣服。我问她怎么会来,她说还不是为了恋爱的事。我们到外面去找旅馆,好像又是往去燕京……到一个地方好像是苏州的家,又好像是乡下,走到一个水池边,看见谢维彰的母亲。她问我们,你们怎么来了？……还有许多零碎的记不得了。这大概是睡得太早的缘故。

1933 年 3 月 11 日

今天上国文,讲《项羽本纪》。讲完了,我不知为什么,几乎当场就哭了出来。

吃了晚饭去散步,前面一条小路上被树叶隐隐的遮着一对人,我看上去像林庚和她的女朋友,我没有过去。

月亮很好,像十三四的样子。在铁路上慢慢的走,月光照在铁轨上,像是很冷。走到车站,再走回来,天已经完全黑了。

1933 年 3 月 12 日

上次我写信叫宗斌他们来玩,昨天接到他的信说今天来。宗斌和元生来了,他带了十块钱,我说我还有钱,他又收回了五块。他说他现在阔了,不抽纸烟了改抽烟斗了。在合作社吃了一顿饭,喝了咖啡,我们就上燕京去兜了一圈。

送他们上了车,我才回来。

晚上谢大说我今天来的朋友真不像学生,我从没有见过这样的学生,还拿烟斗给我看,清华里绝不会有这样的人。我听了真是有点生气,和他辩了几句。因为他老是说这样的话,他这样骄傲,这样目中无人,什么都是只有他们物理系好,看不起一切的人,总是我们物理系怎样怎样,别的系简直不看在眼里。中国文学系的自然更加的看不起了。

其实我看他也没有什么高明,人家工科的比他好的多得很。

1933 年 3 月 14 日

到图书馆去借了几本书来。

1933 年 3 月 15 日

又做梦:

像是在一个大游泳池边看游泳,董家的三兄弟都在水里玩,董还在水里面弹一种外国乐器。一会四姑也要下水,许多人都哄了去看,爸爸气了吩咐把门关起来。

到了我的家,收到两封信,是 J 和 I 的。真是,还是在梦里热闹有趣,平常的生活太平淡了,这几天来我的日记里差不多全是梦。我预备将来把这些梦集起来。

下午见到大桥边贴着征求人到通州去看护伤病的通告,回到房里想了半天,我决定去,但想邀一个人一块去。靳、黄他们肯定不会去,还是邀苏吧。晚上我和他说了,他说他刚刚看到了,也想去,于是我们便说好明天早上去报名。

我们的生活真是太幸福了,去看一看伤病员是怎样生活的,体验一下这也是一件很好的事。

1933 年 3 月 16 日

接到老伯伯和 J 的信。老伯伯写的信是半文半白的,颇似郑板桥家书。中上回了封信给老伯伯。

1933 年 3 月 17 日、18 日

接到大姐和三姐的信。

礼拜六上完课,借了苏的脚踏车进城。苏这个人真热心,昨天他听我要借他的脚踏车进城,就去把车子坏的把子换了新的,又把车子擦得跟新的一样。骑在车上真的懊悔,是迎风,车子踏不动,只好慢慢的踏,好容易才进了城。

他们又在打牌,他们打的是推牌九。我和老郑没有打,大谈其以前小学里的许多同学现在都怎样了,有堕落的女同学,有大出风头的,谈得很有趣。

1933 年 3 月 19 日

我睡不着,很早就起来了,把他们一个个拖起来。到市场买了点小东西,我就要回去,他们又留我,我一定要回去。郑骑了我的车子,我们一阵到北平图书馆,我才骑了车子回去。到学校,累死人,倒在床上。

1933 年 3 月 20 日、21 日

学校生活实在太死板,没有什么好记的。

1933 年 3 月 22 日、23 日

这两天下雨下雪的。看了几本书,晚上到合作社去喝咖啡。后来来了一位人,这人就是梅妖怪[①]。梅穿的衣服也怪,他也来吃咖啡,手

① 应是指当时清华大学校长梅贻琦(1889—1962)。

里拿着一件东西也怪,是一把小孩子玩的小胡琴。他一点也不觉得他的可笑,那两位女士已经笑得不行了,但是他还是从从容容的把胡琴挂在衣架上。林庚他们笑得一个一个都逃了出去,我们大家跑了出来,在外面我们痛痛快快的大笑了一场。

1933 年 3 月 24 日

到图书馆看看新来的杂志。一个人到新女生宿舍后面的湖边走走,天又冷了起来,脸都冻红了。

1933 年 3 月 25 日、26 日

无事。

1933 年 3 月 27 日

祖麟来信,因为他的一些穷朋友的生活问题,他向我借一些钱去,五块到十块都好。我算了一下我这点钱用到暑假刚刚好,于是寄了五块钱去。我心里觉得对不住朋友,我太自私了。收到 J 的一封信,她细细的告诉我她的不快乐,是普通的上辈和下辈的处不来。这似乎是一个社会问题,媳妇和婆婆合不来是最普通的事,只是难为了儿子,不知站在哪一边才对。我引用了《父与子》为证,告诉她上一辈的人和我们这一辈的人的冲突是必然的事,谁也不能怪谁的。又告诉她大家庭没有小家庭好,告诉她忍的思想是错误的,末了还告诉她当体贴丈夫,因为丈夫是一个难人。

我觉得我好像是做了一件好事,很快乐,睡得很甜。

1933 年 3 月 28 日

无事。

1933 年 3 月 29 日

晒太阳。想做一首诗：

那时我太年轻
还不知道什么是爱情
她爱我使我害怕
我全然不能懂得她

她待我是那样的温柔
可是我真是发愁
我太笨又太傻
不明白该怎样爱她

每天她戴了白的花
每天她来到我家
我们时时在一块
她教会了我恋爱

自从我学会了爱

意外的她竟把我丢开
不知她跑到何方
失了她我怎不悲伤

不懂时倒也罢了
现在却十分烦恼
被她引起来的爱情
她又不肯来亲近

这爱情落了空
她不能老呆着不动
想把她赠送给别人
为了她我又怎能够

那时我太年轻
还不知道什么是爱情
如今我已经懂得
却不能对她表白

得不到热情的爱
不久便一去不来
我为她死得太冤太苦
葬她在一个美丽的去处

这诗似乎还没有写完,有兴致时再续。

1933 年 3 月 30 日

上伦理课人很少。第三课不上,说是陈立夫来演讲。既没有课,又没有事,就去听吧,虽然我明知道他是蒋介石的大走狗,讲不出什么好东西来。果然他讲的题目是"唯生论的宇宙观",什么电子、原子、化学、物理乱讲一阵,许多人都中途退场了。会场上人越来越少,我真是头疼,因为我坐在中间不好起来,只好硬着头皮听他讲完。

晚上又有中国文学会的讨论。先生有三个,朱自清、俞平伯、浦江清,林庚主讲,题目是"新诗与音乐"。我和高松兆也去听,真没有意思。

1933 年 3 月 31 日

接到我的老乡刘光琼的信,叫我今天晚上去吃饭,另外还有我们两个合肥老乡。找到一个姓谢,是政治系二年级,叫谢嘉①,住在三院。再到医院去找王道平②,他是肺病,老是住在医院里,已经两年了。我们谈谈,知道他就住在合肥邮政局后面,就在我们家隔壁。我在路上碰到的谢维敏就是他们一家的,王是以前在上海圣约翰念书。吃饭吃得很饱。今天晚上很开心。"乐莫乐兮新相知",这话是很有几分道理的。

① 谢嘉(1904—?):安徽合肥人,统计学家,经济学家。1929 年考入武汉大学学习法律,1932 年转入清华大学,1934 年毕业。
② 王道平(1902—2005):安徽合肥人。1927 年进入清华大学学习,毕业后回到合肥庐州中学任教,1937 年成为回家乡借读的杨振宁的老师。

1933 年 4 月 1 日

今天进城去和畏民他们在市场里转了转,就回来了。

1933 年 4 月 2 日

学校规定今天玩颐和园和玉泉山。天气不顶好,到了后来太阳才出来。

路上人真多,这次自然冰全都化了。我们还是依了长廊走到排云殿,一直到佛香阁,下来到铜亭到石舫。路上有些树已开花了,李花、杏花,粉红的、红的、白的,全都有,但是开花的树还不算多。

我渴极了,在船上便去喝汽水。坐了船摆渡到龙王庙、十七孔桥,过十七孔桥看铜牛,走到仁寿殿。青龙桥边上的小馆子吃面和饼。山上我们到华严洞,洞里阴郁郁的,只听见蝙蝠的怪叫声。上到高高的塔顶,风很大。下山走到一个荒的地方去了,有狗出来咬我们,我们知道走错路了,费了不少事才走到大路上。一路我们慢慢走回来。

1933 年 4 月 3 日

今天上平安去看戏。平安太小,只可坐三百人吧。在北大休息。

1933 年 4 月 4 日

到中山公园去玩。花开了不少,坐着喝茶看花,看看小报。

回来拿到一封 I 的信。晚上我们合肥四大金刚聚到一块到合作社吃咖啡。回来下了雨,真是"春雨"了。

1933 年 4 月 5 日

早上苏来了,他推了车子像要走的样子。他说他去颐和园,今天没事,他的一个同乡兼同学的纪念日,那个同学死在北京。我看他推了车子走,我忽然很难过。今天是清明,我想起了大大。昨天进城时回来看见许多坟头上都飘着白纸,想到我们大大的坟我们都没有见过,去年暑假回去,闹匪也没有去,真是太荒唐了。"清明时节雨纷纷,路上行人欲断魂",今天就是春雨绵绵的。苏祭完朋友回来,车上还挂着一张照片。我猜他今天一定哭了,他待朋友真好。要是我死了,我猜他一定会大哭的。这人真是太好了,他没有了钱,我问他要不要,他老是说不要。昨晚我对老刘说了,老刘当晚就送了十块钱去给他,我很惭愧,没有想到这一层。问他要不要,他自然说不要了。

1933 年 4 月 6 日

我在房里不敢出去,因为老李他们今天要来吃中饭。苏也陪去在房里,我给了张支票给他,是签好了字的,因为他没有钱了,家里又远,寄钱来不知要等多少时候。我给他张支票,等他要用钱时,自己去拿好了。

老李、老丁他们来了,大大小小一共九个人。我们到合作社去吃饭,我们吃得很饱,才花了三块半钱。吃完饭我就带他们到处去参观。在化学馆上气象台顶上,雨细细的,望到烟雾弥蒙的西山和颐和园,真是美极了。我又带他们看圆明园遗址,去看大礼堂、图书馆、体育馆、工字厅,把清华园都转遍了。回来休息,请他们去吃咖啡,看看五点钟了才送他们走。

1933 年 4 月 7 日

到图书馆去做诗的报告,总算在图书馆蹲了一个晚上。

1933 年 4 月 8 日

今天来没有见到信,预算着该有信来了。四姐尤其是扯烂污,我记得我仿佛有四封信给她,她都没有回信。祖麟也没有回信。三姐也不知怎么的,说十一号来,也没有来,也许今天要来也说不定。我好久以前寄信去给三姐,她也没有回信,只是沈从文叫燕京的夏云①寄了他画的"蹩脚"的画来而已。

1933 年 4 月 13 日、14 日

礼拜四杨振声演讲——"今日中国文学所负之责任",我听了一点钟,声音是山东话,乍听听不大清楚,但还算可以。

时局是那样的不好。

上文学史的人很少,凭良心讲,他讲文学史,收集的材料很多,只是不大会讲。他穿了件奇装异服的花夹袍子,码上一件皮袍子,皮袍子上再罩上一件蓝布大褂,真有些吊儿郎当的样子。加以头发乱得不成样子,更加难看。

我出去走走,到小河边走走。

---

① 夏云:又名夏斧心,燕京大学心理系教授,沈从文曾介绍其给九妹,两人相处了一段时间。

1933 年 4 月 15 日

百米跑了 14 秒 4，跳远跳了 15 尺，不好，比去年，没有进步。今天一下子拿到三封信，我真开心。是三弟、小妹妹、七姐的。三弟告诉了我许多家里的事情。看他们 e 级的运动会，有苏景泉的四百米、八百米，他都没有跑。四百米他真是冤，跑都快跑到了，跌了一跤，爬起来时还在后面一个人的前面，但是他没有再跑就回来了。于是第四也没有了，他气坏了。

1933 年 4 月 16 日

今天又拿到三封信，是大姐的信。写回信。又写一封信到青岛问问沈从文是怎么弄的，三姐为什么还不来。又写一封给叔昭，因为七姐的信告诉我他又去光华了。

1933 年 4 月 17 日、18 日

这两天频频得到不好的消息，日机往通州一带侦查。平津的风云自然日渐紧张了。

1933 年 4 月 19—22 日

谁还有兴致来记日记，这种时间之下不但时局不好，心情也不好。这一个礼拜来过得真是糊里糊涂，每天晚上这个房里聊一会那个房里聊一会，最多的自然是时局问题。到底要跑不跑，到底怎么办。

这几天也接到几封信。接到一封 J 的信，虽然她写得婉转，但是我

觉得我不应该再写信给她了,我总得要想出一个理由来说。我想想我真傻,为什么一定要找出个理由呢?

四姐来了一封信,我很高兴。但家里老不写信来,爸爸或是妈妈要是有封信来,我早就回去了,可是这封信不知道哪天才能盼到呢。荣千强一定要我去开会,说是为了昨天晚上开代表会时,第八级的代表提案办理未通过,当时退出会场,到大礼堂开会,乱哄哄的议决了些什么,我也不得而知。今天不得不进城,昨晚老李打电话来,我自己也要进城看看情形到底怎样。

老李他们没有钱了,借了他十块钱。省一点就在食堂里吃。

1933 年 4 月 23 日

七点起来打网球。我和戴约好去天桥玩。

这是一个一个小布篷篷,地下把长板凳一条一条的摆成一个长方形,当中就是玩把戏的。我们见到三个穿红衣服的小孩儿,全是女孩子,一个胖的,一个瘦的,一个不胖不瘦的。我们看她们踢了一路腿,看胖子耍了一路刀,许多人都丢钱,我们也丢了一张票子。我们又到别的棚子去,有踩高跷的,有草台班子唱戏的,有变戏法的,有唱秦腔的,有说书的。在一个小孩子玩武艺的地方停下来,两个小女孩子,一个很"棒",一个很瘦,棒的小孩子在板凳上拿大顶,最精彩的是用两个手指头拿大顶,我们又丢了一张票子。累了在一个茶馆坐了多时。看到了许多怪人,回学校。

1933 年 4 月 25 日

去医院看伤风,好半天功夫才看到,说我扁桃腺发炎,用点盐水漱漱口，擦一擦嗓子。到这儿来还是第一次是医院呢。

到图书馆翻书看。

1933 年 4 月 26 日

这两天要是放假就好了，花都开了，出去走走真是好看，红的紫的，白的，可惜好多花叫不上名字。听浦江清说，工字厅的海棠花开了。下午我去了一趟，白得像一团烟，一树一树都盛开了。

1933 年 4 月 27 日

出来晚饭到合作社去了一趟，出来校门沿了小河走，坐在河边看水。

1933 年 4 月 28 日—5 月 7 日

病了一个多礼拜，什么事都拉下了，现在别的事先没有做，先来补日记。病一直到现在还没有好清楚，耳朵像是聋子一样，听不见，有时还在里面响。病的是右耳朵，记得以前小的时候在寿宁街曾经害过一次耳朵，仿佛和这次差不多。

先是热伤风，流了好多鼻血，人是异样的不舒服。勉强的玩了一天（校节，29 日）。

第二天下午睡在床上时，黄来了，为了新诗的问题和他大吵大闹，吵得面红耳赤，耳朵忽然闭起气了，听不见了。夜里耳朵跳动得厉害，像有什么东西要出来似的，疼的什么似的。那时房里又没有人，真是叫没有法子。一会儿他们回来了，张裕华也来了，他拿了舀耳朵的东西来，为我把耳朵里的东西舀出来。他说擦一点火酒可以好，他便到医院去拿药了。大夫来了，给我擦了点火酒，说去医院住吧。我穿好衣服，靳、张、王、盛他们四个人把我送到医院。金大夫给我耳朵里上了一些药，拿棉花把耳朵包了起来。我到房间里，房里暗暗的只有一支烛光，里面有三个人。同学们走后，大雷雨，打闪，我躺着，耳朵疼得睡不着。用冰袋贴着耳朵，也不知道什么时候睡着的。

早上醒来天已大亮。同房的三个人，一个是游泳把水弄到肺里去了，一个是跳栏跌伤了腿，一个是感冒。上午来看我的人多，苏把我要用的东西都拿来了。中午医院里忽然来了许多生白喉的人，我们这些病人都被赶出医院了。只好叫了车子收拾东西回去。热老是不退，嘴干，鼻子出血，头昏，耳朵痛，浑身上下都不舒服。

病了，就想家，在床上写了封信给四姐。还写了封信给吾妈，告诉她我病了。

人在外面病了，没有人的时候，想想以前的事，真叫人不好受。我不知道人为什么要有"记忆"，"记忆"是一件专会苦人的东西，要是以前做过的事一过就忘了，我相信病了睡在床上也不会这样难过。病的痛苦是有限的，而"回忆"的痛苦不但无限，而且又深，又厉害。

病了，我感到人间的爱，我知道关心我的人有多少，虽然只是淡淡的友情，已够我感动了。

1933 年 5 月 8 日

既被医院赶出来，只好每天早上去医院看病。什么东西也不能吃，又不想吃，每天只吃点稀饭挂面。病中的日子过得很糊涂，右边的脸肿了起来。五号那天我看的时候,那个医生金大夫叫我到协和去检查一下,看看里面的骨头有没有变化。我实在是不想去,没有法子,只得由苏陪我进城。到了协和,谁知那天休息,要明天才看病,只好到北大宗斌床上躺着。

六号宗斌陪我去协和,人真多,挂了号,在休息室等着。我们谈起四哥,他说他在北平,身体不好,还吐过血,但是他还拼命的干,许许多多别人不愿意干的事他都干,别人劝他去养病他总不相信。我们都佩服他有这样的精神和毅力。

听见叫张宗和,我才进去。医生看了说是中耳炎,但是上药没有用,只是每天晚上睡觉的时候朝那边耳朵睡,让耳朵里面的脏东西流出来就好了,据说现在里面的骨头还没有什么变化。他要我天天去看,我不住在城里,没有法子。他说那你就住医院,一块钱一天。出来黄和李还等我,黄要我去他那儿,李就回北大了。我和黄在馆子里吃了一碗面。晚上到北大三院睡觉。

星期天我预备回学校,他们都留我,我一定要走,他们没有什么别的法子,终于放我走了。

1933 年 5 月 8—12 日

病了一个礼拜,别人都说我瘦了。一个礼拜没有好好吃饭,人自然是瘦了。

缺了一个礼拜的课,再缺下去似乎有些糟,所以不得不去上课了。其实耳朵又听不见,人也没有劲,也就是马马虎虎听听吧。一天一天耳朵慢慢的好了。

接到三弟、四姐、大姐的报告,二姐结婚时的情形①,我知道一家子都很快乐,在那几天内连向来不会快乐的爸爸都特别高兴,还叫二弟拉胡琴自己唱戏呢。真是想不出,我只想到爸爸会唱昆曲,不知道他会唱戏,我从没有听过爸爸唱戏。大姐来信说,这是爸爸多年来从来没有过的大乐,这一次真是的特别的快乐,自从大大死了以后,娶了妈妈他们常常怄气,我想爸爸心里一定不会快乐的。又有许多爸爸向来不办的事一定要他办,爸爸急得没有法子,夜里常常睡不着觉,于是翻东西。别人不知道缘故,说爸爸的病又犯了。其实这些事我们全知道,我们总不相信爸爸有神经病,像十六爹爹一样有病。

大姐信上说要我找一个好伴侣,让爸爸第三次的大乐一下(第二次是三姐结婚,在今年的暑假)。我自然应当让爸爸快乐,但是好伴侣总得慢慢的找才是啊。

三姐来信说他们暑假也许来北平结婚,若在北平结婚,主婚人当是我和沈从文的九妹。哈哈,我还会当主婚人。

星期三就要大考了,还有不到一个月我们就要放假了。这两天北平有日本飞机来撒传单,并放机关枪,人心大慌,很多人都逃离了北平。

一礼拜来渐渐的能吃饭了,马上就有劲了。

1933 年 5 月 13 日

把春都辜负了。杨花满清华,飘在小河上白白的一层,像雪花一样。牡丹、芍药都已经快要谢了。春是一跳就逃走了。回信给大姐、爸爸,给三姐。

---

① 周有光、张允和于 1933 年 4 月 30 日在上海举办婚礼。

下午到医院验身体。

1933 年 5 月 14 日

黄接到城里的电报,要他回家去。

到图书馆去读书。接到三封信,是沈从文、四姐、三弟,都是问我的病的事。

1933 年 5 月 15 日

到医院去看耳朵。金大夫看我的左耳朵里耳屎太多,而且结成一大块,掏不出来,后来滴了点油进去,说明天再掏。

接到四哥和黄落英的一封信。

1933 年 5 月 16 日

上午又接到四哥一封信,是来借钱的。我身边已不剩多少钱,但我不能不借给他,因为他已经挨了几天的饿了。黄席椿看我也没有了钱,还要借钱给别人,就说我,我真气。他不知道我们的关系,就禁止我借钱给他,这怎么行呢?我拿了十块钱马上写了封信去邮局汇给他了。

到医院把耳朵里一大块耳屎掏出来,痛快极了。

1933 年 5 月 17 日

黄杰①师长演讲南天门血战,停课。大礼堂人多极了,都是想认一

---

① 黄杰(1903—1996):湖南长沙人,黄埔军校一期生,国民政府陆军一级上将,1933 年率国军第 2 师北上抗日,参加了著名的"长城抗战"。

认这位军官。教授们来的也不少、、

留了一簇小胡子在嘴底下,不知为什么当官的都欢喜留小胡子。讲南天门战事,画了地图在黑板上,讲得还好。讲完了,校长接着讲时局的报告。

下午念诗,默写时总算默出来了。

1933 年 5 月 19 日

下午有个丁文江演讲——"我对于中国共产党的希望"。后来我去听了钱穆先生的课,讲龚定庵,他讲得很仔细,很慢。

1933 年 5 月 20 日

接到几封信,最奇怪的是法大寄来的一封信,我拆开一看,就是我汇票寄给四哥的那封信。我找了半天什么也没有找出来,只是信封上写了两个铅笔字"不好"。我猜了半天也猜不出来什么意思,等进城去打听打听黄落英看。

听消息说天津暴动,飞机十几架来侦查,前方军士撤退。听这些消息,似乎紧张起来。吃过饭后遇到许馨、刘光琼、张学桂,我们一起走走谈谈。

回来看沈从文的东西,仔仔细细的看。往常我看他的东西一定不会认真,现在因为有了一种关系,所以特别仔细,就像看三姐、四姐的东西一样。

到同方部去看报。密云已经失了,西线日军到玉田,中国兵还是继续的退至北平近郊。

1933 年 5 月 21 日

中上就听见人家说消息不好,说是军分部叫学校停课。上诗的时候,向来不谈时局的朱自清也发了一些感叹,但还是讲了诗。

三点钟校长召集全体学生谈话,大礼堂里人都满了,大家都静静的听校长讲话。他讲的大概意思是时局很紧张,同学们如果要走的话,现在可以回去了,尤其是女同学,关于大考可以下学期再来补考。

给他这么一说,本来不乱的心也乱起了。我毫无办法,走呢还是不走?走吧,身上只有十五块钱,到苏州是不够的。不走吧,将来钱用完了怎么办?晚上一节伦理课,我还赶去上,只有七八个人。

1933 年 5 月 23 日

进城去看看老李他们,老李他们没有钱走不了,在等钱。去看看戴三兄,他不预备走。回来后,黄、盛、谢本来不走的现在都要走了,黄到青岛去投奔的父亲。我决定和他们到青岛,因为回苏州钱不够,去青岛看看三姐他们结婚。青岛是好地方,去玩玩也好。

老苏没有钱,吃饭都几乎成问题,他说要把脚踏车卖了。我说不要卖,留了脚踏车了还可以跑,没有车,你又没有钱,到最危险的时候了怎么办?

1933 年 5 月 24 日

把行李打好,交庶务处,我自己只带了一个小皮箱、一床毯子。陆大年也同我们一起走。

五个人坐四个位子,他们都睡得还好,我是一点没有睡。

1933 年 5 月 25 日

过了黄河铁桥不久就到济南了,我们早就说好在济南玩半天。下车后把东西存到黄的一个朋友家,他家就在火车站边上。存了东西我们大开心,可以大大的玩了。到最热闹的街,看见"五・三"惨案时打坏的城楼,然后到一个小馆子吃了饭。到趵突泉去,趵突泉是一个热闹的地方,有九个泉眼在喷水,六个大的,三个小的,这泉水比玉泉山的就大多了。坐在泉水边的茶馆里吃茶,听泉水,看泉水。茶馆里有唱大鼓的,一个姑娘唱完了一段就来要钱,有人吃不消逃了。我们也逃了,只是舍不得那泉水。

从趵突泉出来坐车到山东图书馆,图书馆在大明湖边上,有点像苏州的可园。在图书馆里看到许多好东西,有石刻、古铜钱、甲骨文、宋版书、古琴、古陶瓷……许许多多我都不认得。到大明湖里去划船,湖里蒲草特别多。到历下亭,一个破旧的亭子,看到这个亭子,我忽然想到《老残游记》上记的"油漆已大半剥蚀"。那时的油漆已不行,自然无怪乎现在了。

一副对子,我早就知道,直到现在才看见——"海右此亭古,济南名士多",就在历下亭的大门上。湖边上我看到两幅对子,还好。"铁板下山城,至今芦荻秋风,犹是军声动鼓角。银堂开水榭,对此芙蓉冬日,最难清气得乾坤。""湖尚称明,问燕子龙孙,不堪回首。公是真铁,唯景忠方烈,差许同心。"

回到车站,去某先生家拿了东西上车,大睡了一阵。

1933 年 5 月 26 日

醒来已经看见海了，海碧蓝的……

来这儿已经整整两个星期了，整天的玩，日记拉下无法补记，只好随便写一点了。二十六号那天，由王替我们叫车一直拉到青岛大学^①，到了教员宿舍，从纱窗里看到沈先生。他迎出来，用手指着我。我们一同到图书馆去看三姐，三姐看见我几分钟都说不出话来，她请了假说"客从远方来"。

山上看炮台，沈先生的妹妹也见到了。

晚上我和沈先生睡在楼上的一间房里，他睡在地下，把床让给我睡。我实在有点过意不去。

1933 年 5 月 28 日

是端阳，夜里热闹得很。我和沈先生便起来看这儿的风俗，端阳的夜里，这里的人都要到山上去采艾——"爱"。

今天有人请客逛崂山，是青大的教授陆逵，同去的有沈先生的朋友兼青大的教授兼诗人孙大雨、赵先生、三姐、沈先生、我、九妹，共六人。那天可记的事太多，我有 outline，现在抄下来，若是要译得细细的记，我实在没法再记了。

天未亮，起来，到女生宿舍，汽车来了，孙大雨，陆逵先生家，上下坡，冷，汽车休息，吃东西，三姐跌跤，冷，一百元的丝绵袍子，车不开，下

---

① 1932 年 7 月，国民政府教育部决定改青岛大学为国立山东大学，并于当年 9 月 30 日任命赵太侔为国立山东大学校长。

来,走,又开了,崂山,带路的,山上,胶皮鞋大有功,老歇,看海,奇石,到了白云洞,白果树,大石上阴凉,上"三步紧"孙抖,三姐叫,小孩灵,舍不得下来,回观,吃粥,道人带路到普照洞,坐化处,下山,泉水,喝,洗脚,袜子套在竹棍上,路平,金鱼抢吃,华严寺,匆匆过坡,不累,黑了。

1933 年 5 月 29 日

仍然写 outline 吧。

办公,九妹陪我出去玩,海边,飞机,不飞,沙滩坐车到炮台,(慧泉)老头子,十三年了,进炮台,能转,吃,汽车,石头上,海水,脚,不要响,某俱乐部,乘船,外国人,小帆船,水族馆,不开,换不到钱,等,路局的人,坏人吧,谈话,不告诉他,死了父或母,一根香蕉,换来了,叫车,中山公园,老君炼丹台,回福小路,还没有来,再到观象台,不遇,等,下山,遇,打乒乓球,买虾,到车站,行李少了一件,大雨,我先走,三姐病了,早睡,雨声,写字。

1933 年 5 月 30 日

三姐病了,沈先生办公,九妹也不在房里,只我在她房里陪着她。我们谈话,谈到沈先生家的情形。我们唱戏,唱昆曲,又吹箫。

三姐只这一点小病,就急坏了一个人,他忙死啦,一会儿问这样,一会儿问那样。

我们不知怎的,讲起大大来,我们说到他们家的兄弟姐妹是这样的好。三姐问道我们将来会不会像他们这样子,我说我们将来一定会好,因为大大的早死,会使我们团结在一块的。讲到大大,我真的要哭,眼睛挤了好半天才忍住。

1933 年 5 月 31 日

在图书馆看书。午后，他带了一个我似乎认识的清华同学来，是他的表弟，叫张秉谦，他是和我一起上叶公超的英文的。我到中山路为三姐取鞋子、拿照片，鞋子没有取到，我一个人走回来。晚上沈先生请孙大雨、赵龟王、陆逮在味苑吃饭。回来又和我们吃了一顿。

1933 年 6 月 1—11 日

这几天中我看了几本书，看了新来的杂志。他们的阅览室自然没有我们的大。

玩也玩了不少地方，常常去散步。我们还去湛山一趟，那里有许多小木头房子，是有钱人的别墅，现在都关着在，没有一个人住在里面。海滨的沙滩沙顶细，顶干净，沈先生就在沙滩上竖蜻蜓。我们去忠魂碑、德国教堂、总督府。那天晚上我们去教堂，没有月亮，我们坐在教堂的台阶上，听一声声的钟声缓缓的、轻轻的飘散在每一个人的心中。远远的灯火，使人疑心他〔它〕们是星星。

见过一次大场面。那一晚上，沈从文请客，请的全是青大的大教授，如梁实秋、杨振声、赵太侔、赵少×、游国恩、吴××、张××，带我认得的陈逮、赵龟王，一共十四位客。他们这些教授，到了席上，教授的尊严像是会失了，闹酒划拳。那晚很奇怪，像是不很划拳的某人赢了不少回，他老是叫五五五，别人全输在五上。许多教授，如杨先生、赵先生、梁先生，猜起拳来很神气，声音叫得响亮，尾巴也带得好听，一切都表明他们老于此道。谁知他们却输了,他们一输就说某人的拳有毛病。尤其是大胖子赵太×有一次他接连输了六拳,他再也不同他划了。我们连酒带饭一共吃了二十多元,这儿请客真是太费了。

还有一次是送孙大雨。孙同这里的教授闹不对,学生也闹不对,所以他不等到暑假就走了。

沈先生来邀我到炮台玩。他还带了手电筒,从一个小洞里爬下去,转那个瞭望台,倒好玩。

到吃饭的时候,我们全等在那儿,但他的九妹老是不来。沈先生急了,便和三姐去找。我心里有点慌,假如人真的不见了,那才糟呢。我陪两位客人吃饭,吃完饭他们还没有回来。我听到门外有轻轻地皮鞋声,我望窗子里望出去,正是他们急得要死所要找的人回来了。我跑出去告诉她他们去找她去了,她说她去看电影去了,还说我为什么不拦住他们。我说:"你听我怎样说才好,人家都急死了,分头去找你,我怎么能拦人家呢?"一会儿三姐他们回来了,我送客走回来看见她眼睛通红的。吃了饭,沈先生兄妹出去,我和三姐在。三姐告诉我说,早上沈先生不知为什么说了九妹几句,故九妹今晚老不回来,沈先生顶怕出什么事情。吃饭的时候,是沈先生先哭了,这样一来,九妹也哭了。她说是因为你们对我太好了。他们这两个人真好,因为多年在外共同受了生活的磨难,使他们变得更加的相爱,尤其是做哥哥的,几乎每一个时辰都关心到她的妹妹,吃饭穿衣,像母亲招呼孩子似的,总是招呼得很周到。这妹妹呢,却古怪,三姐说她有时懂事,说起话来像大人一样,但有时又像小孩子似的。

到这儿接到许多信,也写了许多信。爸爸汇来三十块钱。

想家了,想回去看四姐、爸爸、弟弟们。三姐每天都在办公七小时,只有吃饭的时候才能看见她。三姐也变了,往常人一说她,她就脸红,现在俨然是主妇的样子,料理厨房,算一天要用多少钱。每天到他房里拉着手在她耳边说话,她也习以为常了。有一次他们又坐在一块,我开了房门要出去。他们笑着把我拉回来,说"现在不用了再装吃醉酒了"。我倒被他们说得有点难为情。

1933 年 6 月 12 日

晚上三姐要上课,我们三个人去散步。

1933 年 6 月 13 日

补记日记。和沈先生一阵去发信,等三姐,下午我们去海边,三姐去办事。我们三个去。

我们找了一艘小船,划了去"小青岛"。今天天气好,没有风浪,站在大石头上看浪打上来,一个大浪打上来,打湿了我们的衣服。九妹怕,不敢站上来了。

三个人并排躺在沙滩上,用绢子盖在脸上。沈先生躺下后就开始讲故事,我们闭着眼睛听,他说一句,九妹就"唔"一声。后来他讲讲觉得没有兴趣了,我们就拍拍衣服回来了。

1933 年 6 月 14 日

躺在床上看书。一会三姐上楼来,有点生气的样子,说:"怎么他还不来,五点钟早已过了。"我问为什么,原来他们约好的五点钟一同去杨先生(振声)家去。三姐说他(沈先生)说话一点不算数。三姐去寻他,我们(九妹)出去玩。

我们回来,他们一个都没有回来。沈先生一个人回来了,他是一个人去了杨先生家。他说他去接三姐,我说还是我去吧。他不顾,竟自去了。

老是等他们不回来,九妹说去接接看。我说他们大概吵嘴了。

果然不出我所料。走进她的房间,一个躺在床上脸朝里,一个坐在椅子上,脸也板着。我看这情形就知道不对。我要三姐起来去吃饭,她一定不肯,说什么要上课啦,腿酸啦,嘴腻啦,总之,就是不吃饭。沈先生在边上接过来说,她今晚不吃饭,我明天中上也不吃饭了。说了又笑,我真猜不透他们到底是真闹还是假闹。说真闹吧,有人在笑;说假闹吧,有人在哭。他们要我和九妹吃饭,鄙人没有法子,只得回来。我出来,忍不住大笑。

回来告诉九妹,怎么办呢,我们叫人把食物送了过去。我们两个人吃饭一边吃一边议论,她就说她二哥脾气不好,说好的什么事常常失约,老是叫人等。我说三姐这么一点点小事也值得这样僵。她说三姐气得有道理的,是应当的,她站在那里等了大半天,怎能叫人不生气呢。吃完饭我们去看看,进门去,我们大笑,原来他们把送去的菜饭都吃完了。

沈先生就夸他自己怎样怎样的威吓她,要她吃饭,又说她本来就想吃饭了,但又不得下台……三姐也不辩,我猜其中一定有假话。后来我问三姐,她说"他本事大么"。

去看电影。

1933 年 6 月 15 日

三姐和沈先生谈他们结婚的事，我也夹在里头凑热闹。

※　　※　　※

我早就知道这本日记又不能在北京记完。我不知道我们的命运为什么这么不好，跑到哪儿都是碰到打仗，两年来四次大考从没有平平安安的考过。命运就是这样的拐。

到这儿常常听人说要努力读书，努力写文章，回头看看我这半年真是叫人生气。我自己明明知道这样不用功是不行的，可是总是拿不出用功的劲了来。我无法勉励我自己，就想到别人。我想如果大大在，我一定会把这些话告诉她，她一定会有方法勉励我上进。

日子太快，我已经二十岁了，人一大一切都要担忧，我觉得我还担负不起，我像是还缺少点什么。看到许多人在二十岁的时候已经做了许多事，而我却什么也没有做，不禁为我的年龄抱歉，觉得有些名不副实。

1933.6.16 晨于青岛福山路青大教职员宿舍 5 号沈寓

（第十本结束）

1933 年 6 月 16 日

早上我们坐在一张桌子做事,他做他的文章,我写我的日记。三姐来吃饭的时候带了一大堆信,妈妈的、大姐的……她快乐得跳了起来。妈妈的信除了说些公园他们结婚的事,就是要我赶快回去,说家里有事,要我回家去等派遣。又要我到合肥去了。我们商量了一下,决定下星期一走,因为三姐要买点东西叫我带回去

1933 年 6 月 17 日

九妹陪我去海边玩,沙滩上没有太阳,她倒睡了一觉,我唱昆曲把她唱醒了。

海边有穿古怪衣服的人,有女学生打排球,有外国小孩子玩 game。三姐要我去为她买东西。

在海边我们四个人散步。我和沈先生打架,我输了,耳朵鼻子里全是沙;三姐和九妹打,自然是三姐赢了。我们大家势力平均,抵消了。

1933 年 6 月 18 日

今天三姐放假,为了我明天要走,她就烧红烧肉给我们吃。九妹说,沈先生和我是欢喜吃红烧肉的。

我要走了,有些快乐,有些不快乐。快乐是因为回家可以见到姐姐、弟弟、朋友们,不快乐是因为又要离开这里的姐姐和朋友。三姐问我留恋不留恋,我说不,实际上有点。到沙滩上去玩,把三姐埋在沙子里,躺在沙滩上睡,一直玩了很久才回来。沈先生送三姐走,我没有送,"识相"。

1933 年 6 月 19 日

吃中饭的时候,沈先生说岳萌(九妹)说自我来了后,三姐有了撑腰的,等我走了后,他们要好好的虐待她一阵子。我就对三姐说,好吧,趁我还在这儿的时候,我先把他们两个收拾一顿。

他们不知在哪儿借了十五块钱,替妈妈买了一床山东绸的毯子,替爸爸买了一件古董。一路又买了许多东西,直到回来一个钱也不剩了。

我是晚上十点钟的车,三姐、九妹、沈先生送我。车开了,三姐和沈先生跟着车跑,我叫他们停住,我看见三姐的眼睛里有眼水,我心里也难过。夜里睡不着。

1933 年 6 月 20 日

晨,八时抵济南,换车,等了一个多小时。看书,写写片段的印象。

走入了槐树林,想到,拍拍,白云像棉絮,一朵朵厚厚,浓浓,白羊,大肚子的裸体小孩,招手,叫火车,农人,紫黑,树荫下,休息,抽旱烟,小脚女人,手遮阴,看火车,也许真怪,堡子,寨子,像小城,黄土屋子,静,没水的河,沙,大石子,圆,不让,电杆,142,141,140……低坟,高坟,同样有死人,打麦,场子平,光,和网球场一样,一堆一堆的草,山上,河底,田地,远山,深紫色,云过,烧了一片,小站上,兵,立正,致敬,小人家,小红花,爬上了篱笆……

1933 年 6 月 21 日

快到浦口了,起来漱漱嘴,买了一份小报看看。

坐了黄包车回家。爸爸和陆八、小侉子出去了,只妈妈在家,二弟、三弟在家,三弟长高了。四姐同五弟都在光华,他们还没有考完。

吃晚饭的时候,四姐把房门一推,看见我笑了一笑,又缩回去了,后来进来。因为她听讲我和张干讲一见到她先打一顿再说,因为她不写信给我们。匆匆吃晚饭,把她拖到爸爸房里打三下手心,才把三姐的信和东西给她。

和四姐到法国公园走走,在一块大石头上坐着讲讲话。她告诉我J已经有了小孩子了,四个月了,她的丈夫常摆出丈夫的架子,公公也弄得不对。我听了有点难受。她说她下半年也许不进学校了,专门念西洋文学。我颇不赞成她这样,我希望她能离开上海到北京去念书,我根本不赞成她和光华的有些人一起,我感到有些人有点流腔。我替她叫了车回光华。

1933 年 6 月 22 日、23 日

这两天的事我自己也弄不清具体是哪天的了,只得马马虎虎。送虾到老伯伯家去,还有我们三姐的事,钱的事。老伯伯知道我从青岛来,问了我一些关于三姐的事。回家等陆八先生来决定,我明天回苏州找三妈、十九爹爹、十四爹,为了南京的事。谈到家里的事,谈到有些事,好多都是不开心的事。

1933 年 6 月 24 日

四姐早上说来送我的,老等也不来。张干说她哭了一夜,一夜都没

有睡。我何尝不是这样,回来一趟遇上这么多不舒服的事,我真是想不到。我只当能快快乐乐的过一个暑假,谁知往往不能尽如人意。

买了一下信纸、信封,给二弟、三弟、四弟、五弟都买了一些东西。我不知怎的,现在分外的爱他们了。他们对我也很好,这就是别离的功劳。

吾妈送我到电车站,四姐和弟弟们站在街边送我。我真想哭出来,一走,我就头也不回的走了。

到苏州,一个人也没有。打电话到天来福想找二姐,结果他们都不在家,说是去常熟去了,什么时候回来也不知道。找到韦布,一起去洗澡。碰到汤维国先生,他还在乐益教书。

1933 年 6 月 25 日

为正经事到三妈家,她还没有起来。和麟和、镕和小弟弟玩到十点钟,她还没有起来,我只好走了,下午再去。回家,二姐回来了,昨天晚上从常熟回来的。她叫我去她家吃饭。到她家看见 J 也在,她似乎黑了些,去年见她是新妇,现在俨然是主妇的样子了,不久就要做母亲(她已怀孕四个月了)。

两点钟到三妈家,谈谈,到十三爹爹家,把正事办完。夜里把二姐叫来,商量着写了一封快信给爸爸妈妈。

1933 年 6 月 26 日

很早就醒了,去公园再到观前街,买了墨水,买了一把扇子。晚上二姐、姐夫请我吃冰激凌。

1933 年 6 月 27 日

Outline：东吴，李远义，戴苏①，屋子前的吊椅上。

1933 年 6 月 28 日、29 日

过两天爸爸他们全要回来，江干一个人在家里忙死了。我看见她在吃饭间里抹桌子，看见她在哭，我问她为什么，她说她想起了她的丫头，想起她生前对她的好。二姐她们老蹲在家里，没有事就抬点小杠。

下午我和他们夫妇一同去南园、可园、沧浪亭走了一趟。

1933 年 6 月 30 日

吃过中饭在二姐家。四弟来了，四弟是又长又瘦又黑，穿了一身白操衣，我说他是白无常。一进乐益，许多爷们都在，他们硬要拉我打球。我们乱打一阵。

晚上我们坐在玻璃门前乘凉。

1933 年 7 月 1 日

二姐、二姐夫到我们家来，在我们家吃饭。晚饭后到二姐家，想去看二姐、也想看看 J。

1933 年 7 月 2 日

说好的，今天大家一同到横山去玩，坐轮船去，

①　戴苏（Toseph·W.Dyson）：1919—1946 年任教于东吴大学，其在任职期间与美国农业部等机构合作，使东吴大学的生物实验室得到了大量先进设备的援助。

7点钟,我们从家里出发到他们家,他们都已经在等。二姐、二姐夫和我们先去,J和她的母亲坐了船,带饭去给我们吃。

路过朱家园我们家小花园时,进去看看。四弟和宁看见杏子熟了,就去采。园里有许多不认得的人在看守园子,不许我们采,说是刘家的,不能采。我们气坏了,我拿了一张片子出来,要他交给刘家的少爷。四弟他们采了一手巾杏子,一直吃到山上。

他们今天算是来上坟的,上他们外婆家的坟,到横塘镇上,就要找他们家的坟客。找到了坟客,我们就走了。耀不知道,他说没有来过,他母亲知道,

走的尽是小路,天尚早,露水还没有干。二姐、周耀、J、四弟在后面,我和I居中。爬过一座山峰,四弟坐在一棵小松树下,我们坐在草上,又柔软又舒服,

天气很热,我们爬下来,到一个水池子边。四弟先脱光了袜子下水,随后I也下水,我们都下了水后周耀才下水。水边有大粒大粒的沙子,没有青岛的细。四弟同我开水战,我们的衣裳全都打湿了。可是不要紧,太阳大得很,一会就晒干了,

有一处石洞,很阴凉,我们拿了手巾垫着睡觉。周耀提来一只蝙蝠,把它挂在石洞里。

折了小纸船,四弟在旁边修海港,我们放船。耀写了张条子,叫庙里的人送饭到这里来。我以为J她们要来,结果她们没有来,叫人送来了饭菜。我们吃了很多。

大家回去的时候不认得路,走了不少的冤枉路。四点钟到了轮船码头,大家都坐在茶馆里喝茶休息。上了船,坐到船舱里,读沈从文的

一篇《一个聋人的故事》。

1933 年 7 月 3 日

我还没有起来,二翠子送来一张条子,是 I 写的。她说她有些生病了,要我去看看她。

我坐在她的床边,轻轻地和她说话,四弟上来冲散了。下午她要走了,因为她妈妈明天要回来了。我送她到乐益门口。

1933 年 7 月 4 日

早上到二姐家,I 果然没有走。周耀叫她傻丫头,四弟叫她小神经,都有点像。下午她当真走了,我没有送她,

二弟、四弟、五弟来了家,他们都回来了。

1933 年 7 月 5 日

没有事。

1933 年 7 月 6 日

二姐来电话,从博习医院打来的,说戴①养了一个小女孩,让我马上到医院去一趟。

坐车到医院,找到三楼十号,戴躺在床上,二姐坐在旁边帆布床上,替小孩子缝衣裳。我一进去,自然先说恭喜恭喜,去婴儿室看她的小孩子,看得清清楚楚的,脸圆圆的,有点像戴。

──────────

① 张允和的同学,未婚怀孕,住在允和家。

二姐说饿,我们一起出去吃东西。周太太和周耀、J 都来看他们家的女儿,都欢喜得很。

在周家吃过饭才回来。二姐打扮的漂漂亮亮的,周耀自然也打扮了一番。妈妈邀他们打麻将,二姐要上观前街。

一会儿,刘家的表兄来了。一会儿,三婶母来了。到晚上,十九奶奶、十三奶奶、十九爹爹也拖了一大帮小孩子都来了,他们是来看乐益今晚的同乐会的。

同乐会开幕了,《一片爱国心》《咖啡店之一夜》,唱歌跳舞,会场里碰到许多熟人,像周曾伟、郭慧申,也来了。九点钟,周耀走了,我送了他回去。

1933 年 7 月 7 日

二姐又有电话要我去,吃过饭我就去她家。原来她要我送东西给戴,说戴有话要对我说。在医院里和戴谈话,谈谈二姐家的情况。

1933 年 7 月 8 日

二姐说今天请爸爸妈妈去他们家吃饭,十点钟的样子。我们都去了,二姐房里已经重新布置过了,有点像新房。

席是素席,我吃的不怎么样好。吃了饭他们还要打牌,爸爸不打,我代打,输了好多。

在他们家玩了一天,爸爸妈妈四点多钟就回来了,我吃了晚饭才回来。

楼上,二弟、四弟、五弟跟周耀他们又打了起来。

夜里很热,十一点多钟还不能睡。

1933 年 7 月 9 日

到医院去看大婶母,出来到永兴吃了瓶汽水。二姐她们送我到公园,她们到观前街去了。在乐益,遇到韦均宏,她们的母亲和妹妹来谈到她们的婚姻。我在乐益的操场上,爸爸来了,我才和爸爸一阵回家。

1933 年 7 月 10 日

还没有起来,又有人来说爸爸叫我,我知道,大概要我到扬州去。果然,陆八先生来了信,把我们瞒着爸爸妈妈的事也说了,这些事颇糟。二姐打电话报给大姐,叫她也到扬州去,会商此事。

天上月亮很是亮,星星很多,有风,微微有些凉意了。坐了洋车到火车站,十二点多的一班车,能够赶得上。

1933 年 7 月 11 日

车上颇不好受,很热,没有地方坐,到无锡,才有人下车,才能够坐,到镇江天已大亮。因为是第一次到扬州,自然一路上被敲了不少竹杠。轮船有些像苏州到木渎的船,很讲究。到扬州城里,还得过一道河,路有些像合肥的路,石板,高高低低的。东关①的车夫,一直把我们拉到东关口子。回来找到陆家,从店里面进来,门口遇到董姨娘、小表弟,他带我进来的。

十几年没见过大舅母了,自然一点也不认得我。磕过头,坐在她老

①　即扬州东关街。张言和的外祖母家在东关街冬荣园。

人家旁边。这房子很像以前大大的房间。

大舅母知道我就要来的。陆八先生昨天才到，但下午又急着走了，不知道为什么，他这么着急？没有谈到几句话，就谈了正题，是关于钱的事，又提到了大舅舅，自然又使她伤心了。我没有办法劝她老人家，我觉得很不对。在大舅舅的灵位前我磕了头。表兄回来了，他有几分像女人，我们都十几年没见了。晚上他带我到后花园去看了一遍，疲倦得要死，没有吃晚饭就睡了。

1933 年 7 月 12 日

君强表弟带我们到外面去吃早茶，到扬州最有名的茶馆，吃干丝，吃脆鱼。每人吃了不少的茶，回来休息了一会儿，和君强表弟到三舅爹家去拿爸爸的信和东西。

一路走去的刘家，是扬州的望族，房子是那样的高大，可惜墙有些歪了，水磨砖的大门，扬州阔一点的人家，大门都是如此的。我们拿了片子进去，老半天才有人出来，表兄说，豪门深似海呀！走进二门口，遇到三表叔，他带我们到西边的客厅里坐下。我们向他叩了头，问三舅爹爹，说是不大好出来。我们坐下，略谈了一会，大半是关于少伯典当的事儿，因为此典当里也有我们家的股东在里面。快吃饭的时候，我们辞了出来，没有吃饭。

1933 年 7 月 13 日

日里太热，没有什么地方好去，在家里看看书。夜来，我们四个人出城过河到河东，走到七口，在城里走到大街上，还看见我们家的房子。

走了很多路,我们口渴了,去吃汽水。

接到大姐自海门来的信,说到钱的事,她说她知道了。她没有接到二姐打去的电报。

1933 年 7 月 15 日

写了封快信给二姐,问她到底打电报没有?怎么大姐到今天还没有来?另外还有一封信到海门。我们到四舅舅家,表弟们也一同去。到了他家,房子颇宽大,也很讲究,一间客厅里,不说别的,光是电灯就装了十盏,此外,沙发椅子甚多,可容二三十人。我们去时候,三舅舅、四舅舅都不在家。三舅舅先回来了,见其人颇清秀,不俗,无老爷气。一会儿二舅舅也来了,有点像大伯伯,有两片小胡子,有老爷味,一看就知道是能办事的人。他对我们谈到关于我们的款子的事。

在日记上,我向来不喜欢记这些讨厌的事,但这事似乎不能不记。和四舅舅所谈的结果如下:(一)朱姓的三千元,阳历本月底可以拨出一千元来,这是因为上次陆八来说起家里要钱用,四舅舅去催的,四舅说要听大姐的调度,大姐有信件给四舅说钱可以汇到苏州,那么他才能把钱汇给爸爸。(二)王姓的二千元,现在官司尚未结束,被扣住一千八(百)元,若是这样,除去律师的费用以外,我们只能得到一千五六百元。

四舅请吃饭。饭后,在西边四舅的书房里谈话。室内的陈设很讲究,有象牙的小屏风,刻得很细,要有放大镜才能看得见。

三点钟出发到城外游湖,一同出游的还有徐家表兄,一共五个人。坐车到徐公祠,看一看徐宝山的铜像。出徐公祠,再到史公祠,这就是史可法墓地。这里面的对联,我抄了两副,我以为比较好的:"残局泣孤臣,独奏草终篇,犹见行间含血泪,溯源同一脉,幸梅花无恙,又从乱后拜忠灵","数点梅花亡国泪,两分明月故臣心"。在护城河里雇了船,比杭州西湖里的船要大一点。船娘撑船,床上放有四张躺椅,船在护城河里走。草绿油油的,有很多水草,我们一直靠着树荫下走,宽一点的堤岸上种了柳树。这个地方叫做长堤,长堤走完了,就是徐园,也没有什么好玩的,一座厅前,有两缸荷花。对面那个小山上有座庙,庙里有个小和尚撞钟,小孩很好玩,做和尚可惜了。我疑惑,他一辈子就在这儿撞钟,一直到胡子白,老死。

再开船到法海寺,远远的就望见白白的舍利塔,和北海的塔一样,还望得见新修的五亭桥,看见许多小孩子在游水玩。上平山,再上东边的观音山,从山门至大殿的一条路很好,庙里也很讲究,大堂里挂满了名人的对联。我也抄了两副:"晴雨总相宜,四面湖山堪入画;色空都是幻,五更钟鼓最惊人。"

下得船来也没有太阳,坐在船上看人家踏水车。

1933 年 7 月 16 日

夜里醒来,一身的汗,无论如何也睡不着,起来,走到院子里,坐在躺椅上。大舅母也醒了,睡不着的不是我一个人。

和大舅母坐在院子里谈心,谈到我所知道的每一个人的近况。月亮黄黄的,是下弦月。慢慢的天快要亮了,听见远处一两声的犬吠,听到远处钟声,是寺院里的和尚起来做功课了。五更的时候,人总是异常的难受,我想到日间见到的那个对联——"五更钟鼓最惊人"。

一天都不爽快,昏昏迷迷的,睡在床上又睡不着。我写信给大姐,报告在这里的事。

1933 年 7 月 17 日

今天天气比较好,到客厅去写前几天的日记。君强表弟也来写信给大姐,今天才算把给大姐的信发了。

午后睡了一个中觉,接到二姐的两封信,都不赞成此款给爸爸取去。陆八先生有信给大舅公,我也看了,说爸爸要我和他一块儿到天津去,查一查天津祠堂的账务。我决定二十号夜里走。

1933 年 7 月 18 日

老姑娘来说,小姑娘想看看我,要我们到庵里去。四个人都去,表兄是去过的,他带路,还带错了。庵在城墙边,很静,一进门,有一小片地种了些蔬菜,是她们自己吃的。小姑娘象是比以前胖了些,牙齿掉了一个。

大殿里只有一尊佛像,观音,他们的师兄弟殷勤地招待我们吃茶吃瓜。

回来吃中饭,君良老是吵着要骑脚踏车,没有办法,陪他们去县中的操场上玩。

夜里在院子里乘凉,哼哼昆曲,没有人和我唱,我一个人没有劲。

1933 年 7 月 19 日

许多人都来回拜我们,因为我明天决定要走了。来回拜的人,早上有徐家、三舅、四舅,夜里有他家的老太太。我真的担不起,老太太和四舅母还一人给了我两块钱。

表兄为我们钱行,绿杨饭店请吃西餐,没有多少人,就我和他们兄弟三个。夜里我和表兄谈得很久才睡。

1933 年 7 月 20 日

大舅母昨晚给了我不少的钱,一共是三十四块。董姨娘也给了两块钱。临走时,我丢下四块钱,我这一趟赚了不少的钱。

早上还得到刘家去辞一趟行。到了刘家,老太爹没有起来,三老爹也没有起来,我们只得递了一张片子,说是来辞行的,就跑了。君良、君贤他们要到泰州,表妹要去镇江考学校,我们一块走。

今天风很大,江里的浪不小。我们坐在船上的最高一层,风太大了,看到黄黄红红的江水,

到镇江,表妹榴明和君良的未婚妻都在码头上等我们。出码头就一脚到大华饭店,算是镇江最好的旅馆了,开了一间有两张床的房间。反正我今天晚上总要走的,无论怎样,他们四个人总好睡了,之后歇了一会儿,我们就想玩了。

我们决定玩金山和甘露寺。我们坐车先到金山寺,寺里住了不少的兵,但总还算好,不妨碍游客来寺里玩。寺庙依山而造,山顶有一个塔,筑得很讲究。风真大,天上有老鹰。我们下山了,女孩子们都累了,尤其是榴明,胖了一点,也吃亏。惠猷默默的,不大做声。下山后去玩几个洞,其中有一个叫白龙洞,顶好,说是没有尽头的。在金山山顶玩了一点钟,总算都走遍了,我们坐了原来的车子回旅馆。吃了午饭,我

们坐了汽车去玩竹林寺及甘露寺。竹林寺里面很静,一切陈设的东西都很讲究,藏经楼里面还有泉水。竹林寺走了一圈就出来了,乘车到甘露寺。甘露寺就在江边,传说就是刘备、孙权招亲的那个甘露寺。我们走得很累了,有卖酸梅汤的,我吃了一杯,他们一定不要我吃,我一定要吃,我渴死了。寺的大门闭在,我们从小门进去。到上面喝茶,到最高的多景楼中。寺里的许多楼都坏了,不修的话不久就会倒掉的。一边是江一边是山,风景绝佳,石壁上有字,曰"勒马"。

眺望江景,看看江水,我们真是不想走了。回到旅馆,我们在床上睡着了。起来去买了一张七点钟的票,然后去澡堂洗澡,洗完澡已经六点一刻了。匆匆赶回去,坐了汽车到车站。他们都到车站送我,一直等我的火车开了,他们才走。我在餐车吃了点饭和汤,十一点到苏州,家里只有老头和陆八先生醒在。

1933 年 7 月 21 日

醒来就叫三弟去叫二姐来。二姐说她家要拆了,定在二十五号,她还要回家去理东西。

十点钟我到他们家,屋里一塌胡涂。二姐在堂屋里拆被窝,J 和她的母亲在楼上理箱子,戴在喂小孩子,一家人都忙忙碌碌的。看他们家那样乱,我一定不肯在他们家吃饭,回来了。

1933 年 7 月 22 日

和陆八先生到三妈家去商量天津祠堂的事。也没有什么所以然,我们还等了老半天,他才从观前街回来。晚上看书,一本新的《现代》上面,有一篇三姐的《男女人》,沈从文的《女人》。

1933 年 7 月 23 日

补记日记。写了封信。去二姐家,二姐和周耀都不在,家里只有老太太和J、五姐在。她们说,二姐和周耀出去了,也不知道为什么事情,到现在都没有回来。等了快两个钟头,她们还没有回来,我只好走了。我想告诉J,我们不要再写信了。我想要她把我写给她的信还给我,她也答应了。也许以后我会把信和照片都烧了也说不定。

1933 年 7 月 24 日

周家老太太她们明天就要走了,现在她们决定周耀先送她家老太太到长春,然后再回来和二姐一块儿到日本去。他们都要走了,爸爸他们决定今天请客,

算是会新亲家,把盖碗都拿了出来。陪客的是三妈、二大大(继鸿),吃的仍然是素菜。一桌只有九个人,爸爸、妈妈、周耀、二姐、三妈、二大大、周老太太、ZJ,还有我一个。

1933 年 7 月 25 日

二姐他们准备今天走,许多东西都挑到我们家里来放着。爸爸做了一首送别周耀的词,是尉迟杯用方回韵,词曰:"钓游地,古三吴,都会风光丽,蓊溪上乐琴书,子城畔聆歌吹高堂,训美更兰蕙,连枝皆雀起,看灵灵俊爽超尘芊,腾鲲凤深意,鸟罗啼新鸳条,将日直扬舻东辽,待觯白水黑山雄屯,大驿骏迹凌千里,愿长风佳音频寄,数南鸿一月都来几

问,当筵款滟深杯,可似桃花潭水。"二姐看了很乐,说爸爸欢喜周耀。
天下雨,他们今天不能走了,老太太已经先走了。他们明天再走,我和
他们一阵走,

1933 年 7 月 26 日

昨天二姐来,把我给 J 的信带了一部分回来。五点半,车子已经来
了,他们还在家里摸索了半天才赶到。七点钟的车,大家在车上睡觉。
到上海,叫汽车回家,把东西搬进家里。家里没有凳子,学日本人,拿席
子坐在地上。

晚饭后,四姐陪我一阵上公司里去买东西。我们在福禄寿吃冰,回
来的时候已经很晚了。

1933 年 7 月 27 日

送二姐和周耀走后,我在上楼去睡觉。

1933 年 7 月 28 日

J 来,现在来了少了不少。她在我们家睡觉,临走的时候给了张干
一块钱,说以后来的机会少了。我心里一酸,是的,二姐走了,她的家没
有了,自然来的机会就少,我不知道要什么时候再见到她。

到老伯伯家出来,赵大姐、小妹妹、三妹妹,都出来送我。

1933 年 7 月 29 日

到光华去打台球,四姐回来跟我们一起打。黄席椿请客,到冠生园吃饭。

1933 年 7 月 30 日

真糊涂,今天睡了一天,没有出去。

1933 年 7 月 31 日

决定说今天到海门去吧。我和四姐去订船,走了许多小巷,到十六浦第三号码头,才找到我们要坐的轮船。订了一间房仓,我们就回来了。

四点钟,没有人送。睡睡玩玩,两点钟,船已经到了青龙岗港。

1933 年 8 月 1 日

茶房来叫我们,我快要到了。起来洗洗脸,下了船,在小茶馆歇歇等天亮。

汽车颠死人。汽车夫替我们叫了一个人来,帮我们挑了箱子进去。大姐带了小方、小丰迎了出来,随后凌老夫子也出来了。在他们的蜂场里洗洗弄弄,到县女中。

这儿全是乡下,门口就是小河,河里有许多长长的芦苇。

1933 年 8 月 2 日

我睡在蜂场,和四弟、五弟对门。

下午到县政府去见县长,县长是我们的同乡,和我们是世交。县长不在,太太接见。

晚上在房里听见外面瑟瑟的,像是在下雨,又像是风吹着芦苇的声音。

1933 年 8 月 3 日

躺在河边藤椅上,想想笑笑,人为什么这么荒唐?

长长的夏日,除了听蝉声、睡觉以外,还有什么事好干呢?

1933 年 8 月 4—6 日

只稍微这么一懒,日记就落下了。现在是在回上海的轮船上,因为坐的是最好的单间,所以有桌子、凳子。

几天以来,除了睡觉就是吃西瓜,香瓜也吃了不少。凌先生早就对我说,要介绍这个介绍那个。前天那个小孩子来了,圆圆的脸,生得颇讨人喜欢,只有十四岁。晚上凌先生问我中意不中意,你想我怎么回答?我还当她是闹着玩玩的,谁知昨夜大姐和我谈也提到这个事。

昨天早上周耀来了,晚上凌先生请客,一方面替周耀洗尘,一方面替我饯行,我决定今天一定要走了。周耀酒吃多了,就去睡了。我和大姐唱戏,什么《五花洞》《玉堂春》《珠帘寨》……唱了不少,看看月亮正中了,我们就去睡了。

1933 年 8 月 7 日

吃完晚饭后,我就要走了,凌先生的母亲还给一块钱,没有娶亲的人就有这点便宜。他们都送了我出来,二姐和周耀、四弟、五弟,他们和我一同到车站,然后坐车到码头。等了好久,船才开,急死人了。坐的是上等的船舱,和驾驶的人一起,价钱真是贵,要一块八毛钱。

月亮在水里,一条小帆船在月光中穿过。

写写日记,就是睡不着,满船乱跑。进了黄浦江吴淞口,就看见两岸的灯光,一直到上海,我都没有睡着,到上海时夜里十二点钟。

1933 年 8 月 8 日

到家,张大姐、四姐都在。打水洗脸,稍微睡一下。晚上我和四姐打扮打扮,叫了汽车,带了桃子到老伯伯家去。姑爷不在家,和老伯伯他们坐着乘凉,谈了一会子话。十点钟辞了出来,坐车回家。

1933 年 8 月 9 日

睡中觉,有人打门,是 J 来了。四姐去上学,她说她是因为在家里生了气,所以跑出来了。她讲了很多话,直到下午六点钟才走。她走了,这次不知道真的什么时候才能见到她。我准备明天或后天回苏州,十五号就要到北京。

1933 年 8 月 10 号

我不得不到柳营村去一趟,拿到了四百元。小妹妹本来说要跟我一块儿到我家,磨了半天,她也没能出门。我一个人坐汽车回来的,四姐上学去了。

1933 年 8 月 11 日

醒得很早,预备赶五点钟的车,可是还是来不及,坐二等车回来的。

爸爸在家里。祖麟来了,我们一同上观前街去买了点东西。祖麟走,顺便把我的日记也偷走了。我找不到日记,吾妈看见祖麟临走时,到我的房间去了一趟,我猜自然是他偷去的。

1933 年 8 月 12 日

尚未起床,窦祖麟就来了,把日记自然也带来了。没有什么话说,打了他几下算了事。到三爷家去一趟,他家就住在吉祥街四十号,和三爷谈到天津祠堂的事。晚上到大姑家去了一趟。

1933 年 8 月 13 日

在东吴等到畏民,吃饭的时候在畏民家吃饭。和吾妈买箱子。四爷他们回来,祠堂的事总算商量好了。

1933 年 8 月 14 日

为三姐去买鞋。

1933 年 8 月 15—20 日

十五日,由苏动身北上。临走的时候,我和四姐两人一共只拿了一百元车费,到了北平,每人只分到十五元的样子。临走的时候,我几乎走不掉,因为爸爸说我事情没有办好,扬州的钱没有拿回来。这叫我有什么法子呢!我写了封信给大姐,要她把存折交出来,我的力量也不过如此了。

车上遇到盛健、钱伟长[1]两人。

三等车是新的。我和四姐两人占了一条长凳,晚上让她睡了,我就不能睡。后来我们想法子,把带给三姐的席子铺在地上,我也睡了一会儿。坐在我们对面的,似乎是银行界的人,很神气,但还好,四姐不舒服,他还给她药吃。我怕他是假药。

第二天的晚餐,是在餐车里吃的。

已到北京正阳门车站,我先下车,一眼就看见三姐,后来又看到沈先生,他们是来接我们的。提了箱子,我们到东单去吃饭,饭后到他们的新房子里去。房子在达子营三十九号,一共有七间,连厨房小小巧巧的,很紧凑。他们两个人住,当然是够的。

新房子里什么东西都没有,自然先是很不便当,慢慢的床送来了,桌子椅子都送来了。现在晚上家里不能煮饭的,是到外面去吃的,夜里还是弄到很迟才睡。四姐来这儿似乎有点委屈,不很开心,北京给她的第一印象是不好的,因为我知道她不大喜欢沈从文的样子。第二天早上我要去学校,她要跟了我去,说去燕京看她的一个同学。我知道她不愿意蹲在他们家,就带她到燕京,让她去找她的同学。我带了行李回到清华。

费了两个钟头才把东西理好,累了,倒在床上睡着了,一睁眼,四姐坐在我的床前。因为太累了,清华也没有好好玩,只带她去了图书馆,她说图书馆很考究。坐五点半的车进城,回达子营,他们家一个人也没

---

[1] 钱伟长(1912—2010):江苏无锡人,著名科学家、教育家,中国科学院院士。1931年考入清华大学历史系,"九一八"事变之后,转学物理系。1935年考入清华大学研究院,同年参加"一二·九"运动。

有,于是我们就去了北海。翻过山,到五龙亭,坐下吃面,天已经黑了,我想北海给四姐的印象大概不坏吧!回到达子营,家里依然没有人,我们正好睡觉,谁知一会儿,三姐和沈从文来了。我和四姐两个人就到东边的房里去睡,一个人一张床。

我起来,到北大,除了宗斌,意外的我还碰到了沈其道,他是我们东吴的同学。和他们玩了一会儿,晚上睡在老李的那儿。

1933 年 8 月 20 日

老李他们来叫我去吃早餐。十点半钟的车回学校。一到学校,饭也不吃就睡了一觉。到下午四点钟才勉勉强强的起来,上工字厅去看看报。很早就睡了。

1933 年 8 月 21 日

写了三封信,苏州寄给吾妈,一封寄到上海给宁,一封寄到杭州给祖麟。

到门口的小馆子吃饭。拼命的睡觉。

1933 年 8 月 22 日

看丁玲的《母亲》,不好看。吃中饭的时候,四姐来了,带她到合作社去吃饭。吃完饭到体育馆去,在大树下坐着,看西山。西山在山当中分外的清楚,明晰,郁郁葱葱,似乎很近的样子。又带她上工字厅,上同方部。她在沙发上睡了一觉。送她到燕京去,找她的好朋友。在燕京,我们各处走走,天黑了我才回来。

1933 年 8 月 23 日

四姐跟她的朋友一阵来了,她跟她的朋友到游泳馆去了。我在图书馆等她们,等了好大一会儿,她们才来。下午我和四姐在我的房里,沈九妹和夏云来了。客人来了,自然先陪他们看看大礼堂、生物馆、气象台,以及圆明园、体育馆,也都是要去的。出来到合作社喝酸梅汤,送他们出去。九妹是一个人回去的,夏云也到燕京去了,我和四姐在附近走了走。我和四姐在门口的小馆子吃了点饺子,送她回燕京。

1933 年 8 月 24 日、25 日,

几天来,整天都在陪着四姐念书。早早的上图书馆,等她从燕京来,下午就到同方部沙发上看书,晚饭后就送她回燕京。

1933 年 8 月 26 日、27 日

四姐今天和她的一些朋友到西山去了,不来了,叫人送了信来。到下午五点钟的样子,她回来了。我们说好今天进城的,于是我们匆匆忙忙的坐了五点半的车进了城。

夜里三四点钟的样子,四姐没有睡着,看到院子里有人叫,是沈先生在叫,说是有贼。大家爬起来,找了半天也没有。不知道到底有没有贼,大家虚惊了半天。

礼拜日,他们家老有客来。先是夏云,又是蹇先艾[1],又是党老

---

[1] 蹇先艾(1906—1994):贵州遵义人,短篇小说家、散文家、诗人。1926 年参加文学研究会,1931—1937 年任北京松坡图书馆编纂主任。

爷、某某某,最后来的是卞之琳和靳以。许多客人,叫我们都不好应付。

下午我一个人到西单商场,替黄席椿买了条裤子,自己买了茶碗。乱转了一阵,然后等车回清华。

1933 年 8 月 28 日

无事。

1933 年 8 月 29 日

几乎整天都在下雨,叫人好不难受?老脾气发作,太懒了,算算也应该来信了吧!

1933 年 8 月 30 日

记什么好呢!只好记睡觉了。

1933 年 8 月 31 号

无事。

1933 年 9 月 1—3 号

现在是三号的晚上。旁人都在图书馆里用功读书,我躲在房里睡觉。想到明天就要开始考试了，人家考试前总是特别的用功，大珩①和盛健，都用功得生了病。那天在校门口外，看见乡下人家死了人，吹吹打打，于是我们都说家里死人的情况。我想起了死去了多年的母亲，一时间心里很难过。

1933 年 9 月 4—11 日

昨天的日记没有什么好记的。七号考完了，进城，果然大姐和张干都来了，我真是快乐死了。大姐来了就帮她们做这样做那样，四姐也帮着缝缝，她对我说，真是"为他人作嫁衣裳"。从七号起这两天，一直出去在外面买东西。我为三姐结婚也买了一双新皮鞋、小手巾，我自己的绸大褂马马虎虎，也过得去。九号那天上午没有什么事，我们仍然去买东西，剃头。这一次，我要他为我搽了一点油，这恐怕是我有生以来第一次擦油。

下午三点半钟，汽车来了。催三姐装扮，她老是不动，我猜她一定心里发慌。后来还是我们先走了，我四姐和九妹（她已经由天津赶来了）。

到中山公园，我们看见在那儿的只有他的姐夫田某②和夏云，他们都是帮忙办事的。我们因为时间还早，客人都没有来，就到园子里别处走走，我替她们两位小姐拍了张照。到门口去等三姐，一会儿果然都来

---

① 即王大珩（1915—2011）：江苏吴县（今苏州市）人，生于日本东京，著名物理学家，近代光学工程的重要奠基人，被誉为"中国光学之父"，中国科学院院士、中国工程院院士、国际宇航科学院院士。1936 年毕业于清华大学物理系，1938 年赴英国留学，1948 年回国。

② 即田真一。

了,那时客人已来了不少。

客人慢慢的愈来愈多,我和夏云几个人就坐在门口等客人,要他们签名。

七点半钟开始吃饭了,一共是六桌,差不多刚刚好,少了一两个人。吃到中间,证婚人杨振声先生起来讲几句话。还有他们俩起来到各个桌子上敬酒,也没有什么结婚的仪式,简单极了。我说就这样也好,何必要那么麻烦呢!

有一位表姐夫多吃了一点酒,醉了,趁此时机,于是别的客人也一个一个的走了。后来连沈先生和三姐也走了(是梅先生叫他们走的),最后是我们一些人,大姐、四姐、九妹……走的。汽车走到达子营的时,还很早,只有八点多钟的样子。我们回到家,三姐他们还没有回来,我猜他们一定还在公园里转圈子在。

一会儿他们回来了,他们大家在新房里说笑,我就和他的九妹在房里说话。一会儿,他们果然演娶新娘的戏了。我吹笛子,让他们拜堂,闹了好一会儿,但是并不夜深。一会儿我们就规规矩矩的让他们睡了,我们大家也都走了。

第二天早上,大家都起得很早,又像没有事的样子了。

下午我辞了出来,到北大宗斌他们那里,他们又不在,气坏了。到市场转了转,什么也没有买,去看电影,电影不好,没有看完我就出来了。刚好有汽车,就坐了回来。

昨天一天都在忙交费、注册,忙房间。苏已经替我订好了一个房间,在五院四二三号,我今天早上就搬来了。晚上还在图书馆里费了一点钟,写好一篇英文,夜里开夜车把它抄好。

1933 年 9 月 12 日

一早起来就搬房子,到十点钟的样子,大致一切都布置好了。远义来找我,我们一块去吃饭。苏进城去买一些东西,他为我买了一个小钟和一把梳子。

下午在自己的新房子里睡了一觉。晚上许多人都到我们的新房子来,靳、徐商寿和他的弟弟。晚上在床上看书。

1933 年 9 月 13 日

今天行开学礼,遇到的人很多。谁高兴去听他们那些大人物的演讲?我就看我的《复仇》,就这样一直把时间消磨到散会。

在会场里碰到曹诗人,他对我们说从文来了,在叶公超家里吃饭。我就到北院十一号叶家去找他,果然在那里。我们就一起出来,他到我的新房子里看看。

从文要到燕京去看诗人冰心,我说也去。到了燕京,吴先生上课去了,找郑振铎,也不在。坐车回校。

夜里他们"拖尸"新生,我本想参加,但是因为睡得糊糊涂涂的,老苏叫我,我也不愿意去了。

1933 年 9 月 14 日

今天正式上课了。我早上一连上了三课,是刘文典的文选,叶公超

的现代文学专题研究,刘某某①的西洋通史。下午还有一课,闻一多的
《诗经》。

中午到图书馆去,借了许多书来。今天头一天开始借书,读了一本
巴金的《复仇》。

1933 年 9 月 15 日

上午先生不来,没有课,在图书馆看杂志。

乘五点半的车进城,到达子营,他们都在家。凌海霞的哥哥凌
宴池和他的夫人来了。三爷来请我们去看程砚秋,八点多钟车子
来了,到中和大戏院,程砚秋已经上场。今晚演的是《风流棒》,程
好像比梅好看。我和四姐坐在第一排,看得很清楚。戏散了出来,
下大雨,打大雷。

1933 年 9 月 16 日

早上我和四姐、九妹到北大去。下了很大的雨,我们借了伞。到外
面去,去找了公寓,付了一块钱的定钱,总算是说好了。四姐明天就搬
过来。

她们回去,我和宗斌回三院。

睡了觉,和老李下了一盘围棋。回到达子营,他们都不在。张大姐
对我诉苦,她想家了,我为她写了封信给他弟弟。

---

① 应是刘崇铉(1897—1990),福建福州人。先后就读于清华学堂、美国威廉康辛
大学、哈佛大学。1925 年 8 月进入清华大学任教,主讲西洋通史和希腊罗
马史。

1933 年 9 月 17 号

今天一起来，洗洗脸，没有吃东西，马上就走了。到宗斌的那里，天阴阴的，又下雨了。我坐了十点半的车回清华，晚上写了六封信(I，叔昭，二、三、四弟，以及小妹妹)。

1933 年 9 月 18 日

"九一八"今天两周年纪念了，大礼堂里有江亢虎①博士演说，我去了，坐在那儿发呆。

爸爸老不寄钱来，借房的 50 块钱又快用完了，真是没有办法。

1933 年 9 月 19—23 日

天不爽气，整天的只感到无聊。图书馆吧，也就是那几本书。信吧，一封也没有收到。真是叫人生气，难道我所有关心的人都忘了我不成？

1933 年 9 月 24—28 日

爸爸来信叫我们从天津的祠堂张裕琨那儿，拿我们一年四百元，但是我们只得了二百五十元。

四弟来信说生白喉，又没有钱医真叫人伤心。二姐在东京也病倒了。我们兄弟姐妹的命运如此不佳。

---

① 江亢虎(1883—1954)：江西弋阳人，民国时期著名文化学者、中国社会党创始人、无政府主义者。1939 年，投靠汪伪政权。

那一天(不记得是哪一天了),大姐和九妹来我们学校,后来在燕京的夏云也来了。我陪他们,到处都玩了玩。本来说要到玉泉山去,走到大门的时候,看到时间来不及了,所以就没有去。

1933 年 9 月 29 日—10 月 2 号

礼拜五下午五点半进城,我走到达子营,他们都在,客人巴金也在。星期六早上陪大姐、九妹到西城裁衣裳。下午凌宴池夫妇约出游,只有我和大姐、三姐去,商量定了到天坛,就叫了汽车去。

下车走一条长长的路,才到照片上常常见到的祈年殿。在门边上吃茶,才进去看看里面。本来说还有祭器,但这些东西早已搬走了。这殿他们说很不容易建造,因为东西都是圆的。

到前面祭天的地方,是一个大的圆盘,有三层,全是白色,非常好看。走小路出来,坐车回去。

晚上和大姐去看电影《蝴蝶夫人》,很好看,园子里许多人哭了。

回来已经很迟了,有月色,月下的宫墙和角楼,非常的美。

不知道怎的,在三姐家里睡觉总是不大好。四姐早上回来,我们一阵上中南海去。

晚上在四明戏院看戏,演的是《琴挑》《华容道》《嫁妹》《夜奔》《刺虎》,都演得分外的卖力,捧场的人很不少。我们认为演得还不错,尤其是《夜奔》。出来已经晚上七点了,我上琉璃厂去买书,花了八块钱,买了两部《毛诗》。回到达子营就睡觉了。

一早起来,就叫了辆车到沙滩。四姐正在房门口看书,我约她一块儿出去。在荣宝斋我们吃了点咖啡,又买了一包糖带回来。下午我到青年会坐车,回清华。

1933 年 10 月 3 日

昨晚我已经上床了,巴金却来了,他说他住在我的对面,四二九号。我两课没有上,就到对过去坐了许多时候,说了许多话。曹葆华也来了,章靳以也来了,后来我上课就走了。

1933 年 10 月 4 日

中秋没有月亮,颇使人扫兴。

看巴金拿来的《文学》第四期。

1933 年 10 月 5 日

两点钟没有课,看了一本丁玲的《水》,不好。我不能因为她失踪了,死啦,便讲她的文章好。

下午连上五课,真累人。昨天没有月亮,今天无意中见到了月亮。接到两封信,是大姐和四姐的,都是城里来的。晚上吹吹萧,想把《汉宫秋月》学会。

1933 年 10 月 6 日

进城先到三姐家,碰巧他们都在家,说今天下午林徽因(北京的漂亮人儿)要来。三姐和我一块儿去买东西,先给大姐打电话。我到东城去找宗斌和四姐。我和四姐一块上景山去,下山后,我们去达子营。

　　三姐家有许多客人,我们都进不了房间。客人慢慢的一批一批的走了,另外又一批一批的来了,是林徽因夫妇和盛氏夫妇,

　　林徽因高高的个子,还穿着高底鞋,他们都说她是漂亮的,故我仔细的看看,人也还不错,但比不上他们说的。

　　大家坐在他们房里的床上。林小姐颇会说话,而且说话总是三句不离本行,总是说建筑,哪儿哪儿的塔,怎样的庙宇。梁氏夫妇、杨先生他们是搞建筑的,他们走了,剩下的就是盛氏夫妇,他们不走,就在这儿吃晚饭了。

　　唱唱昆曲。后来盛先生也唱戏,戏唱的老实说,实在是不太高明,他这还得意呢。

1933 年 10 月 7 日

　　今天我们约定了去颐和园,一早就把他们都轰起来。车到清华,苏借了两辆脚踏车,四姐、九妹她们先坐车去了,我们骑脚踏车。雨渐渐的越下越大,下的不停,我们只好在长廊里面走,看湖上的雨景。渐渐的,雨停了,我们坐船到龙王庙、十七孔桥。到玉泉山的时候,我和四姐骑车。我们先去看泉水,他们都说那泉水好,不舍得走了。

　　回来时出太阳了。回到学校才五点钟,还早,大家洗洗脸,洗洗手,然后刚好坐上回去的车子。我没有进城。

1933 年 10 月 8 日

　　到合作社去包饭,从十月十日起。想到以前的傻事,也想到以后将来的傻事,我独自暗暗的好笑。

1933 年 10 月 9 日

又得进城了。本来这些日子都不想进城,因为大姐没有几天就要走了,得常常去看看大姐才对。到三姐家,大姐不在,她到四姐的公寓里去了。约她们去看电影,她们不去。片子并不好看,我看了一半就想走,回北大睡觉。

1933 年 10 月 10 日

今天去故宫,在景山等沈从文,等了半天,他来了。今天故宫三路都全部开放,可是并没有什么东西,我看了生气,不高兴看了,总算是把所有的地方都走到了。我们忽然发现,一个穿蓝布大褂的人,老是跟着我们走,我们走,他就走,我们停下,他也停下。我们出了故宫,到王府井沈从文的朋友朱溪①家,他也叫车子跟了来。沈从文便前去问他为什么老跟着我们,他说他要找什么袁先生,总是说不清楚。朱溪出来,他们便一块儿上警察厅去了,等他们二位去打官司,不知道究竟为什么。我跑到警察厅进去找他们,朱溪说没有事了,那人已经押了起来,正在录口供,一会儿就出来了。

那人恐怕是神经有点病,因为说话的次序一点没有,一会儿说什么袁先生,一会儿又说什么袁小姐,一会儿又介绍市政府。车夫也说他是疯子。

---

① 即程朱溪(1906—1952):安徽绩溪人,1926 年毕业于天津南开中学后到北平,开始文学创作。类似境遇相仿年纪以及对文学的共同爱好,使沈丛文与程朱溪在 30 年代前后形成了深厚的友谊。

1933 年 10 月 11 日

一早起来,大姐正在替我熨她为我做的枕头套子。大姐真好,十六日就要走了,也许我还不能送她呢,我想找个时间和她单独谈一次话。我沉湎在回忆里,想抽出笔来写一首诗,但那种感觉仿佛太快了,一瞬间,早已飞走,抓也抓不住。

1933 年 10 月 12 日

近来颇想赖课,今天一赖就赖了三课,是体育,反正让他〔它〕去吧!

1933 年 10 月 13 日

一点钟的车子进了城,有客在,原来是朱溪,我们是很熟的。我没有在那吃饭,出来就到四姐那儿去了,我在她那儿吃饭。

1933 年 10 月 14 日

一天都消磨在三爷家,除了陪大姐去买些皮货、吃的东西,晚上也就在三爷家睡了。四姐也来了,四姐和大姐一块儿睡。大姐就要走了,自然得和她亲近亲近才对。

1933 年 10 月 15 日

明天大姐就要走了,今天大家都在三姐家。晚上杨先生和陈逵来吃晚饭,谈了很久,真是麻烦。

1933 年 10 月 16 日

大家起来,天还没有亮,弯弯的月亮,黄黄的星星。忙了一阵,天也亮了起来。六点钟,车子来了,路上没有什么人,路灯还亮在,静静的,觉得凄凉。

张干是跟大姐来的,如今大姐走了,她不能走,自然她也伤心。她有她的悲哀,我们不能了解她。

到车站费了一些事,把货和行李都运了,然后我们买了月台票进去。大姐的那间房里已经有人了,送客的人全在房里。我们都下来,在月台上讲话。三爷也来了,三婶母也一块儿来了,真是难为了三爷。

还有五分钟就要开车了,三姐和四姐跑开去了,我知道她们哭了。三姐现在和我们都两样了,现在她有了她自己的家,不能再像以前那样自由了。大姐走后,她们见面的机会可就少了。

三姐哭了,这回四姐倒没有哭,难得。

我们跟着车跑得很远,直到见不到车子才停下。

月台上只剩下我们几个人,慢慢的往回走,三姐夫妇回家,我和四姐到东城。在路上我问四姐,你今天为什么不哭?她说有一个人哭就够了,并且我现在一个人在公寓里过,也过得硬了,不太容易哭了。我相信的确是这样的,一个人孤独惯了,便会把离别和相聚看得不那么样的严重了。别和聚,反正都是那么一回事嘛,干嘛要把它们看得那么严重?

赶上十二点的车回到学校,到合作社吃点东西当中饭。

1933 年 10 月 17 日

一下子就考了两样,都是抄抄书。读书一点也不能叫人上劲,每天只是这样的敷衍下去。上课的时候听到刘文典,讲到人家读书读得好,自己何尝不想像人家一样呢！

上体育课打球。

J 来北平了，她现在还怀着大肚子，在明年春上就要养小孩子了。她为了一点事儿，和丈夫闹翻了。她先有一个电报给我，我是分外的惊异，自然得缺了课，赶到前门车站去接她。她是瘦了不少，也老了不少，自然已是做了母亲的人了。我们相见都很快乐，马上我就感到困难了，让她住在哪里呢？三姐家不好，她家人太多了，不方便，还是住到四姐公寓里去吧，她那里只有四姐一个人，四姐可以劝劝她，安慰安慰她。到了四姐那里，我们自然都问她为什么这样冒冒失失的就一个人跑到北平来了。她哭着告诉我们她所遭遇的一切，我们都很同情她，劝她，劝她还要回到她的丈夫那儿去。她坚决不肯，我们也没有办法，只好让她暂时住在这儿。她说她还要到长春去看她的母亲呢。

包了饭，饭菜自然不好。但是我想借此刻，告诉自己，不吃菜，吃一个月试试看。

1933 年 10 月 18 日

到图书馆里去找书，找了半天也找不到一本我所要看的书，真是莫奈何，只得出来。

晚上，商寿来，他们都说近来很不开心。我不好说，其实，我何尝又开心呢！在进房里坐了一会儿，大家谈谈话。

1933 年 10 月 19 日

接到三姐转来的三弟的信，信上说到家里的事，这是叫人看了真难过。想不到家里如今弄到这样的情形,我一边走一边看信,上课时也没有心思,只想到家。回到房里来就写信,一起写了六封信:三弟,三姐,四姐,二弟,祖麟,I。

1933 年 10 月 20 日

一个人在外面走走,没有事。

1933 年 10 月 21 日

一天全闷在房里,读英语。想写一篇东西,拿出来了,又写不下去,只好停下来。

1933 年 10 月 22 日

想写一篇送别大姐时的短文,总算写好了。我认为写的一点不好,连看都不想看他〔它〕了。刮了一天的大风,被风关在房里,闷得很,到图书馆去看一看报。天津的钱老是不寄来,我写了一封信去催,真糟糕。假如他们钱还不汇来,仅剩的几块钱,就没有了,也说不上还债了。

1933 年 10 月 23—25 日

没有什么好记的。

1933 年 10 月 26 日

梦见我从外面回到家里,买了一张漂亮的台灯,到家的时候是黄昏。我拿了灯对妻子说,晚上的时候可以把这个灯放在床边,让灯看着我们睡觉。妻子瞪了我一眼。我和妻子商量着,要送毛家的东西,那毛家和我们是经常来往的亲戚,妻子不知是谁,肥肥的……除了梦,我也没有什么好记的。

1933 年 10 月 27 日

一连上了三点钟的中国社会史,出来就进城了。到四姐家,她刚刚吃过饭,我还没有吃,她陪我一块到市场上吃了点点心。慢慢的走回来,她回公寓去了,我便到三姐家。我睡在客房里,张干跟我说了许许多多的话。她出去以后,我总是睡不着。不知为什么,到三姐家,我总是睡不好。

1933 年 10 月 28 日

只有我和三姐在家,说说闲话,晒晒太阳。三姐自然又诉了苦,和九小姐怎样怎样的。如今她也变了,喜欢讲一些这样的事。

下午到北大找宗斌,我们一块儿打网球。打到吃晚饭的时候,宗斌请客,去吃菊花锅①。

1933 年 10 月 29 日

一清早就起来,和四姐一块到三姐那儿去。蹲在他们家,一点意思也没有,除了和四姐打架、玩玩之外,没有什么好玩的地方。

客来了,我便走了。四姐向我借钱,三姐已向我借了四元,四姐也

---

① 徽州地区的传统名菜。

要向我借两元,带来的十元只剩三元了。拿到一封信,是大姐的。

写了四封信,一封是去催钱的。

1933 年 10 月 30 日

读完老舍的《离婚》,一点也没有什么好,比他以前的差得太远。下课时骑了老苏的车子到处乱跑,到网球场看见小徐和李远义在打网球,我也和他们打了一会。

1933 年 10 月 31 日

三姐来信,说我明年就有人叫我舅舅了。真是太快了,九月九号结的婚,如今才一个月,就有了,真想不到。我写了封信去。

靳他们因为偷看了我的日记、信和相片,罚他们请客,在合作社吃了一顿,自然饭后又吃了咖啡。

1933 年 11 月 1 日

大概今天是十四或十五了,十六是大大的死期,这两天来,我老是想大大。

1933 年 11 月 2 日

夜晚躺在床上,读完一本巴金的《新生》,比他那长而大的《家》确实好多了。读完了这本书,什么也不想做,默默地坐在桌边。到底今天是十五还是十六? 用了阳历就是这一点不好。想哭,穿了衣裳到外面去,月亮很好,照在体育馆边上的篮球场上,更是亮,可惜外面总是觉得太冷。

1933 年 11 月 3 日

大家都设法逃了叶公超的课,他来时,人都跑光了。下午,上了三点钟的中国社会史,真是叫人头疼。接到两封信:一封是张裕琨的,他说他七号亲自送钱来;一封是小妹妹的,她怪我为什么不给她写信。写了一封信给四姐,告诉她,钱快要来了。

1933 年 11 月 4 日

没有课,吃了饭,苏说到外面去玩玩,天气也很好,他又去借了一辆车来。我们骑了出去,先到王静安的坟那儿去看看,是新坟。我们跟着前面的两部车到镇上,一转眼前面的两部车不见了。我们顺着小路走,看见一个工厂,门上写了北平织呢厂,有兵把守,还写着"谢绝参观"。回来我们走大路,大路好走得多。走着走着,越来越不对,在看前面的路,老长老长的。我觉得不对,这样走,说不定会走到城里去。后来问了人,知道我们走错了,我们走了不少冤枉路。看见了清华的烟囱和大礼堂的,我们才放心了。

累极了,倒在床上。

1933 年 11 月 5 日

听远义他们说,宗斌他们今天来,但今天这么大的风,我想他们也许不来了。但到吃饭的时候,他们还是来了,商寿和我一文都没有,不能请客,还是小徐有钱,他请的客。风太大了,没有什么地方好玩,蹲在房里打架。我的床,老苏的床,就成了他们的战场,打得一塌胡涂〔糊涂〕。

一会儿闹闹玩玩,到五点钟,他们坐车走了。我送他们出校门,回来把房间收拾收拾,换了单被。

1933 年 11 月 6 日、7 日

本来想进城的,但是又怕张裕琨说七号动身过来,今天不来清华,明天一定来得了,于是就没有进城,

倒在床上胡思乱想,想到家里的许多事:那剥蚀的四扇窗户,校门口篱笆上的茑萝,那老是修不好的台阶,园门口的狮子……一切的一切。吾妈她为什么老没有信来?是不是回家去了?四姐来一封急信,是要钱的。她真是苦,每日只吃一餐,中上随便吃点什么饼,如今恐怕连一顿的钱也没有了。钱这东西真是要人的命。我写了封信,寄了四毛钱救急,因为我也只有一块钱了。

1933 年 11 月 8 日

一清早起来,为的就是去抢包饭。等到我们去的时候,一个工友在合作社门口说,包饭没有了,我们只得回来。我想今天张裕琨该可以送钱来了,但是一直到了晚上,他都没有来。

1933 年 11 月 9 日

还希望张裕琨能送钱来,这一日带着希望,最后又成了泡影。

1933 年 11 月 10 日

自然又得进城去了,车子又慢,到城里,天已经全黑了下来。到四

姐公寓,三姐也在那儿,我问她张裕琨送钱来了没有? 她们也不知道,自然他是没有来,我们都很生气,他骗了我们。一会儿三姐回去了,我陪四姐在房里。她叫了一碗菜炒饭让我吃,一股怪味,但是我仍然吃了下去,因为我很饿。我们大家都没有钱,没有办法,四姐欠下了很多房钱,炉子也没有生,一天只吃一顿饭,随便买几个馒头烤烤,就吃了。我们说些这类的话,四姐伤心起来,把头钻进被窝里,说我们说点旁的吧。

到三姐家去睡觉,和三姐商量,明天到三爷家去说说张裕琨的事。

1933 年 11 月 11 日

起来就把夜来的梦告诉张干,我梦见我们都赶回合肥去了。进了门,冷冷清清的,走到后面,四爷家的小弟小妹,从房里迎出来,我几乎不认识他们。他们都瘦得很,眼睛都眍了下去,他们哭着告诉我,说亲奶奶死了。我也难过,自然我们得到灵前去磕头,灵前没有人,阴阴的,凄凄惨惨的,长明灯被微风吹得恍恍惚惚的。我穿了孝衣,点着点了蜡烛,有风,点上去就熄了,点了好几次才勉强点燃,摇摇晃晃的,光很小。不知为什么,不是上三支香,却上了四支。上香的时候,我作揖磕头,碰在灵台上。我跪下去,头碰在地上,抬起来的时候,就有一只冷冷的手摸一下我的头。我磕了四个头,她摸了我四下,好像是在爱抚我的样子。我知道是亲奶奶的手,但是我一点不怕,那冷冷的手从头上摸过,摸到头颈,怪舒服的。我站起来的时候,我便自动地用两个手把那个冷冷的手摸了一下。我醒来,再也睡不着了,一直到天明。

到三爷家去。说张裕琨来过,并没有提到我们钱的事。我又把我们今年来困难的情形说了，和三爷商量。三爷说，只有到天津去一趟，试试看吧。我便决定明天一早到天津。

午后到公寓找四姐，三姐、沈先生都在，他们准备外出。我便到宗斌那儿去借钱，预备明天用。

找到宗斌，他便去打电话给他哥哥借钱。我再回到四姐公寓，把剩下的一元钱给四姐。再到三姐家，说我明天一定要到天津去。他家的客很多，有姚蓬子、李健吾和他新婚的太太。我便回到三爷家里去歇。

1933 年 11 月 12 日

天还黑在，我就起来了，洗脸漱口，还拿了三爷的一个大电筒，我就走了。

星星月亮都没有落，路上没有一个人，天还早，才六点半。买了票上了车，在车上看了一篇巴金的《雷》。

这次到天津，我是十分的不愿意和无奈，是没有办法，不得不去要钱。

下了车，叫三爷所指示的路走，费了好多事，才找到张裕琨的家，在张公祠的后面。我叫门，开门的是一个小子，我猜他是张裕琨的儿子。走一条长长的衙堂，这衙堂底，我看见他的奶奶，她我是认识的，她曾经带了她的驼丫头到苏州来过。

等了半天，张裕琨他老人家才起来，也不说什么别的话，说下午我带少爷去要钱。我一点也摸不着头脑。

等他洗好脸，带我去看祠堂。祠堂大概是这样的，分成四部分，出租给别人做堆栈，每年进款共有一千七八十元，后殿二百四十三元，大殿二百四十元,花园五百元,大殿前的院子八百元。因为打官司,别人家扣下了我们的钱,张裕坤现在带我们去要的就是这个钱。我们到了那人家,那人不在,让他们家掌柜的先支一百块钱给我们。掌柜的不肯,等了半天,他也没有回来,只好回到张裕坤家。

真是难过极了,头又昏又疼,又找不到一个商量的人,晚饭也不想吃,又睡了。

1933 年 11 月 13 日

淅淅沥沥的下起雨来了,天色很暗,可是我决定无论如何一定要走了,否则我相信我会急死的。

起来洗了把脸,坐着坐着,只想哭,发泄发泄心中的闷气才好。张裕坤回来了,带来了三十元钱敷衍我,我心里真火。他说二十号之前,一定会把钱给我送到北京。看看他又可怜,又可恨,老是失信,害得我这么跑一趟。坐车到车站,迎面的雨打在我的脸上,感到很痛快。他要我不要写信告诉爸爸,说二十号以前一定把钱给我。

到了四姐那儿,一定得哭一下子才舒服。到了她那儿,因为没有火炉,所以她就坐在床上。我便把三爷借给我的十块钱,给了她,要她买炉子和煤。

买了几个冷馒头,我也没有吃,坐车到三姐家。三姐坐在床上,眼睛红红的,我问她为什么?她说我们刚才说起四姐恐怕会短命死的,我心里一寒。张干来对我说,这儿也是一个铜板没有了,等着我要钱来呢!我说我们这些人恐怕会短命的,因为我就没有想到我会活到四十岁、五十岁、六十岁的事。碰到这些事,我说些什么呢?!大大啊!

1933 年 11 月 14 日

到学校一天都是昏昏沉沉的,上完了课,就睡觉了。

1933 年 11 月 15 日

今天才算恢复了一点,老苏剩三元,我剩两元,我们只能在学校里面吃了。

写几封信,发泄发泄心里的闷气。

1933 年 11 月 16 日、17 日

没有钱用,心里总觉得放不下,干什么事儿都不定心。躲进书库里去翻了两个钟点的杂志。

上完中国社会史,去老靳他们房里,他正预备回家了。送他出去,到大门口,我才慢慢回来。小徐来,要我把稿子送给沈从文。我实在不愿意把稿子送给他,上次把小徐的稿子送给他,他老是不登,说文章不好,拖了下来。反正我没有稿子,也不写,写了也绝不给他,何况他也看不起我们,说我们不行,写不出文章来。

1933 年 11 月 18 日

我不记得我记了没有,就是一件大事,上次进城接到二弟的信,祖麟被捕。为了别的同学,他被嫌疑,如今已经押在航空署的军法处。我已写信给二弟托人打听,总不见回音,不知何故?I 也到了杭州,在杭州的中山中学做事,她来信也说了这事。我不知道祖麟被捕到底有

没有危险,会不会一关就关上几年? 要是这样岂不是……二弟说他家里还不知道呢! 唉呀! 真是偏碰到这些事。

1933 年 11 月 19—21 日

到二十号晚上,不见张裕琨来,于是我便进了城。到三姐家,到三爷家,他都没有来。他真是拿我们当小孩子耍,屡次三番的骗我们,我真是生气。

下车就到三姐家,沈从文还没有回来。等他一回来,他们俩就吵了起来,三姐气哭了,硬要出去,总算我们给她拉了回来。

睡在三爷家,想来想去睡不着,知道四姐上午没有课,便到她的公寓里去。她正坐在房里晒太阳看书,我把小妹妹的信给她看。四姐今天特别高兴,我从三姐那儿借到十元钱,有了钱,我便请她到市场五芳斋去吃面。我们都饱饱地吃了一顿。

我们坐车去天桥,站在那儿看一个女人卖艺,她说的话让四姐很感动。我想看看上次那个穿黑衣服卖艺的女孩子,但是没有看见,想来她们这些走江湖的人都没有定处,现在也不知道飘荡到哪儿去了。四姐简直舍不得走,她说这个地方能看见另一种人、另一种生活。

坐车到青年会,刚好赶到四点的车。和四姐分手,让她一个人回去,我便回来了。

1933 年 11 月 22 日

写了五封信。给爸爸妈妈一封,把张裕琨不给我们钱的事详详细细的说了。给小妹妹一封,一封给 I,一封给三弟和二姐。五封信写了四个钟头。

1933 年 11 月 23 日

一下子就考了四样,文选和诗经都考得一点不好。

1933 年 11 月 24 日

躺在床上,时时想到没有钱,真是很难过了。早上起来也不吃早点,便坐车进城了。三姐在家,但是没有什么意思,三姐肚子疼得要不得,到吃午饭的时候才好一点。午饭也没有吃,我就走了。

到四姐那儿,四姐上课还没有回来,我留了一张条子,到宗斌那儿去了。和宗斌一块吃饭,吃了饭,我把我带来的一只戒指交给他们,要他们为我当了,我到四姐那儿等着他们。没有多久,他们回来了,说是我的戒指当掉了,换了九块钱。两块钱给宗斌,两块钱给四姐,我留下五块钱,维持下个星期。

晚上,到三姐家睡,自然又睡得不好。

1933 年 11 月 25 日

三姐要我替她贴照片,一直贴到中午。我到四姐公寓去,看见四姐从公寓里出来,戴了顶红帽子。我陪她去那个小馆子吃饭,买了点梨,吃了咖啡。碰到商寿和宗斌,我们一块到北海去划船。

天阴阴的,还有点风,不是一个好的天气,等到我们上船的时候,却又出了太阳。大家都不太会划,船老是转圈子,我们转了一圈,到五龙亭,去看了九龙壁。出来碰见张干,说巴金请客,请我们都去。我不干,就和四姐分手,到宗斌他们那儿去了。

1933 年 11 月 26 日

有三封信。一封是四弟寄来的挂号信,信里有老伯伯寄来的二十元汇票一张。老伯伯因为看见我给大姐的信,知道我们都很穷,故汇二十块来作为零用。一封是吾妈从合肥寄来的。老伯伯的信是自己写的,我看了几乎哭出来,老伯伯我待我们真是好。

1933 年 11 月 27 日

昨天接到老伯伯的二十元,今天又接到合肥陆先生的三十元,心里稍稍舒服一点。计算着把三爷的十元和三姐的六元还了,还得花十块钱去把皮袍子赎回来,还剩下二十四元了,和四姐一家一半,十二元,还是什么都不够做。黄席椿的五十元,还不知道什么时候才能还给人家,他现在也没有钱了。这样一想,心里还是不开心,何况这五十元,不是家里寄来的,都是别人帮助的。想想看,真是难过。

1933 年 11 月 28 日

今天因为有钱了,吃了四顿。晚上读诗词,读得很高兴。

1933 年 11 月 29 日

早上我下了课就回到房里,我的五十块钱总算都取到了。算算看,半个月后又要没有钱用了。到图书馆看看书。

1933 年 11 月 30 日

七姐写信给我,知道一定有事,否则她是不会给我写信的。她为了打听清华投考的情形。

1933 年 12 月 1 日

远义和小徐都要和我一块儿进城,带了他们,自然得替他们打车票。下了车,他们都去北大,我去四姐那儿。一会儿,宗斌、远义、商寿都来了,屋子都蹲不下。一会儿,巴金、三姐和九小姐,来邀我们到协和礼堂去看戏。

公演的是《最后五分钟》《秦公使的身价》《压迫》,《最后五分钟》演得不好,《秦公使的身价》演得最好,十一点才看完,回达子营,睡觉。

1933 年 12 月 2 日

到北大,畏民叫工友,把我的皮袍子给赎了回来,利钱几乎两块钱了。到四姐公寓里,也没有什么玩的。三点钟,四姐上钱穆的中国通史,我也陪她一块儿去上。

1933 年 12 月 3 日

到三姐家,三姐在念书,他们要我念一篇契科夫①的小说。

他们家来了许多客人,李长之、林庚、郑振铎……我们走吧。

1933 年 12 月 4 日、5 日

有时候想想怎么会弄到这样? 也真是难过。黄席椿也说他没有钱了,一直到这个月底,虽然他不催我,但我怎么好意思? 这半年来总是

----

① 现通译为契诃夫。

为钱压迫着,没有一个时候是有钱的。

1933 年 12 月 6 日

邮票都没有了,要写的信也懒得写。写信是我最高兴做的一件事,比什么都热心。现在也不行了,我预备歇它个把礼拜,不写信。

做梦总是零零碎碎的,梦里面有鬼,梦到五爹爹死了,又梦到 I,在青年会开会,还梦到来了许多人……

1933 年 12 月 7—10 日

我们这一群人,日子都过得不大好,原因不单是为了没有钱。没有钱,自然是一个原因,但却不是最重要的原因。我们不是为了经济压迫,也不是为了爱情,我们有一个最大的原因,自己也常常不明白究竟是为了什么,不知道应该干什么。时常说我想哭,烦恼即使你不想,她〔它〕也会悄悄的袭来。这似乎是一件很自然的事,在别人看来,也许以为是无病呻吟,故意说什么烦闷啊,爱情啊,其实,只要你经过了这些事,便会知道,有些事不是装出来的,谁不愿意快快乐乐呢!

人不好过,整天没有事,整天在图书馆里,勉勉强强的写些东西,自己看看还是不行。

远义喝醉了酒,到我们房里来闹,闹了一阵,在我的床上睡了。

1933 年 12 月 11—13 日

看看日历,已经阴历的二十四号了,张裕琨仍然没有来。他已经欺骗了我们五次,我真是生气,一点办法也没有,除了写信骂他之外。

昨天忽然接到爸爸汇来的一百二十元。给四姐六十元,还黄席椿三十元,我自己留下三十元。有了钱,于是买点邮票,晚上写了五封信:大姐,二姐,I,小妹妹和张裕琨。

小徐临走时向我借了一块钱,买车票进城,他还剩下几毛钱,他给了小小徐两毛钱,说不要吃咖啡了,留着买邮票写信吧!我看了心里难受,想到到底是哥哥,借来的一块钱,还得分两毛钱给兄弟。我要是有钱的话,我一定多借一点给他,无奈那天是礼拜一,我的钱也还没有到。

现在灯一熄了,我点了蜡烛,写着日记。外面也很静,只有几声犬吠,因为太静了,没有什么可写的了。

1933 年 12 月 14 日

没有什么可写的。

1933 年 12 月 15 日

上了英文,坐了十一点的车进城。到四姐公寓门口,看见她从里面出来,把她应得的六十元钱给她。她开心死了,我们抱着跳着,计算着去哪儿吃饭。路上碰见了宗斌,我们一块儿去吃饭,大家都吃得很多。回来到四姐公寓,帮她把房子收拾妥当,我们就到三姐家。晚上,三姐、四姐和我坐着谈话,沈从文也加进来说,说了一些教训我们的话。我和四姐大概都不大高兴听他像老辈那样的教训。

三姐和沈从文走了,四姐和张大姐就在那边讲话,我又睡不着了。

1933 年 12 月 16 日

昨天听到三姐他们说,二姐来信说到 J 在上月二十九号生了一个小女孩,但是死了。我不知道 J 难不难受,想来无论怎样说,总有一点难受的吧。虽说一生下来就死了,母亲总还是母亲,怀了十个月,辛辛苦苦,一生下来就死了,岂不是太辜负人了?

今天很早就起来了,再也睡不着了,三个人,在一块儿打打闹闹。三姐说,只要我们一来,她就像小了十年,我们都玩得很起劲,平时她总是不疯的。

杨振声先生和沈从文都来了。等他们走后,我们吃了晚饭后,我就走了。

1933 年 12 月 17 日

昨天我们在三姐家,大家围着炉子说话,我们说到梦。我就说那天亲奶奶摸我的那个梦,四姐也说她近来做梦老是梦亲奶奶。张大姐又说到亲奶奶死的时候的情形,四姐几乎哭了出来。

晚上做好两首得交的旧诗。刚才因为剪贺年片,想到圣诞节又快到了,似乎和我很有关系,又写下下面几行。

前年圣诞节的夜晚

月儿太亮

我独自走向荒郊

轻轻地想

　　我是爱上她了
　　当怎么样

　　去年的 12 月 25
　　还是她和人结婚的时候
　　我想把我们的爱情结束了吧
　　可是这又怎么能够

　　今年的圣诞节又已快到
　　听姐姐说
　　她才生下的孩子，不幸死了
　　我想为了她的孩子
　　她一定又将烦恼

　　这诗全是事实，没有一点儿假，自然也不能给别人看。虽说做的不好，却还真。

1933 年 12 月 18 日

　　起得很早，读了点书。抽烟的本领近来高明不少，居然会吐出圈圈了，连自己都很得意。

　　下午整整的睡了一觉。

　　小徐进城，向我借一块钱，我得记一记帐了，否则，会忘记的。远义、小小徐和靳，一人欠我一元，小徐欠我两元，老张欠我十二元，一共十七元。我还欠黄二十元。

发信给二、三、四、五弟，每人一封。

1933 年 12 月 19 日

做梦。我和爸爸、小妹妹、五弟一块儿在花园（寿宁弄的花园），吃晚饭，饭桌上预备了三双碗筷。五弟一进花园门，就要上桌子，却被爸爸睞了下去。我们坐下且不吃饭，爸爸听我批评我们家的人，我们还没说完，五弟一个人悄悄的吃完了，为什么要说这些话呢！真奇怪。

这相逢

本不在意中

自然谁又能

怪它太匆匆

原是她们的好意

才安排下这场把戏

我感激

却又有些生气

绿色的帷幕慢慢展开

立着她那消瘦的身材

我立刻感到

像生病似的不自在

房内只剩下我们
围这个火盆
窗外下着雪
纷纷

并没有说多少话
天已经暗下
她说
今晚我不回家
结婚还不到一月

怎能不回家去歇
她想想
便也无话可说

在汽车上
她想到她的新床
说它是那样的温软
底下还有弹簧

我好笑

她真是还太小
哪能把这些话
让一个男人知道

别了她
独自走回家
雪还是
不住地下

我再也睡不着
那钟滴答滴答
一声声犬吠
更叫人寂寞

原是他们的好意
才安排下这场把戏
我感激
却又有些生气

这相逢
本不在意中
自然谁又能
怪它太匆匆

※　※　※

三弟来信说,他明天替我去买日记簿寄来。可是这么多天了,还不见他的日记簿寄来,我的这本已经记完了。

光阴是太快了,一切都还像在眼前的事,却都已经很远了。这一学期像是分外的短,才觉得开学,今又要放学了。

日子是一天一天的过去,日记是一天一天继续下去。有时虽然觉得,记日记真是太无意思,但是直到今天,我对记日记这件事还没有厌倦。虽然有时候我自己看看,也不见得好,我不知道我什么时候会厌倦记日记。

(第十一本结束)

1935年

泥上偶然留指爪,鸿飞那复计东西。

1935 年 2 月 1 号

记完一本日记，心里总觉得有点高兴。其实这并不是什么高兴的事，日子多过一天，便是多接近死亡一步，况且过去的日子是那样的荒唐，几乎完全是浪费了时间。有时想想觉得很懊悔，但是有时心里又想，过了就算了，想它做什么呢！

这本日记簿是四姐送的，她是从日本的店里买来的，随便怎么讲都比我原来的那本好。

进城到三姐家，和三姐一块儿看照片。我们现在照六二零的片子，真不错，一张也没有坏。

人家赶我走，还不能走，米也好，面也好，要打发一点才肯出门。

一到半壁街就唱戏，到四姐那儿就唱曲子，一直唱到晚上睡觉。

1935 年 2 月 2 日

四姐躺在床上，疼得厉害，叫张干去买药和酒酿。I 来了，她把张兴武的信给我看，说想哭，于是就哭了起来，哭得那样伤心，我们毫无办法。我们看他的来信，意思是要就马上结婚，要就不结婚，为了这个，I 才哭的。

恋爱原来就是一件苦，夹在别人里面更苦，结婚、订婚也是麻烦的事，许多总不能叫大家都称心。

I 走后，四姐的肚子还在疼。我知道在这样的时候，是需要人陪着的，就说故事、唱昆曲陪着她，晚饭后我才走。

1935 年 2 月 3 日

我正在记日记,三爷来了。我们在稻香村,买了许多年货,我们坐车回来。

下午四姐来得很早,我们想邀请 I 来我们这儿过年,我便叫了车子去叫她。

到了她公寓,她老先生不在,说是到图书馆去了。我只好一个人慢慢的走到图书馆,她果然在,说上午就来的,预备蹲到晚上九点钟再回去。我叫她下楼来说话,她说我今天心情才平静了,你又来,好像是我来错了似的。又说我不是真心的,是四姐叫我来的,这些话真是呕人。我真是一番好心,反而落得如此,想想看,也不必拖她过去。我便叫了车到三爷家去。

四姐、三爷都全回来了,看他们祭了祖,我和四姐也都磕了头。看见他们家如此,想起从前我们家过年的时候,比他们家还隆重呢,还热闹得多呢!

吃过年饭,放花炮,三爷买了许多花炮来,全都放了。三爷说要打麻将,带四姐四个人,刚好凑成一桌。打了四圈,我赢了二十枚,四姐赢得最多,三爷三婶母两家输了。

年过得并不热闹。打过牌后,又和四姐打纸张牌,她教我,我全不会,牌都不认得。

1935 年 2 月 4 日

我们都到三爷三婶家拜年,很迟了才吃早饭,吃的是豆沫面粑粑和鸡汤面。吃过早饭，我们就到三姐家。沈从文病了，穿着棉袍子躺在床上，他们家的年过的也可想而知了。

到他们家来，三姐要顾小孩子，又要照顾沈先生，哪有功夫来应酬我们。四姐睡觉，我在她房里写东西，沈从文也没有起来。一会儿三爷走了，说等四姐睡醒，我们晚上还去打牌。

赶到三爷家吃晚饭，晚饭后打了三圈，四姐大赢。

1935 年 2 月 5 日

跳绳，踢球，踢毽子，玩纸牌，玩到下午一点半。下午四姐要走了，我也要走了，回清华去，明天就要正式上课了。三爷不让我走，费了很大的口舌，才允许我走。和四姐又到三姐家去看看，看看三姐家的小宝贝。

和四姐一起出去，我就坐车回清华去了。

1935 年 2 月 6 日

今天开学。十点钟行开学礼，校长的演说很不高明，教务长说的话更是没有听见。今天是礼拜三，下午有课，社会学，哲学史。冯友兰讲的很好。

接到二姐的信，是问张干去不去上海的事，我马上复了封信给她。在邮局的门口，遇到陶光①和许世瑛②，我是和他们一起上哲学史的。

---

① 陶光（1912—1952）：原名光弟，字重华，清朝端方后人。1935 年毕业于清华大学中文系，抗战时期任教于云南大学。嗜好昆曲，曾得红豆馆主傅侗亲授。1948 年受邀到台湾师范学院任教，后又辞职，于 1952 年意外死亡，年仅四十。

② 许世瑛（1910—1972）：浙江绍兴人，许寿裳长子。1930 年秋考入清华大学中文系，毕业后考入清华大学研究院，继续从名师赵元任、陈寅恪研究语言学和历史。

陶光因为哲学史得了 F 很不高兴，便去问冯友兰。冯说，他的卷子和华粹深①的一样，错也错得一样。回到陶光房里，李鼎芳也在，大家说起这事儿，没有怎样说华粹深不好，李鼎芳也接过来和我说，陶光就对他大发脾气，大骂放屁。我们到清华来后，还没有看见人这样的发火。李也不说话了，让他骂去。骂骂气也消了，李说去工字厅唱曲子去吧，我们就一起去了。人我都不认得，只认得一个浦江清。我们去了，陈延甫②便要我和殷唱《楼会》，殷和另一个人唱《问折柳》，后来陶光唱一个《闻铃》一支曲。

1935 年 2 月 7 日

课是上了，人很少，先生也不起劲。

1935 年 2 月 8 日

想明天进城。

1935 年 2 月 9 日

十一点进了城，先到三爷家。四姐不在家，也没有回来吃饭。三姐他们要去看电影，我也和他们一块儿去看，还遇见黄席椿。片子不好，看完了电影，我没有回三姐家，就去了市场。

---

① 华粹深(1909—1981)，满族，北京人，1935 年毕业于清华大学中文系，后任教于中华戏曲专科学校。1956 年加入俞平伯、张宗和等创办的北京昆曲研习社。

② 即陈宝珊(1874—1938)：浙江嘉兴人，号延甫。1934—1938 年应俞平伯邀请到北京，任拍曲先生，并为清华谷音社拍曲司笛。

回到三姐家，他们家来了人，因为晚上三爷请我们看戏，我匆匆的走。三爷、三婶、四姐、小五姐、大姐、小弟都来了，我们看的是荀慧生。看过《恶虎村》《闹府》后，才是《花田错》。

1935 年 2 月 10 日

四姐来。今天早场演《相思曲》，四姐说很好，她看了两遍，还要看。可巧九小姐也要看，于是我们一块去。电影倒是不错，颇合我们的胃口，难怪无论如何她要看三遍，

那天，那天写好的像是白雪遗音的样子的东西，姑且留下来做历史吧！

> 我爱你，你也爱我，
> 我这事原来没有什么，
> 不可偏颇，原是碍着名分，
> 什么都不能做，
> 日子真是难过，
> 原是大大方方的事，
> 却偏要藏藏躲躲，
> 到头来也还是一样的
> 没有结果。
> 算了吧！
> 得过且过，
> 等到你有了人家，

我也安了家，
我不把事情告诉她，
你也要瞒着你的他，
乖乖听我的话，
免得打架。

姐姐爱我性子好，
我爱姐俊又俏，
只是脾气拗。
一句话儿说错了，
就把小嘴翘，
又是哭又是闹，
劝也劝不好，
哄也哄不笑，
把我急坏了，
出去出去只是叫。
没有法儿，
只好按住性子
往外跑，
心里不定，
怕她哭坏了身子
那就糟，
到家里也睡不着觉，

明儿一早去瞧瞧,

气还没有消,

说几句讨饶的话儿,

逗她笑,

亲一个嘴儿,

抱一抱

天大的气也全消,

倒比往日还要好。

1935 年 2 月 11 日

两天来,一共看了四回戏,所以昨天没有回去。昨天和 I 说好的,今天邀她去清华。到她的公寓,她在洗衣服,等她洗好衣服,四姐又去做衣服。还是老脾气,坐汽车头晕。

到了三院,找到她以前在金陵的同学,我们才到后面去吃饭。

晚上开夜车,为 I 找事,给大姐写信,又自己记日记。

1935 年 2 月 12 日

起得很早。早上有课,下了课,去看 I 她们。她们正在疯,I 躲在一个衣橱里。问她们吃饭没有,都说没有吃,但是又都说饱了。不用说,我知道她们吃了什么。

上午刮大风,她们就在我的房里拍照片,说是三点钟她们决定回去。又陪她们到外面照相,大礼堂、图书馆、工字厅、纪念碑,做了她们的背景。

在前面合作社,吃了一点点心,送她们上车。

四点还上了哲学史。晚上在殷房里唱《楼会》,礼拜五就要唱了,我还一点不会,许多地方都还很生。

1935 年 2 月 13 日

在图书馆里看书,没有直接进书库。晚上在小饭馆里吃饭。一点也不开心,回来就睡了。

1935 年 2 月 14 日

全上午都有课,下午没有课。写信,给陆二、陆八、二弟、三弟、四弟、五弟。上图书馆去看文学,看了篇许地山的《印度故事》。

拖周世道、黄席椿,大喝咖啡,又一同吃饭,到食堂去点菜。

接到城里电话,说我的妹妹今天十二点要来。我跟她说一点钟再来,因为我还要上两课。下了课,她倒不客气,在我的床上睡起觉来。

带她们出外照相,到气象台、大礼堂。

早早的吃了晚饭后,到俞平伯家去聚会。我们曲会,今天先在他家聚一聚,七点钟邀了陶光一同去了。

慢慢的才有人来,唱了《辞朝》《刺虎》《折阳》《拾画》《训子》。已十点多了,我们才回来,我把她们送到女生宿舍,我就回来,灯都已熄了。

1935 年 2 月 16 日

昨天叫陈延甫今天来大礼堂拍曲子。四姐说她什么都给我,只要我陪她去唱曲。我缺了课,西洋史也没有上。陶光、殷炎麟①,也来了,他唱了《八阳》,我也唱了《楼会》,唱得不坏。

十一点我们进城,明天再来赴正式的曲集。四姐因为今天还有朱光潜先生的约会,所以非得赶进城去。

I今天要走,到济南去了,她来辞行,送了她许多东西来。

送I走,回到家,她们都没有回来,只有九小姐一个人在家。和九小姐谈谈,然后睡觉。

1935 年 2 月 17 号

三姐也来听我们唱曲子。十点钟,我们乘车回来。华粹深来了我房里,陶光也来了。我们外出照相,回到大食堂,吃了点饭。到两点钟去的时候,人已经很多了。戏开唱了,唱了一支《折阳》,接着便是《定赐》《刺虎》《琴挑》《楼会》《拾画》《训子》《八阳》《藏舟》《吃糠》《辞朝》。两位太太唱的《琴挑》唱得最糟糕,没有唱完就跑了。我唱的《楼会》,还是"翠"字没有唱上去。一直到六点钟才完,也够累的。

晚上她们两位就去睡了,尤其是三姐,简直睁不开眼。八点钟就送她们到女生宿舍去了。

1935 年 2 月 18 日

三姐、四姐她们早上去逛圆明园,回来已是十一点。大家都很累了,中午一点,她们走了。四姐原说不走的,但是想想还是走了。我送她们到门口,回来上课,社会学。

---

① 殷炎麟:30 年代清华大学学生,清华谷音社成员。毕业后曾任教于嘉兴中学。

1935 年 2 月 19 日

晚上许世瑛那儿去念日文，八点钟去，他不在。到刁鸿翔房里谈谈，也没有什么事。

1935 年 2 月 20 日

正在把照片寄给四姐，四姐的信就来了。晚上唱《瑶台》很好听，但不大好唱。

1935 年 2 月 21 日

没有事。

1935 年 2 月 22 日

不进城吧，四姐的信上又那么说。下午她又打电话，问我进城不进城，我说明天十一点钟进城。我还得送戏票给她们，程砚秋的《琴挑》。

1935 年 2 月 23 日

自然是进城，那有什么话说？到三姐家，四姐一会儿就来了。我们一块出去，碰见华粹深和他的女朋友，华粹深给我们介绍他的女友。

晚上我在九小姐房里看一本画报，四姐在前面一间房，后来我到四姐房里去写信。

1935 年 2 月 24 日—3 月 3 日

下午和四姐、三姐一块儿出去走走，走到府右街、中南海，进去看看怀仁堂。三姐回去了,我们又到公园。四姐对我说,她要到日本,我们大家将来得分开。她到日本去,我是很赞成的,不过,我们总要把钱预备足了,省得到那儿发生经济的问题,那才糟呢。

晚上九点钟回来,决定本星期不进城。

这一星期真难过。春天来了,人懒懒的,晚上睡不好,日里没有精神,糊糊涂涂的,一天到晚不知道干些什么事儿。一倒霉,什么事都不如意,去上早操,跌坏了腿,打伤了手,想哭又哭不出来。写了封信给四姐。礼拜六没有进城,病了三天,难受极了,日文的作文也没有做。我想想怎么会这样? 是因为听到她要到日本,心里念头太多。

1935 年 3 月 4 日

日文请李鼎芳做了。一下午我都在外面,五点钟才回房。看见桌子上有条子,四姐写的,她说等我等了两点钟,我没有回来,她回去了。条子是五点钟写的,我预备出去找她。她回来了,我拦住她,不让她走了。她哭了,我知道,她一定生气了,一个人等了半天,等不到我,一个人也碰不到。我哄哄她,打水让她洗洗脸。她说接到了我的信才来的,天气又好,所以就骑了车子来,一股劲的到了我这儿,找不到我,自然生气了。

晚上在殷炎麟房里唱唱昆曲,又陪她在外面走走。

1935 年 3 月 5 日

今天老师请假,西洋通史,只上了一课上古史。我和四姐坐在气象台晒太阳,说说话,唱唱昆曲,直到吃中饭。下午我们又从后门出去,到铁桥下面的小河边上坐一下午。今天一天我们很快乐,可是我们一想到将来,便马上乐不起来了。

七点钟送她上车进城,她的车子我星期六再骑进城。

1935 年 3 月 6 日

无事。

1935 年 3 月 7 日

四弟来信,很滑稽,好玩。晚上写了三封信:四弟、大姐、小妹。

1935 年 3 月 8 日

无事。

1935 年 3 月 9 日

十点钟下了课,骑了四姐的车子进城去。这条路我没有走过,很好找,没有多久,就到了西直门的车站。

到三爷家吃饭,好久都没有到三爷家了,他们特别欢迎我。下午我又骑车到东城,把好久没有拿回来的照片拿了回来,三块钱。然后去看宗斌,其道现在搬了,老查一个人住在,大概很寂寞。五点多钟,我到四姐那儿,四姐和夏云在,从文和三姐都不在。

1935 年 3 月 10 日

她们都不肯出去,我和四姐去章大胖子(靳以)家,为了找他替华粹深找杨小楼、谭富英他们写字。我们去,他正在写文章,我们闹他。我们一块儿谈戏剧、文学,谈的还投机。我们出来,去吃饭,买了一些葡萄干来吃,吃饱了回三姐家。

从文说明天要到清华去,我趁机和他明天走。

1935 年 3 月 11 日

起得很早,坐七点钟的车。

体育不上了。你也该知道我是太累了,睡了一上午。从文来了,一同吃饭,和粹深外出走走。

1935 年 3 月 12 日

朱自清约今天中午吃饭,我怕从文今天不来。上日文的时候,听说已经看见他了,中上我才放心去吃饭。到图书馆看见他们从那边出来,我们一同到北院九号。朱先生的家,客室布置得很好看。菜是朱太太和一位张太太弄的,四川菜,非常可口,可惜太咸了一点。后来我到许世瑛房里,拼命的喝茶。

1935 年 3 月 14 日

尽接到一些没要紧的信,真是怪事,叫人生气。

1935 年 3 月 15 日

开会到两点钟,议决,驱逐沈履[①],早上各处布告、标语都出来了。

---

① 沈履(1896—1981):字萌斋,四川成都人,著名心理学家,中国心理学史的缔造者之一,是杨绛的堂姐夫。先后就读于美国芝加哥大学、威斯康辛大学、哥伦比亚大学。1938—1952 年任教于清华大学心理系。曾任梅贻琦的秘书长以及西南联大的总务长。

1935 年 3 月 16 日

急着又进城,先到三爷家,和三婶母谈了一下子。她告诉我,四姐又吐血了,我心里一寒。三婶母说昨天她到她们家,看见四姐的脸上颜色就不好,问说才知道,早上吐了血,还瞒着不让三姐她们知道。吃了饭我就去府右街,她们都在吃饭,我看见四姐精神还好。她告诉我,她昨天见到胡适之了。关于吐血,她好像并不大在意,这次吐得比上一次还多了一些,她自己也这样说。

殷炎麟来找我,因为老范请客,他来通知我说五点钟过来。

我们到北海,早春的天气真好,什么都嫩嫩的,像是柔弱的很。我身边的四姐也是如此,但愿她能和春天一样,一天一天的好起来,让嫩嫩的枝条渐渐的变硬起来,还要长出绿色的叶子。

又钻山洞。到五龙亭,吃肉末烧饼,大家都吃得很多。又坐渡船过来,五点钟坐车,回府。殷来了,三姐陪着。

从府右街向南走,到西单,又到西长安街,在大陆春吃的晚饭。我们都吃不下,刚才吃了烧饼。四姐说明天早上带笛子来,到三姐处。三婶母买了些藕,带给四姐煨了吃,三婶母待我们也算是关心的了。拉拉胡琴,唱唱昆曲,谈的自然无非又是陶光他们。

1935 年 3 月 17 日

早上四姐来说,她又吐血了,真不是事。到医生处去看医生,医生不在家,到天津去了。

大家在院子里晒太阳,吃了中饭,说到陶然亭走走。我和四姐都没有去过，也不认识路，出门叫了一个车。春天芦苇都没有，只有浅浅的草、大片的水，时而有两只水鸟掠过水面。陶然亭里住的全是兵，问香冢，都不知道。后来才知道，在亭子的北面一个土墩上，有两块小碑。只有碑，坟也不知道在哪儿，碑上刻的就是那首"浩浩劫，茫茫愁……"和"飘零风雨可怜生……"。

坐原来的车子回三姐家。客人多，我们就在四姐房里玩。

菜不多，人多，闹得很，八点钟，本来不想回学校的，赶紧回去了。

1935 年 3 月 18 日

早上写信给四姐，劝她好好的，要去看病。

1935 年 3 月 19 日

晚上到许世瑛那儿，把日文做好，回来，又写了信给爸爸，报告四姐的病状。

1935 年 3 月 20 日

写好给祖麟的信。

1935 年 3 月 21 日

从文来，在二院吃饭。许久没有去二院了。

在殷那儿唱昆曲。

1935 年 3 月 22 日、23 日

无事。

1935 年 3 月 24 日

早上接四姐的电话。她给林宝罗看了,还照了 X 光,确实有病,这两天早上还是仍然吐血。

1935 年 3 月 25 日

还吐,去林宝罗处,我不信他。打针,回去,发热睡下了。写信给大姐。三点钟,哭起来。到三爷家,不让走,吃完饭,走。

1935 年 3 月 26 日

不定心,头晕,念书都念不下去。

1935 年 3 月 27 日

考社会学,一塌糊涂。

1935 年 3 月 29 日

放假。
四姐和黄席椿来。睡了一觉起来,吐得很多,吓了我一跳。

1935 年 3 月 30 日

去西山,叫了汽车去的。先预备去看看卧佛寺的房子,哪知不成,于是看了华粹深在西山的一间房子。四姐说好,于是决定搬来这里。

1935 年 3 月 31 日

进城,购物,看《基督山恩仇记》。

1935 年 4 月 1 日

为四姐搬家,下午去的,我在那里住了一宿。

1935 年 4 月 2 日

坐七点的车回清华,回去还上了第四课。

1935 年 4 月 3 日

钱留存。吴景超①请假,都是一星期,我就这样没有课了,真是难过。

1935 年 4 月 5 日

党义叫黄代上。星期六西洋史,又请假。我七点到燕京煤厂屯三十一号,带上行李一捆。

四姐略好,没有天天吐血,我住了下来。

1935 年 4 月 6 号

怎么办呢!简直不记得了,只记得住在山上。

---

① 吴景超(1901—1968):安徽歙县人,民国时期著名社会学家。1931 年起任清华大学社会学系教授,1932 年任清华大学教务长,与闻一多、罗隆基一同被誉为"清华三才子"。

1935 年 4 月 7 号

外出,到湘雨旅馆打电话,叫驴,上碧云寺,回来坐着听水。三姐、从文来,上午陪他们上卧佛寺周家花园,骑驴上去的。下午他们去玩,我不去,他们意思也不愿我去。

晚上四姐睡了,房里没有烛,我陪她说话,身体不好怎么能行呢!她很难过,我也郁郁的。

1935 年 4 月 8 号

四姐生气,大发脾气,要我和张干都走。我们都要哭了,难过极了。

三点钟,她在翻书,叫我去睡,叫张干把我盖好。我知道,她不气了。

又吐血了,又头疼,都是哭闹的。殷炎麟来了,晚上住这儿。

1935 年 4 月 9 日

想出外买碗,回来,李在为殷收拾屋子。李也来住,苏也来住了,人多了,似乎好一点。

1935 年 4 月 10 日

和殷上碧云寺取水。院里走走,又买了一罐菠萝蜜。

1935 年 4 月 11 日

下午回清华,清理一下自己。

1935 年 4 月 12 日

进城为四姐买东西。先到西城西单一带买,又到邮局,又到东城,买了整整一小皮箱的东西。

到宗斌那里吃中饭。到三姐家、三爷家,五点回西山。

1935 年 4 月 13 日

殷论文做好了,早上走了。我下午三点进城,五点多到东兴楼吃饭,粹深的订婚酒。到三爷家歇的。

1935 年 4 月 14 日

十二点,鼎芳为他父亲做寿,请客。

下午四点,回清华。爸爸汇来了一百元,要四姐回南方。四姐不肯,要我写信回爸爸,我晚上就写了。

1935 年 4 月 15 日

上课,春假已完了。写信给大姐、老伯伯,一人一封。

1935 年 4 月 16 日

接四姐信,说不吐血了。

1935 年 4 月 17 日

老在学校里,就没有事记了。

1935 年 4 月 18 日

接四姐电话,谈了许文锦的事,是甚得意。

1935 年 4 月 19 日

看李健吾领导下的"委曲求全",各人的技术都还不错。王先生顶好笑了,十足是一个老实的会计员的样子,我一见他就要笑。王太太是北大的石之琼,作的好画。

1935 年 4 月 20 日

同期,我唱《游园》,和余芳合唱。三点半去西山,黄席椿被赶下来,没有地方了。

1935 年 4 月 21 日

来了许多人,张干回来了,三婶母,小五姐,郑畏民,范俊贤,黄席椿。吃饭没有办法,我带他们到外面去吃。讨论还是进城去看一趟,四姐仍然还在吐血。三点钟进城,到三爷家。

1935 年 4 月 22 日

先到中药医院,给陆永春看。看得很仔细,说只有比以前坏了,最好住几天院,看看怎样调。

又到孔柏华家,他说不是肺病,是湿热,一点不要紧,只要吃几副药就好了。下午我们商议,还是要去医院,叫张干进城来。医院没有二等病房,有五元一天的特等房。看她睡好,七点钟我到三姐家吃饭。才回学校,接到了不少的信。

1935 年 4 月 23 日

上午四课,下午没有课。

1935 年 4 月 25 日

下午进城。三点还没有到,医院不见客。去医院,四姐一个人躺在床上哭,说难过,昨天一天都没有吃东西,吃了全吐了,今天也没有吃多少,现在肚子又难过,要吃白面。看护去拿来,她吃了才好。

一会儿,她又说又笑了。真的,一个人在病院里,想想是会哭的。

四姐给我一块钱,让我到半场园去吃西餐。

1935 年 4 月 26 日

起大风了。四姐说,夜里刮大风,她就睡不着。不知今天怎样?

1935 年 4 月 27 日

今天运动会放假,四姐看见我,她一定会很高兴。

想起顾启华约我下午去他那儿,我早上进城,在医院里,我就打了个电话给他。他在协和,快十二点,我到协和去找他。

和四姐说好,下午三点去看她。到了医院,和她说起晚上要去看戏,四姐就不高兴了。七点多从医院出来,到五芳斋吃一碗面,去看戏,《樊梨花》。

1935 年 4 月 28 日

八点多就动身到医院,陪四姐念书,唱昆曲,唱戏给她听。到三姐家吃中饭,和张干说起四姐的病,张干也急死了。她要住到三婶家去,因为三婶家离医院近,就让她住在三婶家吧。

1935 年 4 月 29 日

去医院很早,回三爷家吃饭,两点钟又到医院,她们都在睡觉。我在商场转转,回医院。四姐又要洗肠子。快六点了,我要走了,临走时四姐流着泪和我说出院的事。我知道她实在不愿意住在医院里,钱也有问题。

1935 年 4 月 30 日

四课只上了三课。答应四姐写信,让宗斌带回去。宗斌今天下午一点钟进城。

1935 年 5 月 1 日

三弟来信说四姐不回去,怕要钱不易了。天津的张裕琨叫兴城店的一个人送了一百三十元来,把这个消息叫他们带进城去告诉四姐,让她也高兴高兴。

1935 年 5 月 2 日

原是说好今天去接她出院的,下午一点我就到了医院。三姐、九小姐来了,一会儿,朱干也来了,张干先回西山去收拾收拾。三姐叫的汽车来了,一同上车,先把朱干和九小姐送回府右街。三姐抱着四姐,开了一阵,四姐叫不舒服,她就坐起来。到了香山,用藤椅抬着她回去。三姐晚上住在这儿。我和张干睡在华家的那间小房里。夜雨。

1935 年 5 月 3 日

天阴在,滴滴答答的下了一天的雨。下午三姐回去了。

1935 年 5 月 4 日

天阴下雨,整天都待在山上。

1935 年 5 月 5 日

说错了一句话,惹四姐十分伤心,这原是我的不好,我安慰了她好久才好。晚上我没有走。

1935 年 5 月 6 日

早上回校。

1935 年 5 月 7 日

没有事。

1935 年 5 月 9 日

下午进城,黄也跟了去,他坐四点钟的车回学校,我到三姐家。和三姐一块到三婶母家,我们在那儿吃了晚饭,回三姐家住。

1935 年 5 月 10 日

四点半的车到香山,一点也不挤。四姐几天没有吐血了,快好了。

1935 年 5 月 11 日

风雨。四姐写信给许文锦。

1935 年 5 月 12 日

殷炎麟来,打扑克,吃鸡汤。下午上玉皇顶、水晶宫。下午殷走,吃鸡油饼,味美。

1935 年 5 月 13 日

今天早上,回学校,晚上唱起昆曲,唱《佳期》。

1935 年 5 月 14 日

开始读社会学,读了一些参考书。

1935 年 5 月 15 日

去考试。

1935 年 5 月 16 日

上西洋史。

1935 年 5 月 17 日,

仍然是礼拜就去了,念《红楼梦》。

1935 年 5 月 18 日

张干下午进城,我服侍,夏家太太同我说了半天话。
一切的誓言都成了虚假,我不能听她的话。

1935 年 5 月 19 日

十一点张干回来,带来了许多东西。

1935 年 5 月 20 日

临走前走不了了,张干说错了一句话,她又是哭了,
吃喝完了,唱曲子,这曲子礼拜六要唱的。

1935 年 5 月 21 日

上古史今天结束了,以后便不上课了。

1935 年 5 月 22 日

快大考了,却仍然是混混日子,天天如此下去,真是不行。

1935 年 5 月 23 日

颇为努力的唱《佳期》,却没有好好努力的读书。

1935 年 5 月 24 日

原是今天要去西山的,为了明天曲子能唱的好一点,今天不去了。

1935 年 5 月 25 日

在名人小纪念堂开会,人很多,俞平伯大为高兴。《佳期》是第三支唱,殷吹笛子,许多错,但还算好。我唱完了,坐了一会儿就走了。

夜间四姐唱《思凡》,我没有好好的听,她就生气了。后来睡的时候又哭了,哄也哄不好,我拿了两块饼干给她吃,定定心才好的。

1935 年 5 月 26 日

是阴历四月二十四号,我的生日,早上吃的是寿面。

章大胖子和萧乾来了,带了一束白芍药花来,他们倒真的是像来看病人的样子。

早上四姐睡觉,我们便上双清别墅去,不让进。萧乾跟卫兵办了交涉,开了门,我们进去坐了好一会儿,

回去吃咖啡,玩牌。四姐牙疼,六点钟他们走了。他们两个人挺好的,和我们一块儿玩,还挺合得来。

1935 年 5 月 27 日

为了牙疼,四姐一天都在闹脾气。我们所知道的办法都用尽了,还是不行。晚上她要起来走走,我们到平台上坐下。今天晚上我没有回学校。

1935 年 5 月 28 日

今天礼拜二,却又碰到那个小女孩,带着祖母送爸爸。爸爸和我说了话,因为我碰到他们不少回了。

和许世瑛去借书。请了陶光、老苏、小刘等,明天在大食堂。写了封信给许小姐(文锦)。

1935 年 5 月 29 日

晚上在大食堂请客,有刘光琼、祝弼、孙晋三、彭世光、张景桂、殷炎麟、老苏。

我大喝酒,竟醉了,出来还勉强,可是走到房里,就躺下了。酒后的滋味真是很凄凉的。

1935 年 5 月 30 日

真是笑话,老苏居然叫我帮他忙,他说他回去离婚,又说四姐对他很不错。我不知道他从哪一点看出来,要是四姐肯嫁他,那么也可以嫁了。我一肚子的不乐意,他居然敢对我说,虽然我早就看出来了。

一天没有上课,在图书馆里,做了不少事。

1935 年 5 月 31 日—6 月 5 日

……

1935 年 6 月 6 日—12 日

大考期中。

1935 年 6 月 12 日

考完社会学。四点半就上山，大姐已经在山上。大姐来电报，说她九号到天津，叫我到天津去接她。我正好在大考，怎么能去接她呢？进城叫三姐去接她来。

1935 年 6 月 13 日

杨立庆一早就来，晚上我走了，让他睡在山上。

1935 年 6 月 14 日

进了城，找到黄席椿，他把戏票给了我。再到三爷家，全都不在家，我便到北大，我们一起到东兴楼吃饭。在东兴楼，我吃得大醉，戏也不能看了，让远义他们去看，回三爷家休息。

1935 年 6 月 15 日

到三姐家，又到北大，一块儿上街去替四姐买东西。回到山上，片子才开了三张，机子就坏了，新买的五张片子还没有开完呢！远义也和我一块儿来了，他也住在山上。

1935 年 6 月 16 日

张干昨晚走了，我和大姐自己弄菜吃，倒也很好。十点多钟远义走了。今天早上朱干来了。

1935 年 6 月 17 日

带朱干、张干、大姐一块儿上静宜园、双清别墅。不让进,最后还是进去了,照了许多照片。一会儿,殷炎麟也来了,说他们都不在学校,进城去了。

殷炎麟带了胡琴来,一会儿我们就唱起来了。夜间,月下听他奏《月夜》《病中吟》等曲子。

1935 年 6 月 18 日

殷走了,因为受不了蚊子。

1935 年 6 月 19 日

带了朱干一阵回学校,到处玩了玩。上了一堂课,她回去了。

1935 年 6 月 20 日

原想在学校多住几天,一早杨立庆就打电话来,要我去北戴河。我说不去,他又一定要我去一趟。大姐要去北戴河,三点多大姐上车。

1935 年 6 月 21 日

这两天,四姐又吐了一次血。

1935 年 6 月 22 日

靳以、萧乾、陆孝曾、三姐,一大批人来,靳以唱黑头,萧乾唱歌,孝曾唱《苏三》,三姐唱扬州小麻雀,四姐唱《文琴》,我唱小调《哭七七》,很热闹。留声机也收拾好了,带了回来,大开,闹了一天。

1935 年 6 月 23 日

从文来了,八点来的,十点就走了。你何必又来应酬呢!

1935 年 6 月 24 日

我一早回学校去拿衣服,预备下午回来。到学校洗洗澡,分数出来了,最坏的是 I$^+$ 总算都及格了。三点到燕京坐车,到教务处拿辅导书材料。

陶光、华粹深、李鼎芳、芝轮和伍玉贤,都在山上,四姐说人虽然多,他们不闹。

1935 年 6 月 25 日

在静宜院中拍了许多照片。

四姐发脾气,她原来就易生气,现在在病中,更爱生气,最后大哭,说是大姐不回来了。她也是有趣,譬如说,她拿了我手中的扇子,说要撕,我说那是人家的,她又哭了。又有一次,她要撕钞票,结果把装钞票的破信封撕掉了。她可能大笑,也可能马上又哭了,真是没有法子。

六点钟我进城,张干让我买酱油,又给我两块钱,买避寒针(温度计),不让她知道。买了东西吃了饭,到三婶母家,晚上睡在三婶母家。

1935 年 6 月 26 日

她们今天全都走了,说过两天再来。下午接到大姐从秦皇岛来的电报,说二十八号归。

1935 年 6 月 27 日

吃过早饭,我们都睡了一会儿。预备吃饭,为了张干不让我倒她这水瓶里的水,就生气了。后来说了两句,吃饭的时候,哭了起来,后来竟是大哭,哭的很伤心。我知道她一定想起什么来了,我问她为什么?最后她说,她梦见亲奶奶了,亲奶奶叫她去养病。这话说得我一下子也哭了起来,但是我马上就忍住了。我慢慢的劝她才把她劝好,然后又给她吃了饼干。

1935 年 6 月 28 日—7 月 20 日

大姐不回来,四姐想她,大哭大闹,打电报去,说是二十八日归。每日等汽车,等大姐回来。接大姐由城里来的信,说病倒了,累坏了。四姐还生气,说一定是三姐留她在城里,不让她来,派我进城。我进城一看,大姐果然是病了,发烧,瘦了一圈。我去找宗斌,不在。到市场里购物,在路上遇见宗斌。

三姐一味替从文做事。六点钟车回香山,大姐她们准备去大同。其实她们真不应该去,四姐病成那样,她这回还要走。她原来是来北平看护四姐,四姐病成这样,她却天天在外面跑,不归家,难怪四姐要生气。我想拦她,看她那样子,是很热心要去的。

三日晚上,杨立庆来了。

四日,杨独自游八大处、温泉。晚上和我一块上清华,我带他到清华一部分转转。

五日清晨游清华,带他到燕京。十一时他进城,我回清华,晚上我回山上。

四姐又吐血了,这两天大姐不当走。家里有消息来,二姐添了一个小女孩。五弟的失踪,二弟的事,爸爸的吐血,总之,都是些不幸的消息。怎么家里尽遇见这些事呢!

九日大姐归来。几天来四姐仍然是吐血,或是带血,或是紫红色的。大姐回来,再到医院去。没有钱,写信给爸爸,没有回音。十日,杨三庆又来。他一来就没有好事,又要大姐到潭拓寺去,大姐自然是高兴的。

十一日进城,叫了汽车,三姐过来接我们。等到十点钟车才来,到中华医院,大姐和三姐陪四姐去,我到三姐家。朱干抱着小龙朱出来玩,九小姐也都去了医院。

医生说才吐过血,不能照 X 光,要等不吐了一月以后,照光才能看得清楚。开了一点止血的药。进城就是为了照 X 光,但又不能照,下次还得来,开点药吃吃,也不算白来。

十一日忽然大雨,一直下个不停,到下午四点才停。我们仍然回山,先坐车到东城,一路上买了点东西。大姐今天一早就说要去大同,实则要去潭拓寺。

回来按时吃药,量温度。

十四号晚上大姐回山。我生病了,小病,第一次不算什么,第二次在十四日,突然大发热,热度三十八度,脉一百零六,连着三四天不好。

十九日祖麟来,他是来考北洋工学院的,说是在北平自修一年再考。他带来了南方的消息,说爸爸又犯病了,家里翻得一塌糊涂,各方面的信都不看,我们的信自然也不看了,那些信都算是白写了。还有五弟至今没有归来,吾妈到学校还哭了一场。三弟用功去作曲、作画、拉大提琴、拉小提琴、弹钢琴,还拍照,一天忙得不得了。四弟也还好,还用功,整天给爸爸叫来叫去的,也只有他和爸爸还说得来。二弟仍然在海门,说要到上海考学校。祖麟晚上和三姐一道走了。

二十日我一早回清华,写好三封信。到图书馆,借书。去洗澡,把身上洗得干干净净的。七点半上了个破车,人太多,挤死了,回到山上炒饭吃。

这许多天来,我以可以看到的成绩,是抄了好多曲子。我会的抄了六首,有时几乎每天都在抄。

自进城回来,吃了药,四姐就不吐了,人也似乎好了点。

三弟来快信说,爸爸把桃镇的田分了七份,给我们兄弟五人及四姐,算是学费。但是拿不到钱,就要我们写联名信去叫陆八先生借一千四百元,等秋收时在我们的田上所出。我们还没有得到田,倒先得到一批债,况且,把田给我们有什么用呢?明明知道没有钱,我们要钱,不要田。这是搪塞我们,我已写信给妈妈,给陆八,说明详细情况。我接到那封信,真是气死了,回信也说不出,我们什么事也不会干,光是着急,有什么用呢!我们的事真是糟糕,现在只剩五块钱了,大姐也没有钱,什么地方都不汇钱来。

1935 年 7 月 21 号

一清早,大窦先生来了,说小窦①骑了车子还在后面,他也来了。

---

① 大窦是窦祖麟,小窦是祖麟之弟祖龙。

小窦又瘦又灰白,最近考取缕星长途汽车的办事员,现在只等公司来信,叫他去上班。我和祖麟他们到双清,然后到山亭,原还想到别的地方走走,可是找不到路。一路上我们讲讲谈谈,他说 J 现在生了一个男孩。下山回来才两点钟,大姐在里面写信。

1935 年 7 月 22 日

大小窦一起走,大窦本不想走,小窦要走。想到一个月没记日记了,赶紧补补日记,一天功夫都在记日记。

1935 年 7 月 23 日

大姐要我教她日文,我的日文也是二百五。

1935 年 7 月 24 日

四爷和八姑爷,他们都来香山了。四爷一来就哇啦哇啦的讲不停,就听他一个人的声音。吃过饭带他们玩,先到碧云寺,又到香山里面去转了一圈,双清别墅、山亭……回来五点钟,吃过饭他们想回去了,八姑爷喝醉了,结果都就睡在这儿。

1935 年 7 月 25 日

他们都要去玩颐和园,要我陪。坐了八点半的车去,雨还在不停的下。我带他们还是照从前的路线走,先到谐趣园,然后由佛香阁下来,到长廊、排云殿、铜亭。后来到苏州街,回清宴舫,雇船渡湖,到龙王庙,看有女人在游水。到十七孔桥,到铜牛那儿,到玉澜堂,然后出去,在门口的小店里吃汽水、吃茶。晚上回到西山。

1935 年 7 月 26 日

下午大姐在外面的房里躺着看书,四姐硬要看我的日记。我就知道,她看我的日记要生气的。日记里面有些话粗一点,她就生气,要撕掉那两张,只得让它撕掉,又叫我拿火来烧。我当时很生气,我觉得我的日记为什么要别人来干涉呢!虽然我记得不好,但还不失其为真。她们这些人都有些虚伪,记点事情都是那么做作,这还说什么呢!但是后来想想,她这样也是对的,要是让别人看见,似乎太不好了。我让她撕了烧了,不和她说话,一直到晚上也不理她。我有一点生气,后来想想也不气了。她说你要是再写这些,就不理我了。

1935 年 7 月 28 日

得电报说,叫我三十号到车站接人,名字是一个孙字。我猜是爸爸叫人来,也想不清是谁。

1935 年 7 月 30 日

七时进城,和大姐一块儿,到车站去等。车子来了,是二弟来了,我们都没有想到会是他。我们叫了三辆车到三姐家。吃了饭,我们到广和楼听富连成,朱干也去了。有《桑园会》《花田错》《霸王走庄》,《霸王走庄》毫无意思,还是毛世来的《花田错》好。

二弟来带了笛子,有人拉胡琴吹笛子了,我们就大唱了一气。他是来玩的,下半年他要到日本去。

1935 年 7 月 31 日

早上到北海划船。三姐和从文他们又不一阵来，找这个找那个，一点也不好玩。后来翻山出来，到北大找宗斌，一阵到市场上去吃饭。到三姐家，累了。

1935 年 8 月 1 日

天太热了，她们都不愿意出去，在家里打麻将。四姐也打，打了一圈就休息了。

晚上陪四爷，到香云饭店。一块六一间房，真是不值，另外加张铺还要八毛四，四爷又没有钱。说我不陪他去睡，四姐还要发脾气，她一点也不知道要这么多钱，也不知道是没有钱。我仍然睡我的床，陶光走了，空了一张床，我睡他的床，四爷睡我的床，二弟，仍然和大姐睡另外一张床。

1935 年 8 月 2 日

一早到卧佛寺，到周家花园。下午我们到玉泉山，我们骑驴去的，到玉泉山看了一下就回来。回到清华，天阴有下雨的样子。

老苏还没有走，大概他无心走了。晚饭后各处走一走，四爷睡了，我和二弟预备在华粹深房里睡。找殷炎麟唱唱昆曲，唱《拾画》《折阳》，听他拉《病中吟》《良宵》等曲子。

1935 年 8 月 3 日

仍然是下雨，四爷也不想玩了。下午到燕京去了一趟，回山上。

1935 年 8 月 4 日

阴雨。

1935 年 8 月 5 日

大雨,我不想进城里去,原来四爷要叫我进城的,说是一同到天津去一趟。这么大的雨,我想他们也去不成了。三点雨终于止了,他们一定要我进城去,于是我就进城了。突然下起了大雨,只好在旁边躲雨,今天天津自然去不成了。

1935 年 8 月 6 日

走时大姐说,三姐处有她二十元钱,可作为去天津的路费。早上到三姐家去拿了钱,乘三点钟的车,到天津。到天津开了一间房,四块钱,洗了澡,出去吃饭。我们觉得旅馆太贵了,去另外找了一个地方,一块五毛钱。我睡在地上的地毯上,睡不着也不行,只睡了几个小时。

1935 年 8 月 7 日

我们去找张裕琨。到张公祠,路上全是烂泥。张裕琨家变大了一点,外面筑了一个棚,里面好像也比以前干净了一点,他的老母亲死了。天下起雨来了,越下越大。到祠堂里,马马虎虎的烧了三支香,各处走走。张裕琨说他那儿可以出二百五十块钱。下午,到中原公司转了转,花了一毛五,买了两支铅笔。

回旅馆,正要睡觉,张裕琨跑了来,说明天请客。

1935 年 8 月 8 日

在国民饭店时,打了几个电话,给萧乾(现在任《大公报》的编辑),没有打通。我找去了,萧乾坐在他的桌上吃饼干,我也没有吃早饭,正好吃一点。萧乾早上还要写四千字的稿子。和萧乾一块儿吃饭,萧乾没有钱大请客,花了一块钱,叫了一点菜、一点酒,还不错。菜叶里吃出一只苍蝇来。我和陆德坐电车,说去河北博物馆看看。十枚买门票进去,并不好看,没有精彩的东西。五点多钟我们一同到什么楼去吃饭,因为说好,七点到八点,到大公报馆去,所以我没有等席散,就走了。萧乾还有事,我在房里等他。十点多钟和萧先生去回力球场,球场和上海的差不多。萧先生十一点钟已去,我一个人回来,四爷他们还没有睡。我睡下,一会儿觉得恶心,到茅房里去吐了。吃了苍蝇爬过的东西,心里不好受。四爷买了瓶"十滴水"来给我吃。肚子疼的厉害,睡不着,泻了起来,这一夜睡得都不舒服。

1935 年 8 月 9 日

马上就病倒了,人亏的很,整天都躺着。四爷去取的钱。我勉强爬起来,想洗洗澡,出出汗,但仍然是泻,水泻,昨天怀疑是痢疾,又吐,又当是霍乱,把我吓死了。早上没有吃东西,中午也没有吃,晚上也没有吃,到夜里才吃了一点牛奶和面包,还吃不下。

快到十二点了,四爷才回来,说好麻烦才把二百五十元拿回来。等了三个钟头,张裕琨才过来。他说他妈的,居然当着面骂了出来,我说你也想到了?找张裕琨的事儿就是没有办法。买一元钱的鸦片烧了,说吃了止泻,我勉强喝了下去。

1935 年 8 月 10 日

夜里睡在两张椅子上,椅子太短,脚伸不直,睡不着,但比昨天晚上好一点。今天已稍好,像是一口鸦片烟之功,也精神点。和四爷在旅馆里谈谈。早上我要了一份咖啡和粥,晚上喝了一杯牛奶。鸦片烟又吃了一点,有点甜,无怪味,许多人喜欢吃它。晚间萧乾来,我告诉他,明天一定得回去了。他托我带给靳以的东西,始终也没有带来。

1935 年 8 月 11 日

今天算是走了,趁 7:35 的车。四爷不走,原说张裕琨昨天晚上六点就由廊坊送钱来,等到九点他还不来。四爷火了,自己去他家。车上很空,回来好像比去的时候快,碰到一位清华的学生。到三姐家,一家人都不在,只有小宝宝、祖麟在,她们全都到山上去了,连九小姐也去了。我算好她们六点钟要乘车回城,四点钟我就乘车,到山上去了。四姐气我,我也气她,说一个钱也没要到,她也信了。一会儿,我才告诉她实情。

山上除四姐在,还有二弟。累了,早睡觉。

1935 年 8 月 12 日

二弟要进城,四姐给二弟十元钱去玩,

1935 年 8 月 13 日

早上到泉水边去坐坐。一天都守着四姐,晚上也出去走了一趟。

大姐老是不回来,四姐生气了,明天要瞒着人和我两个人进城去大大的玩一次。反正钱来了,她心里想去,就让她去高兴高兴。

1935 年 8 月 14 日

一早我们就起来,七点钟的车进城,带了三十五块钱。我们坐洋车进城,一直到了市场,她先给我买了双皮鞋,在荣宝斋吃了点心。看看这样看看那样,什么都不想买。又到中原公司去转了转,我买了一件衬衫。肚子饿了,到静雨轩去吃饭。我想起替她买药,让她坐在车上等,我去店里买。我出来,看见她在路边上站着,和二弟、祖麟正在说话。说不让人知道的,又碰见他们。跟他们一块儿上中央公园去玩,被他们敲了,四姐很生气,我知道她碰到人不高兴。

到了水榭,旁边的厅没有人,有炕床,四姐马上睡上去就不想起来了。我们在那儿喝茶,一直休息到两点钟,我们才去看电影。片子颇好,四姐看了,都哭了。看完电影,出来吃了一瓶菠萝水,四姐买了两个粉盒和皮包。二弟说早上大姐就坐了车回香山。

1935 年 8 月 15 日

大姐接到凌晏池^①的信,说票已经弄好了,日期填的是本月二十一

---

① 凌晏池:南通海门女教育家凌海霞的哥哥,早年毕业于南京高校,曾是上海银行界知名人士。张元和一直认凌晏池为干兄。

号到三十一号,她们也只有十多天了。我们对四姐说,我们好好的过吧,别吵了,总共这有只有这几天了。殷炎麟来了,我们自然是唱曲子。

1935 年 8 月 16 日

从文、九小姐来了。吃饭时扭扭捏捏,要让座,看了叫人讨厌又生气,我直想掼筷子。

殷炎麟有点不想走的样子,从文走后,他才走。我让他带了封信给远义。二弟也来了。

1935 年 8 月 18 日

我们到香山里面去,四姐也去了。让她坐车,到香山宫门口,再坐轿子去逛山。轿子四个人抬,真傻,在苏州天平山,只用两个人抬,只一元钱。还是先到双清,进不去,吵嘴。我们不愿意和他吵了,只在外面转转。

看见外国女人不穿衣服,光用个肚兜,穿短裤。我说中国的红肚兜快要大发了。

下山的时候,我们说,家里一定有人来了。果然,戴七兄、祖麟他们都来了。

戴和祖麟都没有去过我们学校,我陪他们去,到学校里面陪他们转了一圈。人很累,也不怪,早上我们就已经转了一圈了。戴坐七点钟的车回城,洗了澡睡觉。

1935 年 8 月 19 日

今天没有回去,原来也没有几天好聚会的,她过几天就要南下了。

坐车到燕京,在燕京兜了一圈,坐车回山,车很挤。

四姐剥好了一碟子核桃仁,对我说大姐要吃,不让我们吃。

1935 年 8 月 20 日

高昌南的车票寄来了,是女的。二弟怕不行,要早点进城去,就进城了。我们去寄书。

我们自己用素汤烫饭吃,自己做的总是觉得好吃。

1935 年 8 月 21 日

张干回来了,大姐又要进城了。四姐又逼我写了很多信,给爸爸讨钱,给张裕琨。

1935 年 8 月 22 日

一清早,四姐就把我叫了起来,一阵出去,说到碧云寺的泉水院去。

玩了一圈回来,小窦和远义来了,饭不够吃,出去买面来下着吃。四个人刚好凑一桌麻将,我输了。

四点钟,小窦硬要走,我要他带东西回清华去。

1935 年 9 月 4 日

到学校注册交费,当夜回城。

1935 年 9 月 5 日—11 日

回校选课,上午十二点车回。四姐不叫回,我懊悔没有听她的话,再有两天她就走了。

许多天来，由香山回到城里，住在三爷家。大姐住在三姐家，每天不是看戏就是看电影，每天总是夜深了才回来。

黄席椿也回来了，和我同室，老苏虽然还在学校，搬到二院去住了。我们把房间重新布置了一下，一学期又要开始了。

半年来，为了四姐的病，书一点也没有念着，其中做了一篇《诗经先秦韵文考》，虽然有三个月的功夫，也就是这么糊糊涂涂的过去了。睡觉打麻将，喝酒，喝汤，什么也没有干，只做了一件事，抄了几本曲子。

※　　　※　　　※

又是一本日记完了，这本事情也不好。愿这一年能定定心心的念书，明年暑假就得毕业了。哎，提起毕业，又是没有法的事。

（第十四本结束）

茫茫来日愁如海，寄语曦和快着鞭，
可能重对旧梨涡，从此蓬飘十载返，
屏除丝竹入中年，结束铅华须少作。

1935年9月12日 中秋节

约好刁鸿翔来和我一块去选课,八点多钟,他来了。到图书馆底下,蒋廷黻还没有来,到九点,助教说蒋先生打电话来了,说还得等一会儿才来,我们看报等他。他来了,我们马上签了字就出来。大概是因为四年级的缘故吧,注册的人多极了。做完了事出来,快十一点了,本来想赶十一点的车进城,来不及了,还是赶一点的车和黄进城。

今天忽然冷了起来,真是一雨便成秋。到了丰盛胡同,我们下了车。四姐明天要走了,我得好好和她在一块儿。

到三爷家,大姐、四姐她们都穿得多多的,好像是要出去。我们去了,黄席椿明天中上请她们,她们辞了,说有事怕来不及赶车。

看戏装照片,为了照片好不好我和四姐抬杠,把她气走了。她走了之后,我和大姐谈谈,自然谈到她脾气。我真不知道她会生气,各人有各人的意见,她的意思是,一定要我的意见要跟她一样。

大姐要到三姐家去理东西,我们到三姐家,九小姐请吃茶点。三姐他们请吃饭,算是饯行。

四姐不在她家,说是来过了,拿了衣服就走了。一会儿张干来了,说四姐不来了,要和三婶妈到萧家去。

茶点和饭都吃得不开心。早早的催她们开饭,我吃了饭,马上坐上车子,我想回家一定得向她赔个罪才是。我实在对不住她,她都要走了,还要惹她生气。

房里黑黑的,四姐睡在床上看月亮。我要她和我一块儿出去赏月,她不去,看电影吧,也不去。好容易说了去看戏,她才去。八点钟我们才出门,戏不好看,十点钟就回来了。

1935 年 9 月 13 日

张干来叫我,说四姐叫我去替她照相。张干去三姐家叫大姐,大姐又是老不来,大姐还要上林太太家去辞行。我们去印照片,买了一块钱的茯苓饼。四姐又到琉璃厂买了一块钱的笔,买了些信纸、信封。回到三姐家,已经一点半钟了,还有许多行李,所以不得不早点去。我们六个人一块走的,三个送客的,我、三姐和大窦。到车站把牌子换好,等她们坐上车,我们都在月台上,拍了许多照片。我和四姐想说点什么,又说不出来。别人都还好,没有哭,只是张干哭了起来。开车前五分钟的样子,她们上了车,在窗口望我们。铃声响了,车开了,大家握完手,我拉着四姐的手,跑了一截。快跑到月台的尽头,看到她们的车快要转弯了,只看见一条白手巾在动,这时我才感到,她真的走了,眼睛里有一滴泪,我总算没有让它流出来。我往回走,我和大窦去沈家,到北大三医院,和大窦在小馆子里吃饭。我们沿着河,一直走到中法大学,再退回来,到他们的公寓。和大窦去吃饭,吃葱油饼,他和我谈起日记的事,说你现在还记不记日记?最好不要记得那么详细。我脸红了,就想起过去他在上海偷看了我的日记。

到图书馆翻古诗。

记了一天的日记,在这本新的簿子上。

1935 年 9 月 15 日

何庆文喊去吃饭,大窦来了,小窦也来了,我们一块儿讲讲世界语的事。黄进城了,大窦睡在黄的床上。和大窦上图书馆看书。

1935 年 9 月 16 日

二弟来信,已到日本了。

和祖麟打球。他出去,骑了四姐的车。

晚上许世瑛来说,他差我十元,说要等他今天拿到了,才能给我。我们讲了许多家事,因为我们都是后母,同病相怜。

1935 年 9 月 17 日

想到西山去一趟。我的一本笔记,还有牛奶的帐〔账〕没有结。黄也要去。

有几个学生在山上,我们上碧云寺,带他走小路。到碧云寺,我在水泉院喝茶、抽烟,等黄上去玩。

坐两毛钱的汽车回校,洗澡。晚上还有迎新会。

张裕琨来信说,卖树钱贰佰叁拾元,随后即汇来,不知靠得住否?我已经欠下黄席椿两元钱了。

1935 年 9 月 18 日

开学了,依然是那一套,一篇演讲,说的是近代世界的三大主义。

今天是"九一八",昨晚演出的《乱钟》,适当其时也,

十点钟前就开学,到图书馆善本书库,把《诗纪》翻出来,看了一下午书,正式用功,带了笔和本子,开始抄书了。

1935 年 9 月 19 日

上了四课,真的开始了。下午在图书馆,中间上了史学方法,和雷海宗①先生谈起,我所要做的工作。

1935 年 9 月 20 日

什么都开始了,连沙眼也开始了,感到今年要做的事特别多。四姐的信来了,她一路上又牙疼,现在在上海老伯伯家,爸爸妈妈也在上海。

下午在图书馆里翻书,在善本书阅览室,往日这里没有多少人,今天来了不少的人。抄抄书,写写信,华粹深也来了。

1935 年 9 月 21 日

三姐来信说,陆八先生汇来四十五元钱,是我们田上的钱。他们算账一塌糊涂,我屡次写信去问,老是闹不清。早上上了一课,陪华粹深,他要去俞平伯家去,我也顺便去问问谷音社的事。

谈了一会社里的事,马上就唱起来了。陈老头在下星期六同期,我唱《问病》,带白,俞先生瘾真大,他自己唱一支《浣溪沙·采莲》,到十二点才出来。今天到大食堂吃饭。五点进城。

三姐她们不在家,九小姐在家。吃晚饭的时候到三爷家,也全不在

①　雷海宗(1902—1962):河北永清人,著名历史学家。1922 年毕业于清华大学,后赴美留学,1927 年获博士学位后回国,先后在中央大学、武汉大学等校任教。1932 年应蒋廷黻邀请返回清华大学历史系任教。1935 年蒋离教从政,雷海宗继任清华大学历史系主任,直到 1949 年。

家,说去看戏了,只得又回三姐家。陆八先生又汇来三百元,算是我们的学费,说曾经汇了一百元来,我想不起来。

1935 年 9 月 22 日

她们一家人都走了,留下我一个客人等黄席椿。等了半天也不来,我就先出去拿钱了,拿了钱又回来。

黄还是没有来,我烦死了,实在不愿意再等他,我一个人出去玩吧!到书店买了日文字典,吃了中饭,想想看,去看戏太早,到雍和宫逛逛吧! 殿倒是很多,很破旧,想想看以前一定是很好的。有一个大殿,里面有一尊佛,有七丈多高,在殿里,我点了一盏长寿灯。引路的告诉我,说欢喜佛被封起来了,还有两尊在楼上,喇嘛要钱才开。在左边的殿里,见到那尊封了的欢喜佛,只露出个头,其余的全部拿黄绫子围起来,什么也看不见。另一个殿里,小欢喜佛很多,也都是如此,要一块钱才能看。我觉得太贵了点,有点犹豫,也不知道有什么看头。想想看,既然来了,就看吧,算是一块钱丢了。

楼上颇为破旧,有两个佛龛里,佛像仍然是围着黄绫子。喇嘛爬上去,解开了绫子,原来是一尊有三十二个手的怪佛像,正面抱着一个女子,是绿色的,屁股上还挂下一串珠子来。我看着也不觉得怎么美,一块钱果然花得冤枉。

晚上去看戏,唱的是《骂殿》,接着是《糊涂案》,大轴是《战宛城》。

戏完了,到三姐家,她们去南口子还没有回来。我正要吃饭,她们回来了,带了一只箱子,装了四姐的书。去沙滩,大小窦都不在,我就回学校了。写信给四姐和陆八。

1935 年 9 月 23 日

八点起来,陈寅恪先生的课上了一个钟头。下午去图书馆抄书,为了善本书不许带,我带墨水和笔。上午只抄了十几个卡片,刁鸿翔也来了。吃过晚饭,七点半又上图书馆,看到九点钟。

1935 年 9 月 24 日

工作紧张,上了四课回来,房里有三封信。大姐说四姐在上海医牙,还要住十几天,爸爸待她们很好,要四姐到无锡看病。四姐催爸爸汇钱给我,如今又汇来了五十元。下午第一点没有课,写信给大姐,把钱拿去存好,留下五十元在外面。

上完史学方法,又到善本书库去抄书,抄到五点钟,人倦得很。晚饭后,到工字厅,拿来浦江清的曲谱练一练,《问病》的对白,同期还得唱呢。晚间上图书馆,参考书全借不到,只能在里面翻翻杂志。

1935 年 9 月 25 日

现在每天总是睡的很迟,早上很早也就醒了。下午总在图书馆里,无论做得多少,反正总是(不)到五点钟都不出来。一个人在一间屋子里,光是抄书,真是太寂寞了。五点过出来,邀黄一块去外面走走,走到后门那儿,看到溪水的那一边,乡下的小姑娘在桥边上,洗衣。从机械馆走进二院的,回去吃饭。

1935 年 9 月 26 日

上午四课,下午还有课,还得上图书馆。上午接到二弟的信,说四弟到日本的事。没有接到四弟的信，大概还没有到吧。五点从图书馆出来，接到四姐的信，她说她不喜欢上海，想北京。我早知道她会如此的。回来就给他们写回信。

1935 年 9 月 27 日

上了两课。刁鸿翔也常常在善本书库。钱穆讲了近三百年文学史，居然讲的还不错。遇见范准，三弟的朋友，他到我的房来，我们一块吃晚饭。

去找陈延甫。明天唱的东西，我还有不会的地方。结果他们都不在，我只好回来。

1935 年 9 月 28 日

到图书馆看书，遇到华粹深，他们是来参加曲会的，说陶光要来。我们在房里等他，等到十二点，他也没有来。我们自己出去吃东西，他却又和许世瑛、钱伟长来了。

陆八先生汇的那一百元钱，今天由海门转来了，耽搁了一二十天。我预备把钱汇到上海给四姐，因为她也很穷。

到俞平伯家，一点多了。人还没有来，我先找陈老头子，把《问病》的念白和他说说。

先是俞平伯的《称傻》，二是陶光的《思乡》，三是我、俞平伯、陈延甫、许宝骒的《问病》，随后是弹词《闻铃》《游园》《拾叫》《鹊桥》《秘事》等，到五点多钟才完。来听的人倒不少，有二十多人，王力和她的新夫人也来了。我的说白还算好，小巫说我们南方人占了不少便宜，我自以为,俞振飞就是说的太快了一点。

邀陶、黄、刁三人,到我们口合作社吃东西,他们赶七点的车。我们一路上谈的都是戏,许世瑛也来,为的就跟他们一块儿谈谈戏,

九点多钟回房,写快信给陆八先生,写平信给四姐。

1935 年 9 月 29 日

不进城觉得有点惨,若是有四姐在,我是一定要进城的,想到不能去玩,无聊极了。一上午都在理东西,读读古今诗选。"低头弄莲子,莲子清如水……楼高望不见,近日栏杆头……卷帘天自高,海水摇空绿,海水梦悠悠,君愁我亦愁……"这许多的句子,都有一些轻愁,以前读书的时候不觉得,如今一个人独自在的时候,就有所感觉了,有一种苍老沉郁的感觉,有一种悲哀沁入了人心的光景。

下午到图书馆看杂志,刁来,我们翻了一下杂志,也没有什么。晚上他请我到外面吃馆子。

晚上写一封信给四姐。

1935 年 9 月 30 日

陈寅恪讲书真不错,讲得很动听,他现在正在讲《长恨歌》。礼拜五的日文我一定不去了,我去听《长恨歌》,日文讲的真是糟心透了,真不知如何是好。

接到四姐苏州来的信,说到九妈霸占了她们的房子,真气人。我今天早上电汇了一百五十元到上海去,四姐在苏州,不知回上海没有。

晚上开安徽同乡会,听到许多乡音,杨武之[1]还和我谈了许多家里的事。

1935 年 10 月 1 日

唱昆曲,原预备学《小宴》《惊变》,事先没有告诉他,只拍了黄、李二人的《阳关》,我自己的《硬考》《絮阁》。我们这次四个人学习,刁鸿翔、李远义、黄席椿和我。

1935 年 10 月 2 日

想家了,想四姐了。

1935 年 10 月 3 日

在图书馆抄诗,见到一个"怡"字,就想起怡园来了,想起了 J。不知道她现在在干什么? 大概在弄孩子吧。两年不见了,不知道她变得怎样了?

1935 年 10 月 4 日

夜晚看北国剧社演的《卡昆冈》,不佳,小孩子太大,欠真。

1935 年 10 月 5 号

九时上完课,进城,和黄一块到商场。坐电车到广和楼,买票,因为

---

[1] 杨武之(1896—1973):名克纯,安徽合肥人,杨振宁的父亲。曾长期在清华大学和西南联大数学系任系主任或代主任,是我国早期从现代数论和代数学教学等研究的学者。

说好了,请华、陶看富连成的。陶还没有看过呢!

买好了票,黄走了,我到华家去,陶君亦在,一块儿去吃羊肉泡馍。两点钟,去看戏,戏是《法场换子》《双钉记》《英雄会》,有毛世来,没有李世芳。我原想明天还看,就把今天的第五排又定下了。

出来大家分开,说好请黄吃饭的,吃完饭,才八点钟。到三爷家,按了半天门铃,不见开门,来到三姐家。

老伯伯来信说,四姐又吐血了。我真是着急,当初她原就不愿意回去的,这样一去反倒坏了。

1935 年 10 月 6 日　重阳

大窦说早上在图书馆,找到了他,一同上景山。今日重阳登高,聊以此酬佳节。

三姐、从文、朱干、小宝宝,都来登高。

1935 年 10 月 7 日

祖麟需钱,约好他今天来校拿。我还未上课,他就骑车来了,下午他还得赶上课。我送了他十元,他走了,我才上图书馆。星期六看戏归时,买了许多文具,笔墨纸砚,预备抄曲子。一早起来就开始抄了,晚间把《小宴》抄好。用新买的毛笔写信,字写得坏极了,完了。

1935 年 10 月 8 日

上课,写信,抄《絮阁》。

1935 年 10 月 9 日

五点钟进城，在王府井白美理发。到经济食堂吃饭，六毛钱一客，还不错。

十字架四姐把我新的换去，旧的我去出一出新，仍然很好。

到三姐家。九小姐又往天津去了。朱干来，自然又说了一大堆小宝宝的话。

1935 年 10 月 10 日

去三婶母家，弟妹们均如从前一样，似乎清静了很多。在她家吃过午饭，去找大窦和戴，全不在。回三姐家，晚餐后，等七兄。窦来，谈了一下我论文的事情，即走。

写信给四姐、三弟二人，他们都在苏州。

1935 年 10 月 11 日

去听讲《长恨歌》。

原来今天晚上唱曲子的，但音乐会在大礼堂开，明晚再唱吧。回来补记日记，回信给四姐。今上午得四姐的信，说吐血了，比那一次都吐得多，在苏州打针吃药，又说她哭了。真是没有办法，一病就好哭。

又写信给宗斌、炎麟（在嘉兴中学教书，宗斌在南京励志中学）。

1935 年 11 月 12 日

上午在图书馆，晚间唱《小宴》。

月儿又圆了,真快。

1935 年 10 月 13 日

做梦梦见四姐让医生下药下错了,给害死了。醒来之后难过极了,把梦细细的想了一遍,就像又做一次梦似的。现在大半夜了,我不愿意记下不好的事。

四姐来信我才安心。

一天在图书馆读书。

1935 年 10 月 14 日

老苏又归来了,他本来去兰州的,因为路不通,只得归来。他这两年来也真是不走运。

下午在善本书库,给大姐、四姐、爸爸写写信。

1935 年 10 月 15 日

下午和黄去圆明园,尽是萱草,很好看,荒凉极了。

下午为昆曲社要钱的事,去见吴教务长(景超)。他很忙,很久才见着。又到秘书处,沈履不在,明天再来,真烦人。

1935 年 10 月 16 日

如今早上到体育馆练肚子,希望能继续下去。旁听蒋廷黻的欧洲近代关系史,颇佳,将继续听下去。

在善本书库抄卡片,回房。收到四姐的信,说愿意天天接到我的信,也愿意天天写信给我。但她的身子太亏了,我有心叫她少劳动一点,让她少写几句就行了。

晚间写了三张 cards。

看图书馆借来的书。

1935 年 10 月 17 日

抄《诗纪》,总算把十卷都抄完了,了了一件事,但接着许多新的事又来了。

唱《小宴》,把旦的几支曲子都唱了,但还不十分会,星期六又有同期,得唱这个。

1935 年 10 月 18 日

华粹深、陶光说今日要来,替他们订好了铺位了。四点钟,他们来了,一块到合作社。

留声机坏了,开起来仍然是嚓嚓的响。我们看了看,看出是头太轻了,坠点铜板在上面,果然好多了。这一下就能唱了,否则真是太吃亏了,买了新片子来都不能听。

晚上和陶光二人,再拍一下《小宴》《惊变》。从头至尾唱两遍,第一遍唱得比第二遍好。唱完后又谈了一下,谈到十点钟才休息。

1935 年 10 月 19 日

我上完第一课回来,他们已在我房里等着了,都没有吃东西。到东记去吃馄饨,颇佳。

要黄席椿唱戏,他硬不唱,真坍台。吃过晚饭,去俞家。

人少没有劲,我们的《小宴》《惊变》第一曲。也好,唱完我们好去西山。

我们听了《刺虎》《乔醋》就走了,

来到香山,就见到山上红叶一片一片的,夹在松林里。

一切都还依旧在,只是换了秋装,少了个人,就觉得凄凉多了。陶光、华粹深还留下不少东西在,笔墨纸砚等,都放在桌上,像是还有人住的样子。

1935 年 10 月 20 日

我最先起来,梦到余叔岩唱戏唱错了,这是因为,谈戏谈得太厉害的缘故。他们接着都起来了,我们一块去吃烧饼,

目的是来看红叶的,自然得到山上去。从半山腰往上去有一片自然树林,比别的林子都红。我们爬上去,果然很红,所谓红叶,并不是枫叶,是一种圆圆的树叶。我们采了几片好看的红叶下来。

在半山亭,双清的黄叶树还没有全黄,有绿有黄,颇为好看,

往日我们走到浪峰亭就向下走了,今天我们在向上走,我们越往上走,看到的红叶越多。我们走小路由北山下来,红叶映在晌午的阳光中好看极了。在下面看的时候,觉得红的不多,现在看见很多了。

快到十二点时,才下来做饭,一点多饭才上口。大家都倦了,华粹深又胃疼,不愿意多走,我们便到碧云寺的泉水院坐坐。那泉水又小又脏,大不如夏天的时候。

在山上看红叶的人多。在泉水院中,看见一对外国人,我们喝茶

谈天。

到四点,回三十一号,因为大家都要坐六点钟的车回去。我们还做了一顿面条吃。

六点钟的车回校,已经很迟了。我骗了不少东西回来,如小砚台、抄曲子的稿纸、掏耳朵的掏耳勺,还采了许多红叶。四姐来信了。把东西整理了一下,写信给四姐,寄了七张最好的红叶,还有掏耳朵的掏耳勺给她。

1935 年 10 月 21 日

一早起来洗澡后,发信。刚好上第二节课,南北朝史。

叶公超纪念演说,讲的并不好。

下午办谷音社的事,领到五十元的津贴。钱拿出来,交到教务处江建君手里,他是社里的会计。

上图书馆借文艺月刊,晚间抄论文。

下雨了,深秋的样子。

1935 年 10 月 22 日

从文将《高龙巴》寄还。昨天新买了一张片子,是梅兰芳唱的《六月雪》。

1935 年 10 月 23 日

接到王大爷(正仪),寄来的和八姐的结婚照,颇有感。想到她那时还常常和三弟打架吵嘴呢,现在她也居然结婚了。

读《加尔曼》①。

借来朱自清的诗词名著的稿子,看一遍,有用的部分都抄了下来,颇有用处。

1935 年 10 月 24 日

接到四姐的信,说不吐血啦,很高兴,也许是好了也说不定。

许世瑛来听留声机。晚上唱曲子,把《小宴》唱完。我又唱了一遍《拾画》,吹起笛子来还能唱,但是好像生一点。

1935 年 10 月 25 日

今天去听课,牺牲日文,听蒋廷黻的近代欧洲国际关系史。

得四弟自日本来信。又得殷炎麟信。

下午钱穆因生病请假,没有来上课。回来写信。

1935 年 10 月 26 日

忙着进城,上完第一课,笔记交给刁鸿翔带回去。先到华乐去看一看,富连成的票一张也没有,想晚上再说吧。到王府井白美理发。打电话给华,说不在家,到三姐家去。

早上未吃东西,饿得很,害他们炸了四个包子给我吃。马上就要吃饭了,我饭也吃不下了。祖麟来了,下午他去教书。现在他有职业了,买了皮鞋,又买了一支新笔。

一晚上没有睡好。把买的小飞机到三婶母家给弟弟妹妹们玩,他

---

① 《加尔曼》,通译《嘉尔曼》或《卡门》,是法国小说家梅里美(1803—1870)的代表作。

们高兴极了。

五点去沙果胡同,找黄席椿一同去看戏,有荀慧生的全本《贩马记》。可是我们想看富连成,到了华乐,票都卖完了。黄说有个新艳秋的《貂蝉》,我们去看吧,哪知到那儿,只是马连良。买了票,十排还有位置。

就算到,还有杨盛春的《挑滑车》,黄桂秋、马春桥的《别窑》,还有黄连良的数曲。一直到十点多。

早上带来了三封信要发(殷、四弟、四姐),在城里的总局发,应更快。

1935 年 10 月 27 日

三姐要我去接小弟、大姐来玩,早上祖麟来,骑他的车子去接她们来。

我因为昨天和华约好了,今天去他家,我不能伴她们玩,就坐汽车走了。在华家说了一会子话,我们一块儿到陶家。他们说到陶然亭去野餐,已经买了面包。陶家在草厂三条,全是旧家的样子,东西多,在他家听了下留声机。

一路上我们又买了些水、菜、烟。

今天是阴历十一月一日,是人上坟的日子,人还是很多。过了鬼门关,来到陶然亭,在西边廊上坐下来。大家都饿了,拿出东西来,大吃一顿。

泡了茶。亭下有许多芦苇,颇为荒凉,远远的望西山,雾弥漫,看不清,使人想起"风吹草低见牛羊",倒很闲情逸致。开留声机听昆曲,抽抽烟,一切均是有闲阶级的事。

到三点多下亭,寻香冢,原是一块斜碑,也无坟墓,颇有些古趣。

我们听车夫说,城隍庙今日是初一,颇热闹。我们便到城隍庙去了,庙里有妓女在烧香,小孩子很多。

到市场,陶买了一张杨小楼的照片。怎么办呢?时间还早,他们不让我走,没有办法,只好在市场上荡来荡去。在五芳斋吃点心当饭,大家都吃不下。八点钟从市场到青年会坐车,他们看我上了车才走,我拿着一支芦花和一叠唱片回去了。

接到四姐的信,又接到二弟、张裕琨的信。

1935 年 10 月 28 日

下午在图书馆,读"十九世纪"的参考,人困得很,睡睡看看,总算把一本参考书看完。

1935 年 10 月 29 日

把我的信发了。四姐的信上说许文锦的事儿,她已经和人订婚了,是老亲,他们俩也还不错。

下午抄了一份《惊梦》,自己并不会唱,练练而已。晚上好好看书,怕要小考了。

1935 年 10 月 30 日

下午写了三封信,一封给宗斌,一封给 I。四姐信上说他们(杨希连),将在上海结婚。给四姐、大姐一封。看看论文材料。

1935 年 10 月 31 日

今天四姐的信,说绒衣寄来了,想一两日之后,就会来了。我新做的一条裤子,也该来了。

史学方法不上了,两星期就要报告了,我最后一个报告。这个星期对论文十二分的努力了,好在不久就可以不去理它了。

在学校里简直没有什么事。这几天时局又不很好,香河事件,日本又提出新要求来了,华北又紧张了。

1935 年 11 月 1 日

四姐的信说爸爸和她算账,她像是很生气的样子。爸爸原也不该在她生病的时候和她说这些事,回信时我安慰她,说了爸爸一顿。大姐又不在苏州,她一个人在苏州,是有点难过。

1935 年 11 月 2 日

刁刘氏请我听马连良《一捧雪》,今晚刘光琼又请客。

晚间请客,见到李宗霖、魏继武等人。八点多钟,李宗霖到我房里来,开《游园》给他听,和他谈谈。他现在在城里孔德①教书,只有七点钟,所以每月有四十元。他想让我设法到让他去乐益,我想我是无能为力了。

---

① 孔德学校:1917 年 12 月 25 日由蔡元培、李石曾、李大钊、沈尹默等在北平东城方巾巷华法教育会会址成立,用法国近代实证主义哲学家孔德做校名,是想把法国实证主义引入中国,以改革中国当时的中小学教育。学制是初小四年,高小两年,中学四年,1924 年又增设大学预科两年。北大教授多在此学校兼课,北大教授的子女亦多在此校读书。

晚上吃醉了酒,又写了一张纸,明天带进城去发。

1935 年 11 月 3 日

匆匆起身洗了澡,进城。我计划好上午买买东西,下午听听戏,晚间就回来。到琉璃厂荣宝斋,买了信纸、信封。又到石头胡同,印了一张梳妆的相片(戏装)。出来买了毛世来的相片,配我们的戏装相框,又买了戏本画报之类。最后到我常和四姐去的那家小馆子吃了饭。

饭后才十二点,到黄家去。

我们去看戏,一共听了两出戏,《南阳关》《尉迟恭认子》《钓金龟》《双摇会》《英雄义》,全本《一捧雪》,真把人累死了。坐在第二排,头老是向上看,真是不舒服。戏很好,马连良一人扮三人,叶盛兰、李多奎、茹富蕙等人,都还不错。一点到七点多钟才完。

下雨了,风有颇大,颇寒冷。仍到缬英,黄请客,

吃完饭已八点钟了,赶紧上青年会,坐车回去。

1935 年 11 月 4 日

沈其道下午来了,我们一块儿玩一天。他很有趣,是小孩子一样,玩了一天,五点钟才走。我要他到三姐家去一趟,带四姐的信和一套书给三姐。

1935 年 11 月 5 日

接到三封信。有四姐寄来的一张照片,颇佳,马上压在玻璃板底下。有吾妈从合肥来的一封信(原说吾妈被辞,但三弟今天的来信上说

吾妈只是请假回家,秋静①的有郭大姐、江干)。

下午读完张资平的一本书《时代的爱与岐路》,凭良心说还好。不过空论太多,不好,骂也骂了,但是骂得并不高明。

1935 年 11 月 6 日

复三弟、四姐的信。写了一张给大姐。上午接到日本寄来的许多照片。晚上也复了吾妈来的信。晚上到图书馆,读了点参考书。

房里一号就生了火。外面已经是冬天了,叶子渐渐的都落在地上,没落干净。房里有了火,外面显得格外的冷。

1935 年 11 月 7 日

刘崇铉和邓叔劢都请假,邓请假两星期回家葬母,他是我们合肥人。

晚间唱曲,把《学堂》学完。

1935 年 11 月 8 日

接四姐寄来《资治通鉴》,两包。晚上到图书馆读书。说是有演讲,去大礼堂听,并没有什么意思,我和靳文翰一起出来。

为谷音社关于曲集的事到校刊室,到工字厅,找江建君、浦江清。

---

① 秋静:方言,秋天请假回去休息。

1935 年 11 月 9 日

今天在图书馆呆了一上午,中上接到四姐的一封信,晚上又到图书馆。想星期一进城,明天不进城。

1935 年 11 月 10 日

不进城,下午看清华、燕京比球。晚上看了一点书。

1935 年 11 月 10 日

今日进城。上完魏晋南北朝史,赶到门口,碰见陈寅恪先生也进城。预备今天到北平图书馆去看书,明天再玩的。

到三姐家,只有三姐在家。三姐家九小姐走了,家里很清静,中上就只有他们夫妻二人和我吃饭。小宝宝长得很大了,满地的爬。

下午到图书馆,费了不少时间,借了两本书出来,只抄了一张卡片,可算是一无所得。到杂志室看杂志,好一点的杂志早就被抢完了,只剩下些没有人看的。碰到小窦,说大窦在下面,找他半天有没有找到。五点钟我就回三姐家了。

三婶家新来了一个佣人,谁知道有精神病,发疯。三婶叫我晚上去她们家,替她们壮壮胆子,

自然我们在她家讲疯子了,她们家也毫无头绪。晚上睡在东厢房里。

1935 年 11 月 12 日

一早都在三婶家。三姐也来了,听二姐、三姐她们报告"巴儿"死

了。三婶讲了一通,说的很可怜,大姐、二姐、三姐她们都为她哭了一场。"巴儿"她是一只小白猫。

三姐她们出去了,说是到东城去看八姐夫。我去看戏,到广和楼,已经开戏了,找不到熟人买票,买了一张位置不太好的。我给了他六毛钱,马上替我换了一个好座位,在第五排。看的戏是《除三害》《罗四虎》《奇双会》《盗宗卷》,头两本《大名府》《奇双会》,坏极了,唱作都不佳。

散戏颇早。细雨蒙蒙,大有秋意,颇不是冬日的感觉。乘公共汽车到青年会,归去。

归来果然见到四姐的信一封和俞平伯的信。俞的信是为曲社的事。

1935 年 11 月 13 日

早上发一封信给四姐,说昨晚的事。时间很多,但是没有做多少事。

1935 年 11 月 14 日

晚点有中国旅行社剧团来校演戏《油漆未干》,我和远义一去起看。

1935 年 11 月 15 日

接四姐信,晚上复一封信给她。接宁的信,颇有牢骚,又骂人,晚间要好好的复一封她的信。

原不想进城的,怕用钱太多。但三姐要我进城,说巴金来了,又是小龙朱快周岁了,还要我买东西送他呢!

1935 年 11 月 16 日

穿上那件衬绒袍子进城,到华乐,想买酒,又没有买着,还是看场电影吧。到中原公司为小龙朱周岁买一件红绒斗篷的料子,花了两块多钱。在公司吃了碗馄饨。

沈从文下午要到天津,去看他那宝贝的妹妹。三姐和我说好,五点在光陆等我,看嘉宝和马尔兰芝的 *Anna Karenina*[①],她先替我买好票子。

饭后到北大新宿舍,去找远义,这也是昨天就说好的。看完电影,沈其道请吃饭,三姐不去,先回家了。

我等汽车回去,车老是不来,天气真冷,只好叫洋车回去。回到家里,我出了一点鼻血。

1935 年 11 月 17 日

晚上被猫闹醒,我们便大谈起来。谈四姐要嫁外国人,生一个杂种的话,还谈了许多别的事情。

早上吃了包子已经九点多了,我赶十点的车回清华,下午还有曲会呢。回到学校,打电话问陶他们,说十二点来。十二点四十左右,去接他们,他们还没有吃饭,又陪他们到大食堂去吃饭。

先到同方部,听者已经很多了。我发唱词的工作颇讨厌,杨文鲁还要抢着发,我便让他发。

最受欢迎的自然是俞振飞的《拾叫》,其次是俞平伯夫妇的《活捉》,

---

① 即《安娜·卡列尼娜》。

余下节目上有《思乡》《访普》《闻铃》《秋兴散曲》《扫松》《赏秋》。唱到快五点才完，正好，否则太多了反而不好。

晚上原预备请俞振飞，但他不来，我们自己吃了，陶光也没有回去。有黄席椿、沈有鼎、俞平伯、陈令朴、朱自清、陶光、江建君、陈盛可、许宝骙等，席间闹酒者颇少，也没有猜拳，还好。但我们社员出了一块钱。晚间写信。

1935 年 11 月 18 日

接到四姐的信，说还想到北方来，但是如今北方是这样的时局，又怎么能来呢！我早在昨天就写好了信，加上了几句劝她。

礼拜四没有唱曲，今天补唱。昨晚和许宝骙说好的，今天晚上来，用胡琴合一合《絮阁》。我们今天拍的《拆书》《絮阁》，他的胡琴自然没有殷炎麟拉的好。

出来到合作社吃饭。

1935 年 11 月 19 日

十九世纪史，也只上了一点，尽讲时局。日文课自然也讲时局，只是翻来覆去的说。学校里的很多东西都装箱运走了。晚间许世瑛来，许宝骙也来，唱了半天曲子，才回房。

1935 年 11 月 20 日

原来说今日是时局的重要转变，但今天也没有什么变化。

晚间学生全体大会，宿舍的电灯都灭了，教务处的主任，姜、陈二位来,到他们房里去谈了一会儿。

1935 年 11 月 21 日

请俞振飞,在城里承华园。我三点便到城里,理发,到市场购物,吃茶,六点钟我才去。

俞态度颇好,就是说起话来,似乎有点看不起人的样子。浦西园,吴梅,好像全不在他眼里似的。

席间唱曲,每人都唱了一个。俞先唱《乔醋》的"顿心惊",俞平伯也唱了一段《埋玉》,陶光《应考》,许宝𫘧《南浦》,我唱《絮阁》,江唱《小宴》,陈唱《情挑》,只有陈老头吹笛子,没有唱。俞振飞说我嗓子好,我高兴极了。

席散,俞吹笛子,陶唱《见娘》,我唱《絮阁》的"都休得把"。他的吹法和我们不大同,所以我唱错了,很泄气。许也让他吹了一段《断桥》。

八点半散了,我们九点上车回学校。

1935 年 11 月 22 日

体育课不愿上,日文不上,听陈寅恪的课。

晚间在许宝𫘧处谈了很久的话,从国家大事谈到学校,谈到家庭,很晚了才回来。

1935 年 11 月 23 日

又是九时进城,遇到叶公超到北大上课,一同坐车走。在车上谈时局,他也以为非打一下不行,现在大家都是这个主张。

到章大胖子处,门开,而无人。狗老是叫,听见有人叫大师傅的声音,知道是巴金的声音。走进去,他还没有起来,正在穿衣服。

靳以到天津去了,不来了。他也预备二十九号到天津,然后到上海。我们谈了半天,他送了我三本书,是他们自己办的店出的。他现在有点变了,话多极了,不是以前住从文家的样子了。

到三姐家吃饭。三姐她们也要搬了,因为从文编辑部的事,不能不在政府之下成立。小宝宝老是要我。

巴金、夏云来,祖麟也来了,戴七兄也来了。巴金他们也要去看戏,我坐十五排,巴金坐十六排。巴金也居然吸烟了,我给他一支三炮台。

是荀慧生的戏,不好,像演说一般。今天他嗓子也坏,唱的调子很低,新戏编得也不好。

散戏十一点,巴金他们叫汽车,我和他们一块儿回去。

1935 年 11 月 24 日

早晨起来,写信给四姐。信写好了,祖麟来了,和他一阵出去。信发了,无事可做,喝茶。祖麟没有去过雍和宫,带他一块儿去,在庙门口找到一个小孩带路。这次逛得比上次好,看到了欢喜佛,一个钱也不花。看到了不少好的,因为这几天他们在祈求和平,欢喜佛的帘子已经拉起来了,有一个小小的镜框里面,有十张小佛像,画的好极了。里面也有欢喜佛,要是没有人在边上,我一定会把它偷了来。

雍和宫正殿中的大佛,非常漂亮,大的站佛,我们也看见了。

出来我们上孔庙,孔庙只有大成殿可看。还有许多碑林,都是皇帝题的字,我们不想看,回来我们又到沙滩祖麟的公寓。

回来累了,躺在祖麟的床上。

1935 年 11 月 25 日

如今为了时局,什么也没有做,论文也是几个礼拜没有写。

晚天去唱昆曲。一位拉提琴的先生在里面拉琴,看见我们来了,一点也不理,拉的更加响。毫无办法,只好出来。

接四姐杭州的信。她又耐不住寂寞了,和五弟偷偷的跑到杭州去了。

1935 年 11 月 26 日

做了一个梦:

好像我正在上军训课似的,下课了,急急忙忙的跑出来去看四姐。好像在一个医院里,跑到一座木桥上,谁知一辆大车拦着。马大极了,我等不及,从马背上跳过去,不想马跳起来,把我弹到墙那边去了。我心里想糟了,到墙那边不知要走多少路,才能到四姐那里。我的身子碰到墙上面,如箭一般,一弹就弹过去,弹进一个窗户里,却看见四姐睡在床上。四姐说,吓死我了,你是什么时候进来的?怎么进来的?我看看门是好好的,我是从窗户里进来的。

1935 年 11 月 27 日

张裕琨本来说要来,但是天津又在闹事了,我看不会来了。

1935 年 11 月 28 日

上午写信。晚上拍曲,把《拆书》拍完。江建君邀我去他们房里唱曲,陈老头子为我吹了一遍《惊梦》。许宝骙来了,一同到工字厅,先拍《惊梦》,后又把《絮阁》从头至尾,带白,带唱的,拍了一遍。浦江清他们,从隔壁过来,唱到十点半才出来。

学校晚间运走了大批的东西。

1935 年 11 月 29 日

下课回房,沈其道来了。我们在小徐房里找到远义,一块到合作社吃饭,吃点心,我真是大请客啦!沈和大家一堆,就像小孩子一样,闹了一晚上。

1935 年 11 月 30 日

晨大雪,沈其道进城,我未去。

1935 年 12 月 1 日

一天未做事,下午看清华和辅仁比球。辅仁的足球一向是有名的,但清华今天上半场赢了一个球,辅仁 rough,推人拉人,用手打球,看了真气人,裁判又不公。

祖麟来了,说起考"吃粮"的事,考取了,三号去南京报到。三姐她们也预备回南,但不能定日子。我想到天津去张裕琨家,要买树钱和房钱。我心中已预备把我的钱四十五元中,抽三十元,给他做路费。

饭后祖麟说,未去过圆明园,我们踏雪而去。萱草已经没有了,都被砍完了。有西北风,实在不好受,一路走着去,吃买的生萝卜。

七点钟送祖麟走,我预备理东西,让祖麟带到苏州去。

1935 年 12 月 2 号

纪念周,蒋廷黻讲非常时期(国际战争起来时)的青年。

下午理箱子,把破衣服和四姐存在我处的书、暂时不用的东西,装了一箱。我决定不要带了,都是不重要的东西,衣服又是旧的。

1935 年 12 月 3 日

第四堂课停课,开全体学生大会。我十一点进城,到三姐家,她们说也要走,但从文不走,九小姐未定。祖麟七号报到,还得到上海找教授保。

下午一点钟,祖麟来了,我们一起到车站。我借给他三十元,算是够了。我带十五元到天津,在车站碰到郑畏民。

在车上,我们谈到了他的前途问题。我希望他能好好的读完二年和三年的书,这样会有一个资格,将来有机会再考大学。他原来是预备读一年,然后就考,考取了就读。我以为,读不读大学并无道理,不读也不要紧。很快就到了天津,天已经黑了,我们握一握手,我便下车了。

到张公祠,张裕琨不在家,奶奶在。他们家比以前好了,收拾的很干净。我知道他的两个小孩都在做事了。听奶奶说钱还是没法,只能交七十元,欠五十,有的钱还没有交,要明天一早去要。

我到大公报馆找萧乾,他带我到北辰宫旅馆。一个人住旅馆,真是苦。叫茶房拿信纸,写了两封信。

1935 年 12 月 4 日

九点钟我去找他,路上买了信封,去发信。五毛钱吃了一顿蹩脚的早餐。到张裕琨家,取七十元,尚欠五十元。他又说起官司打输了,有许多麻烦的事,我也管不了那么多。他又送我到大公报馆,找到萧乾。他带我参观了一下印刷厂排字车间,然后送我到车站。

北平下车,天很冷,洋车到府右街三姐她们家。她们的车票已经定了,决定八号走。吃了鸡蛋炒饭,坐八点钟的车回校。

1935 年 12 月 5 日

史学方法快报告了,雷海宗和我讨论了半天,我毫无办法,真是发急。

夜间黄和我说起他爱四姐的事。我好好的劝了他一场,我也不生气,难道姐姐还不准人爱吗?他讲了许多话,说的不对,太过分了一点,自己还没有到那种地位,有许多话还谈不到。他总想一下子就结婚,可以达到目的,可是他自己连好朋友的程度都够不上,只是仅仅认识而已,虽然他和我是好朋友。这一夜谈了很多。

1935 年 12 月 6 日

下午上学术史。刚上课时,黄来,说有人在我们房里找我,说姓王,是协和来的。我知道是八姐夫,下课回去碰到他,他已经预备要走了。到房里我们谈谈,今年暑假,他们到合肥圩子去了一趟,九月一号他们在溪口结婚,十号他们便来了。他说起了许多圩子里的事儿,我都不知道。

和他到外面转了一圈,在大门口合作社喝茶。五点钟留他吃晚饭,七点钟送他上车。

许宝骙来了,唱曲子,江、陈二位带了笛子来的,自然又唱到十一点。

1935 年 12 月 7 日

九点钟进城,到三姐家。她家里乱七八糟的,在整理家具,存到三婶家去。决定明日走,有朱干、三姐、三姐家小宝宝、九小姐。

我带小宝宝坐车到三婶家,三姐去银行,一会儿就来了。小宝宝好玩极了,在我身上睡着了。我要是有小孩子,一定会很喜欢的。

三婶一人在家,把东西放到门房里。

三姐带小宝宝先走了。到协和找新姐夫,我们说起八姐小时候和我们淘气的事,都觉得好玩,如今她已经结婚了,真是太快了。

参观他们的病房。到市场上走走。到三婶家睡,睡东边厢房里。写信给大姐、二姐、四姐、三弟,预备让三姐带回苏州去。想买点东西让她带去,想不起来买什么,想起四姐爱吃松花蛋糕,但是又怕坏掉。

1935 年 12 月 8 日

王正仪说今早来。三婶叫三姐来,她说想看看三姐,因为听说三姐像八姐呢。我昨天就告诉她,三姐今天怕忙得很。

三婶听说女婿要上门,亲自上街买菜,冒着大风去的。

王正仪来了,和三婶讲一点圩子里的事儿,就要走,留饭都留不住。

只好叫车让他走了,预备下的饭菜,算是请了我了。

我想起来不要买松花蛋糕了,另外买了一盒点心,让三姐她们在路上吃。三婶也要上街买东西,三姐和我先去街上买东西。

四点半钟,我、黄四弟、小窦、朱干、大师傅,五个人,带了行李,先去车站。她们随后坐了汽车来,从文不做这些麻烦的事。我生气,他总是坐现现成成的汽车。

好吧,我们走了,九辆车到车站。风大极了,车子又走得慢,好不容易才到了车站。

上车后,送行来了不少的人,梁宗岱、林庚等。车开了,三姐大概哭了,他自然舍不得从文。想起她们都走了,有点凄凉,以前在西山上,有大姐、三姐、四姐,二弟在,如今北平又只剩我一个人了。

从文、黄四哥、小窦去市场。我赶八点钟的车回校。

回校,收到四姐的信。

1935 年 12 月 9 日

在城里就听说清华学生要联合请愿,果然昨晚就见到学生会的通知。今天一早六点便大摇其铃,不能睡,七点三刻,大队人马大约有四五百人才走。

我不去,不热心请愿,从前也请过了,总是不得要领。

请愿者不得进城,被阻在城外,监察政务委员会也不会因学生的请愿而取消吧。

1935 年 12 月 10 日

请愿者太疲倦,休息一天,学校不准备停课。

消息颇多。城里学生请愿,打伤打死和被捕都有人。燕京已罢课。晚间七点半,清华全体同学大会,我也出席。决议明日起罢课,大会的次序尚佳,但也有乱闹的时候。

1935 年 12 月 11 日

今日开始罢课。昨天舌头就有点疼,到医院去看一看,医生说不要紧。下午睡了一觉,晚上又去江建君房里唱曲子去了。

1935 年 12 月 12 日

真是病了,早上起来记记日记,做论文,头就晕了,所以躺下。除了吃饭,晚上一夜都没有睡好,手脚都干得很。我知道,我会发热了,晚上就只吃了点馒头。

1935 年 12 月 13 日

昨晚睡得很好,今天已大好了,觉得精神也好多了,

叶公超讲时局。

下午在图书馆看报纸,混了一会儿,又看了参考书。晚间,又把好久未唱的《佳期》唱了一遍,颇为得意。

1935 年 12 月 14 日

罢课的风潮只有越来越大,上海各报赞助各地的学生。各校长联合发告同学书,劝告学生去上课,不知有用否。

下午领了门证,去新南院开曲会,到者寥寥。我唱《絮阁》,江建君、

陈盛可[①]、许宝骙、浦江清,为之配,头一句我唱坏了。《絮阁》底下是《望乡》,慢慢的人来了,后来有《请师》《游园》《惊梦》《折柳》,四点半就散了。

晚上请李远义、小小徐吃饭。

夜晚,刁、许宝骙来说昆曲。

写信给四姐、鼎芳、炎麟等。这几天来信颇少,不知道是否被当局检查扣了去。

1935 年 12 月 15 日

因为明天要举行大示威,所以晚上十点,校长召集学生训话。校长的话自然我们猜也猜得着,说的一塌糊涂,也不知道他们说了什么,次序很乱。

1935 年 12 月 16 日

监察政务委员会定今天成立。所以今天早晨六点,就摇铃,我匆匆起来,天还未亮,有月亮,有星星。我到许宝骙房里去,他还未醒。我在黑暗里坐了一会儿,听见有人吹哨子,叫一二一,我知道走了。许宝骙醒了,我们谈到示威游行,觉得前途很悲观。

清华去约有三百多学生,下午又有一百多救援队去了。说是已经进了西便门,到宣武门前了,并没有冲突。

晚上听说张耀从城门底下钻进去,被打伤了,捉住了,又说放了。

---

① 陈盛可(1902—1989):名隆,湖南人。时为清华大学职员,爱好昆曲,习昆旦,是清华谷音社成员。

清华没有什么伤,燕京伤的很多。各种消息实在太多。

夜里示威的人才回来。有许多好玩的故事,如放枪时人怎样逃走,怎样爬墙头,怎样……

四姐来快信,要我回去。我复了她一封信,说我的钱够用,不要紧的,可以回来的。

1935 年 12 月 17 日

好多天夜里我都没有睡好,以为今天早上可以多睡一下,谁知黄的父执刘先生又来了,要黄到大同去,

近来和许宝騄来往很密,经常一块儿吃饭,又一块儿唱曲。都是因为唱曲,我们才在一起的。

1935 年 12 月 18 日

无事。

1935 年 12 月 19 日

晚间刁鸿翔请吃兔子肉。我去他房里唱《规奴》,六点半他就到我这儿来,要我去吃兔子肉。我倒真不好意思,兔子肉有点土气,我原就有点不大敢吃。

1935 年 12 月 20 日

决定进城,刚上车门,就有警察来检查,问我是哪儿的。我说是清华的,他便要检查,看看有没有带什么东西。我带的戏片子唱词,他以

为是传单吧！

我去陶光家，还片子，他走了，下午自然到广和楼。片子还了，坐了一会儿就出来，陶光留我吃饭，我没有吃。到三爷家去，在街上买了瓶牙膏。到广和楼，演的是《拾玉镯》《法门寺》，毛世来、裘盛戎、孙盛武、李世芳、沙世鑫、江世玉诸人合演。李世芳真是不行了，唱得无人喝彩，人也像是瘦了，听说是有肺病。

1935 年 12 月 21 日

三婶要我写信给三姐，我在信里又附了一封给四姐，也写了一封给三姐。

十二点，黄来了，外面风真大，三婶留在家吃饭。饭后去广和楼买票，看富连成。我因为和陶光约好，两点钟要到他学校，所以我不能看戏，让黄一个人看吧！到西京畿道下岗三号"维均补习学校"，陶、华二君均在办公室内，坐到五点钟。李宗霖也在这儿尽义务，教高级英文，陶教三角、几何。谈谈唱唱昆曲，他们一定不要我走，夜里就住在他家。我真不愿意答应，因为明天得去看戏，还得告诉三婶。黄又约好明天一早到他那儿去，再说我也不愿意住在人家，他家的人不太熟，他说了半天，我才答应。我写了一张条子，让他们学校的工友送到三婶那儿，说我今天晚上不回去了。

吃了饭，坐电车往大栅栏，到西观音寺。实在没有什么地方好去，转了一小圈，就回来了。到宾乐轩，看《大西厢》《黛玉葬花》。十一点，叫车回去，在华粹深房中，另铺了两张铺，我睡在帆布床上。

1935 年 12 月 22 日

早上他们还不让我走,你想我怎能不走呢?到十点钟才离开,到西城李家,一会儿黄出来了,和黄一块儿上街,买买东西。到三婶家,告诉她们去看戏,她们自然很高兴。

张云溪的《乾坤圈》,接下来是王凤卿的《朱砂痣》,拼拼老命唱两句,还能赢得来采声,但也可怜。有昆曲《荆钗记》,尚小云还唱《游园》的"袅晴丝"。看完戏,坐车回去。

1935 年 12 月 23 日

昨天和黄说好,今日回校去看看动静。八点半,黄来了,我们马上坐车到西直门。

坐车一直回到学校,只有殷炎麟一封信。中午收到四姐的一封信,信中说祖麟偷看了我的日记。祖麟现在变了,大概是环境的影响,使他变得老成,而带一点油滑,待人颇用心思。

说到日记,我真是粗心,将来更有许多的事会出现在日记上。为了日记,自己生过许多的气,找过不少的是非,将来真不知道要闹出什么乱子来。说烧了吧,又舍不得,不记吧,又丢不下,真叫人为难。假如上帝对我保证说,你的日记无论如何,不给别人看,除非你死了以后,那我就放心了,我就大着胆子来记啦!可是谁又能说这句话呢?谁又能保证呢!

下午写了封信回四姐,想安慰安慰她,谁知写的乱七八糟,太不清楚了。

复课遥遥无期。希望回去吧,还是留在这儿呢,总是不决定,这又是一件使人心烦的事儿。今天起中小学都放假了,大学还没有放。索性放了,我们也好回去。又不放假,又不上课,又怕它会大考,真是使人为难。

校中一切如常,平静得很。救国会的工作也不紧张了,出外大宣传,也只有很少的人去了。

1935 年 12 月 24 日

大会又决议全体南下。这次的学潮,又快和"九一八"后的一样了,渐渐的,越闹越没有劲了。

写了封快信给四姐,要她打一个电报来。我决定要回去了。

1935 年 12 月 25 日

一天全在想要走的事儿,把箱子运进城,放在黄处。

学校有不少人走了。要是不走,又怕卧轨,像上海一样,到那时火车不通啦就糟了。所以想来想去,还是去教务处,和江建君谈一谈。学校当局他也不甚知道,就是当局自己大概也不知道! 他还劝我不走,在这儿玩几天,看形势再说。夜里没有睡好。

1935 年 12 月 26 日

决定,不决定,夜里翻来覆去,闹得不惬意,病了,

1935 年 12 月 27 日

恍惚,遇见主席说情形,晚间开大会。放心,明天走,否决南下的事。

病了,上医院,发热,住院不算,还是得走。

1935 年 12 月 28 日

已经几天没有睡好了,今晚自然更睡得不好。预备明天一早在纠察队未来之前就溜出去,所以不得不早点起来。二点半又醒了,风大极了,我心里想倒霉了,但也只好走。勉强睡到四点钟起来写张条子,嘱咐远义,问我就说我进城了。

临走前我把东西都归好,看着满天的星星,悄悄地出来了。到校门口,只有校警,我们自然不怕他,和他搭讪几句就出来了。我和黄一块走的,风真大,我们一人提一只箱子。到车站查一次,城门口又查一次,如今是我们学生倒霉这时候。进了城,到三婶家。

因为这两天上海学生有闹事,京沪车不通了几天了。到西城旅行社问,说车子到无锡,不到苏州,等两天再说。怎么办呢?我们先买了到南京的票,到那儿再说吧!打了个电报给宗斌,叫他接我们。

黄叫汽车来搬了行李。我们就去到前门,买了点顶针、梳子,是给家里的佣人们的。

车上还好,不很挤。

有一个小流氓样的人,自称是某煤矿的经理,抽了我们的三炮台香烟。和他谈别的他都不起劲,一谈到跳舞,他大为激动。我猜他一定是个浪荡子。

车到天津,上来一个山东人。我们今天一夜是不会睡的了。

1935 年 12 月 29 日

夜里自然是不能睡的。山东人下去后,车就空了,有几个俄国人上来。车中的岁月也真是长呢，想到一步一步的近苏州了，心里开心。夜里十一点，到浦口，过江，到南京。知道宗斌一定会来接，我下车去把他找到。

宗斌更白更肥了，在励志中学教书，英文、西史。他有点变了，做事的人总会是这样的。真是对不起他了，南京、浦口的跑了几趟，南京有正在戒严。

我们决定马上坐车回苏州。车开，正十二点。

1935 年 12 月 30 日

五点多钟到苏州。我不敢睡，把东西都整理好，梳梳头擦擦脸，想一会儿就到了，真是开心。

天还未亮，就到苏州了。我几乎不认识下车了。

城门不开，要片子。我连普通的片子都没有，不要说有头衔的片子了。好在没有等十分钟，城门就开了。

到家真是开心。打门，老头子当是送柴的奶奶，把我骂了一顿。进来四姐还睡着，爸爸已起来了。

家里有四姐、三弟、三姐、九小姐，佣人们都住在下面——我们以前住的房里。

下午五弟、七姐来了。七姐是马上就要走的，五弟马上学校也要放假了，中华职业补习学校。四姐，现在是昆曲迷，睡在床上，还在看昆曲的书。

1935 年 12 月 31 日

我睡在四姐她们睡的大房里，三弟睡在爸爸后面屏风遮住的那一间小房子里。

昨天下午就去买点缺少的东西,又吃了排骨面。四姐又唱曲搭身段。

上午,张传芳、沈传芷都被四姐叫来了。我搭《惊梦》的小生,因为这样我就可以和四姐配了。

家里客多,八姐、七姐都来了。八姐还是那样大喉咙乱叫,她可是已经结婚了。

四姐去搭曲子,今晚不回来了。

1936年

1936 年 1 月 1 日　水

听说大姑奶要搬家到福建去,我带来的景泰蓝瓶子还得送过去。我和三姐一起去。他们房子坏极了,堆满了东西。大姑奶不在家,到九老太太、十九爹爹家去了,母女要分别了,得多聚一下了。大婶母、二婶母也在,我们只呆了一会儿就走了。

四姑家来请吃饭,我们不去,我想下午和四姐去陈家搭曲。一会儿,殷炎麟来了,他来了我们自然唱了起来,如今是一天到晚唱了。

1936 年 1 月 2 日　木

蔡传珊,殷,巾生,唱一上午,放晴,十九奶处,十九爹爹,谈北方,大姑奶奶要走,好看了,得意,观前,排骨,咖啡,闹别扭了,电影,不知所云,不理,睡,爸爸回来。

1936 年 1 月 3 日　金

张传芳,沈传芷,略迷,车站送大姑奶奶,爸爸也在,吃了,陈家(大儒巷),不在,陆先生在,小楼,请客,气味不大好,做,搭,唱,出来了,同四姐到公园,无人,饭,面,殷走,爸爸谈。

1936 年 1 月 4 日　土

不是,怕冷,早睡……

1936 年 1 月 5 日　日

如今我们好极了,每天总是天不亮就醒了。大家谈谈,昆曲为多。

总是我起的早,四姐早上在床上,吃汤,吃苏打饼干,她搨牛油,总是我替她搨。

爸爸拿了一千五百元,听说给了三姐二百元,想买件衣料,做件袍子。四姐也做,预备十八日出曲会时穿。本来只想花三四毛钱,到乾泰祥,一看就买了九毛钱一尺的了。四姐买的也贵,一共是二十九元二毛。我们一点不会买料子,连两毛钱都没有办法抹掉他的。

四姐去陈家。我拿了许多东西,又买了饼干。三姐也有东西给我,我叫了部车子回来。

回家,我要走了。爸爸叫我写信时告诉吾妈不要来了,又告诉陆二先生,说钱收到了。家里现在都是我们自己的佣人,三弟用高干,四姐用张干,三姐用朱干,老头子给他饭钱,没有工钱。我们的房子和乐益的,都押掉了,听说已满期,现在是在延期中。九妈大概是预备全不要这家了,但问爸爸,说过年都要回来的,因为那边无锅房,五个月已经快满了。我真想去看小弟弟,看照片已经长得很大了。

1936 年 1 月 6 日　月

早晨醒来,四姐就肚子疼,今天不能起来了。但今天说沈传芷要来,我想法用三弟床前的屏风,把她的床围起来。她预备睡一上午。

沈传芷来,我搭《惊梦》,又搭了一支《月明云淡》。四姐也起来了,搭了一支《粉墙花影》。

叫她不要去陈家,她说不好,还带了传芷去,非去不可。

下午叫了裁缝,把我们的衣裳裁好才走。传芷和我们谈了许多他们班子中间的事。昆曲是没落的东西了,靠此吃饭,自然是一定不行的了。

到大儒巷陈家。先是我和世杰拍《惊梦》，做了几遍后，太多了，陈太太做《投渊》。又来了一位大舌头的钱先生和陆先生，做《楼会》。叶医生来做《游园》，他还替我和四姐都看了病，开了两张方子，四姐说不吃。后来张传芳来了。我们六点钟就回来了，传芷也走了。我们去观前街买了果蔬，坐车回来。写了几封信回人，记记日记。

1936 年 1 月 7 日　火

好像并没有出去，自己觉得伤风了，吃茶觉得苦的很，有点怕冷，总觉得冷丝丝的。

1936 年 1 月 8 日　水

喉咙还是不好。四姐喉咙也疼，拍一两遍《寻梦》，她就不能再唱了，我继续唱下去。我也是哑喉咙，唱唱不会唱的《硬考》，又拍《乔醋》，又理一遍《折柳》《阳关》，实在唱不出了。四姐又出去买衣料。

下午我们出去玩，和五弟一同去的，四姐自然又是去搭曲子去了。我们出外，先到沧浪亭，两年没有去了，变化好快，造了很多的新房子，路上也改变了。走到县中，我和五弟说，我们一下就冲进去，谁知门房不让进。我们说找周尊炜，他果然在。校工领到会客室，周胖多了，如果在路上遇到，自然不认识了。他也说不认得我了，他更不认得五弟了。带我们去各处走走看看，没有怎样改变。

顺路到实中，说找陈邦亮，不在。只好找施仁夫，又在会客室谈两句。和五弟各处走走，到尚山亭，四爷和小弟弟来了，拎个小皮箱。现在的小学生虽然小，却都老道了，小时候我们都用书包，到中学了还用，现在小学生就用讲究的小皮箱了。

有点怕冷了,早点睡了,四姐搭曲回来,我都不知道。

1936 年 1 月 9 日　木

下午又到陈家,没有什么人,只有陆先生、二老倌、陈太太的女儿。我做了一遍《惊梦》,四姐老是做《絮阁》《思凡》《佳期》,又和我做《惊梦》。后来她又叫我做《惊梦》,我不来,说要走了,她生气了,说我要走,要走你就先走。我知道她这两天火气盛,不理她,一会儿她也要走了。我们一阵出来,她跟我说,下次不要我来了。

到观前街,买银钮扣,十八曲会穿的衣服上用的。

1936 年 1 月 10 日　金

爸爸叫写信给周耀关于南京祠堂的事,周耀有回信来了,真是麻烦,我又什么事不知道。写信给爸爸,老写不好,朱干她们在旁边闹。

读完一册《唐记》。找小舅舅,不在,只好和兄弟们去乐群社洗澡。

1936 年 1 月 11 日　土

传芷来了,搭《琴挑》。

我和五弟共买了一张奖券,得了两块钱,今天请客。三姐、九小姐去了,四姐又去陈家,三弟不去。走了一大圈回来。

1936 年 1 月 12 日　日

是曲会同期之期,我嗓子不好,不想唱。早上传珊来了,替四姐吹吹,预备下半天唱。

我们两点多钟去的,车上遇见陈太太、大佬倌、二老倌。下车我们和她们一块走,只当她们认得路,谁知她们也不认得,走错了。幸亏遇见了她们的熟人,才带了我们去(西白塔子巷,钱家)。

《思凡》(陆先生),《絮阁》(四姐),《投渊》(小许),《楼会》(小许),《纳姻》(二老倌),《游园惊梦》(吴、四、我),《琴挑》(钱),《认子》《酒楼》《小宴》《斩娥》(五、文),《佳期》(大佬倌、我、四),《盘夫》。

到十点钟才完。《惊梦》我唱坏了,后来陈太太硬要叫我一个人唱了一个大老倌唱的《佳期》。

吃的席不好,没有吃饱。回到家已经十一点一刻了,肚子饿,吃饼干。说说话,到两三点钟才睡。

1936 年 1 月 13 日　月

三弟说昆曲不好,四姐和他俩人说翻了。四姐后来大概不气了,而去将就三弟,和他说话,三弟像是不太高兴的样子。

bb 来信说学校二月一日起考试,考完了再上课,这样又得早点回去了。二十号左右就要走了,回来还没有几天,就又要走了。

徐成烈和高昌南来了,登了一天。传芷早上来搭戏,搭了不少。

徐有点像我们家里的一个人,和高相反,高说话,他不说话。四姐很喜欢他,他人很老实。

1936 年 1 月 14 日　火

找几回小舅舅都没有找到,他总是去忙他的戏剧运动的事,下午不在家。

1936 年 1 月 15—24 日

到家来总是乱哄哄的，一房里住了不少人，什么事儿也不能做，只能搭戏。

先是二姐带了小妹妹小红来了。二姐瘦的厉害，原来二姐就瘦，如今更是瘦了，给医生看了看，医生说她有心脏病。我的肺弱，神经衰弱，要吃补药(益力多)，发热，怕冷。他开了药，吃了几天，回家来就一直不好。四姐陪我给王幾道看过一遍，后来又给方嘉瑛看。我和二姐一块去的，药都差不多。

小妹妹她们来，陪她们玩了一天，到虎丘、留园、西园。只有虎丘变得最多，最不好，留园、西园还照旧。冬天冷，没有什么人去玩。第二天去拿照片，小妹妹也去，把她和我两个人拍的一张照片连底片都撕掉了。我倒没有什么，三弟弟生气了，说他拍的照片底片都留着在，无论好坏都要留着，这样撕掉了，反而不好。四哥也来了，四哥还是那样不改旧态，在乐益教员宿舍里，我们谈了一会儿，略知他的近况。我总是很佩服他，有许多人说他不好，固然他也有他的缺点。

我原想二十一号走的。小妹妹她们回上海，五弟为了他自己学校的事，也要到上海。叫他送封信给黄席椿，要他一块儿走，回信说，不走，得过了年才走呢。刚好那两天我又有点病，老是不得好，但大多数是舍不得走，在家里热热的(张干的话)，好像不到万不得已就不会走。又想，就是到了北平，那两天也不大会念书，所以就不走了。爸爸妈妈回来了。我们初三动身走，预想到北平已经一月二十八号了。

上海去不去？老是决不定，到上海怕见几个人，怕见 ZJ，怕见赵大姐，又怕用钱，原就没有钱。又想见几个人，想见见二姐家的小平、小禾。结果还是没有去，小妹妹她们走时，她们带了封信给老伯伯，称病不能来上海。

来苏后，东吴的同学见到不少。到书院巷梁先生家去了两趟，和梁先生到了乐益里去谈谈。他还是很清瘦，一开口，尽是不开心的话，说家境不如往日了，有了孩子，父亲又大病一场，下半年的学费，还没有着落。

在观前街碰到一次黄仿欧，后来又在观前遇到郭忠申，他在采芝斋买东西预备过年。他推了车子，一路上和我谈着回来。到公园，又碰到黄仿欧，谈的大都是时局，他已经略有大人气了，他也有了孩子。

听说徐匡亚在苏州中国银行做事。那天大姐存钱，我和二姐跟了去。他在柜台里，我走进去和他谈谈。他也长肥了，脸都方了，头发不似以前艺术家的样子了。和他谈了没有几分钟就出来了。问他多少钱一月，他先不肯说，我说这有什么要紧的。他说三十元，他大不是以前了。

到东吴一趟，和三弟一同去的，门房没有拦我们，大概也有点认识吧。东边隔河的城墙上，造了个亭子，叫四维亭，还有小桥点缀，看上去颇滑稽。走到林堂口，见到施季言，马上和我握手，也是面熟的先生。

在家里，别的事不大做，搭搭身段。九妈来看看我们房里，后来几天爸爸兴致也来了，要唱曲子。我们教他唱《天淡云闲》，我吹，四姐带着爸爸妈妈唱。有时她吹，我和爸爸唱。爸爸耳朵听不准，又不懂板眼，所以总是唱不好。但我们总鼓励他，他很有劲，妈妈也很有兴致。

常到观前街观里去吃鸭血汤、排骨，还是我回来才带四姐去吃，她后来一直要去了。

苏州电影便宜,可是倒不大去看了。

老是有点病,晚上睡的很早,不到两三点钟就醒了。四姐也总是那时候醒,我们便谈话,越谈越清醒。我们都谈的是正经话,我讲西洋史给她听,又讨论诗、词、曲、史,但大半还是讲昆曲的时候多。

1936 年 1 月 25 日　土

昨天,刘家大表兄(世荫)来四英请我们今天晚上到他家去吃饭。大表兄颇不似往日,颇健谈,对家乡的事尤其关心。他是回家理财的。

刘家他们倒像是过年的样子,大相全挂了出来。我们去的四人——大姐、三姐、三弟、我,我们还对大相磕了头呢!这使我想起了我们家里以前过年的情形。

1936 年 1 月 26 日　日

并未觉得今天就要走了,四姐一早就起来了,我还糊糊涂涂在想黄席椿总该来了。黄来了,请他吃黄油饼干,吃早点。

表兄等人都来了,家里人多极了。我带老黄去学校,小舅舅正好刚起来,在吃饼干。小舅舅告诉我,学校里的兔子怕饿坏了。我赶紧回家到厨房里,问有没有什么菜皮之类,杨三奶奶拿了菜切碎,我用小箩筐装着到了乐益。在走廊上,看见四姐,叫她跟我们一块儿去喂兔子。兔子好玩极了,我提的一只兔子的耳朵,被它挣扎了几下,跑掉了。四姐要到陆家去拜年,替她叫了车,约好三点钟,大家回家。我也还要到四姑家去一趟。

四姑不在家,二姐董瞳出来。我坐了车回来,回到家,家里都没有人,拜年去了。把箱子捆好,小箱子也收拾好。

黄先来了,四姐也回来了。上了车,倒是不挤,每人一张椅子,只是短些而已。

1936 年 1 月 27 日　月

在车上读书,夜里昏昏迷迷的,睡的手脚也麻了。

1936 年 1 月 28 日　火

睡倒睡得很好。车过济南,刁鸿翔上来,刚好边上有个座位,他在我们旁边坐下去。车颇快,十点钟就到北平了。刁鸿翔没有行李,先走了。黄的行李先到一天,一到就拿着了。我等了半天,才拿到行李。坐洋车到三婶家,小孩子看见我回来了,都高兴极了。好像几天没有吃饭似的,又加上她家在过年,大吃一顿,吃的很多。

饭后把带来的东西拿出来,三姐让带给沈从文的东西也拿出来。和小弟弟一同到西斜街,杨家人说沈先生走了,已经到南方去了,约一个星期才寄回,他一定到苏州去了。

原想四点钟的车回学校,但大姐、小弟弟、二妹妹、三妹妹都留我,没有办法,只好留下。

到银行把剩下的一百一十元存上。以前是四姐为我们分的,分了七份,每人得一百七十元。我回家,四姐为我做袍子,这样那样的总算剩了一百一十元回北平。

晚上买了好多花炮来放,大放了一阵。全放完了,才唱唱闹闹的去睡。

1936 年 1 月 29 日　水

起来写了信给四姐,重新整理箱子,准备回学校。

在等车的地方,遇见了远义。他们说,一号不考了,先上几星期课,再考。我一听,马上想到,为什么不在家里多玩几天呢?

仍然是回到了学校,一切照旧,理了一下东西。

洗了澡。

想想为什么回家一趟? 现在还得来,好像人家在家里似的,很留恋家里。

1936 年 1 月 30 日　木

躺在床上,也还是睡不好,尽想到家里的事,

九点钟才起来,这样将来上课怎么办?

黄和周,进城买杨小楼的票,他请我,我请他的,给老黄一块钱。我留在学校,听一点校长谈话。校长只是说学校不搬,大家可以安心读书一类的官话,救国会的代表在校长说完以后,也到台上去说话,说得倒是很能鼓励人。

黄打电话来说,买到了第三排的票。我坐车进城,剃了头,到市场上去一趟。杨小楼演的是《阳平关》和《晋阳宫》,颇不错,可惜配角太差,逊色不少,

陶光也来听的,和一大堆老头子。他和他父亲倒挺像的样子。

戏还有吴彩露的《宇宙锋》,很不错,朱琴心太瘦太难看,做《采花赶府》。

听杨小楼的老派人多,尽是老头子,女人少,听荀慧生的尽是女的。

我想八点钟赶回去,在街上吃一点点心。九点钟,回学校。

1936 年 1 月 31 日　金

下午我去找许世瑛,后来他来找我,说有事,原来是去打牌。我没有和几个牌,输掉了,我不愿意打,老不开牌,太没有劲了。晚上七点,头就重了,想睡觉。

1936 年 2 月 1 日　土

迟迟的才去注册。人颇挤,领牌子等了半天,才交上费。注册倒便当,反正不检查身体。

许宝骙来找我,我也找过他,因为他托买的笙、笛子和小锣,我都托传芷一块买了来。

许宝骙给我的印象不太好,老是大亨的样子,不在乎似的。和他吃过饭到工字厅,找到江建君、陈盛可,他们略唱一支曲子。浦江清也在,谈谈南方曲会的情形。一点半他们都走了,我到图书馆翻书。

1936 年 2 月 3 日　月

今天有两课。一起来还吃莲子茶,又吃粥。我还要去中央银行替人拿钱,不料说要保人,讨厌,钱拿不到。到北大看看沈其道。

1936 年 2 月 2 日　日

九点进城,到三婶家,说请她们看戏。小弟弟要看富连成。富连成

这些小孩子嗓子全倒了，毛世来做李凤姐唱，西平调，做也不好。散戏出来，一部一部的车都很挤，

肚子饿，炒饭吃，又去听谭富英。我实在是太累了，听了两场戏。

1936 年 2 月 3 日　　月

上街，到荣宝斋逛了逛，没有什么可买的。去看电影，演的是《古城未来日记》，散戏才五点钟。六点钟车回学校，去吃了一点东西。

吾妈托人带的胏肝，我带给三婶，又煮熟了，让我带一些到学校里吃。吾妈不知道苏州家里，已经辞掉她们呢。

照我这样的生活，原是应当很苦闷的，事不能和人商量，就是商量，也没有什么好的办法，这样拖下去，到什么时候为止呢！有时猛然想起上课的事，心里总是一惊一惊的，这样会一败涂地，我不知道败到什么程度。一想到将来，总是不敢想，怕去想它。

有时我似乎很不在乎的样子，我知道就好在这一点不在乎，若没有了这一点不在乎，我真为我自己担心呢，怕不知道会到什么地方。

想到现在的家，想到将来当怎样，想到怎么办？又想到，能怎第样，真是，一串的麻烦。

（第十五本结束）

1936 年 2 月 4 日　火

学校昨天上课,我今天才正式上课,补上学期的课,上三星期,然后再考。晚间救国会招集全体大会,说要罢考,不知怎样?

上课倒是挺认真的,四课都上了。下午史学方法讲员未到,我下星期也要讲,有点着急。

右眼老是跳,有好多天了,不知有什么事要发生。

到图书馆借文学杂志,看二月号的《新文学》。补写好多天来欠下的日记,我就是这样,欠下的日记帐〔账〕是一定要写的,别的书帐〔账〕就不想还了。

不乐又来了,总像缺少点什么? 无处可跑,无人可讲,闷得慌。

1936 年 2 月 5 日　水

为了要报告,所以开始整理整理,计划好一下午没有课,可以整理。可是午睡起来,头有点晕,到底还是把卡片整理出来。

郑畏民来,许宝骙也来。然后我们去找华粹深,自然是谈曲,我算学会了一点身段,大讲给他们听。又吹箫,他唱。他说我萧吹的好,我像小孩子似的,听了很高兴。一直谈到晚上十点半。

1936 年 2 月 6 日　木

四课下来,好累。

郭清寰当过医生,今天的史学方法,他讲的很好。

大桥上又出布告了,又是两边相骂。有人骂救国会,救国会和那些人对骂。

好久没有到外面的饭馆吃饭了,今天踏雪而去。阴历的正月十四号,月光洒在雪上,更显得凄白。中秋节分别了,年头上又分别,如今元宵节却又在北京过了。

1936 年 2 月 7 日 （上元节）金

梦的很奇怪。说传芷、张传芳都到北京来了,好像他们才到,跟班子来唱戏的。大厅里,白云鹏正在唱大鼓,张传芳好像不觉得累,拿起笛子来就吹。我要他们不要闹,让白云鹏唱完了再说,他们不听……底下的我就不记得了。

没有事儿,翻翻书。下午钱穆没有来。刁叫到他那儿,他预备了三份元宵,请我们吃。

刁他们五点钟进城,听谭富英的戏。我们七点钟进城,预备一脚到戏园。

车到西直门,还不大热闹,灯比平时亮了些。到新街口,人就很多了,挤着看花灯。四牌楼更多,远远的,放的九龙灯、兰花灯,一片花灯,好看极了。

到天安门下了车,叫不到洋车,走到邮局门口,信丢了。三婶家小弟、中和、张锦桂、郑畏民都在戏院门口。买到了顶边上的票。

文亮臣的《清油臣》,程继先的《探庄》。

程,我还没有看见过,老虽然老,架子还好,剧情有点颠倒,和昆曲不同。但《絮阁》一段差不多,一定是抄昆曲,唱的平录两段,二六都很好,第二段带唱带舞,更好。程砚秋甩袖子,甩的很灵,一段二黄和快板,都还不错。

散戏就十二点多了,路上已经冷落了。

1936 年 2 月 8 日　土

醒来看看表,已经五点半了。再睡了一下,醒来已快六点半了,赶紧起来,洗洗脸,匆匆的走了。

到车站,车子正好来了,赶紧上车。昨天就把十八世纪史的笔记和书已经带了,谁知车跑的快,到学校才七点半。在门口合作社吃了点点心,又上了厕所,刚好上课。到课堂,还没有几个人。昨天开大会,不知出了什么事,来上课的人还不到平时的一半。

下午大睡一觉,睡到四点钟。许宝骒来,到合作社。他总是四点到八点来我们这里,谈些无聊的事儿。

1936 年 2 月 9 日　日

一到礼拜天,就像闲的很的样子,早上稳稳当当的睡了一阵,很惬意。不慌不忙的,我到图书馆里做了一点事。晚上写了几封信,给大姐,给老伯伯,给徐光亚、祖麟。

1936 年 2 月 10 日　月

去查《燕京学报》。躺在床上觉得无聊,马上起来,到 bb 房里,他要去溜冰,我也随了他去冰场。他说他明天生日,请我一顿。在他那儿吃东西,吃了点酒,叫了四十个饺子,剩下十几个没有吃完。一会儿他拿几张新片子来,很好听,如梅兰芳的《三娘教子》《玉堂春》。拿了回来,开了好几遍才停。

1936 年 2 月 11 日　火

BB 今天过生日,请他到外面小饭馆吃锅子白肉,并不好吃。

1936 年 2 月 12 日　水

下午没有课,七表叔来了。在苏州时就隐隐听见七表叔的事儿,说他做工作,要捉他。也仿佛听说他要来北平,果然他来了。他住在燕京,还有一位姓胡的陪他来的。

带他各地走一圈,到工程部馆。胡先回燕京了,我和他再到合作社,又谈了一会儿。想谈他这次来北京的事,总觉得不大好谈,就想问问他详细情形,也不好意思问。四点钟他走了,我送他走。

1936 年 2 月 13 日　木

今天轮着我讲了,讲了一点钟,才讲到琴操一半都未讲到,讲得一塌糊涂,字只写了一点出来。

开大会,开不成,灯熄了。只有秦、孙、马三位来我房里,我们点了洋蜡谈话。

1936 年 2 月 14 日　金

晚上和刁鸿翔、黄席椿到东记去吃饭,走到工字厅,沿着西面走去。在工字厅唱了一阵曲,做了一下身段,我把我会的都搬了出来。

1936 年 2 月 15 日　土

上课异常的冷落。昨晚开会听说决议,请求免考,否则罢考,此事学校不答应,一定会闹出什么纠纷来的。

照理来说,本不该进城的,在下星期就要大考了,我是什么书也没有看,这样自然是不行的了。转念一想,在学校里也不会读书,不读书反而无聊,倒不如进城去玩玩的好。

周世逴来问我进城不,我说进城,他拖了黄庸椿一块儿进城。什么全依着他,他要打弹子,王府井一下车,就到市场楼上一家弹子厅去打弹子。

二点半出来,去看戏。戏颇不好,没有劲,戏散才五点钟,一块去喝咖啡。我到三婶家去。今天天气太好了,俨然是春天了。

1936 年 2 月 16 日　日

有梦。雪。

昨天听说从文回来了,想问点南方的情形。去四斜街,说已经出去了,只好回来。去买了一副扑克回来,教三婶家的孩子们打扑克,他们都不会,我把我会的都教他们了。和小孩子们玩,虽然好玩,但觉得有点惨。

六时回校,拿到祖麟的信、大姐的信。大姐的信里附了四姐的信,她到上海去了,去赴"某姓"曲会。半个月来没有收到四姐的信,大概她是被曲子迷得什么都不顾了。

1936 年 2 月 17 日　月

陈寅恪的魏晋南北朝史不考了,这是一件大事,否则真是要命了,《通鉴》一点也没看。

1936 年 2 月 18 日　火

黄买了一部《侠隐记》回来，下午大看，别的书也不要念了。为什么历史书没有历史小说好看呢？历史书不能写得好一点吗？

考和不考的空气，叫人难受。

1936 年 2 月 19 日　水

学校不答应不考试，学生请愿，包围教授会，要他们答应，结果全体教师辞职。

学生大会分大礼堂派、同方部派，最近又有体育馆派。我躲在工字厅江建君房里，什么地方也没有去。

1936 年 2 月 20 日　木

教授罢教。下大雪。我有四课，每个都去的，一个人坐在教室里，看《侠隐记》。下课了，再换一个教室。教授不来，连教员也不来。

一下午，《侠隐记》看完了，头胀极了。好是很好看的，它倒能吸引人，叫人不能不看下去。

几天来做事总不行，写信也写不了，好多事都搁在那儿没做。

1936 年 2 月 21 日　金

真是不上课了，教授们的辞职，似乎弄假成真了。

没有课干什么呢？还欠了许多信，这两天，累死了，勉强写了一些发出去。

晚上翻一点日本的小说,有点困难。

1936 年 2 月 22 日　　土

每天清早一醒的时候,是我最好的时候,也是我最坏的时候。一醒来就睡不着,但还是糊糊涂涂的,想这儿想那儿,一会儿就想得头疼,把夜里的睡眠全都白费了。想到家里早上的情形,和四姐谈谈这样谈谈那样,谈谈将来。

三姐来信说,老伯伯牙齿出血,生病了,我马上写了封信去问候她。大姐、四姐、爸爸也都在上海。

图书馆登了一天。

1936 年 2 月 23 日　　日

上午读书。

几天大雪,大桥上没有布告,今天突然出现女生的布告。是紧急启事,是×××的一张有姓名、宿舍图样的卡片,大有密告之嫌,故而被列有姓名的女生,发了通告。有人说,男角演完了,现在坤角来演了。

布告发出后,诸同学纷纷议论。

四姐来信,从上海来的。又找老前辈的曲家,唱曲子,大乐。

晚间踏雪到校外一饭馆。靳文瀚、郑畏民,找我借钱。

布告校长的训话。晚间,救国会召集大会。图书馆里灯熄了,勉强支持到十点半出来。

1936 年 2 月 24 日　　月

原定今天起大考的,改为十点钟校长训话。训话最重要的地方"是不对的""做错了"我要责骂你的"。校长训完后，开大会，三个不讨论，一个散会，十二点一刻，大会无果而散。我感到声势浩大，救国会的压倒护校园的。下午校长出了布告，考试又延迟到二十九号。

救国会委员各记大过二次。还说教授非要开除人，校长没有同意。

1936 年 2 月 25 日　火

二十五到二十八，温课时间，不上课，我们都觉得一松，放假似的。早上图书馆人多极了，蹲了一上午，不出来。

下午预备要写许多信（四弟、吾妈、四姐、宗斌），出去发信时，遇见BB，他拖我去吃咖啡。晚饭后，又写了三封信（顾志成、二姐、I）。

1936 年 2 月 26 日　水

刁骗我说，艺术史昨天考过了，叫我今天去图书馆办公室补考。下午我真的去了，还碰到了张锦桂，他也没有考。到一点半到办公室没有人，在阅报室遇见了刁，才知道是骗我们的。老刁真刁。

在房里翻译日文，译也不出。写封信给四姐。

1936 年 2 月 27 日　木

早上带了一大堆书到图书馆，没有看多少东西。晚上的效率最好，看了不少东西。

接到四姐向高昌南要钱的信件，我马上替她转了去。四姐由上海回苏州，没有接到信，又给她写了一封信。

1936 年 2 月 28 日　金

……

大概是在图书馆中吧!

1936 年 2 月 29 日　土

今天是补考开始的第一天,但是今天没有考。大约才六点钟的样子,天才有点亮,就听见外面有声音,听见有人说"散开来吧",我就知道是来捉人的。向窗外一看,果然有几个巡警在我们宿舍门口。我把黄推醒,说"来捉人啦"。

忽然听见有人吹哨子,大声的嚷"抓人啦",接着就有人叫"抓住他",跑的声音。我向窗口看,看见三四个巡警捉住一个穿大衣的人,还认得,那人就是方左英①。

到七点半,把守门的巡警,还不放我们出去,说等一下。有人第一堂有考试,都急坏了。七点五十,还不让人出去,许多人都挤在六院门口。有人说四院的人都出来了,为什么不让我们出去? 许多人拥了出去,门口的巡警也没有办法。

四院那边有一群人,叫嚷到校长家去请愿,接着就有好几百人跟了走。从合作社门口过小红桥,到校长家大家沿着墙,向西院走,都跑了起来。我在后面,不知道是什么事,也就跟到西院。到了西院门口,大队已散开了,门口没有多少人,一台公共汽车被打坏了玻璃窗,机器大

---

① 方左英(1913—?):广东开平人,著名道路与交通工程专家,1937 年毕业于清华大学土木工程系,在校时曾担任清华大学民先队纠察队长。

概也打坏了。还看见两部自行车,也躺在雪地里。

许多人都站在那儿看,不知道什么事。我就向东走到大门口,有许多巡警和宪兵在汽车上。

许宝骙也在看热闹,教授出来了很多,都站着看。我们全不知道门里面在干些什么。

冷极了。有一次,巡警嚷"站开站开",大家都退到大桥南边。警察是有枪的,上了子弹,有指挥刀的巡警,拔出了指挥刀,似乎很紧张。我看见一个警察把子弹从枪里拿出来。

有人拍照,有人抓住铁门往上爬,有人拿着雪往门里打,不知道里面在干什么。有人在嚷,"清华的同学快进来,要锁铁门了"。我也跑了进去,许多人拥着潘光旦到大礼堂门前,校长也来了,两位负责人的脸都白了。校长先说话,有点急的样子,但态度总算还能沉静,把今天早上发生的事略略报告了一下,说巡警是爬墙进来的,我们有一个校警现在被他们打伤了,他们拿出名单,要我们交出他们所想要的人,我们要求他们撤退,军警他们现在走了。潘光旦刚要说话,就有人咳嗽嘘他,叫潘光旦辞职。有人嚷嚷教授他们现在为什么不辞职了?有人嘘,闹了半天,总算安静下来。潘光旦简短的说了几句话,说他们有一个名单,好多人要他念一念名单上的人,他自己只记得起来有陈元、司彻、刘毓珩①等几个人,其他的不大记得起来。许多人都向潘光旦发问,潘光

---

① 刘毓珩(1914—1984):即陈其五,安徽巢县人,蒙古族。1934 年考入清华大学哲学系,积极参加"一二·九"运动。全面抗战开始后,被派到山西卫立煌部工作。1938 年加入中国共产党,进入新四军工作,1948 年任第三野战军前故委员,曾起草《敦促杜聿明年投降书》。

且成了众矢之的,还亏了校长说"现在我们是对外还是对内"? 大家说"对外",校长说,那么他们现在一定不会了结的,我们还有许多事要办,大家现在可以散了。于是总算了解了情况。大家对校长都很好,校长说话的时候,没有人嘘,都安静的听着,随便哪一派的都拥护校长原来事情是这样的,他们捉去两个人,是方左英,还有一个是蒋南翔,躲在西院的警卫队房里。同学们大队赶到西院,不见人,见车子,于是把车子打坏掉,那被捕的二位也被抢了回来,并且还打伤了他们一个巡警,据说只捉了我们一个工友。

校长在大礼堂前说话,学生便在大礼堂里开会。据说最后决议不考了,共议决了二十几条议案。

下午的时候有人说又来了,大家到门口。我没有去,看见有好几百人出去了。

真是一日数惊。四五点钟的时候,听见有人说有两千人来了,都是二十五军的。果然,晚饭的时候他们都进来了,我和黄到图书馆,看见外面许多兵把守着,不让出去。大家都无心读书了,我和黄在杂志室待一会儿,大阅览室待一会儿。我们想出去,可是又不敢,听说出去的都被逼回来了,弄得不好,还会被捉了去,

中文阅览室里有个人,用两根板凳拼起来躺在上面,大概是预备在这儿过夜了。

杂志室内有三个兵,一个同学在和他们讲东北的事情,把地图拿给他看。那个兵是东北人,讲的很起劲的,很爱国的样子。

图书馆的大门口有兵把守着,问问不让出去,还说外面有口令,不知道口令的就要捉起来。许多人更不敢出去了。挨到十点多钟,看见

有人出去了,我问黄敢出去吗？我们便一块回六院去了,路上虽然有兵,却没有问我们。门口兵更多了,我问让我们进去吗？那个兵倒是很客气,我们便上了楼。上了楼,便不准下楼了。果然,我看见底下的走廊上没有同学,只有保安队、警卫和宪兵。

底下的房间在一间一间的搜查,我们的房里什么反动的东西也没有,不怕他查。希望他快一点查过,我们好睡觉。

十二点快过了,我们正要睡觉,听见查八一五号。我们是八一二号,以为他们要来了,谁知道他们没有进来。

1936 年 3 月 1 日　日

醒了,不想起来,工友进来说,昨天捉去了不少人。起来打听打听吧。

知道捉去了二十一个人。有的在外面走走,就被捉去了;有的脾气不好,和警察吵了起来,被捉了去。真正名单上的人,到没有捉去。

昨晚有许多人在体育馆,老是不出来,到今天早上三四点钟,才被他们点了名,押了出来,还放了一枪。在图书馆里的学生,像我们这样悄悄溜出来的,也受到检查。有人姓陈,和陈元同姓,也被抓了去。

早上图书馆读者寥寥无几。许多人都说不考了,昨天的考试,校长已经宣布说移到下星期六,明天不知道还考不考。我现在最大的问题就是考不考的问题,明天十九世纪史,最重要的一门,不考就好了。现在还是不知道,也只能去读读书了。在图书馆里写信,写信告诉四姐学校里昨天发生的事。

下午到体育馆里去洗澡,出来看见有人贴布告,说是不考试了,心里大安。

1936 年 3 月 2 日　月

不考试,今天正式上课。果然,教室里有人上课,可是我们的课陈寅恪今天没有来。

十一点有纪念周,校长训话,但是我们十一点进城了。

在西单商场新广东吃的饭,又去理发,到中原商场买了牙膏,去看了电影。到协和去看王大爷,走到新开路,门房说王正仪还未回来。到青年会坐车回清华。

1936 年 3 月 3 日　火

十九世纪史上课。谈谈学校最近的事,和上次教授们辞职的事。刘崇铉说他自己的感想,他倒是个好人。那时候学生确实使教授们太难堪了,我恨我自己没能代表学生向教授们道歉,虽然我并没有参加请愿。

今天收到四姐的信,复了她的信。又向张裕琨催款,我现在只剩二十元了。

1936 年 3 月 4 日　水

上体育课,洗了澡。近来我们常到东记去吃饭,还是刁鸿翔带我去的,我又带老黄去。地方太坏,但菜还可以,不是面条就是水饺,都吃厌了。

1936 年 3 月 5 日　木

王遗珠汇来二百四十元,要替他买皮货,我真的不会买。这许多钱要是给我用就好了,我现在正没有钱用了在。

史学方法又出题了,又得做一篇,我前面的债还没有还完呢!

从图书馆回房,陈明斋来。他带来一个消息,说八姐和她的婆婆今晚到北平,招呼他要我星期六进城。我真的很开心,又有自己家里的人来了。我这次回苏州,见到了八姐,她比往常大人气了很多,很够资格做少奶奶了。

陪陈他们到合作社,吃点东西,他们就走了。

1936 年 3 月 6 日　金

日文不上了,上陈寅恪的课,又是和上半年一样了,

钱穆又没有来上课,他这课一共也没有几次。

1936 年 3 月 7 日　土

十一点进城,想到八姐和她的婆婆一定来了,而且一定先到过三婶家,故而先到三婶家。三婶说她们并没有来过。

我老想找从文,一直没有找到,今天一吃完饭,就去找他,他正和朱自清在吃饭。他这次回苏州,还到过上海。我们谈了些家里和上海的事儿,和朱先生也谈到了学校里的事。三点钟的样子,到协和找王正仪,门房说他们在北辰宫,结果也不在。去找陶光,他们吃豆汁,酸,我们南方人是不能吃的。他们打牌,吃完饭,我就马上走了。到北辰宫去

找王正仪他们,八姐和王正仪都在,八姐拉着我的手,高兴极了。

客厅颇为讲究,地毯沙发,还有钢琴。一会儿,王的母亲也下来了,剪发,还不大老,说话我不大听得懂,八姐倒是懂。

许多人,都不太熟,说一两句应酬的话。一会儿他们都走了。

八姐邀我到他们楼上去,去他们自己房里。不大像旅馆,两张铁床,一张小书桌,一张柜子。

我们谈家里的事。老太太也过来了,问了我几句话,"十几啦?""在高中吧?""娶亲没有?"她全把我当小孩子待。我和八姐说合肥话,大概她不大听得懂,没几分钟就自己回房里去了。

他们夫妻留我在这儿住,我是自然不肯的。他们来这儿就是十天,趁正仪这一阵有十天假,来北平玩玩的,他们来了两天还没有玩些什么。

我因为和三婶说好今天一定要回去住,明天还要带三婶来这边回拜他们家老太太。今天下午,他们都到三婶家去过了。

和八姐她们约好,明天早上来。

十点了,弟弟、妹妹们还等着我呢。风很大,穿着卫生裤腿还冻的很呢。

1936 年 3 月 8 日　日

昨天八姐要我把小弟、大妹带到他们旅馆去,因为昨天他们虽然到了三婶家,小弟弟他们都在学校里。今天我和他们说,他们都不肯去,说了半天,小弟弟说没有衣裳不去。我劝了半天,让他们都穿上了蓝布大褂子去的。

去到北辰宫，他们才起来。

他们来了几天还没有到过市场，带他们坐车子去市场。

我请客，十七块钱的菜，酒之类的一共加起来是二十块钱。菜很好，大家都吃得正好，酒只有一斤，别人全不吃，只有我和八姐夫稍微吃了一点。我是不能吃的，仅仅一杯脸就要红了，还和八姐猜拳。王家老太太直叫正仪说八姐不要喝酒，到底是护着自己的儿媳妇。三婶不吃酒，大妹、弟弟们更不会吃了。

饭后一点钟，说逛三殿，先到太和殿、中和殿和保和殿。三婶走不动，小弟是高兴极了，一队人总是在一块吵吵闹闹的。老太太抿着嘴笑，大概也是很高兴吧。

自然东西搬走了，除了看一点建筑，没有什么可看的了。但是皇帝登基的地方，总不能不看一看的。

时间尚早，可逛武英殿。武英殿倒还好，没有搬走什么东西，边殿仇十周的画和一些宋人的画都还在。看殿的人为我们解说了半天。

武英殿大可看的，有瓷器、玉器、铜器、金器、象牙、漆器、竹器，还有奇奇怪怪的钟表。都看完了，这一块钱是值。三婶看见大内的金盘子和金碗，都不相信是真金的。

四点出来，逛浴德殿，所谓香妃的浴室。逛完了，我和王家人回北辰宫，我一会儿就得预备回校。三婶他们回家了。

他们房里煨着银耳燕窝，我吃了一碗。因为王家他们正是做燕窝、银耳生意的。

六点回校，未吃晚饭就睡了。得张裕琨信说，五十元就汇来了，正无钱用了。

1936 年 3 月 9 日　月

非常时期考试从今日开始,今天是下学期开始的日子。

三婶明天请侄女婿和亲家,我作陪,午后打电话来要我明天五点钟一直就到中信堂。

1936 年 3 月 10 日　火

和沈其道一起到东记去吃饭,吃东记的饼,他大为赞赏,吃得慷慨激昂。我下午五点进城,他说他也要去。他的衣裳挂了一个洞,把我的新袍子穿了,我穿黄的灰鼠皮袍子。我在街上转了一圈,六点才到中信堂门口,正好遇见王家一家人来了。

菜倒是很多,盘子大,一看见就饱了,一点也吃不下去。三婶买了五张晚上的戏票,王他们也买了四张,没有这么多人,怎么办呢? 王正仪打电话找人看,都不去看。后来两个饭馆的伙计为我们想办法,让我们把戏票给他们的掌柜的,让他们的掌柜替我们出车钱,送我们去看戏。我们还是吃亏了一张票的钱,好,就这样吧!

戏是苏廷候的《取洛阳》、李多奎的《行路训子》、慈瑞泉的《送亲》《演礼》、俞振飞的《监酒令》。王家老太太和正仪不懂戏,八姐也不很懂,我就告诉他们,李多奎唱得特别好。

程砚秋是双曲,《骂殿》和《儿女英雄传》,程砚秋做十三妹,我真想不到会怎样的不行了。自然还是从祠堂提亲做起,一直到洞房打贼,先穿了短袖子、紫衣服,大屁股,难看极了,后来做新娘子,穿红衣服,却好看多了。洞房一段,程做得非常精彩。

仍然叫汽车回去的,他们回北辰宫,我们回西城。

1936 年 3 月 11 日　水

天阴去逛颐和园,一定不好。我到北辰宫,问他们去不去颐和园,他们居然有兴致去。赶快去东华门乘车,十点十二的车,不过不是到颐和园的,是到香山的,我们就去香山了。

香山是我旧游之处,静宜园里面也去过三四趟了。为王家老太太叫来的小轿子,我们三个人都走。仍然是那几个地方,双清。香山饭店吃的中饭,半山亭,带出来的几名女宾,没有什么好玩的。

时间尚早,又到碧云寺,泉水都冻住了。他们家老太太,居然上了不少层台阶。回来我们经过三十一号,找到许宝𬴂,他住在我们以前住的那两间房里,没有什么东西。很多地方都叫我想起了以前。下山,居然赶到了四点半的车子,我到燕京,他们进城了。

1936 年 3 月 12 日　木

孙中山忌日,放假一天。

早上做了不少的事儿,写信。下午我老是以为八姐他们要来,因为说好的,他们玩颐和园,到清华来。我不敢出去,把房间收拾得像样一点。黄进城买东西去了。

华粹深打电话来了,他们在俞先生家,说一会儿到我这儿来。果然一会儿他们来了,到合作社大吃一顿,还有陶光。回房里面来唱昆曲,他们预备来一次大彩排,为谷音社筹款,请梅兰芳、程砚秋、俞振飞都加入。要我做《琴挑》,我全都忘了,不能答应。

下午四点多,逛颐和园的那一批来了。先带他们到各处转转,大礼堂、工字厅、体育馆,略看一看,又一次到合作社。

陪他们到燕京,陶光他们都不在了。他们乘七点钟的车回去。

接沈从文的信,要我写信给大姐,叫她劝三姐回来。许宝骥来了,又是谈昆曲。我吹了一曲《游园》,他唱了,又唱《小春香》。他走后,我写信。

1936 年 3 月 13 日　金

刮了一天的大风,但不是很冷,到底是春天了,只是土太大了。明天到七表叔处,和他一块儿进城。为大表叔抄了一篇陈寅恪的东西。接到四姐由南京发来的信,信上说,下半年或许会到缅甸使馆里去做事。要是成功了,倒是很好,只是我们又隔得远了一点。她说要是走,在走之前,一定会到北京来一趟,玩一玩。我真希望她再来呢!

1936 年 3 月 14 日　土

上十九世纪史,上完课,东西交给刁,我便去找七表叔。他刚刚起来,在洗脸。我喝了一杯奶粉,特别好吃。

我看到他书架上有一本《死魂灵》,我预备借回去看看。原来准备邀他一块儿进城看《双城记》的,但是风太大了,先说不去,后来也就去了。先到燕京,他认识的两个人都不在,他们都去上课去了。

到城里才十一点一刻,吃饭太早了,在西单商场兜了一圈。七表叔说到从文处去吧,于是我们就去了。从文正在写信给三姐,长长的信,一定是劝三姐回北平来的信。

我们坐下来,他们便大谈丁玲之事,谈得天花乱坠的。七表叔不吃荤菜,炒了几样素菜。吃完饭已经一点多了,怕买不着票,赶快坐电车走了。电影是轰动一时的,但也不见得好得怎样。

1936 年 3 月 15 日　日

弟弟妹妹们到学校参加童子军的军训去了。还是我和沈其道去听戏,毛世来、李世芳全没有了,姓名都不愿意记下。出来到南池子,叫车回北大宿舍。八姐和正仪到三婶家去了,我留下张条子,就到青年会坐车回清华去了。

1936 年 3 月 16 日　月

上课时鼻子突然出血,大褂子上都是血。

听校长报告。

晚间上新设的功课,"国情与国际问题",是冯友兰在大礼堂讲的,还看幻灯。

1936 年 3 月 17 日　火

史学方法又做了,有中文译书。

接到四姐和四弟的信,回三姐、四弟和殷炎麟的信。

1936 年 3 月 18 日　水

"三·一八"纪念,早上公祭韦杰三①烈士,在河边上念祭文。头一

---

① 韦杰三(1903—1926)：广西蒙山人,壮族。1925 年考入清华大学学习,1926 年 3 月 18 日,参加反对段祺瑞政府的游行时遭枪击身亡。朱自清曾有《哀韦杰三君》一文。

篇做得还是好,是白话的,不知是谁做的? 还要到圆明园去"三·一八"烈士公墓哪儿去。

1936 年 3 月 19 日　木

下午写信给四姐。

读《和典》一本,《国家论》半本。

1936 年 3 月 20 日　金

特种演讲。

1936 年 3 月 21 日　土

读完,城,皮货,珠市上,皮货庄,不敢进去,瑞蚨祥,一件,要与不要,琉璃厂,信纸,不好的,钢图章,萧请戏,中和,《岳家庄》《乌盆记》《镇澶州》《盗御马》,不过瘾,十一点三刻,叫汽车,回。

1936 年 3 月 22 日　日

好天气也,公园,全去,儿童部,山上,外国人,中国儿童的孤寒,爬山,累人,太阳,回不回? 萧归家,服中,星期六的戏,好像太生,没有话,造房子,大了,扑克,乌龟,六时回,有信。

1936 年 3 月 23—27 日

现又接到俞平伯来信,说陶光他们今天要来,叫我借两间房子。果然他们四点钟就来了,我很高兴的陪他们走一走玩一玩,到东记吃饭,晚上还要到俞宅去开会。

开会开到很迟,到十点钟,我们才走。我做了一曲《琴挑》,真丢人,全做错了,而且都忘记了,别人看着直好笑。

送他们到三院去。

1936 年 3 月 28 日　土

我还没有去上课,他们倒都来了。陶光是不会这样早的,自然一定是没有睡好了。我上了一课回来,在大礼堂门口遇见他们,许世瑛也在。我们到我房里,听梅兰芳的《三娘教子》。本来我们预备十一点进城的,到门口遇见华家的老四,他们特地来玩,所以我们也就不走了。今天天气倒是好,我们到处走了一下,又到东记去吃饼,人到得很多。我请客,倒是很高兴。

我们三点钟进城,我从西城下车,到沈从文处去。他又在写信,朱自清也在他家,朱自清要找他办事。他拉他到小房里,说了许多话,总之一句话,三姐不来他真不行了,叫三姐早早来才好。他还要我写封信去,我答应了他。到外间的办公室,我和朱先生一起谈了许多关于青年思想左倾的问题。

五点钟我们都出来,我到三婶家去,沈从文说他要到林徽因家去。

他们已经盼着我去听戏了,萧五姐也来了。

又是捉乌龟玩,到八点钟,小弟、大姐催了才走。那个小老生,唱《搜孤救孤》,下面就是丁甲山的《状元媒》、罗四虎《御碑亭》。戏一点也不好,唱得不卖劲,唱倒是唱的很迟,十二点过才完。

1936 年 3 月 29 日

和小孩子们玩总不行,他们造房子我不会。和陶光他们说好早上去,所以我要十点钟走,孩子们不放,和我吵了起来。

坐电车到陶宅,陶兄正在教两个学生的《孟子》。我便在院子里晒太阳,看报,学生们走了,我们才出去。出去吃饼,饼比我们学校的饼薄,好像要比我们的好吃一点。这小铺子是在隆福寺街。

饭后到市场买图章,老四他们在行,我把刻章的事,全都拜托他们办了。

我请他们看电影,据说很好看,名字叫《泪洒相思地》,名字倒起得漂亮的。我还怕买不到票,去了人倒是不多。

在光陆电影院门口,见到黄席椿,我们便约好,六点回学校。散戏后,到荣宝斋,又见到畏民,他请吃了咖啡。

回来听说 bb 的钱来了,我真没有钱用,他一定可以还我一点钱呢。

四姐寄来《寻梦》《断桥》,还没有拿回去,四院的工友老是不在。晚上才拿到戏折子,抄得非常讲究。

在阅览室里写信给四姐、三姐、大姐。

1936 年 3 月 30 日　　月

今天 I 他们结婚,我想打个贺电去,想不出什么句子来,把爸爸的"慈兰芳行步蟾宫"一首诗打了去,不知他们今天晚上会不会收到？邮局的人说,尤其是我这种电报是很慢的。昨晚本来想写封信去的,总是写不好,所以就不写了。

1936 年 3 月 31 日　火

昨夜睡了一个好觉。接到 I 从南京寄来的信，希望我去。但今天已经是 31 日了，我写回信给他们俩。

1936 年 4 月 1 日　水

下午和老刘、小孙冒着大风，去二院打乒乓球。小孙蘑菇极了，尽拍慢球，但是我仍然能够赢他，

昨天开郭青①追悼会，抬棺游行，又发生了冲突，清华也抓去了不少人。今天开大会，又没有开成，说燕京已经罢课三天了。

1936 年 4 月 2 日　木

七表叔来问我借钱，我只有十块钱，还是许世瑛才还我的，他要二十元，我真是很抱歉了，没有给他。bb 来钱了，虽然只有一百，但他不应当不还我，我又不是阔人。小徐欠我十元也不还，老郑还借我五块，虽然这种钱我要不回来，我现在还暂时有一点钱。

想开始写论文，成绩尚佳，如此下去，一个月一定可以写好的。

1936 年 4 月 3 日　金

头发太长了，这星期不想进城，所以在学校里理，只一毛钱。

听完钱穆的诗，又听梁漱溟的演讲。

---

① 郭青时为河北省立中学的高二学生，因积极参加"一二·九"运动，被逮捕入狱，死于狱中。

晚上去俞家练习《惊梦》,唱了两遍,又和俞太太唱一次《游园》。

1936 年 4 月 4 日　土

努力写文章,一共写了有十张,若能天天如此,完成之日不久矣,就怕不得长久。

老刁来,邀明天上天台山去。我真有点不大想去,明天还得到七表叔那儿去,还不想进城,在家里写写文章。

1936 年 4 月 5 日　日

今天是清明,天气不很冷,天阴阴的,正所谓"清明时节雨纷纷",但还不至于落雨。

早上起的很迟,原想不去了,无奈还没有起来,老刁就来了。太不好意思了,只得说去。但我还得去看一看七表叔,我没有钱,还向黄借了十元钱,预备送给他。

到大门口,已经很多人在等车了,我们真担心抢不上汽车。今天是礼拜日,又是上坟的日子。

刚好有一部车子到香山,我们就抢上去了。很快就到纪念碑,雇驴子,往天台山,一路上碧云寺。经碧云寺,向山道里走,驴子慢慢的走,有薄雾,很好玩。我们住在香山有几个月,却没有走过这条路。越走越高,经过挂甲台,颇险要,此后又转向另一个高峰。老刁带了些面包、牛肉来,黄嚷着饿了,他们便大吃一顿。到天台山的某某寺,很小,有军警站岗,说今天还不是正日子,明天一定比今天热闹了。我们先在庙后游了一圈,庙实在是太小,没有什么可看。

有所谓的顺治的肉身像,头略偏,带黄金色的帽子,颇像真人似的,坐垫之类也如宫中的一样。来烧香的,拜这肉身佛的较多,正殿前烧香的倒少些。

老刁大喝茶,有数十杯之多。有带了红花的招待(非和尚),招待我们在客房里洗手喝茶。庙外面看看,卖土货的很多,也有卖洋货的,很热闹,戏台上在演戏。

又坐上驴子,到八大处最后的豹子洞①。也有一个坐化的和尚,不如顺治,非帝王之故也。

骑驴子,慢慢在山路上走比什么都好,到某处,看一看。香界寺租给外人了,龙泉寺有泉,破亭,黄竹旁休憩,大喝其茶。山庵,小,最破旧,不好,里面的人也承认。大悲寺,外国人住在里面。大灵光寺,倒是比那几个大一点,也热闹一点,像是个大旅馆的样子。

八大处只去六处,还有秘魔岩、长安寺两处未去,说是来玩的人也不常去的,乡下人多极了。到燕大的车一直开进城。

会上来了一群打扮得如武生花脸的人,马上练了起来,围上一圈又一圈的人来看,我们也挤进去看。

没有办法,先进城再说。进了城,坐车回清华,回来一身的灰土,不得不洗澡。

---

① 八大处一般指的是北京西山的八座古刹:长安寺、灵光寺、三山庵、大悲寺、龙泉庵、香界寺、宝珠洞、证界寺(其西北角有石崖洞穴,叫秘魔崖)。此处可能是张宗和笔误。

1936 年 4 月 6 日　月

正写信给大姐、四姐,是安庆发来一封信,大姐的信。就知道她怕又出去玩去了,果然不出所料,她去找张天瞿去了。

1936 年 4 月 7 日　火

在东记吃中饭的时候,看到报纸上富连成的戏还不错,于是商量商量就去了,碰见不少熟人。戏是《长坂坡》《奇双会》(李世芳、江世玉)、《荷珠配》、毛世来《碰碑》、杜云田《五花洞》,李、毛等,还算好。

荣宝斋坐到八点半,看看画报,唱一曲《惊梦》,从西直门就回清华了。

1936 年 4 月 8 日　水

连日阴天。今天下雨,雨原来就该下了,春天了,不下几场春雨,东西也长不出来。

一下午在写论文,晚上也是,我要征服它。

1936 年 4 月 9 日　木

无课。

1936 年 4 月 10 日　金

在俞家,唱一遍《惊梦》。

1936 年 4 月 11 日　土

成府，看戏，燕京的花，归，信，许处的，陶，华，东记，工字厅的同期，人少，袁三的《思凡》，戏码，《定赐》，《絮阁》，《拆书》，《草地》，我的《扫花》（和陶光），《折阳》（我和沈有鼎①），《折阳》还可，散后，江家的无聊会议，沈来，李，徐，许，潭拓寺，拖起我去颐和园，不进城。

1936 年 4 月 12 日　日

颐和园，很多，谐趣园，幸福园，排云殿，眺望，后山，苏州街，一对对的，长廊，饿，叫声，颐和园饭庄，总算等到了，两点，吃完，有劲，南湖，绕大圈，累极了，归来，沈，二日，信，夜谈。

1936 年 4 月 13 日　月

迟到，课，不懂，厨房里的饭，写。

1936 年 4 月 14 日　火

发信，刘家的谈话。

1936 年 4 月 15—17 日

为论文所苦，总不能好好的坐下来写几个钟头，就是坐下也写不出

① 沈有鼎（1908—1989）：上海人，著名的逻辑学家、教育家，中国逻辑学界的开拓者。1929 年毕业于清华大学哲学系，后赴美国、德国留学，先后师从怀德海和海德格尔。1934 年回国后任教于清华大学。

字来,不到一会儿便厌倦了,只好勉强地写下去。不知道何时能写完,别人有好多都写完了,就等着毕业了。

刘崇铉找我们去谈话,也是毫无结果。他要我们把毕业后的志愿开去,以备参考。我开什么呢!我是什么事都愿意做,只要我能做的,薪水只要够我一个人用就行了。

1936 年 4 月 18 日 土

不能进城了,在学校里就是只写一两张纸,也总是有一两张纸的进步。进了城,又全完了,况且也无钱了!欠下黄席椿有三十五元,张裕琨的钱也还没有来,他总是那样的老脾气。

下午四点钟,老刁约我去逛朗润园和圭园。园子里杏花正盛开,圭园是一个坏了的园子,前面有一大片水。郎润园就好多了,大概人住得多了一点,收拾缘故。

在夜里开夜车,复了四姐、四弟、二弟、宗斌的信。夜里做事很清静,头也不晕了,不知写论文如何?

1936 年 4 月 19 日 日

接大姐(平和)来信,问我为什么不进城,又说三姐明天要来了。一天在做论文,也没有写成几张。黄进城去了。

夜里吃饭后,到许世瑛房里去,我们一直说到快十点钟,才回房;

1936 年 4 月 20 日 月

董叔昭来参加运动会的选拔,十一点陪他进城。先到三婶家,三婶正在打扫房间,说三姐吃过饭要来。去看看沈从文,他请我们出去,先到北海,又到中南海。中南海多久没去了,也还新鲜。曾记得和四姐去过一次,那一次是晚上去的,真好。

沈从文请吃饭,自然又是福生,吃到八点钟。我们又到市场看看,九点钟就回去。

1936 年 4 月 21 日　　火

早上赶七点钟回来上课,叔昭也和我一同回来的,

许世瑛病了,我睡到他房里去,叔昭仍然睡在我的床上。

1936 年 4 月 23 日　　木

一点进城,三婶不在,三姐仍未来,沈处,王府井,为人办事,老宅,黄风,面,杨小楼,殷家堡,父子降汉,为看女人,老四的事,没趣,行军床。

1936 年 4 月 24 日　　金

九点,十点,不行了,十二点回,上课,七表叔又来,俞宅,陶,西记,江处,国乐演奏会,昆曲的不受欢迎。

1936 年 4 月 25 日　　土

运动会,未看,和董一见如故的李小姐。

1936 年 4 月 26 日　　日

正式校节,25 周纪念日,阅兵仪式未参加,园内游人之多,没有朋

友的朋友,顾启华,王正仪,陈明斋①,晚间的游艺会,戏,满座,没有坐,《女起解》,《落马湖》,《戏凤》,《小宴》,《黄金台》,未看完,回许世瑛房。

1936 年 4 月 27—29 日

放假三天,把论文赶好。

1936 年 4 月 29 日　水

进城,和黄,三姐来,赶到沈处吃饭,以理发为名,三点到广和楼,黄等在,马思远,《五花洞》,未看完,刘元彤,小孩子的媚,林峰理发,电车回沈处,正吃饭,三婶家,歌舞片的无聊。

1936 年 4 月 30 日　木

赶回上课……刁的生气,董不让。

1936 年 5 月 2 日　土

九点进城,和董,三爷归,小英雄,不好,董跑去北大,电车站遇见三姐、沈从文,从文无钱,我请,小俄国菜馆,市场,荡,吉祥,荀慧生,全部《得意缘》,黄请客,清华同学会,老刘。

1936 年 5 月 3 日　日

我好不舒服的睡觉,十点半,微雨,五芳斋,广和楼,电车站,遇见三

---

① 陈明斋(1911—1997):江苏苏州人,普外科专家。1939 年毕业于协和医学院,获得博士学位。1949 年赴美求学,1950 年回国。后在苏州当地学校和医院任教任职,享有较高声望。

姐、沈从文,又是《得仪缘》,刘元彤,沙世鑫的《骂殿》,《四杰村》,《白良关》,《安天会》,六点回校,总算有信。

1936 年 5 月 4 日　　月

罗隆基的演讲,"五四"。

抄论文。

1936 年 5 月 5—11 日

赶抄论文,一切事都停止,未进城,只到燕京去了一趟。黄席椿星期五到上海旅行社,托他将照片带给五弟去贴。他走后,董叔昭马上就搬进来了,实在我也没有法子不让他来。

1936 年 5 月 12 日　　火

上了四课,不睡觉,努力抄论文。四姐来了一信,好久没有信了,颇使我好高兴,做事也高兴多了。今天一共抄了十张纸,颇为得意,长此下去,成功之日不远矣。

1936 年 5 月 13 日　　水

马上就泄气了,看到报上《欲焰》,只剩今天一天了,又有富连成的全本《浔阳楼》,就不知道怎样好了。吃饭的时候和刁商量,他是不看电影,我们就决定去广和楼。

一点钟,瞒着别人,悄悄的进了城,广和楼先买了票再说,再到公园里面去看牡丹。牡丹被大风刮干了,只有几株大的还好。去来今雨轩吃饭,刁碰到熟人,还是长辈,说不是星期,怎么出来了?刁很窘。

看到《碰碑》和全本《浔阳楼》两出戏,《乌龙院》及《坐楼救媳》还好,底下便没有什么好了。毛世来瘦了,没有以前好看。

出来下雨。是得多下一点雨才好,北京好久没有下雨了。

到市场上吃经济食堂,刁请客。我借了黄席椿二十元,才用掉几元,所以老想进城来,

荡市场直到九点钟,坐车回来。董叔昭还不知道我进城,我也不说。

1936 年 5 月 14 日　木

抄论文,又睡到三点才起来,马上就抄,很努力,一直做到六点才停。晚上也抄,总算抄了十张。这星期也许抄不完了,但是也很快就要抄完了。

1936 年 5 月 15 日　金

努力抄论文,晚上也很努力的抄,因为有人在房里和董说话,我讨厌极了,故而反而拼命的抄。只剩下几首诗了,明天再花上一两个钟头,一定可以抄好了,抄好就可以进城了。董也愿意我进城,因为李小姐说要来了,他们这些人本事真大,见面就熟,就讲恋爱,真是有点要命。

1936 年 5 月 16 日　土

果然抄好了,还未到十一点,只剩下诗和参考的书目没有写。十一

点我就进城了,到从文家,三姐在,他们半天不吃饭,我肚子饿极了。好容易才吃到饭,饭后到三婶家,三爷已经走了,我睡在三姐房里沙发上,一睡就睡着了。正好七表叔来了,谈谈,到七点多钟,去福生,沈从文已经在那儿等着我们。七表叔吃素。我们要去看电影,七表叔一定要回去,便让他走了。电影是《凤凰于飞》,景色很好,其实并没有什么意思。叫洋车回三爷家。

1936 年 5 月 17 日 日

自然又起迟了。写信给四姐,三姐在边上说,我写给四姐的信像情书,她说等到大家都结婚了,一定不会这样了。真是的,我不知道结婚后是什么样的。一张纸写了不少时候才写好。

下雨倒是好,可是要出去又觉得讨厌了。要出去剃头又不行了,又继续写信吧。

吃了饭要去看杨小楼的戏,我只得先到华家去。北京下雨走路就不便了,坐车到东四,叫了陶、华,才坐车到吉祥。三姐已先来了,刁接了许世瑛、许宝𫘦,也来了。戏是杨小楼的《铁笼山》,先还有郭寿臣的《逼宫》。其中探魏营、拜泉水一段,真是无聊极了,没有意思,杨小楼上场才好一点。

算是我们大家请许宝𫘦,贺他考取留英,晚间在玉华台吃的饭。饭后他们说我今天被人相了去,我真是莫名其妙,后来才说是许宝𫘦的一个表姐相我,为她的女儿。这事儿我真的不知从何说起,许说,不成不成,不知道到底是怎么一回事?

1936 年 5 月 18 日　月

今天是我的生日,故上午我请刁鸿翔吃面,下午他不吃饭。在东记,先定了鸽蛋和核桃酥。

下午没有课,把论文和参考书写完,又写了封信给四姐。和叔昭及bb谈运动会。

1936 年 5 月 21 日　木

昨天晚上未睡好,下午补觉,也只睡到三点,起来后难受极了,做什么事都不上劲。

晚饭后,到校外新南院一带走走。

1936 年 5 月 23 日　土

沈从文的衣服三姐要要了。和七表叔说好的,今天一同进城。下午到他那儿,先喝喝茶,抽抽烟,然后我们一同进城。

我到三爷家,三姐她们都不在。一会儿,三姐和从文来了。七表叔要请我们去看电影,从文不去。片子叫《松岭恩仇记》,五彩的,还好看。

在从文家,又吃素菜。九点过,七表叔走了,我才回到三爷家。

1936 年 5 月 24 日　日

大姐要拖我陪她们,和她的同学去看北平全市春季运动会。我真的不热心,无奈,她一定要我去,没有办法,只好陪她和两个小孩子去了。

运动场上人很多,中学生们叫嚣得很厉害。也看到中和小弟跑了,跑了个殿军。这种运动会好像一点劲也没有,只是看看好玩而已。

到了十二点半,我们回来,路上已经下雨了,吃了饭后,大雨不止。大姐虽然想去,但我只想睡觉,一睡睡到四点半才起来,雨仍然未止住。匆匆赶到吉祥,陶光他们都以为我不来了,他们是请我毕业的。我来得正好,看杨小楼的一出《长坂坡》,别的都没有看到。黄席椿也来了,戏后又是吃饭,在前门外,我吃的最多。归三爷家即睡。

1936 年 5 月 25 日　月

早起,和叔昭握别,赶七点的车回校。

读一本《珍妮姑娘》,非常动人。看完后,我真想写点什么,我感到一个女人真苦,只要一次错,便是终生的苦恨,世界对女人太不公平了。书中的每一个人物,都是那样的可爱,每一句话,都是那样的动人、深刻,中国小说绝没有如此好的。

1936 年 5 月 26 日　火

老刁又是怒气冲冲的,说起来是为了我礼拜六那天没有打电话给他,他没有去广和楼。但这不是我的错,原来说好的,不去就不打电话。

晚饭和世瑛、黄一同去吃饭,老刁又生气了。饭后又和他走了一圈,又到他房里坐了一下,他才好了。老刁的脾气也是很怪的,他说他从不跟别人发火,就要和我闹别扭。我真是先有老苏,现在又有他要找借口和我闹气,真是没有法子。

1936 年 5 月 27 日　水

老刁又是那一套，为什么事也生气，这几天也许他肝火太盛了点。黄在上海听到李家小姐说起四姐谈他的事，他得意极了，没有收到他的信了，不知道为什么？

1936 年 5 月 28 日　木

睡觉老是睡不好，七表叔、老刁来。老刁来，我对他说，今晚有人请我吃饭，不和他一块儿吃了。他板起脸来说："明晚我也请你吃饭。"我说："好啊！"我不明白，这有什么可气的，是不是我规定非要和你一起吃饭不可？快和老苏一样了。

晚上抄好十张学习方法的报告。

1936 年 5 月 29 日　金

似乎马上紧张起来了，天津学生反对日本增兵，华北举行了示威游行，大罢课三天。清华内又是到处都是标语、情报、紧急通告了。

晚间全体大会，决议最后要罢课五天。

1936 年 5 月 30 日　土

今天罢课了，做什么呢？进城吧！晚上江建君等请浦江清夫妇，也请我毕业。我在五点钟前把文章抄好，便进城。到盛华园，还没有一个人到，我心里有点不高兴。六点半，人已来了不少，有浦先生夫妇、俞平伯夫妇、朱自清、许宝骓、江、陈盛可。

晚上回三婶家。

1936 年 6 月 3—5 日

4 号星期复的课。五天的课是白罢了的,要增兵,仍然是要增兵。

4 号接到四姐一封较长的信,我高兴了一整天。

几天来,所以没有记日记,是因为上面的一封信没有写好,到现在也还不能写好。我想这信是永远没有写好的时候了。

1936 年 6 月 6 日　　土

老刁来找我替他写字,写了两大张,实在不成东西,和别人一比,更不像话。

晚上合肥同乡教授杨武之请客,请我们在学校的。有三个合肥同乡,老刘、我和一位姓高的,到四院他们家去。我们自然谈到合肥的种种事情。吃饭是家乡菜,但菜做得坏极了,还没有我们自己做的好,不过我圆子是吃了不少。

1936 年 6 月 7 日　　日

陶光他们一早来,我出去接他们。我们到大礼堂,因为已经和老陈说好今天八点,也到大礼堂,熟一熟《折阳》。一会儿,俞平伯也来了,请陶光唱《瑶台》里的小生,我和俞太太配,陶光得意极了。

我们在外面走走,中上一同去东记吃饭。到了同方部,还没有几个人,我真担心,怕没有人来听,那多没有劲啊! 后来唱到第二出的时候,渐渐的,来人了。总不至于走的人太多,露出一大片椅子,难看了就是了。

今天的戏码是,江、陈的《小宴》《惊梦》,浦江清、张太太的《南浦》,我和陶光的《折阳》,俞平伯的《罢宴》,庞效敏的《山亭》,袁家姐妹的《亭会》,许家姐弟的《花报瑶台》,庞太太的《游园》,沈有鼎的《赏荷》。一共十出,唱到五点多钟才完。

晚上送陶光走后,我写了一封信给四姐,讲今天曲会的情形。又给李鼎芳、李宗斌、董叔昭,各写一封。

1936 年 6 月 8 日　月

许世瑛答应为我做魏晋南北朝史的报告,又可以少一样了。现在最怕的是十九世纪史,秦汉史还好,日文和美术史都是胡闹的,日文是一点也不懂的。

早上很早起来,读了三章俄国历史,还算不坏。得张裕琨来信,说钱已有了着落,二十一号前要我把折子寄去。今天已是十九号了,若不是放假的话,几天后就可以拿到钱了,现在我只剩下一块钱了。

1936 年 6 月 9 日　火

七表叔下午来了一趟。下午四点钟时天阴了,下了一阵大雨。张锦桂请吃饭的时候,七点钟,又不下了。他请的人很多,客人有郑畏民、刘世昧、闵乃大、吴锦荣和我,此外,有刘光琼、何晋三、周覃诚、李忠霖、王馨迪等,倒很热闹。酒我一口气喝了四杯,脸红了,于是我不再喝了。他们也不灌我了,大家转移目标向郑畏民,从七点闹到九点多才散。

周覃诚告诉我,在安庆碰到四姐在饭馆子里面吃饭。我也没有仔细的问他。

到房里，刚刚躺下，张锦桂、小徐、bb、李忠霖接着就来了。晚上本来也就不能怎么看书了。

1936 年 6 月 10 日　水

在老刁房里，看看词选，回到房里来，便想到填词了。下午填了一首《菩萨蛮》，有两句还是抄的，现录如下：

> 青山车外云烟隔，红尘闹如市人如鲫
> 斜日粉墙西，自知来又迟，无言睡脸，寂寞香闺掩，
> 卧坐发娇嗔，怪郎不肯吻。

做了半天，怕韵和平仄还是不对，也只得随安去了。抄来的两句也想改，但改不好。

四姐寄来一首《无仙子》，也想填一首，一直到晚上，还只有几句。

> 脉脉春宵人静悄，午睡觉来愁（情）未了，
> 可怜残梦不分明，……
> 依旧昔时花样好，……

1936 年 6 月 11 日　木

接四姐自浒墅关来信。她又在到处跑了，还要到无锡，又想到青岛，叫我暑假也去青岛，说那儿也有唱曲的。

孙俊山请吃饭,在大食堂,菜坏极了,还贵,要十块钱。饭后到老刘房里,聊到十点钟。

1936 年 6 月 12 日　金

最后一堂还是听陈寅恪的,刘、元、白,非常精彩,可以拍手。下午上"近三百年学术史",讲义发了一点钟,随便讲了一点。老刁为我做好的报告交去了。

明天要大示威。

1936 年 6 月 13 日　土

大示威,五点钟就有人闹起来了。我在窗口看他们出发,没有多少人,二三百人的光景。六点半出发,出发后我又睡了,老刁讨厌极了,来窗口叫了几遍,我睡得糊糊涂涂的,不理他。他说还要上课,我明知道是骗人的,但总不放心,赶快起来,到一院看看,椅子都没有移动。我到图书馆去看杂志,老刁也来了,拿了几个题目,说是刘先生说的,不一定考这些,但也不一定不考。我真是被他弄糊涂了,老刁就是这点不好,老欢喜骗人。

这两天天气热极了,和南方一样,也闷的很。下午睡觉总是睡不着,做事也不行,头倒是疼了。

示威据说没有什么大冲突,清华、燕京根本就没有进北京城,城里的学校出来的也不多。

今晚是四月二十四,不是老刁来封信,为我祝寿,我已经忘记了。今年我过了两个生日,五月十八我也过了。

在东记出来,大风大雨,就过去了。大礼堂里开大会,灯熄了,我们就出来了。

1936年6月14日　日

早上拿出"十九世纪史"的笔记来,想看一会儿,

有挂号条子来,我还当是张裕琨的钱汇来了呢,谁知道他把折子寄回来了。钱还未到,过两天不来,一定是出了什么毛病了。

把仅剩的几毛钱也吃了,真是分文没有了。晚上七表叔来说,要向我借钱,我刚好一个钱也没有了。受了别人的气,我再也没有钱借给别人了。

热的没有办法,晚上只好出去,有太阳的时候是没有地方好去的。

1936年6月15日　月

罢课了,我还不放心,去三院看看,一个人也没有,

真是太热了,一早起来就去洗澡。

考呢还是不考呢?总是决定不下,叫人难受极了,书一点也不能看了。看了一章"十九世史",连笔记都没有翻完。

许宝骚好久没有来了,今天来了,他在合作社喝一杯水,还是欠的。才六点钟,黄就拖了我去吃饭,我不愿意去,吵了起来。没有钱倒是好了。

1936年6月16日　火

天热就不要说了,日里热,夜里也睡不好。

中午大表叔他们来了,我陪他们在合作社吃了杯茶,然后带他们各

处走一走,又带他去找吴宓。他和吴宓通过信,但没有见过面,这也还是初次见面。去图书馆、大礼堂、体育馆,这三个地方是外面的人一定要看的,然后送他们坐汽车去燕京。

今天总算钱来了,接到条子,马上就去拿来。还黄三十块,还有王遗珠三十六元,也想汇去还给他,否则我真的怕再用掉了。天津来了一百二十元,bb 也来钱了,还我三十,我还了六十五元,还剩八十元,若是要到青岛,还不够呢! 四姐想到青岛之事,还不知成不成呢!

1936 年 6 月 17 日　水

把王遗珠的钱汇去,我的钱就少了不少。许宝骙来说起青岛,他说他有法子,可以借到房子,这再好没有了。就不知道四姐去不去,四姐若是不去,我也不去的。

明天考日文,还不知道考得成否,我是没有预备的。

1936 年 6 月 18 日　木

纠察队各处把上了,听说去考的都发生了冲突,没有考成。我和高松兆碰到,就到二院苗汇青房里,找他,说到十点钟。我们去了,有五六个人,没有考成。

读秦汉史。

东记请客。

今天没有考成,校长出布告,放假,我们毕业证下星期发。

在 bb 房里把日文做好,我想还得找人改改。

1936 年 6 月 19 日　金

早上去洗澡。历史系第八级照相,只差邢其淹一人。他是进城看太太去了,自然不会来了。

看看秦汉史,抄好日文。晚上勉强把秦汉史的笔记看了一遍。

1936 年 6 月 20—23 日

考试的期间什么事也不做,二十二日考"十九世纪史",今天考"秦汉史"和"美术史",一共只有三样要考的。"魏晋南北朝史"的报告,晚上也都抄好了,明天就可以交了。

明天自然可以进城去了,闷在学校里三个星期了。

1936 年 6 月 24 日　水

老刁帮我交了报告。早上八时就进了城,一个月没有理头了,到东单下车就理发。出来到市场上,买了一双鞋,把昨晚写好的一封信发了,又去吃饭。然后到三爷家,大姐和小弟们都在,他们下午没有课。

找到老刁,他说起早上把我的报告交上去时,陈寅恪大发脾气,越看越生气,还说"这种人我看不起他,没有道德,东抄西袭,怎么说到唐代去了?"当着下面的学生大骂了一顿,"我给是给他及格了"。我听了虽然没有说出名字来,但句句都说的是我了。听了这个消息,许久都不开心,玩也没有劲了。

同刁坐车到华乐,买了票,吃了馅饼。

因为想看黄元庆,吃完饭就走了。黄元庆的《蜈蚣岭》,小孩子倒是挺好的。以下是杜元田的《失街亭》，我总不大喜欢。刘元彤的《起解》唱错了一句，下面就没有劲了。毛世来的《辛安驿》，倒是好，就是太短了。最后是《五花洞》，毛世来、李世芳、刘元彤、王世澍嗓子今晚上真亮。

徐家老太太也来了，他们家老太爷和太太也来了。他们叫了汽车，我们一块儿坐了回去的。

1936 年 6 月 25 日　木

饭后一时，去广和楼听戏，三婶，大姐，小弟，小五姐。阎世善的《金山寺》，他们敲打的东西，也有掉到台下的。我真替他们担心，怕他们人也会摔到底下去。王世澍、张世孝、沙世鑫的《战蒲关》，倒是好戏。李世芳、叶盛长的《汾河湾》，糟糕极了，一点也唱不出来。《战宛城》改了不少，帐子里的一段对话，也没有了。毛世来也不围亮红肚兜，穿了件红衣裳，只解开了一个纽子，比以前"好"得多了，却没有以前那么精彩。

晚上我们唱了一晚的戏。

1936 年 6 月 26 日　金

昨晚在城里，接到陶光的一封信，叫我到他们那儿去，我本来今天就要去的。

到华家，陶光还没有起来。华粹深打电话把许宝骙找来了，他说青岛房子的事已经答应了，只是还没有正式来信。

在华家抄了一支曲子，为陶光写了一张字，逼陶光刻图章，下午就去买图章。

饭后，华去戏校上课，我和陶去市场买石头。找了半天才找到一块，一块钱买了回来。到中原公司吃冰激凌，我们吃了三杯。

回到华家，粹深刚回来。他们打牌，我不打，胡乱写写字，耗了一天，晚上才回家。

1936 年 6 月 27 日　土

带十块钱进城，已经没有了，只剩一块了。又不能出去，只好在家蹲着，明天想回学校去了。

午后老刁来了，今晚杨小楼、许宝骙请他来的。带来了几样分数：魏晋南北朝史，65；日文，83；美术史，98。总算好了，我放下了心。还带了四姐的电报来。

谈下半年的计划，毫无结果。

然后市场上咖啡馆里坐坐，坐到六点，去吃饭。

到哈尔菲，他们都来了。

何佩华《樊江关》，郝寿臣《丁甲山》《打渔杀家》。《川城》杨小楼很卖劲，跌仆都不减，颇叫人满意，唱做都很多。

我和许宝骙走了一段，独自回来。

1936 年 6 月 28 日　日

好多天没有换衣裳了，脏极了。老刁来了，把他的衣服拿来给我换，又叫我今天中午上去吃饭，是他请客。

十二点到长安街，聚宝城，都是小孩子，大人只有徐家老太太。

饭后，我忽然有兴致，我们大家唱唱曲儿。我和陶光唱了支《扫

花》,陶又和许宝骙唱一段《秋江》,我唱了一支《楚江清》,又和大家合唱
《思凡》。已经很不早了,九点过了,三婶还请我们听戏曲学校呢!何许
一同出来,到西单,刚好最后一出《花田错》刚开场。我就不大愿意看戏
曲学校,觉得没有劲,戏倒是很长,到十二点多才完。今天三婶他们家
的人都来了,连张奶子也来看了。

1936 年 6 月 29 日　月

今天不能不回去了,十点回的。

预定明天理信,后天理东西,一两天后就可以进城,不回来了。

写信回四姐,我又想先回苏州一趟。

1936 年 6 月 30 日　火

一早上起来就想去看分数。十九世纪史,84 分,第一名;秦汉史,
85 分;历史方法,84 分。今年的分数到没有八十分以下的,除了魏晋南
北朝史是 65 分。还有一门,学术史没有出来,有点不放心。

今天理了一天的信件,总算都弄好了,人是十分的累了。把四姐的
信归在一处,她的信自然是最多的了。又把所有的信分为"家族"和"亲
戚朋友",用纸包好了,预备装箱。

吃完晚饭后,看分数,成绩出来了,就是没有我的和张以成的分数。
这一下可又糟了,一定又是出事了。回到房来和老刁研究了一气,他总
是往想坏的,越想越糟。我是向好的方面想,我想一定是分数还没有交
上去,不过心里总是不安。

许宝骙来了,带来了正式的青岛介绍信。又和他谈一阵,我们还谈

词谈诗。

1936 年 7 月 1 日　　水

故意不起来，老刁就会去看分数，他是比我自己还着急。老刁来了，说可不是出事了吗，我看他那样子，就知道一定没有什么事了。我们一同去看，分数已经有了，是 80 分，没有什么事儿。体育分数也有了，72 分；论文和演讲也都及格，是没有问题的。一块石头就落了下来。

理了一天的东西，总算理好了三只箱子。三点钟去洗洗澡后，到了刁房中，说了一下话。我们带了三只箱子，进城，到三爷家。又到大沙帽胡同黄席椿处，商量着出去吃饭。

饭后时间还早，坐电车去西单。

尽是破戏，《请医》《闹江州》《蝴蝶梦》。一点回来，写封快信给四姐，决定动身到青岛。

1936 年 7 月 2—4 日

二号晨，到从文处，他说也要去青岛，我说那么我们一块走好了。他写信给三姐，夹在我的信里，寄到苏州。他去发信，我又到青年会，找潘家延送苏州带来的东西。

下午买箱子，拿图章。

三号一早回学校，理一理余下的东西，有许多东西，只好都丢了。结了东记的账，图书馆、会计科多处的事儿，也都去结束了。

四号上午，领了毕业证书，五点进城。清华园，别了，真是有点舍不得。以前想进城，多住几天就会想家，想学校，学校现在不能回来了。bb、许世瑛、老刁都送我到门口，他们都有点伤心。

黄和我一同进城的。我又是四件行李。晚饭后到北大去，去 bb 那儿拿了三本书，又陪他出去吃饭，到九点多钟，才回到西城。躺在床上看书，毫无道理，没有什么精彩的，一会儿也就睡了。

1936 年 7 月 5 日　日

我就知道黄席椿一定会来找我的。昨天我一下车把东西放在三爷家，又拿了票子，是二等车的票。今天早上他来了，陪他去换票，又陪他上市场去。十二点我赶回来，因为昨天从文说请我吃中饭。到西斜街，不在家，我就知道他忘了，说话不算数。听看门的人说，有人找我，回来，四姐来电话，说九号动身。我便想到坐船去不行了，因为天津的船也是九号开，怕来不及，只好坐火车了。

又回到从文处，许多客人正在吃饭，林徽因、卞之琳、何其芳。我就知道他并没有预备我要来吃饭的，勉强吃了一碗饭。

一点到三点，是听林徽因一个人说话，以前我觉得她太贫，今天看看还好。

下大雨，大家也走了。

五点多了，雨仍然不止，老刁来了。我一会儿到车站送黄席椿，整整六点了，黄才叫了车子。我把行李放上去给一件给黄，让他带到火车站去，佣人带一件，到沙锅胡同装了他们的东西，才到车站。

人不多，并不费事，把行李东西都弄好了。今天清华走的人很多，都是熟人。卧铺没有了，车坏极了，还不如平时的三等车呢！

八点钟车开了，我和刁才出站，吃饭太早了。晚上，江建君还请听谭富英的《四郎探母》，所以和刁又去吃了点馄饨，他还得九点钟赶回清华呢！

茹富兰的《挑滑车》《探母回令》，不如上一次我们看的好了。

1936 年 7 月 6 日　月

一早去北大把书还了。其道还要向我借钱，真是没有法子想，自己还欠着帐〔账〕呢！他们不放我走，十点钟才走。我今天不走，明天要走了。

1936 年 7 月 7 日　火

说是今天要走了，但是我还是不想走，我不想一个人在青岛呆得太久。明天走，九号下午到，四姐九号动身，十号不到，十一号也一定到了。到老刁处，他说今天一定要走了。我们上西城旅行社买票，然后我们分手，我上华家。

自然他们为我饯行了，十二点到鹿鸣村。吃的很不开心，肚子饿，没有吃饱，可是就是吃不下，肚子里很难受。到从文家拿了他一本书，回去打点好行李，和老刁一块上车站。许宝骙巴巴的坐了汽车来，告诉我一声，青岛的房子是太平路七十五号。

我们进站了，我和老刁两人占了一长一短的两个椅子，靠门边。一路上很好，可惜我向从文要的一本杂志丢在三爷家了，我只好唱戏了。

到天津，桂家老太太又买了面包、腊肠、牛肉之类，给我们当晚饭吃。

在车上总是睡不好,我就一直没有睡着。

1936 年 7 月 8 日　水

三点到济南,下车被旅馆和洋车夫包围住,老刁又要打人了。叫了两辆车,到中国旅行社,是老刁以前住过的。看了半天,看定了他以前住过的那一号,老刁上床就睡着了。我睡在沙发上,一点也睡不着,天亮了才蒙着一会。

起来就去洗澡,两人一间,倒是挺干净的。洗了澡,还叫了片儿汤、饺子来吃,舒服极了。我回旅馆,老刁上他做事的校长家去了。老刁一会儿就回来了,校长先生没有在家。

我们上齐鲁大学,老刁找他的朋友,他的朋友在齐鲁大学后面田家半月社①当编辑。把他找到了,他还要办公,我们便到各处走了一圈。地方倒是很好,在城外,是高地,背靠千佛山。校里的路,全用扁柏扎成,倒是很好看。扁柏扎成各种样子,不像我们学校都是一样的。他们的图书馆,自然没有我们的好。

十二点,刘龄九先生办公完毕,一同到商铺去吃饭。其实也没有什么不同的菜,还做得干净就是了。真是热的厉害,到泰康吃冰橘子水,坏透了,还是我叫的呢。

老刁要等他们校长,校长老是不出来。到了四点钟,我们说出去玩玩吧。趵突泉和以前不同了,上戴了帽子,说大股的水也没有了。前面

---

① 《田家半月社》,1934 年由张雪岩(1901—1950)创办于济南,是中国历史上第一份面向农民的报纸,发行量最大时达十几万份。早期编辑工作由孙恩三和张雪岩负责,后刘龄九加入。

是一高坡,毫无看法,又绕路到了医专学校看金线泉和李清照住过的楼。倒是很好,水是弯弯曲曲的,有一条一条的小泡子,泡子起来,倒不像金线。许多学生在边上洗脚,大煞风景。

到省立图书馆吧,五点一刻了,五点半就要闭馆了,随便看了看,出来。在门口大明湖边的冰棚下坐着,看妇人洗衣服。

济南的女人还不坏,还没有什么顶不好看的,洗衣妇都朴实可嘉。韩主席不许穿短袖旗袍,我看见一个穿短袖旗袍的女人,穿了一件长袖的衣裳在里面,这更是难看了。

等到七点钟,走上大街找饭店,叫了车到青年会吃西菜。一吃就吃到八点钟,匆匆赶回旅馆。

十点十分的车,车上挤极了,我们总算还有位子。老刁一上车就困了,想睡。我真是气极了,我昨夜没有睡好,今晚也不会睡好的。

1936 年 7 月 9 日　木

一点两点三点,一直没有能好好的睡。看老刁老是睡的那么香,真是生气。天快亮了,人也慢慢的下去的少了,我能睡一会儿。

八点到青岛,叫车找到太平路七十五号①。刘先生的信给账房金先生的,金先生走了,又换了一位刘先生来接事,他还没有起来。佣人都是南方人,说苏州话。刘先生是个小孩子样子,顶多三十岁,是南浔人。我们瞎侃了一阵,他认得徐商寿。房子很大,就是太旧了。墙上有斑点,抽水马桶不灵,浴缸的管子也破了,纱窗一碰就破。看他们老不像要替我们架床似的,说要两间房,恐怕不行。我真不愿意在这儿住

---

① 青岛海边别墅,南浔富商刘锦藻的宅院。

了，等四姐来再说吧。

不让我们洗脸，就让我们去吃粥。我和老刁一人吃了一碗，老刁说还饿，还想吃，但是不好意思。

我们看他们不为我们架铺，我和老刁就出去了。在中山路乱转了一圈，到照相馆照了一张相，预备贴在文凭上。又上旅行社打听一下明天船到的时间。

回到海滨，到栈桥上走了一下。青岛和三年前差不多。回中山路到小饭馆，我们吃了一碗面。

到车站拿行李回到七十五号，床还没有架好。听他们说话，又有一位张先生，也是管事的吧，说就在这间客房里架床。这间房是一个长方形的，向南正望见海，刘先生说每日来往的船都望得见。房里沙发、藤椅都很破旧，墙也是补过的。他们吃过饭才叫佣人把床架起来，一张大床，一张小床。

下雨了，本来想出去洗澡的，也不去了，蹲在房里无聊极了，睡也睡不着。五点过后，他们又有好多朋友来，他们只管讲他们的苏州话。老刁最伤心了，坐在旁边，只把报纸翻来翻去的看。我也觉得无聊，难受极了，后来张先生还和我谈在一起。

饭和厨子说好，包饭，两毛五一客，早餐一毛一客，吃一顿算一顿，这样也倒好。

心里总是不定，想着要是明天接不到四姐，那可就糟，她又不知道地址。越想越不安心，只想时间快快的过去。

1936 年 7 月 10 日　金

昨晚八点一躺上床就睡着了，到今天早上四点才醒，想再睡一会儿,可是睡不着了。八点才起床,吃了点粥。老刁出去买东西,一会儿就回来了。

到十二点过一点,我们坐车到第二码头,一问船要两点钟才到,来的太早了。但一会儿,岸边上的旗子挂起来了,才一点,我们已经可以看见大连丸了。靠岸靠的慢极了,一点四十,才靠好。在船尾上,看见四姐,戴了眼镜在望,心里真是高兴极了。船愈靠愈近,看着就是她了。

下船走出码头,她一路就和我说上海昆曲的事情。

坐上汽车,取了行李,回到太平路,马上就拿出笛子来吹了一会儿。我们又打电话把传芷找了来,他也在青岛。

这儿的张先生也喜欢昆曲,于是我们请他来听,我们两人又合唱了一出《楼会》。

晚饭后,传芷走了。雨止了,我们到海边走走坐坐,在栈桥上歇歇。又到中山路一家冰室吃冰激凌,坏极了。

回家四姐拍《茶叙》,她住在我们隔壁。

1936 年 7 月 11 日　土

下了一天的雨,我们就唱了一天的昆曲。这儿管事的张先生也想学,我们把"慢整衣冠"翻译成简谱,教他练,不知多少遍。上午下午都拍了,他挺热心,挺有兴致的。

下午睡一觉。

无聊之极,这样下雨下下去,到底怎样呢。

1936 年 7 月 12 日　日

早上看见太阳,真是高兴极了。闷了两三天了,再这样下去,要闷死人的。

传芷早上来,拍了我一段《茶叙》"博山云袅袅",四姐拍《痴诉》《上香》。

管事张先生和老刁都热心唱曲,也热心听曲。

下午两点多,说到汇泉炮台去吧。走到车站附近,叫了马车来,一路到顶舒服的。

炮台和三年前差不多,里面很潮,拿了洋蜡进去看一看,一个瞭望眼也没看见。

1936 年 7 月 13 日　月

……

1936 年 7 月 14 日　火

传芷说他们这儿的青光曲社今天晚上会拍,让我们今天晚上去,还说要派汽车来接呢。

把我们到崂山的汽车在中国旅行社订好,十二元半,倒是不贵。

晚上说七点半来接的,四姐早就打扮好了,等等老是不来,真有点着急。八点来了,老刁也去的。

转了好几个弯,车下了好多坡,我们一点也不知道。有人出来,我们就和他们打招呼。

一个颇大的房子,人很多,一时也记不清。慢慢的,总算弄明白了,有路老先生、路先生、路小姐(有几位),此外还有王百雷、罗先生、唐先生、孙先生、王太太、孙小姐,有十几个人的样子,倒是济济一堂的。我们一到,他们就叫我们唱,四姐唱"没乱里",我接着唱"则为你"。接下来许多人都唱了,王百雷①唱《倒凤心》和一曲《三醉》。孙小姐②、王太太合唱《琴挑》,四支"懒画眉",孙小姐倒还唱得好。路先生路老太太合唱《折柳》,未唱完,路小姐唱《拾画》,最糟。路老先生唱《看状》,唐先生唱《弹词》,此外还有几位唱的,记不得了。到十点钟我们走了,王局长的汽车送我们走的,明天还得去崂山。

1936 年 7 月 15 日　水

汽车是五点半来的,我们四点就起床了。汽车走了一点多钟,在山下盘了好多圈,到就白九水饭店,边上大概就是白酒九。我们饿了,泡了一壶茶,吃了几个鸡蛋。雇了一顶轿子让四姐坐,我们走路。一路上泉水颇多,跨过泉水去很好玩。到鱼鳞瀑有一条小小的瀑布,还好,许多亭子的栏杆都是新造的。我们吃了一瓶橘子汽水。

上崂顶,可吃苦了,所幸是一路上有泉水,嘴干了就喝泉水。一路上走走歇歇,可是我还是累,大概是胖的缘故,上山我总是落后。

到崂顶,已经是中午十二点了。没有房子,只是一个高台,我们在台下石洞里吃午饭,山上只有一个卖茶的。我们在顶上呆了一两个钟头才下来。

下山我舒服了,老刁倒没有我走得快了,虽然也有上坡,这一路泉水少了。四姐把轿子让给我坐,我只坐了一点,半里路也没有吧。

我们碰到有泉水的地方,就停下来歇歇,喝泉水。我们离崂山饭店不到,就到一个派出所打电话,到白九水把汽车叫来。

---

① 青岛商品检验局职员,青岛青光社曲友。
② 即孙凤竹,后成为张宗和的妻子。

我们都饿了,时间也五点多了,叫了牛肉饭。吃饱了又走路,饭倒真是贵,一共要两块多钱。

回到家,七点多了,顺路把照片洗了,回去就躺下了。

1936 年 7 月 16 日　木

老刁今天要回济南了,早上四姐唱曲,我陪老刁到市场上逛一逛,去水族馆、第一公园等地。我们逛得差不多了,叫马车去把四姐和传芷接来,到北花村饭馆,算是我们给老刁饯行。

马车去把老刁的行李拿过来,我和四姐都去送他的,

下午张先生来房里研究昆曲。

把照片拿回来,照片很好,没有一张坏的。

今晚同期在王百雷家,汽车来接,张先生也去。地方小一点,人到比上次多,有曹科长、单老先生、单先生、孙先生、王先生。戏有《叫面》《琴挑》《问病》《寻梦》《弹词》《折柳》《小宴》《骂曹》《思凡》《活捉》《佳期》《乔醋》《赏荷》《折书》《闻铃》等,每出戏只唱一两支曲子,最后合唱一支《咏花》完结。王局长又用汽车送我们回来,十一点多。

1936 年 7 月 17 日　金

一天没有出去。

1936 年 7 月 18 日　土

早上我去买浴衣、茶叶。

下午我们到沙滩上去捡贝壳。

孙家同期,我们合唱《折柳》,带白。

1936 年 7 月 19 日　日

今天一些唱昆曲的都来了,路老先生、路先生、路四小姐、孙小姐、王太太早上来的,到中上就走了。路先生夫妻唱《折柳》,带白,我和四姐唱《阳关》,也带白。四姐又和传芷做《游园》身段,我吹。此外,路老先生和女儿唱《乔醋》,孙小姐唱《琴挑》,王太太唱的记不得了。他们都走,四姐把孙小姐留下来吃饭。之后,又打电话把他父亲找来,拍了一下午的曲子,

孙先生十分有趣,同她的女儿在一块,全不像父女,他对他女儿说:"三十年以后你也是个老旦了。"这句话最好笑了,还有许多有趣的话呢!

五点钟他们走了,我们晚饭后去看电影,在山东大戏院。走去走回的,名字叫《欧战的秘密》,是 Fay wney 演的。

她像中国人,挺漂亮的。

1936 年 7 月 20 日　月

又是一天没有出去,下午孙先生带了打太极拳的先生来了。他昨天就是那样高兴的宣传,今天他带来,我们打了一个钟头拳。

1936 年 7 月 21 日　火

抄许宝骧的《番儿》,总算抄好了,谱也打好了,板眼也叫传芷也点好了,只有几处错的地方,我也不愿改了。

睡一觉起来打太极拳。五点钟要到路家去,他们请吃饭。教太极拳的先生老是不走,只好在房里等到五点多钟才走。四姐化妆又化了要有半个钟头,汽车叫了来,说别人都到了,四姐还不信,说别人不会有这样早的。

王百雷拖我唱了两出戏,要我唱旦,《小宴》和《折柳》,都很长。客人之中,有一位曹次长(教育次长),是老头子,也会唱曲,可是唱得并不好。

孙小姐先是没有搽粉搽胭脂,后来吃过饭后,四姐替她打扮了一下子,他父亲见了说:"越发标致了。"后来叫她唱,他父亲又说:"我家小姐给张小姐一打扮,我都不认识了。"打扮一下是要好看一点,她有点媚。

蹇先艾也在被请之列,我们是认识的。还有一位是陈次长的令郎,我们到谈的很好。

十一点,王百雷夫妇的汽车送我们回来,

1936 年 7 月 22 日　水

今天又有王百雷请客,在他家里。

好像总有点涨气,不大好过。出去买纸,走了一趟好多了。

六点钟,王家汽车来接。

搭戏,《思凡》《小宴》,和王百雷。饭是他们家厨子自己做的,做的还不错。

唱的戏有,《惊梦》《南浦》《游园》《折柳》《弹词》等,老是那几出戏。

1936 年 7 月 23 日　木

陪四姐上街做裤子,买衬衣,又去洗了澡。

晚上打扮好了，人家并不来接，生气了。我也难过。

1936 年 7 月 24 日　金

搭《亭会》。

到水族馆、第一公园。

1936 年 7 月 25 日　土

说今天下海，早上我们就要去买东西，买了游泳衣、帽子、衬衫的，用了有十几块钱。回家我们把游泳衣穿起来，玩了一会儿。

早早的吃了饭就去，张先生、刘先生也去，叫了一辆马车去的。一五四号房子，最东头，换好衣裳，就下水。

早上在电话中，和孙小姐讲好的，汇泉浴场碰头。我们下水泡了一会儿，上来去找她，碰就碰到了。等她换好衣裳，我们又下水，她是有点会游水的，我们就有了救命的啦！

晒晒太阳，玩玩沙。那边有一大堆人，说是淹死了一个人，孙小姐害怕，我们上来吧！

冲冲干净，换上衣裳，再坐了马车回来。因为有拳，老师要来，否则我们就不回来了，孙小姐拖我们去她家。

拳没有打多少，就叫汽车去孙家，只有孙先生一人在家。

人来多了，我们唱了一出《惊梦》。菜很好，很多。

1936 年 7 月 31 日　金

今天去玩龙洞，路很坏，汽车也不好，一路颠了去。到那儿却觉得很好,山都是小小巧巧的。龙洞庙是在四山之中,除了中午之外,其他都是阴凉的,庙也是新修的,小的厉害。还有韩复榘修的房子。我们坐了一会儿,点了烛,进龙洞,洞倒是很长,里面很潮湿,我们的脚都走湿了。

和尚毫无礼貌,自己躺在躺椅上抽烟,对我们毫不客气,大概是有点看不起我们的样子。下山时在山上放了几个炮竹,炮竹的声音响极了。

从另一条路下山。佛峪也是这样一个小庙,有钓鱼台,有小瀑布。我们坐在廊下看了一会儿,吃碗素面,就回去了。

去澡堂洗澡,在澡堂里吃了东西,又擦背又修脚,从十二点进去,四点钟才出来。

出来到庭得会,即是游乐场之类,坐在茶棚旁边,不花钱听大鼓。

一天没有正式吃饭,到新记去吃了一顿大菜。

晚上回来写了一封信,明天去发。

1936 年 8 月 1 日　土

到黄河铁桥,路太远,坐洋车去,路又坏又热,走了好久好久。穿过城,才是黄河铁桥。吃冰。

1936 年 8 月 6 日　木

昨天没有打拳,我们的老师倒没有说我们,怪不好意思的。今天我们请张先生、刘先生、王先生他们三个,六点钟一同到花园饭店,菜不太好。四姐没有吃就走了,因为还要到王百雷家去。我们吃完咖啡走的,到王家,认识的人只来了一位曹科长,周先生也来了,其余的人都没有来。孙先生来了,又走了。我们星期六请客,预备在他家,四姐对他说了。

人少,没有劲,到十点钟我们都走了。我和四姐走了回来,回来已十一点多了。

1936 年 8 月 7 日　金

和宋翰池、传芷说好去吃早点。一早七点多,就去湖南路招待所找传芷,我们一同出来到中山路英记吃了早点,到湛山去。湛山寺只有一座殿,毫无道理,还是新修的。再到太平角海滨浴场,外国人很多。我们换了衣裳就下水去,水清清的,比温泉的水还好。一共下了三次水,到三点钟才回来。

1936 年 8 月 9 日　日

累得很,勉强起来,和四姐一同出去吃早点。吃了早点,没一会儿,王百雷夫妇来了。知道了我要走,硬不要我走,叫我去退票,四姐大概也不想要我走,要我晚一天是一天。我们坐了车,去旅行社一问,说就打七五折,我就不愿意换了,还是今天走吧!回家,孙小姐又来了,原来不想让人知道的,现在三家人中有两家知道了。

九点钟打电话叫车来,我们四个坐了,带了我的三件行李来到第二码头。

上了船,我到一个有窗子船舱里面,很热,大家在甲板上。孙小姐很好玩,老是说我坏死了,昨天都不说话,不问话,也奇怪,就有点像 I

一流的人。昨天问她,她才说她十七岁,还是太小了,老想我到她们学校去教她。我也愿意在青岛做事。

一点两点钟很快就过去了,已经十二点,她们上岸。

握过手送她们上岸。她们上了岸,船又老是不开,还在上货,十二点半才开船。

我们也学别人,买了红紫黄三卷纸条。我一个人拉三条的一头,四姐拿的是红的,孙小姐拿的是紫的,王先生拿的是黄的。船开了一会儿,纸条全都断了。

下舱来吃饭,还好,船上遇见一个丁重宣先生,是熟人。好啦,路上有伴了。

1936 年 8 月 10 日　月

一夜睡的还好,早上起来以后自然还接着睡。昨下午四点半到上海,但却一直弄到五点一刻才到上海。亏得有丁重宣在一块儿,他到处照应,我下船也没有花钱,只是太麻烦了,下船要查看行李,还要叫汽车。先送丁先生到长江旅馆,我再到老伯伯家。他们都在,都想不到我会来,五弟也在老伯伯家。

上海自然比青岛热多了。

一直就蹲在老伯伯家,吃了好多杯冰水,舒舒服服的洗了一个澡。吃了晚饭,四姥姥和四姑也来了。

打电话给黄席椿,晚上九点去蒲石路,找他谈了一会儿。五弟一定拖我到霞飞路萧乾处去住,他住在俄国人一堆,怕俄国人怕极了,语言不通,毫无办法。我睡他的床,他们两人睡在办公室,一两点钟才睡的。

1936 年 8 月 11 日　火

早上起来出去吃点早点,找章靳以、巴金,先到大公报馆,又到四川路上西菜馆吃冰。把周耀平打电话叫来,他一定不让我走,要我明天走,晚上要和我谈谈,约好下午五点在新雅。吃了早点,已经十点了,我一个人坐了车,到老伯伯家。

老伯伯特地为我做两种圆子(虾圆、肉圆,煨鸡汤)。

两点打电话叫黄来,一同去看电影。在大光明电影院,名字叫《风流女贼》,有冷气,舒服的很。出来到大新公司、三公司转了转,五点钟才到新雅。我们坐着等周耀平,半天他才来。

耀平和我谈国事,谈计划。这种大题目我真没有办法谈,一直谈到八九点钟。

我要去看舞场,他带我一共看了五家,"国际""大东"、老四川路上的日本舞场、"大都会"。又在凯瑟琳吃冰,到十一点半才回到老伯伯家。

1936 年 8 月 12 日　水

七点五十五的特别快车,先到黄家拿两只箱子,五弟又到洗衣房拿了衣裳,然后到车站。五六件行李,亏得五弟帮忙弄好。上车,九点半就到苏州了,行李一起拿了回来。大姐、爸爸他们在昆山听昆曲,家里一个人没有,只剩三弟一人在家。

果然到家没有人,打电话到昆山,叫大姐回来,她说晚上回来。

下午想睡,总是睡不着,叔昭、四姑、五姑都在这儿拍照。

晚上才到二姐家去,在乌鹊桥弄六十一号。二姐倒在家,把周耀带来的药给她。她说祖麟明天就要走,你今天晚上去一趟吧。

一回家,三弟就告诉我,说 ZJ 告诉他,叫他等我一回来,就通知她,她要请我。我真又把心弄乱了。

原来在上海就想问周耀,终于被他的一套大题目,把我这问话隔住了。听到三弟的话,我就写了封信给 J,但没有发,带到二姐家,想问他们的地址。现在听说祖麟明天就要走,又想给他带了去。

叫车回家拿了信,又一直到司前街,祖麟出去了,叫人找了回来。谈了一会儿,我们就一同出去了,到观前街,到国货沙场屋顶的花园,躺在藤椅上吃点瓜子,说起 J 的事。我又觉得信不要带了,为什么又去惹别人呢!

走回来,祖麟说明天再来。大姐来家,谈到两点。

1936 年 8 月 13 日　木

大姐一早又到昆山。二姐来,祖麟来,二姐支 J 叫我们到她家吃中饭。我、祖麟、五弟就一同到观前去办事(发信,寄胭脂,拿钱),寄钱给三姐、四姐。回到公园雨亭等董叔昭,祖麟、五弟下棋,一盘棋未下完,他就来了。十一点到二姐家,王遗珠、徐礼英都在。吃过饭,祖麟和叔昭走后,我们就打牌。我手气好极了,一上来就赢了。四圈完后,让五弟打,我便睡觉,

打完牌,到观前吃冰,王遗珠请客,到易合居吃饭。饭后我们回去。

到带城桥弄找宗斌,根本就找不到,只好回来。爸爸、九妈,还有小四婶妈、大姐、小弟,还有小弟的先生,都回来了。九妈一回来就大嚷,

为了小弟不见了东西。小四婶妈跑到四姑家去了。

晚上和小弟在园门口,和大姐谈到夜深。

1936 年 8 月 14 日　金

爸爸叫我到刘大伯家去,为了祥和、平盐、德文之事。我十一点去了一趟,谈了一会儿,十一点半就回来了。下午表兄又打电话来,叫我们去吃点心,他们都不去。我和五弟去吃薄饼,晚上八点才回来。好多人在乐益大操场上乘凉,也是弄到十二点多。

1936 年 8 月 15 日　土

二姐一早来,带胡福培进来,我就知道他没有好事。果然,他说了一大套,是要到了乐益做事。我就说了乐益事已定,才算把他支走。

二姐来,说起 ZJ 他们都已来了,要我今天晚上去。我还是有点不愿意,但也想去看看她,几年未见,也不知道她到底怎样了。

好多天都没有睡好,下午睡了一觉。醒来二弟来了,他是从黄山回来的,带了许多墨来。

十九爹爹、爸爸出去剃头,我也随后坐车跟了去。到白牡丹,和十九爹爹大谈国事。下雨,在观前街,是爸爸的"萧太后"来了,在新苏饭店,他去了。我便和十九爹爹走回来。在九如巷口遇见二姐,她家来了许多人,佣人又走了,累得很,她正在叫苦。二姐叫我们就去她家吃饭。二姐先走了,二弟、五弟也去了,我随后也叫车去了。

他们家人真多,ZJ、毛先生、四姐、ZJ 的儿子。J 和以前差不多,没有什么大的变化。自然他们都说我胖了。毛先生未见面时,听张干说很漂亮,一见之下,也不过如此。他们那小孩子,就像父亲,颇不好看,不及小平多矣。给她的小孩子两元钱,觉得太少了一点。

1936 年 8 月 16 日　日

今天不知为什么特别不高兴。上午我请客,请毛氏夫妇、周家一家,结果只两对夫妇来了。老太太因为吃不惯我们家的包饭,不来。四小姐也因为怄气不来,怪张干请客不一,一进门就说这些,都叫我不高兴。晚上周耀回请,我就一肚子的气,故意不去。一直等到六点半钟,还没有人来催请,我便把饭先吃了。爸爸正叫我去打长途电话给大姐,二姐家派车来接我,我又没在,回来才知道。三弟恰巧也没有吃饭,从外面回来了,我们便一起去。他们的菜已经吃残了,我本是不愿意吃的,根本没有坐下,到上面和二姐讲了一会儿话。他们打牌,我和二弟马上就回来了,也没有人送回家,生气极了。写了一封信给 ZJ,不知怎么的,我这次对她的印象特别坏。还亏爸爸来大姐房里,我们大谈了一阵国家大事,算是把气消了一点。

殷炎麟今天来了,他下半年在苏中教书,这倒好了。

1936 年 8 月 17 日　月

二姐早早就把小平抱了来,她是每天早上出来买菜的,她诉了一大堆苦,都要哭了。我真想替她出出气,我也最气说我们家吃包饭了。请客总不能叫人吃包饭吧!昨天还特地叫了菜来的。

董叔昭来请看电影,下午我们就出来,在路上遇雨。我穿了三弟的领带,居然是正式西装了。先在小朋友吃冰,又在苏州大戏院楼上吹了半天风扇才开戏,演的不错。散戏我们回家。

晚间,许振寰来,此人闻名已久,一见之下,颇不高明。我唱《乔醋》《看状》,许小姐唱《佳期》《游园》。我和二弟吹笛,正在唱时,ZJ和二姐来了,说J明天请我们中上去吃饭。我心里满不高兴,真不愿意去,不过我总想找一个机会和她谈一次,要单独的谈。因为我总觉得我们的事并没有清楚的完结,还有点糊涂,但既然能问,为何不问一下呢?

1936 年 8 月 18 日　火

十一点多钟到二姐家,二姐今天下午走,所以她非得早上请客了。今天比昨天好多了,我也不像昨天那样生气了。

毛先生和J每人都请我吃了一杯酒,自己又吃了一两杯,于是脸红了,头也有点晕。吃了饭后,我就躺在藤椅上,晕了一会儿。三弟也多吃了一点,也晕了,我们俩人都不走,他们都先走了。等脸上的红退了,我衔了毛先生的烟斗。毛先生和四姐下围棋,我和J在外面河边上。她告诉我明天下午四点钟来看我,这正是我想对她说的,她都对我说了。三弟从那边过来了,我们一同走过小桥,走过田埂,看见不少的好地方,小船坞,小人家,树高高的。我们站在林荫下谈话,无非我结婚的事,三弟就加在边上瞎闹。

五点多钟到董家,三表兄请客。他们人真多,小姐们也不像以前了,全是大嗓子,会吵会闹了。三表妹董晒,我简直不认得她了,还当是董暄的同学呢。以前她们都是闷声不响的,现在全是那样的大方,见到我们就同人吵。叔昭说,还熟一点再过一两天,她们就要打你了。他们家还是老三好看一点。

1936 年 8 月 19 日　水

夜里一两点钟的时候,有洋车夫来打门,说我们丢了东西。是二弟的一只皮夹子,里面有一只手表。二弟一点都不管,还是我起来跟他说了半天,明天早上叫二弟到公安局去拿。他才走了,走后我又睡不着了,这几天因为见到了 J,使我又睡不好觉了。她打搅了我,我得走了,不错,原来几天内我也要走的。

顾传玠借我们家请客,许振寰和李太太都来了,大姐也从昆山回来了,他们就串戏。

先是五弟替我贴照片簿子,后来他不贴了,我自己贴。

二姐家里钟大姐(钟干的女儿)来,说他们今天到天平去了,四点钟也许不能来了。我真不高兴,但是还是希望他们今天能来,直到现在还未见。

也就混了一半天。下午大姐唱,我吹《亭会》。

接不到四姐的信,接到孙小姐的信,倒是很有趣,全是小孩子气。

1936 年 8 月 20 日　木

大姐十点车要走,我明天要走,所以爸爸一定要在早上对我们开圆桌会议。先是要请妈妈在家,不要到无锡念书。妈妈就哭着说了一大堆,以前的苦楚,怎样把东西理好,又怎样被爸爸翻乱,讲爸爸那脾气全是真的。想妈妈大概也有她的苦衷。正讲到分租的事儿,ZJ 来了。我就知道她今天会来的,昨晚她没有来,她一定怕我生气了。她来了,我只得陪她,不去会议了。我明天就要走了,正要去买被面,还要买点带去的东西。买这些东西,自然她们是内行,就让她陪我。上观前街,一路上我们就讲得不歇,哪儿来的这么多话?在广州食品公司吃了冰,她走了,还要到水曲里朋友家去一趟。她说她不会说谎话,总得去一去,才好回去说话。

十二点过了,提了大包小包回来,情形却大变。爸爸要留我在家,因为了乐益开一班,原来要请一个教员,刘重荫又在边上怂恿。我到家时,爸爸正在乐益和蒋公磊谈,我也去了一趟,说有一班英文还有算学,我说算学我不行。他又去讨论了一会儿,说可以教历史,只是月薪最多只有三十左右。钱自然不用说了,我先还踌躇,后来大姐、弟弟们全都愿意我在家,我也只好不去了。

晚上原说要到周家去的,我和二弟去时,他们正在吃饭。我们提着灯到沧浪亭边上走走,回来小窭也来了。在他们家,俊说话我担心,几次差一点讲出我们早上一同去观前的事儿。八点多就走了。

回家写两封快信给刁辞事和四姐。

1936 年 8 月 21 日　金

我预备带往德州的糖果已经拿出来吃了。

五弟、董叔昭他们骑马回来,还有董暄和他们的朋友、清华念书的杨小姐。董暄脸跌破了,一到家他们就吵吵闹闹,还觉得有劲,后来想想是一点意思也没有。我叫了两块钱的菜吃,乐益一新请的一位张先生也来了,我和大三、小三喝酒,别人都不喝。

我醉倒了,送他们走了,睡了一觉,殷炎麟来了。

昨天拿了四姐的一百三十元来,预备走的,如今既然不走了,那钱还得存起来。又要发快信,发电报,我便到观前走一趟。在巷口,遇见ZJ、毛先生。

时间已过,存不了钱了。在邮局发一电报:"弟任职乐益,德中事乞代辞。"又发信,帮人买了许多东西回来。

德州回电来说"不能辞",事颇糟,爸爸看了电报,生气。妈妈怪我不该说的太老实,其实电文爸爸也见过的,也说可以。没法,只好再打一电:"父命难违,乞谅解。"这原也难怪,二十六点钟的课,辛苦了老刁,他原又是容易生气的,自然更是生气。

1936 年 8 月 22 日　土

陪张家表妹去艺专报名,我们是走去的。我们去了,遇到朱士杰[①],到里面去看看画画的,也没有几张新的。三弟、五弟、董叔昭都来了。

又到实小,小弟弟和小九子(旭和)都在考,在操场上。和施仁夫谈了一阵,我们回来了。

大姐今晚上昆山串戏,先是大雨,后来雨住了。妈妈要躲小四婶妈和爸爸表妹,从乐益溜走,赶到车站,刚好搭上四点五十的慢车。

昆山似苏州,但却比苏州干净,小河的水也清。到天东旅馆,一大堆唱曲子的都在,李太太、陈太太、雷小喜、许振寰、张先生、二老倌,正在吃饭,说位子早已没有了。我们赶快到对过一家小馆子,十二元钱的合菜,很清淡。周耀也来了在这儿,他不看戏,陪我们一同走到西街。

---

① 朱士杰(1900—1990):苏州人,中国第一代油画家,近代美术的先行者。是苏州美术专科学校的创造人之一。

救火会那地方可真坏极了,化妆室是临时搭起来的,小得可怜。我们没有地方坐,就坐在化妆室,后台看看。我在门帘后看了一点,陈太太演《游园》。台上真是热死了,《游园》上场,我才正式站在后台去看。

大姐、许振寰的《亭会》,大姐演小生,衣裳太长,声音太轻一点。她倒一点不慌,要叫我恐怕就不行了。李太太、陈太太的《小宴》。

二弟从上海来。顾志成又带了五弟、三弟从苏州来。我们硬逼他唱一出戏,又打又骂,又哄,才唱了一场《吟诗脱靴》。颇好,只是累得一身大汗下来。

以下是《茶叙》《问病》,朱传明、周传瑛。周一点也唱不出来,做到还好。

等人散光了,我们才慢慢的走回旅馆。我老是睡不着,看见这旅馆的房子,想起了寿宁街的房子来。

1936 年 8 月 23 日　　日

一早醒来,三弟已经起来了,吃昆山有名的鸭面。我们几个没有来过昆山,自然得玩一玩。先到半茧园,就是太小了,但还雅致。出来上昆山,表妹和五弟坐车去朋友处,我和二弟三弟走路,遇见李慧霖。

他说一点钟到旅馆去请我们吃饭。

由公园进去,在东斋找到五弟和表妹,坐了一会子,照了照片。五弟的腿骑马骑坏了,不上山,我们都上山。实在是太小了,一爬就爬到顶上了。山虽小,倒还好,在新造的气象台上有亭子,还有什么文笔峰,丢人极了,是个水门丁造的。

下山,顾传玠也在东斋坐着,喝喝茶,快十二点多了,我们坐了车先回去。

他们都在隔壁张家堂屋里搭戏,我们也过去看。他还搭了一段《惊梦》。李、殷二位来了,就邀了出去吃饭,也就在对过的大红楼。有女招待三名,闹得不亦乐乎。我吃的脸红了,给他们照了相。

二点十九,车回苏州,顾和我、三弟、五弟。别人都不回,大姐今晚还有曲会。

到家洗澡睡觉。

1936 年 8 月 24 日　月

一天没有出去,好像很累,只想睡觉,晚上陪董寅初到公园里走了一圈。

1936 年 8 月 25 日　火

十点多钟,爸爸、妈妈、表妹他们都回来了。大姐还没有回来,有人请客吃饭。

五点钟突然想去看电影,邀了五弟、表妹,一同去苏州大剧院看《袖里乾坤》。顾志成说不好,我看看也还好。遇到三弟和一个同学。我们去五芳斋吃排骨面。

1936 年 8 月 26 日　水

董暄来家,她也要请我们一回。我们去得很早,我和五弟先去的。三弟来说,爸爸叫我吃过饭后就回去,说有事,所以我吃过饭后就回来了。到学堂找到爸爸和傅公雷,他们都在会客室里,说起我要教的课。他们分配给我的是一年级的英文、国文和各班的地理,就是没有历史。

1936 年 8 月 27 日　木

三弟还要叫我到董家去,说一同到寿宁街去拍照。我马上穿起衣裳,就走到他们家,等了好半天。三家人都去,四婶妈一家、五姑一家和四姑一家。

寿宁街八号,现在变为六号了。门口有一个女佣人一样的人,和她讲了一会儿。门堂子是一家裁缝铺。到东边有苹果树的小院子,开了门走进去,到花园当中正门锁在,不能看自己以前的住处,只能看看花园。拍了不少照片,差不多每个人都拍了,只有纯和不肯照。四婶妈就在花园中训子,四姑说"三娘教子",后来两人都哭了。

花园没有什么两样,就是少了不少的树。后园有一块水门丁的地,还有篱笆,茑萝很盛,每个人都采了些插在身上。

出来已经很迟了,就回到四姑家吃饭。饭后五点,看《迷途的羔羊》,电影也还算好的。

上次请过一次冒合居,今天又吃,是我请的。

1936 年 8 月 28 日　金

……

好像并未出门,电话中和董家二小姐约好,明日五点骑马。

1936 年 8 月 29 日　土

三弟两点钟就醒了,四点钟把我闹了起来,我们先到公共体育场等。一天的星斗,东方渐渐发白,还不见人来。三弟租了车子去找他们,我骑了马到十梓街逛了一趟,他们还不来。我在公共体育场看小朋友们踢皮球,半天他们才来。我就知道,三弟是到他们家去了,他们还瞒着我,后来三小姐自己戳穿了,说是他催出来的。

已经六点钟了,到马棚里牵了四匹马出来。到哪儿去呢,去虎丘吧! 我的一匹大白马最快,跑起来舒服极了,一点也不颠。上次二小姐脸跌破了,这次二小姐还跌一跤,但是没有跌伤。

在虎丘到处照相。二小姐爬上二轩亭顶,把一块石头踏歪了,下来又跌了一跤,像还是没有拍好。

让三弟骑一会儿马,到西门口又是我骑。

她们非不肯到我们家来,二小姐到门口还溜了,被三弟捉了回来。二小姐还是一会儿就走了,三小姐在我们家看画报。我睡觉,饭也没有吃。

看电影《孤星泪》,我在北平也看过的,还看一遍,还是好的。

我现在搬到了乐益一间房里,买东西布置房间。

晚上三弟他们开音乐表演,我去看了。大姐、妈妈、小弟、表妹都去的。并不太好。

1936 年 8 月 30 日　日

布置房间。下午睡觉起来,董晒来了,催拿照片的,磨叽了半天,才去拿。陆家表姐也去的,董晒倒是不去。我骑了马以后,腰酸腿疼的,只得坐车子去。

买了不少东西,墨水、信纸、信封、黑布、书夹子。拿照片。

回到家,谁都要抢着看照片。

晚上写封快信给四姐,一号预备打电报去。

1936 年 8 月 31 日　月

今天打了一天的麻将,我、二弟、三小姐、陆家表妹,四个人都不大会打。董晒不会打,三弟就帮她看,结果陆家表妹输,我们三家都是赢的。下午四点钟,大姐、许振寰回来了,殷炎麟也来了。

下午吃麦糊,吃小烧饼,吃饱了,晚饭我们都吃不下。大家就在我的房里谈话,这次不瞎侃了,多谈些正经话。

1936 年 9 月 1 日　火

今天开始上课,昨天高先生(教务主任)把课程表送来。今天的课,是一班二年级地理和一班一年级甲组的英文,我是第一次正式当先生,还不十分会弹琵琶。地理,大姐教我印张地图,让他们填,第一堂课就是这样的,凶一点,让他们怕才好。我又拿了个钢板,请三姐画了一张中国地图,让他们印好。十点钟,我上第一堂课,学生有二十七个人,才上去好像有点怕,讲了几句话后就好了。学生都还活泼,肯多说话,我就是怕她们不讲话就糟了,问死她们也不说,那就没有办法了。把地图发下去,许多人因为上临时课,大家都不带笔,差不多有十几个人不带笔,只好让她们分成两批,这样又费时不少。以后又拿爸爸买的一种关于地理的盘子,倒是很好玩,让大家看看。以后又问问以前的先生是怎样教的,这样五十分钟很快就过去了。接着是一年级的英文,这次我这个已经老道很多,把调查表发一遍,让大家认真的填,然后再问一问谁读了几年。这最费时候了，老是不对，后来再随便翻出一课来，叫大家念念，试试她们的程度。叫到一个学生，她不肯念，我真是生气，后来说了她一顿。这样一点钟也就完了。

一点钟，嘴干了，两点钟，自然更干了。

下午二姐回来了。爸爸发脾气了，到十九爹爹家去了，到现在还没有回来。

十四婶妈也在这儿。晚上我们在大姐房里谈天，讲到董晒，说四姑不喜欢她，现在她有没有事，她常常哭。这真是叫人看不出，也都很替她伤心，努力的替她找一个事情做，但是我们的力量有限得很。

1936 年 9 月 2 日　水

今天上课自然是资格老了，初一甲乙两班的国文和地理都是谈话。

下午 I 来了，她昨天就有信来，说今天要来的。我正睡午觉，自然又睡不成了。她结婚后，这还是第一次见面。觉得她已变了不少，身上是瘦了，但是胸部特别发达，完全是个少妇的样子，颇有母亲的资格了。

自然得请一请她，何况昨天学校已经把六十元的薪水寄来了。请她，自然我们家的一批不能不去了，二姐也在，二、三、四弟。我们先到小朋友吃砖头冰激淋，I 不吃冷的，吃一杯热咖啡。五弟提议到国货商场顶上的松鹤楼去吃饭。我和 I 在屋顶花园上谈谈，问问她现在可好。菜一点也不好，吃过饭一会儿我们就回来了。

孙小姐有信来，说四姐在那儿很好，放心。在园门口乘凉，月亮好。

1936 年 9 月 3 日　木

有两课都是三年级的，我去上课，他们都到二姐家去了。

下午好好的睡了一觉，I她们都回来了。爸爸又叫我去支配我们个人的用途，因为讲不清，叫我拿了账。先到十九爹爹家，爸爸随后也来了，一会儿又回来讨论，我又回来取报销的账。I睡在我的床上，说明天要走了，因为我们都不陪她玩，在讨论家里的事，把她冰着。

一会儿大姐回来了，我们又在园门口乘凉。我们又讨论了一次，预备明天大家来决定。四姐来快信，要寄钱，五号就回来了。

1936 年 9 月 4 日　　金

昨天讲今天早上开家庭会议，分配个人的用款的事。九点前，我和I去观前，先到广州食品公司楼上，我吃橘子水，她吃咖啡。等到九点过，汇钱给四姐，因为她昨天来快信，说要钱的，在五号十号之中回来。我还是电汇的，意思是希望她早点回来。I去看《迷途的羔羊》，我回来了，开会。但上午终于未开成，人老是不齐，我们在家的六个人全到了，大姐、二姐、二弟、三弟、五弟，爸爸妈妈又不在家，说是和十九爹爹在公园福福商店。大家因为这样拖，心里都不开心，所以都跑了出去，果然，他们都在。九妈还想哭的样子，还是我先开口说，三弟要钱，明天不交，就要开除了。于是大家说回家讨论吧，像押着回来似的。

爸爸有一张家里支出的预算单子，没有大姐、二姐、三姐和我的名字，意思就是不给我们钱。大家自然都不满意，我是没有说什么话，二姐大喉咙说，大姐说到家里大家心里都不舒服的事，也哭了。这样一闹，才算依了我们的单子，除去六千元的家用及学校费用外，之下的收入，分为十份，二姐、三姐不要，大姐、我的，就辅助在日本的人，一直弄到下午五点多钟，才算定规下来。

ZJ 夫妇已经走了,周四姐在家,他们正在吃饭。我们提了电灯像向东小河边,二姐也跟了来。走到小桥上,把灯挂住,看小河上的萤火一点点的,如天上的星星。这小桥很美,边上有株大树。坐了一会儿,我们又向西,走到沧浪亭的桥上坐下,大家就舍不得走了。她们两个把我夹在当中,我和 I 背对背靠着,这样大家都有靠的。月亮在树头上,在水里,在菱叶上,在我们的脸上……

1936 年 9 月 5 日　土

课程表没有贴出来,当是没有课。亏得好去向学校借六百元钱,让二弟去交费,才知道有课,是两课。

下午二点半,开全体教职员会议,到会九人,我算在经济计划委员会中。吃了点心,四点钟回来,I 已经怪我来迟了。

殷炎麟也在等我,只好叫上他一同去看电影。看完电影,我们到官巷吃饭,然后我们从护龙街,一直朝南走到沧浪亭。

坐在桥上的栏杆上,常有人来人往不好,我们又向前走了一段,到新辟的县立医院。医院门口靠河边,有一块长方形的石头,我们两人坐下。果然一会儿,月亮在树中,在墙上,歪歪斜斜的,在石头栏杆上,影子底下,是潺潺的流水。

她的头依在我肩上,身体靠在我胸前。我总是时时的警戒着我自己,这样一个美的环境,又没有人,我总算没有被引诱。也许她心里在怨恨我,也说不定。她笑我,说了一句话:"为什么一个人心中,不能同时存在两种爱?"这话是很有深意的。我们一直坐到很迟,十一点才回家。

1936 年 9 月 6 日　日

没有出去,在家打了八圈麻将。

晚上,I 忽然又想起回南京了,我们劝她也不听,还一定要我送。但我有课,而且是第一课。又要我陪她上观前,还是以前那一套脾气,我稍微露出不愿意去的样子,她就生气了。自己理理东西,才九点钟,她就走了,还是那样的不知事,已经是少奶奶了,快做母亲了。二姐说她有孕,还是这样,真是没办法。

1936 年 9 月 7 日　　月

预算四姐今天会到,但到底还是没见来。说了要来,而不来,最叫人急了。

今天一天五课,还好。国文最糟了,简直就讲不出什么来。五课上下来,腿酸极了。

陆榴明表妹来,她已考取美专。大姐、二弟都是五号走的。大姐到海门,因为凌先生病了。二弟到上海,就要到日本去了。三弟去上海交了费已回来了。

1936 年 9 月 8—22 日

半月来没有记日记,每天都想记,但每天都这样耽误了下来,直到今天才发一发狠心,坐做一做,不然,只怕这日记又要中断了。

这半个月中,大姐、四姐都回来了。大姐是因为天津祠堂要标卖了,赶回来的。原说来了就要回去的,因为三妈不大好,便耽搁了下来,一在家就拍戏。四姐自青岛回来后,再也不和我亲热了,总是想着避开我,好容易把她哄出去走一趟,还是弄得怪不高兴的。她们两位都是曲迷,整天的弄昆曲,不是唱就是吹,不然就是做。在自己家里玩玩还不过瘾,非要到大家一起弄,总是到深夜才回来。

约好了,坐了船出去玩,此行一共九个人(周耀、允和、宗和、程定芬、久心、定和、董昕、董暄)。

一路上都不开心,大家都不说话。小姐们跑到小船舱里睡下来,说不舒服,我拿东西给她们吃,逗她们都还不行。到月亮上来了,大家到舱外来才好一点。

船过横塘,慢慢的,月亮很好了,三方山并不很远。夜里,天空黑了下来才到湖上,月亮更是好。说是十八是流氓们借阴债的时候,所以这两天也很热闹了,路上停了许多船,都是来做生意的。岸上也颇有灯火,上岸才知道有许多不同,卖各种各样的东西。岸上的人叫我们买东西,买香烧,时时听见爆竹的响声,天空点点的礼花。我们上岸,过长桥,过一个高桥,遇到一个临时搭起来供土方山娘娘台子的。看的人多极了,有乐器在响,大约一会儿还要唱戏。

周耀他们还要赶回上海,现在已经迟了,索性玩一会儿。我们又叫船在湖里小小的兜了一个圈子,我们都在船头看月亮。

我坐在船头的一个高凳子上,身子靠在船板上,挺舒服的。三表妹便坐在我的脚边的小凳子上。

夜渐渐深了,天也渐渐寒了,有露水下来,都觉得有点冷。二姐也傍着我坐下来,头靠在我的腿上,我的腿是一举两用了。

大家唱唱坐坐,兴致比来的时候好多了。过横塘,就望见烟囱和灯

光了,很快的我们便回到胥门,

我们回到董家,他们自然是要挨骂的,所以陪他们先到家。谁知道姑父他们都出去看电影了,想是不会挨骂了。

已经十点过了,我们也就都回家了。

※　　※　　※

这本日记真是记得慢,记了七个月,完全是因为太懒惰的缘故。日记这工作还是我最喜欢的、最有恒心的一件事,这件事也是这样的懒,别的事也就可想情形了。

读书生活,总算暂时告一段落,但我总还是舍不得他(它),尤其是舍不得清华,有机会还是要回去念清华国文系,我的学籍还保留在。

虽说是踏进社会,但还是家里的学校,除了教教书之外,和他们教职员接触得很少。他们大概因为我有特殊的关系吧,所以对我也没有什么,同事已觉得不如同学。所以,这种教员生活自然不能常干下去。我自己本来就懒,不逼着是不会用功的,再当几年中学教员,一定会更糟下去,会同别人一样,整天在茶馆里听书,这样岂不是很糟?我写信告诉朋友们,全是这样说,当了一年教员,便绝不再当下去,换别的事做做还可以。

别人总以为大学一毕业,又找到了事,那一定是可以结婚了。许多人都问我,我真是最不好办,看上去,我这个人最好说话的,好像什么都行,其实也不尽然。我常想,我或许将来让人糊糊涂涂地做媒,定上一个人,娶了回来,再谈恋爱。我觉得爱原来也可以做得常规一点,对一个女人,只要她不太难看,不是痴子,不是什么一点都不知道,我相信是可以的,其结果也不见得就比谈恋爱的坏。我这样说也是一种反动,对于人我也很活动,到青岛时觉得孙小姐还不错,如今又觉得董煊也不还好,心态活动,所以也很难办,常常是因为环境的问题。

照例总有点跋,也不是给人看的,还是给自己看。

1936 年 10 月 7 日,宗和补记

赠陆颂谟(丙子暑后一日)

鲁望诗家甫里传,放翁词绪瓣香延。

过溪残照真佳咏,合号先生陆半船。

佐治关城鞍掌闲,寻野趣慰勤辛力。

会当倩取文唐笔,为写溪桥得句图。(半船残照过桥西)

题均一画小幅山水

秀润溪山眼底明,映溪松桥看峥嵘。

何当洒脱尘氛画,偕隐其中画耕耘。

(第十六本结束)

整理后记

　　父亲的日记，现存有七十三本，大大小小，薄薄厚厚，记录了父亲从十六岁起一直到六十三岁逝世一生的经历和生活。这些日记也跟随着他，历经了种种痛苦和快乐。抗日战争时期，父亲连夜逃出苏州城，没有来得及带走自己的日记，这些日记被丢在了苏州的家中。后来他又辗转逃到了合肥乡下，从合肥乡下又到武汉、广州、湖南、四川、贵州，最后到云南，在云南教了几年的书。抗战胜利后，父亲回到了苏州，他总以为这些日记是不见了，后来居然找到了，父亲是多么欣慰。"文革"期间，我们家的书以及父亲的信件、日记等等，通通都被抄了去。1977年父亲去世后的几个月中，被抄去的东西陆续还了一些回来，其中有六十三本日记本。"文革"后期的一天，我在路上碰见一个工人，他说他住在我们家原来的老房子里，房子里有许多书和本子，他们也没有什么用，如果我们要的话，让我们晚上去拿。那时我们已经被赶到照壁山半山腰的工人宿舍，我回家告诉父亲，他高兴极了。当天晚上我和父亲拿了扁担和箩筐，悄悄地下山，来到我们家的老房子里，看见厕所里杂乱地堆满了线装书和笔记本。我和父亲整整抬了两箩筐。回到家里，父亲整理出了十几本日记本以及一些信件，他喜极而泣地说："终于又回来了！"

有人说,日记是一个人的独白。父亲说:"日记是给我自己看的,有时候我看我自己的日记就像看小说一样。"我看父亲的日记,觉得他写得那么天真烂漫、坦白真诚。在许多本日记的扉页上,他都写着自己对别人偷看他日记的气愤。父亲母亲、兄弟姐妹乃至同学,都去偷看他的日记,父亲真是好脾气,虽然生气,却又无可奈何。日记是他一生的挚爱,他无法放弃。他的日记中,记录着他年轻时的快乐幸福。他也曾是热血沸腾的青年,想着为国捐躯,想着为国为民多做一些事,甚至曾经离家出走想参军,结果被家里派人追了回来,他后悔莫及。那时的父亲是多么年轻、幼稚、可爱。日记还记录着他所经历的战争和苦难。在日机的轰炸下,他和四姑逃出苏州城,月黑风高,一路逃到木渎。此间的情形,既紧张又有趣,我看父亲的日记也像看小说一样。

父亲的日记,全是真实、坦白的话,写得也率真、直白。他的这些日记记录了他从中学到大学毕业(1930—1936年)的一段生活,记录了他从一个天真烂漫的少年成长为一个热情洋溢的青年的真实经历。他用随意真实的笔调,记录了抗战时期民众艰难的生活,记录了当时社会的种种。比如,他记录了自己和同学们一起上南京请愿的事,详细记录了蒋介石接见学生时的情形和讲话,乃至于蒋介石穿的衣服、说的话,以及学生们的态度,他都写得非常详细。他还以一个普通学生的视角从一个侧面记录了当时清华大学的学潮情形(学生们组织去请愿,军队来镇压,学生们砸了汽车,抢回了被捕的学生,梅贻琦校长安抚学生们,等等)。我在整理日记时很惊奇地发现,父亲的日记中记载了他去苏州监狱探监,探望章乃器、沈钧儒、邹韬奋等人的情形。父亲当时甚至可以带报纸进去给他们看,和他们聊天。原来邹韬奋他们是二姑、三姑的老师，他们和我们家很熟，当时爷爷和二姑父（周有光）正在想办法营救他们。后来在各方面的努力下，他们终于得以出狱。我还从日记中知道，三姑父沈从文将一支曾经给三姑写了八十封情书的钢笔，送给了父亲，而这支钢笔至今还在。这钢笔也有着许多的故事，以后我有机会专文详述。

父亲是学历史的，在日记中记录的点点滴滴，都是那么详细真实，从兄弟姐妹到同学朋友，他都以真实的态度，写出他心里的想法。这让我们从中看到了他们那一代人的真实生活，也从一定程度上还原了一些历史真相。父亲的日记也记录了家庭和家族生活的种种琐碎小事。其中既有和兄弟姐妹们在一起时的快乐和幸福，也有与朋友们一起唱昆曲、看戏的愉悦，也有着深深的丧妻之痛和生活的艰辛与苦难。

"文革"中父亲不能记日记，但是他还是忍不住，有时悄悄地记几句。经历了种种"运动"，父亲敏感脆弱的神经受不了，先是得了抑郁症，后来发展成狂躁型的精神病。父亲抑郁的时候，整天昏昏沉沉，吃不下睡不着，有时候吃七八颗安眠药都不能入眠，狂躁的时候，甚至大喊大叫，乱砸东西。我后来在父亲的日记中看到他的话："我想忍住，不要乱砸东西，可是忍不住。"父亲常常说："忍字头上一把刀，我的心在刀刃上走。"

小时候，父亲最宠爱我，常常给我讲故事，或是放唱片给我听，给我讲解《平沙落雁》《汉宫秋月》《雨打芭蕉》等乐曲。记得我当知青下乡的时候，我也写日记，并把写好的日记给父亲看。他看了说："小妹，不要写了，被别人看见，要被打成反革命，抓去坐牢的。"

父亲在 1977 年 5 月 15 日突发心梗去世。他没有看到"文革"彻底结束,没有等到给他平反,甚至没有等到他的书和日记被还回来。记得我们从山上搬下来的时候,母亲伤心地落泪说:"可惜你爸爸没看到这一天。"

我看父亲的日记,有时候也忍不住滴下泪来,它不是小说,却比小说更动人。从日记中,我能够想象他们当时的生活。或许因为是自己的父亲,心里更加感动和难过。通过这些日记,我逐渐地了解父亲。

日记是一个人想法和生活的记录,也许琐碎繁杂,不能算是很全面,因为它毕竟是一个人的想法和看法。我在整理的过程中,也许也存在着一些差错,希望各位读者谅解,也希望在天上的父亲理解。母亲和四姑说过,人死了以后,他的东西要五十年以后才能够公诸世人。父亲离开人世已经四十年了,我自己也有六十七岁了。我想,等我七十七岁的时候,是否有精力整理父亲的东西,也未可知了。看着父亲大大小小七十三本日记(其中缺了第十二、第十三、第二十四、第三十四、第四十三本,非常遗憾),以及众多的信件文稿,我深深地感到责任重大,我只希望在我的有生之年,能够把父亲留下的宝贵遗产整理出来。以前我并没有想过父亲的这些东西可以发表、出版,只想着给家人们看看,让家人能够更加了解父亲;现在这些日记能够得以出版,能让更多的人看到,我心里感到非常欣慰。我不敢说它非常有用,但起码它是一段真实的历史——是一段个人的真实历史,也是一段社会的真实历史。

生活有时候就是这样的,我整理日记的时候倍感辛苦,但我也从中获得了很多宝贵的财富,学到了很多东西。我快乐着,内心充满了感激。感谢我的父亲,他给我留下了这么珍贵的东西,它比所有的钱财或房产珍贵得多,它是一个人不可复制的生命精华。

2018 年 3 月

附录：

合肥张家世系表

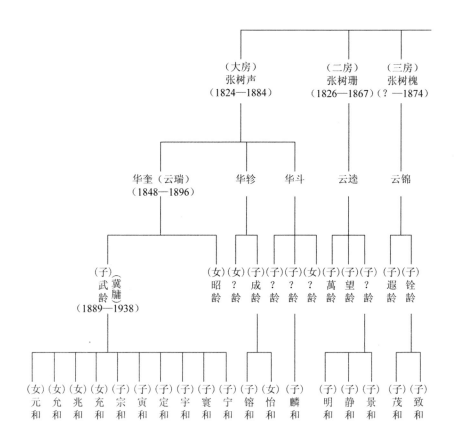

（注：表中"？"代表现有资料不详，有待查考）

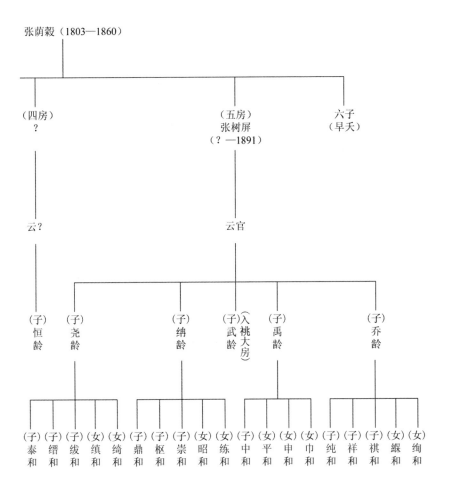

张荫榖（1803—1860）

（四房）
？

（五房）
张树屏
（？—1891）

六子
（早夭）

云？

云官

（子）
恒龄

（子）
尧龄

（子）
绅龄

（子）
武龄
（入桃大房）

（子）
禹龄

（子）
乔龄

（子）
泰和

（子）
缙和

（子）
绂和

（女）
缜和

（女）
绮和

（子）
鼎和

（子）
枢和

（子）
崇和

（女）
昭和

（女）
练和

（子）
中和

（女）
平和

（女）
申和

（女）
巾和

（子）
纯和

（子）
祥和

（子）
祺和

（女）
縰和

（女）
绚和

图书在版编目(CIP)数据

张宗和日记.第一卷,1930—1936 / 张宗和著；张以𬤝,张致陶整理.—杭州：浙江大学出版社,2018.8
ISBN 978-7-308-18009-2

Ⅰ.①张… Ⅱ.①张… ②张… ③张… Ⅲ.①张宗和—日记 Ⅳ.①K825.4

中国版本图书馆 CIP 数据核字（2018）第 037543 号

张宗和日记（第一卷）：1930—1936

张宗和　著　张以𬤝　张致陶　整理

封面题字	郑培凯
友情策划	王　道
责任编辑	罗人智
责任校对	姜井勇
出版发行	浙江大学出版社
	（杭州市天目山路 148 号　邮政编码 310007）
	（网址：http://www.zjupress.com）
排　版	杭州林智广告有限公司
印　刷	浙江海虹彩色印务有限公司
开　本	880mm×1230mm　1/32
印　张	19
字　数	415 千
版 印 次	2018 年 8 月第 1 版　2018 年 8 月第 1 次印刷
书　号	ISBN 978-7-308-18009-2
定　价	78.00 元